高职高专“十二五”经管类重点规划教材
高职高专“校企合作”优秀教材

经济学基础

JINGJIXUE JICHU

主　编　朱　钰　李晓红　魏　璠
副主编　朱　杰　蔡　璐

电子科技大学出版社

图书在版编目(CIP)数据

经济学基础/ 朱钰，李晓红，魏璠主编. —成都：电子科技大学出版社，2018.8

ISBN 978-7-5647-3205-9

Ⅰ. ①经… Ⅱ. ①朱… ②李…③魏… Ⅲ. ①经济学—高等学校—教材Ⅳ. ①F0

中国版本图书馆 CIP 数据核字(2015)第 195961 号

经济学基础

朱　钰　李晓红　魏　璠　主编

出　　版	电子科技大学出版社(成都市一环路东一段 159 号电子信息产业大厦 邮编:610051)
策划编辑	谢晓辉　李述娜
责任编辑	谭炜麟
主　　页	www.uestcp.com.cn
电子邮箱	uestcp@uestcp.com.cn
发　　行	新华书店经销
印　　刷	北京市文良精锐印刷有限公司
成品尺寸	185mm×260mm　　印张 19.75　　字数 470 千字
版　　次	2018 年 8 月第二版
印　　次	2018 年 8 月第二次印刷
书　　号	ISBN 978-7-5647-3205-9
定　　价	45.00 元

前　言

经济学基础是高等院校经济管理类的基础课程之一。当代世界发展迅速，我国改革开放、现代化建设的实际问题都跟经济学息息相关，本书着眼于对实际问题的理论思考，着眼于新的实践和新的发展，系统阐述了经济学中的基本原理，采用了经典的“新古典综合学派”理论框架，结构体系清晰。在微观部分以价格理论为基础介绍了消费者行为理论、厂商理论及收入分配理论；在宏观部分重点介绍了国民收入理论、失业理论、通货膨胀理论及宏观经济政策。结构清晰，语言通俗易懂，论述深入浅出，引用大量的案例和报刊文摘，将复杂抽象的理论与现实生活相联系，说理透彻，与现实生活极其贴近。突出系统性、丰富性、广博性等特点，以契合非经济管理专业学生的实际情况，是一本具有鲜明特色的经济学教材。

本书是作者根据经济学课程的教学任务与特点，在长期的课程教学的基础上，总结了自己的教学经验和部分研究成果，分析了目前市场上已经出版的类似教材的基础上编写而成的。本书在编写过程中力图做到紧扣时代要求，密切结合经济发展现实，按照理论以必需、够用为度，突出实践技能培养的原则，宗旨是为学生提供市场经济基础知识，满足社会经济发展的应用型人才需求。

本书由辽宁金融职业学院朱钰、李晓红、魏璠任主编，辽宁金融职业学院朱杰、蔡璐任副主编，具体编写分工如下：朱杰编写第一、二、三、十项目，蔡璐编写第四、五、六、十五项目，魏璠编写项目七、八、十六、十七，朱钰编写九至十四项目。

作者简介：朱钰，辽宁金融职业学院讲师，东北大学在读博士。李晓红，辽宁金融职业学院金融系主任，副教授，辽宁大学博士。魏璠，辽宁金融职业学院讲师。朱杰，辽宁金融职业学院讲师。蔡璐，辽宁金融职业学院讲师。

在编写的过程中我们借鉴了国内外有关的文献资料、论著和教材，在此表示最诚挚的感谢，同时也感谢电子科技大学出版社的大力支持和帮助。由于时间及资料所限，加之编者水平有限，科学发展日新月异，本书存在不尽完善之处，恳请专家、读者批评指正。

编者
2015 年 8 月

目 录

项目一　经济学引入

开篇案例

生活不是为了挣钱,挣钱只是为了更好地生活

许多东西都可以用金钱买到,但有些东西不行,比如胃口、睡眠以及和亲人在一起需要的时间等。

曾有一个富翁努力工作了数十年,终于决定到海边去度假。每天,他欣赏着阳光、沙滩与海浪,觉得自己很成功,很了不起。

这个富翁在海边发现了一个渔夫,天天也都和他一样躺在沙滩上晒太阳,基本上不去打鱼,他感到非常奇怪。在观察了几天以后,他决定前去问个明白。

富翁问:"你为什么不天天都打鱼?"

渔夫反问:"为何要天天都打鱼呢?"

富翁说:"天天打鱼可以挣许多钱啊!"

渔夫又问:"挣许多钱又干什么呢?"

富翁好心地说:"挣许多钱之后,你就可以请其他人为自己工作呀。"

渔夫却道:"其他人为我工作了又怎样呢?"

富翁说:"那样你就可以与我一样出来度假晒太阳了。"

这时,渔夫看了看富翁,慢慢地说:"那你觉得我现在在干什么呢?"

富翁终于无话可说了。

这个故事看起来好像很简单,却意味深长,它暗含了人生中某些结局性的殊途同归与不谋而合。

美国一位大投资家这样劝诫那些野心勃勃的年轻人,他说:"只有做自己深爱的事情,你才会觉得幸福快乐。"他并未劝别人和他一样做投资人,尽管能赚大钱,但并非每个人都喜欢投资的工作,也不是每个人都有投资的天赋。这位大投资家的话很简单,却富含深意。

有钱以后应该做什么?有钱以后,人就不再满足物质上的成功,开始失去对工作的热情。因此,他们更愿按自己的爱好做事,做自己开心的事,并愿为此付出金钱的代价。

从经济学的角度来说,每个人都在最大化自己的满意程度,爱好、金钱、信仰、亲情和健康,两情相悦与儿女成功都可以满足个人愉悦。若工作仅仅是为了挣钱,是感受不到工作与生活的乐趣的。而金钱的边际效用会递减,比如富人花100元就比不上穷人花100元那么开心。

每个人都应该明白这样一个道理:生活不是为了挣钱,挣钱只是为了更好地生活。一个人若想生活得更幸福和快乐,最大化地让自己感到满足,就需要考虑时间的分配,多少时间

用于挣钱，多少时间用来休闲。

经济学告诉你这些问题的答案："为什么我们这样做而不那样做？""为什么我们总是面临选择？""我们应该如何选择才能够实现我们的目标，获得人生的快乐？"经济学为你打开一扇窗，让你做生活的智者！

资料来源：节选自《好好学点经济学》，人民邮电出版社，2009 年 3 月，唐华山著。

知识目标

1. 理解经济学的定义、经济学相关的基本概念

2. 理解资源稀缺、资源配置与经济制度之间的关系

能力目标

能用经济学的基本原理解释经济现象

任务一　从稀缺性出发：步入经济学殿堂

任务介绍

一个人从呱呱坠地到垂垂老矣无不面对资源稀缺的困境。我们一生下来就拼命地吃奶，可是来自母体的奶水并不能满足我们身体成长所需要的能量，于是我们到处寻找可以充饥的东西，甚至不惜把自己的手指头放进嘴里。等我们老了，如果事业有成身体康健的话，就会感慨"夕阳无限好，只是近黄昏"，恨不能"向天再借 500 年"。

资源的稀缺性让人们思索如何有效地利用资源，于是经济学就应运而生了。

让我们先看看什么是经济资源。

简单说，经济资源就是一切需要用金钱才能够得到的东西，换言之就是一切有价的东西。西方经济学家把满足人类欲望的物品分为"自由物品"和"经济物品"。"自由物品"指的是人们不需要通过支付任何费用或不需要任何努力就能自由得到的物品，比如普照全球的阳光、遍及大地的空气以及脚下的泥土等，其特征是数量看起来无限，人们暂时可以取之不尽用之不竭；"经济物品"指的是人们必须付出代价才能得到的物品，这里说的代价可以是金钱，也可以是劳动，还可以是时间，人们必须进行劳动或者进行交易才能获得这一类的物品，比如黄金、美玉等，因此"经济物品"就是经济资源，就是我们常说的商品。

"自由物品"是美好的，是我们向往的，但是像这样的东西太少太少，可以说屈指可数，在我们周围的商品基本上都是"经济物品"。"经济物品"在我们的日常生活中是极其重要的，没有"经济物品"我们就无法生存，比如我们吃的菜和饭、穿的衣和衫，这些都是"经济物品"，无一不是经过我们的辛勤劳动得到的。但是"经济物品"在数量上又是有限的，和"自由物品"不同，"经济物品"不是取之不尽用之不竭的，而是稀缺的。农民生产的粮食是有限的，工人生产的钢材是有限的，我们的住房是有限的，我们的医疗设备是有限的，地球上的石

油以目前的开采速度计算还有40年左右的时间就枯竭……和资源的稀缺性有限性相比,我们人类的需求或者欲望却是无限的。

美国心理学家马斯洛对人类的种种追求进行了细致而又科学的分析,他将人的欲望或者需求分为以下五个层次:生理需求(即吃穿住行等生存的需求,是最低层次的需求)、安全需求(即希望未来生活有保障,如免于伤害、免于失业、免于疾病等)、社交需求(即感情的需要、爱的需要、归属感的需要)、地位需求(即需要有名誉、威望和地位,也称为尊重需求)和自我实现需求(即出于对人生的看法,需要实现自己的理想),依次由较低层次到较高层次排列。这些欲望或需求一个接一个地产生,当前一种欲望或需求得到满足或部分满足之后,又会产生后一种欲望或需求,所以欲望或需求是无穷无尽的。

因此,西方经济学认为,相对于人的欲望而言,"经济物品"或者"经济资源"总是匮乏的,即资源是稀缺的,于是对付稀缺性资源的一门学问——经济学也就诞生了。

资料来源:节选自《经济学是个什么玩意》,机械工业出版社,2011年1月,王瑞泽、魏秀丽著。

知识引入

一、经济学的定义

基于上述内容,我们可以给经济学下一个比较普遍的定义:经济学是研究人们如何做出选择,来使用稀缺资源生产各种物品,并把这些物品分配给社会各个成员以满足他们需求的一门社会科学。或者也可以这样说:经济学是一门教导人们如何有效配置稀缺资源的社会科学。

不过上述传统的定义似乎在当下可以略微修改一下了,因为我们现在不但要充分利用有限的资源,比如石油矿产等,更重要的是我们要开始利用数量无限的"自由物品"来满足我们的需要,比如为了应对目前以及今后所要面临的能源枯竭以及地球变暖等危机,我们现在加快了使用风能和太阳能的步伐,而风和太阳光就是"自由物品",暂时它们都还不是稀缺资源。不过令人遗憾的是,像这样的"自由物品"太少太少了,所以当我们面对稀缺资源,还不得不做出痛苦的选择。

二、稀缺性与选择

在稀缺资源和无穷欲望面前,人们是有理性的,理性的人能做出选择,首先满足哪些欲望,然后再满足哪些欲望。选择就是用有限的资源去满足什么欲望的决策或者说如何使用有限资源的决策。美国经济学家斯蒂格利茨(J·Stjiglits)认为:"经济学研究我们社会中的个人、厂商、政府和其他组织如何进行选择,以及这些选择如何决定社会资源的使用方式。"

对于企业来说,经济学家把选择概况分为三个相关的问题。

第一,生产什么(What)、生产多少的问题

生产什么是指创造什么样的产品,各创造多少。回答"生产什么、生产多少"就是确定生产对象。由于资源有限,如果用于生产某种产品的资源多一些,那么用于生产另一种产品的

资源就会少一些。人们必须作出抉择:用多少资源生产某一种产品,用多少资源生产其他产品。假定社会资源只有一亩土地,是生产粮食还是生产棉花,生产多少粮食,多少棉花,即在粮食与棉花的可能性组合中选择哪一种。

第二,如何生产(How)的问题

一个社会必须决定谁来生产,使用何种资源以及采用何种生产技术,即确定生产方式。不同的生产方式组合是可以相互替代的,同样的产品可以有不同的资源组合方法(劳动密集型、资本密集型或技术密集型)。人们必须决定:各种资源如何进行有效组合,才能提高经济效率。例如选择用什么方法来生产粮食与棉花,是多用资本,少用劳动,用资本密集型方法来生产;还是少用资本,多用劳动,用劳动密集型方法来生产。不同的方法可以达到相同的产量,但在不同的情况下,其经济效率并不相同。

第三,为谁生产(For whom)的问题

为谁生产是指创造出来的产品如何在社会上进行分配。回答"为谁生产"就是确定产品的消费者。生产出来的粮食和棉花如何进行分配?谁来享受经济活动的成果?社会产品如何在不同的居民之间进行分配?利用各种资源的配合所创造出来的财富在各个阶层里如何被分配?产品应该遵循什么样的原则,采用什么样的分配机制?分配的数量界限如何把握?

所以,选择"生产什么""如何生产"和"为谁生产"的问题,也就是人类社会所必须解决的基本问题,这三个问题被称为资源配置问题。人类社会必须对这三个基本经济问题做出抉择,以实现有效地分配使用相对稀缺的资源,更好地满足人类无限多样的欲望。

三、选择与机会成本

无论是政府、厂商还是个人,在稀缺资源下产生了选择的必要性。选择就是善于利用有限的资源,"尽我们所有的,做我们最好的"。由于人们的选择有优劣之分,所以选择必然有一个得失权衡和利弊比较的问题。我们一旦做出选择,就必须放弃其他的可供选择,我们所放弃的选择可能带来的收益就是我们选择的机会成本。

机会成本(Opportunity Cost)是一种资源用于某种用途而放弃其他用途的最高收益。为了得到某种东西而放弃的另一种东西就是作出决策的机会成本,也可以说是作出一种选择而放弃另一种选择的实际代价。机会成本事实上是一种选择成本,它是因选择行为而产生的承保。例如,一个人选择上大学,则放弃了4年工作所得到的收入,这就是选择上大学的机会成本;当学生选择了看足球赛时,就意味着他放弃了晚上4个小时的学习时间,4个小时的学习可能带来的高分数就是学生看球赛的机会成本;家庭主妇决定支付女儿旅游费用时,就意味着她无法再购买心仪的液晶电视,她所放弃的液晶电视能够为她带来的享受就成为支付女儿旅游费用的机会成本。生活中充满了选择,到处存在机会成本。

四、选择与生产可能性曲线

社会普遍面临着稀缺性和人民的选择行为,可以用生产可能性曲线的概念来说明稀缺

性、选择和机会成本的关系。生产可能性曲线（Production Possibility Frontier）又叫生产可能性边界线或生产转换线，表明在既定资源和技术条件下生产两类商品最佳产出数量的不同组合点的轨迹。

从人类社会产生开始，就存在着一个基本的矛盾，即人类欲望的无限性和满足欲望手段的有限性之间的矛盾。经济资源是稀缺的，可以用简单的数字和图形来说明资源的稀缺性。经济学家们经常讨论"黄油和大炮（或消费品和资本品）的矛盾"，就是指任何一个社会拥有的用于生产各种物品的资源是一定的，所以能生产出的各种物品的量就是有限的，多生产某物品就要少生产其他物品。假设全社会资源只有黄油和大炮两种物品，如果多生产黄油就必须少生产大炮，要多生产大炮就要少生产黄油。这就是"黄油和大炮的矛盾"，即"鱼和熊掌不可兼得"。

在一定技术水平下，一个国家的全部资源所能生产的物品的最大数量总是一定的。假定在技术水平和资源既定的条件下，如果只生产黄油可以生产 50 万吨，只生产大炮可以生产 150 万门，在两种极端的可能之间，黄油和大炮可以有不同的数量组合，如表 1－1 共有 A、B、C、D、E、F 六种组合。

表 1－1 既定资源下黄油和大炮的组合

组合	黄油/万吨	大炮/万门	组合	黄油/万吨	大炮/万门
A	0	150	D	30	90
B	10	140	E	40	50
C	20	120	F	50	0

根据表 1－1 可以作出图 1－1。在图 1－1 中，横轴表示黄油的数量，纵轴表示大炮的数量，A、B、C、D、E、F 点分别表示在一定技术水平下，利用既定的资源所生产的黄油和大炮的最大数量的各种组合，连接这些点的 AF 曲线即为生产可能性曲线。随着曲线上的点从 A 逐渐向 F 移动，资源由大炮生产转向黄油生产，大炮数量逐渐减少，而黄油数量逐渐增多。

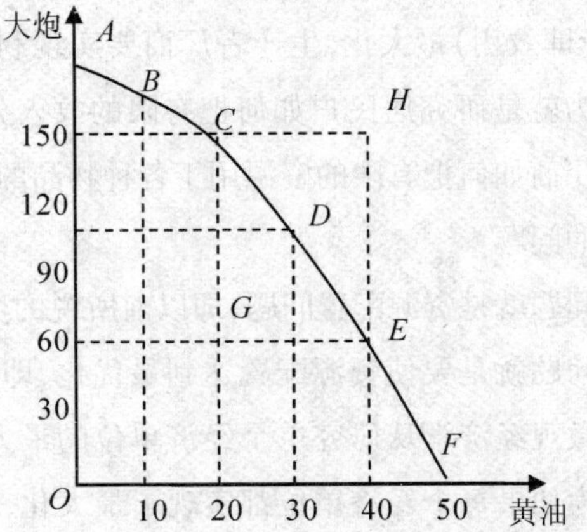

图 1－1 生产可能性曲线

从图中还可以看到 AF 曲线内的任意点 G，黄油和大炮的组合（30 万吨黄油和 60 万门大炮）也是现有既定资源条件下可以达到的，但它不是最大数量的组合，也就是资源没有被充分利用。而 AF 曲线以外的 H 点，黄油和大炮的组合（40 万吨黄油和 120 万门大炮），在现有资源和技术条件下是无法实现的。所以说，生产可能性曲线是表示一个经济社会在一定技术条件下，充分利用现有资源所能生产的各种商品的最大数量的组合。

生产可能性曲线上的点代表稀缺资源的不同配置及产品的数量组合。到底选择哪一种组合，即生产什么、生产多少，由选择方式（计划或市场）决定。如何生产、用什么方法更有效率，则需要对各种生产要素进行组合。总之，经济学产生于稀缺性，用于解决任何一个社会和个人面临稀缺资源时的选择和利用问题。

任务二　双重视角：微观经济学与宏观经济学

经济学的内容是相当广泛的，其中研究资源配置的微观经济学与研究资源利用的宏观经济学是其基础。如果说微观经济学研究的是树木，宏观经济学研究的则是森林。在这一节中，我们先对微观经济学和宏观经济学做一点概括性的介绍，以便进一步理解经济学研究的对象，并为阅读以后的内容提供一些预备知识。

一、微观经济学

（一）微观经济学的基本概念

微观经济学以单个经济主体（即居民户与厂商）的行为为研究对象，通过研究单个经济单位的经济行为和相应的经济变量单项数值的关系来说明价格机制如何解决社会的资源配置问题。

1. 微观经济学的研究对象

微观经济学的研究对象是单个经济主体的经济行为。单个经济主体是指组成经济的最基本单位，居民户与厂商。居民户又称家庭，是经济中的消费者；厂商又称企业，是经济中的生产者。在微观经济学的研究中，假设居民户与厂商经济行为的目标是实现最大化，即消费者居民户要实现满足程度（即效用）最大化，生产者厂商要实现利润最大化。微观经济学研究居民户与厂商的经济行为就是研究居民户如何把有限的收入分配于各种物品的消费，以实现满足程度最大化以及厂商如何把有限的资源用于各种物品的生产，以实现利润最大化。

2. 微观经济学要解决的问题

微观经济学要解决的问题就是资源配置问题，即以前所说的生产什么、如何生产和为谁生的问题。解决资源配置问题就是要使资源配置达到最优化，即在这种资源配置下能给社会带来最大的经济福利。微观经济学从研究单个经济单位的最大化行为入手，来解决社会资源的最优配置问题。因为如果每个经济单位都实现了最大化，整个社会的资源配置也就是实现了最大化。

3. 微观经济学的中心理论

微观经济学的中心理论是价格理论。在市场经济中，居民户和厂商的行为要受价格的支配，生产什么，如何生产和为谁生产都由价格决定。价格像一只“看不见的手”，调节着整个社会的经济活动。通过价格的调节，社会资源的配置实现了最优化。在追求最大化行为和优化资源配置的过程中，贯穿始终的是“无形的手”——价格。价格调节需求、供给，最后使市场达到均衡。因此，价格理论是微观经济学的中心理论，其他内容都是围绕这一中心问题展开的。

4. 微观经济学的研究方法

微观经济学的研究方法是个量分析。个量分析是研究经济变量的单项数值如何决定、变动及其相互间的关系。例如某企业的产量，就是产量这种经济变量的单项数值；某种商品的价格，就是价格这种经济变量的单项数值。微观经济学分析不同个量的决定、变动及其相互间的关系。美国著名经济学家萨缪尔森强调了微观经济学个量分析的特征，即微观经济学是“关于经济中单个因素——诸如一种产品价格的决定或单个消费者或企业的行为——的分析”。

（二）微观经济学的基本假设

1. 理性经济人假设

理性经济人假设也称为最大化原则，是指人们在经济活动中，所追求的是个人经济利益的最大化。人总是在选择的过程中按能够实现自身经济利益的方式来选择。经济生活中的每一个人，其行为均是利己的，他在作出一项经济决策时，总是深思熟虑地通过成本—收益分析或趋利避害原则来对其所面临的的各种可能的机会、目标以及实现目标的手段进行比较，都力图以最小的经济代价去追求自身利益的最大化。而追求自身利益最大化的过程就是微观主体对自身资源进行有效配置的过程，更进一步地说，就是市场机制通过对微观主体的诱导进而引起对资源配置的过程。理性经济人的假设在假定人是利己的同时，假定人充分关注他人的利益，不以损害他人利益为前提，并不是通常意义上的“自私自利”。

2. 信息完全假设

信息完全假设也称为“信息充分”假设，是指市场上每一个经济主体对有关的经济信息具有完全信息。例如，每一个消费者能够完全了解市场上每一种商品的性能和特点，准确地判断一定商品给自己带来的消费满足程度，掌握商品价格在不同时期的变化等，从而能够确定最优的商品购买量；每一个厂商都能准确地掌握产量和生产要素投入量之间的技术数量关系，了解商品价格和生产要素价格的变化以及在每一个商品价格水平上消费者对产品的需求量等，从而作出最优的生产决策。

3. 市场出清假设

市场出清假设是坚信价格的自由涨落可以使市场的供求处于均衡状态。包括产品价格的涨落可以使产品市场上产品供求达到均衡，利率的上升或下降可以使资本市场上资本供求处于均衡状态，工资的升降可以使劳动市场上劳动力供求处于均衡状态等。在这种均衡状态下，社会资源可以得到充分利用，不存在资源浪费或闲置。因此，微观经济学就是在假定资源得到充分利用的条件下，研究资源的优化配置问题。

（三）微观经济学的主要内容

微观经济学包括的内容相当广泛，本书主要研究以下内容：

1. 价格理论。微观经济学的核心内容是价格机制。价格是由供给和需求两种力量共同决定的。这是全部微观分析的基础。所以，微观经济学一般先讨论价格决定问题。具体内容包括需求规律、供给规律，价格决定理论、弹性理论等。微观经济学讲的价格是市场均衡价格，所以这部分内容有时也被称为均衡价格理论。本书的项目二将讨论这些内容。

2. 消费者行为理论。市场经济是以需求为导向的，社会的最终需求是消费者的消费需求。同事，消费者的需求又是决定均衡价格的重要力量。所以，微观经济学在考察价格决定时，首先要分析消费者的偏好、需求和选择行为。其基本结论是，消费者将有限的货币收入分配于各种商品的购买，以实现效用的最大化。具体内容包括基数效用论和叙述效用论等。本书的项目三将讨论这些内容。

3. 生产者行为理论。在市场上，生产者或厂商作为商品或劳务的供给者，是决定均衡价格的另一重量力量。所以，微观经济学在考察了消费者行为对价格决定的影响后，接着分析生产者选择行为的影响。其基本结论是，生产者将有限的生产资源分配于各种商品的生产上，以实现利润的最大化。具体内容包括生产理论和成本与收益理论等。本书的项目四和项目五将讨论这些内容。

4. 市场理论。生产者的选择行为同市场竞争程度有关。例如，在完全竞争市场上，生产者是价格接受者，其行为特征是在既定价格前提下选择最大化产量。如此不同，在完全垄断市场上，生产者是价格制定者，其行为特征是通过选择产量，决定理论最大化的价格。所以，在一般地考察了生产者行为后，还需要结合市场的特点，进行更深入的分析。根据市场竞争程度的不同，市场可以分为四种类型，即完全竞争市场、完全垄断市场、垄断竞争市场和寡头垄断市场。市场理论主要分析上诉市场结构的特征及其对资源配置的影响。本书的项目六将讨论这些内容。

5. 分配理论。在市场经济中，人们的收入取决于他们提供的要素数量和要素价格。要素价格取决于要素供给和要素需求两种力量的均衡。生产中的要素主要包括土地、劳动和资本。要素市场理论主要研究土地租、工资和利润等要素收入是如何决定的，及其对资源配置效力的影响。要素价格关系到人们的收入分配，回答了“为谁生产”的问题，所以又叫分配理论。本书的项目七将讨论这些内容。

6. 市场失灵和微观经济政策。在有些情况下，如市场中出现了垄断、产出是公共产品、外部不景气、信息不完全性等情况，市场机制就会失灵，导致资源配置效力下降。政府实施适当的微观经济政策，有可能校正失灵的市场。本书的项目八将讨论这些内容。

本书所介绍是传统微观经济学。现代经济学还包括更为广泛的内容，如产权经济学、时间经济学、家庭经济学、人力资本理论等。这些都是在传统微观经济学的基础上发展起来的。

拓展阅读

经济学是一门科学吗?

对于经济学是不是一门科学，学术界存在争论。国外多数经济学家认为经济学是一门科学。国外少数经济学家和国内相当一部分经济学家认为经济学不是一门科学。了解这种争论对学习这门课程是有意义的。

把经济学作为科学的理由有以下几点。第一，经济学研究的是资源配置与资源利用的问题，这种研究对象是客观的。第二，经济学得出的结论可以用事实进行验证，也就是说可以用客观标准来判断其正误。第三，可以用实证的方法进行研究，这就是说可以摆脱价值判断，从经验中归纳出理论，然后再通过经验检验与发展。承认经济学是科学就要求经济学家摆脱价值判断，客观、冷静地分析经济现实，即一般常说的经济学非道德化或不涉及道德问题。

认为经济学不是科学的人认为，经济学的研究对象不同于自然科学，它所涉及的社会现象比自然现象复杂得多。而且，经济行为是由人进行的，这就与自然主宰的物理、化学现象不同。再有，研究经济学的人有自己的伦理道德观和阶级立场，不可能摆脱价值判断客观地进行研究。经济学应该关注人，不应该只关注经济规律，见物不见人。经济学研究的结论还谈不上是科学，对许多问题还无法作出正确解释。由此得出，把经济学作为一门科学是误导。

读者可以想想，你同意哪种观点？为什么？

节选自梁小民编著《西方经济》

二、宏观经济学

宏观经济学是以整个国民经济为研究对象，通过研究经济总量的决定及其变化，来说明社会资源的充分利用问题。

(一)宏观经济学的基本概念

1. 宏观经济学的研究对象

宏观经济学的研究对象是整体经济。这就是说，宏观经济学所研究的不是经济中的各个单位，而是由这些单位所组成的整体；不是树木，而是由这些树木所组成的森林。这样，宏观经济学就要研究整个经济的运行方式与规律，从总体上分析经济问题。正如萨缪尔森所说，宏观经济学是“根据产量、收入、价格水平和失业来分析整体经济行为”。

2. 宏观经济学要解决的问题

宏观经济学要解决的问题是资源利用问题。宏观经济学把资源配置问题作为既定的前提,研究现有资源未能得到充分利用的原因,以得到充分利用的途径以及如何保持经济增长等问题。

3. 宏观经济学的中心理论

宏观经济学的中心理论是国内收入决定理论。在宏观经济领域中,国民收入是一个最基本的经济总量,综合反映了其他经济总量的变动状况。宏观经济学以国民收入的决定为中心来研究资源利用问题,分析整个国民经济的运行。国民收入决定理论被称为宏观经济学的核心,其他理论运用这一理论来解释整体经济中的各种问题。

4. 宏观经济学的研究方法

宏观经济学的研究方法是总量分析。总量是指能反应整个经济运行情况的经济变量。总量分析就是分析这些总量的决定、变动及相互关系,并通过这种分析说明经济的运行状况,制定经济政策。

(二)宏观经济学的基本假设

1. 市场机制不完善

市场经济产生以来,市场经济国家的资源都是通过价格进行调节和配置的。但在现实经济生活中,价格对经济的调节作用并不像理论所说的那样完美,若干年一次的经济危机一直困扰着市场经济国家。

2. 政府有能力调节经济,纠正市场机制的缺点

人类并不只是简单地、被动地顺从市场经济机制,而是可以在遵从经济规律的基础上,发挥主观能动性,对经济进行调节。能进行这种调节的只能是政府。政府可以利用自身的地位,通过对经济运行的认识,采用适当的手段对经济进行调节。宏观经济学就是建立在政府有能力调节经济的基础之上的。

(三)宏观经济学的主要内容

本书中宏观经济学的主要内容包括以下几点:

1. 国民收入核算理论。这一理论主要介绍国内生产总值理论与核算方法,以及经济中各种指标的关系。本书的项目九将讨论这些内容。

2. 国内收入决定理论。现代宏观经济学的核心内容是国内收入的决定问题。在短期内,要素数量、技术水平等生产能力是既定的,而且利用不充分,因而决定收入的主要因素总支出水平,这就是需求决定理论。同时,在短期内,价格和工资等也是不变的,因而产出、收入和就业大体上按相同的比例变化。本书项目十到项目十三将讨论这些内容。

3. 通货膨胀和失业理论。一般来说,现代经济是在经济膨胀和经济紧缩的交替中向前发展的,通货膨胀和通货紧缩是现代经济的普遍现象,通货紧缩期间往往有大量失业。通货

膨胀理论分析通货膨胀的原因、类型和经济影响。失业理论分析失业的原因、类型和影响等。本书的项目十四将讨论这些内容。

4. 宏观经济政策。宏观经济政策为国家干预经济提供理论依据，是宏观经济学的重要内容。现代经济的一个基本特征是有效需求不足，资源不能充分利用，需要政府管理总需求。其主要手段是实施宏观需求管理政策，重点是财政政策，并辅以货币政策。本书的项目十五将讨论这些内容。

5. 经济周期理论。经济周期理论指国民收入的短期波动，这一理论要分析国民收入短期波动的原因等问题。本书的项目十六将讨论这些内容。

6. 经济增长理论。经济增长主要探讨经济增长的源泉和增长方式，并由此形成了一些经济增长模型。经济长期稳定增长也是政府宏观经济政策的重要调控目标。这一理论要分析国民收入长期增长的源泉等问题，以实现经济长期稳定的发展。本书的项目十七将讨论这些内容。

三、微观经济学与宏观经济学的关系

(一)微观经济学与宏观经济学的联系

1. 微观经济学与宏观经济学是相互补充的

经济学的目的是要实现社会福利最大化。为了达到这一目的，既要实现的资源的充分利用，又要实现资源的最优配置。微观经济学在假定资源已实现充分利用的前提下分析如何达到最优配置的问题；宏观经济学在假定资源已实现最优配置的前提下分析如何达到充分利用的问题。它们从不同的角度分析社会经济问题。从这意义上说，微观经济学与宏观经济学不是互相排斥的，而是相互补充的，它们共同组成经济学的基本原理。

2. 微观经济学与宏观经济学都是实证分析

微观经济学与宏观经济学都是把社会经济制度作为既定的，不分析社会经济制度变动对经济的影响。这也就是说，它们都是把市场经济制度作为一个既定的存在，分析这一制度下的资源配置与利用问题。这种不涉及制度，只分析具体问题的方法就是实证分析。从这种意义上看，微观经济学与宏观经济学都是属于实证经济学的范畴。

3. 微观经济学是宏观经济学的基础

整个经济是单个经济单位的总和，微观经济学应该成为宏观经济学的基础。但如何把微观经济学作为宏观经济学的基础，不同的经济学家有着不同的理解，至今也还没有令人满意的答案。

(二)微观经济学与宏观经济学的区别

1. 研究对象不同

微观经济学的研究对象是单个经济单位，如居民户、厂商等。正如美国经济学家J·亨德逊所说，居民户和厂商这种单个单位的最优化行为奠定了微观经济学的基础。而宏观经济学的研究对象则是整个经济，研究整个经济的运行方式与规律，从总量上分析经济问题。正如萨缪尔森所说，宏观经济学是根据产量、收入、价格水平和失业来分析整个经济行为。

2. 解决的问题不同

微观经济学要解决的是资源配置问题，即生产什么、如何生产和为谁生产的问题，以实现个体效益最大化。宏观经济学则把资源配置作为既定前提，研究社会范围内的资源利用问题，以实现社会福利的最大化。

3. 研究方法不同

微观经济学的研究方法是个量分析，即研究经济变量的单项数值如何决定。而宏观经济学的研究方法则是总量分析，即对能反映整个经济运行情况的经济变量的决定、变动及其相互关系进行分析。

4. 基本假设不同

微观经济学的基本假设是完全理性、充分信息、市场出清，认为“看不见的手”能自由调节，实现资源配置的最优化。宏观经济学则假定市场机制是不完善的，政府有能力调节经济，通过“看得见的手”纠正市场机制的缺陷。

5. 中心理论和基本内容不同

微观经济学的中心理论是价格理论，还包括消费者行为理论、生产者行为理论、市场理论、分配理论等。宏观经济的中心理论则是国内收入决定理论，还包括通货膨胀和失业理论、经济周期理论、经济增长理论等。

任务三　像经济学家一样思考：经济学的研究方法

任务介绍

理性成就快乐：像经济学家那样思考

在日常生活中，每个人其实都在自觉不自觉地运用着经济学知识。比如在自由市场里买东西，我们喜欢与小商小贩讨价还价；到银行存钱，我们要想好是存定期还是活期。经济学对日常生活到底有多大作用，有一则关于经济学家和数学家的故事可以参考。

故事说的是三个经济学家和三个数学家一起乘火车去旅行。数学家讥笑经济学家没有真才实学，弄出的学问还摆了一堆诸如“人都是理性的”之类的假设条件；而经济学家则笑话数学家们过于迂腐，脑子不会拐弯，缺乏理性选择。最后经济学家和数学家打赌看谁完成旅行花的钱最少。三个数学家于是每个人买了一张票上车，而三个经济学家却只买了一张火车票。列车员来查票时，三个经济学家就躲到了厕所里，列车员敲厕所门查票时，经济学家们从门缝里递出一张票说，买了票了，就这样蒙混过关了。三个数学家一看经济学家们这样就省了两张票钱，很不服气，于是在回程时也如法炮制，只买了一张票，可三个经济学家一张票也没有买就跟着上了车。数学家们心想，一张票也没买，看你们怎么混过去。等到列车员开始查票的时候，三个数学家也像经济学家们上次一样，躲到厕所里去了，而经济学家们却坐在座位上没动。过了一会儿，厕所门外响起了敲门声，并传来了查票的声音。数学家们乖乖地递出车票，却不见查票员把票递回来。原来是经济学家们冒充查票员，把数学家们的票骗走，躲到另外一个厕所去了。数学家们最后还是被列车员查到了，乖乖的补了三张票，而经济学家们却只掏了一张票的钱，就完成了这次往返旅行。

这个故事经常被经济学教授们当作笑话讲给刚入门的大学生听，以此来激发学生们学习经济学的兴趣。但在包括经济学初学者在内的大多数人看来，经济学既枯燥又乏味，充满了统计数字和专业术语，远没有这则故事生动有趣；而且经济学总是与货币有割舍不断的联系，因此，人们普遍以为，经济学的主题内容是货币。其实，这是一种误解。经济学真正的主题内容是理性，其隐而不彰的深刻内涵就是人们理性地采取行动的事实。经济学关于理性的假设是针对个人而不是团体。经济学是理解人们行为的方法，它源自这样的假设：每个人不仅有自己的目标，而且还会主动地选择正确的方式来实现这些目标。这样的假设虽然未必总是正确，但很实用。在这样的假设下发展出来的经济学，不仅有实用价值，能够指导我们的日常生活，而且这样的学问本身也由于充满了理性而足以娱人心智，令人乐而忘返。尽管我们在日常生活中时常有意无意地运用了一些经济学知识，但如果对经济学知识缺乏基本的了解，就容易在处理日常事务时理性不足，给自己的生活平添许多不必要的烦扰。比如，刚刚买回车子，没过两天，这款车子却降价了，大部分人遇到这种情况的时候都垂头丧气，心里郁闷得很；倘若前不久刚刚买了房子，该小区的房价最近却上涨了，兴高采烈是一般购房者的正常反应。这些反应虽然符合人之常情，但跌价带来的郁闷感觉却是错误的。

在日常生活中，我们还常常烦扰于别人为什么挣得比我多，总是觉得自己得到的比应得的少，而经济学却告诉我们这样的感觉是庸人自扰，也是错误的。经济学认为别人比自己挣得多是正常的，自己得到的就是应得的，如果自己不能理性地坦然面对，只会给自己的生活带来不必要的烦扰和忧愁。

因此，掌握正确的经济学知识，将经济学思考问题的方法运用到日常生活中来，使我们能够更加理性地面对生活中的各种琐事，小到油盐酱醋，大到谈婚论嫁，就会减少生活中的诸多郁闷和不快，多一些开心，多一些欢笑。

资料来源：节选自《微观经济学纵横谈》，新知三联书店出版社，2000 年 8 月，梁小民著。

知识引入

一、实证经济学与规范经济学

无论是微观经济学还是宏观经济学，都可以采用实证分析和规范分析的方法。如果采用实证分析方法就称为实证经济学，如果采用规范分析方法就称为规范经济学，因此，经济学按其研究方法可以分为实证经济学和规范经济学。

实证分析是指企图超脱或排斥一切价值判断，只研究经济本身的内在规律，并根据这些规律，分析和预测人们经济行为的效果，它要回答“是什么”的问题，而不对事物的好坏做出评价。

规范分析是指根据一定的价值判断为基础，提出某些分析处理经济问题的标准，树立经济理论的前提，作为制定经济政策的依据，并研究如何才能符合这些标准，它要回答的是“应该是什么”的问题。

实证经济学与规范经济学之间既有区别又有联系，其区别在以下几点。

第一，研究方法不同。这是实证经济学与规范经济学的根本区别。实证经济学主要使用实证分析方法，而规范经济学主要使用规范分析方法。实证分析与规范分析的不同点是：如果依一定的价值判断为依据对经济现象进行分析和研究，就是规范分析；如果超脱价值判断去研究经济本身的内在规律则是实证分析。所谓价值判断，是指对经济事物是好还是坏的判断。实证经济学为了使对经济现象和经济问题的研究过程具有客观公正性，结论具有科学合理性，就要避开价值判断问题；而规范经济学是要判断某一事物的好与坏或是与非，则要从一定的价值判断出发来分析和研究问题。

第二，分析、研究和解决的问题不同。实证经济学要解决“是什么”的问题，也就是要确认事实本身，研究经济问题与经济现象的客观规律与本质联系，分析经济变量之间的逻辑关系，并用于对经济事物的分析与预测；而规范经济学要解决“应该是什么”的问题，也就是要说明经济事物是好还是坏，是否符合某种价值判断，或者对社会有什么意义。根据这样的分析，我们可以看出，实证经济学可以避开价值判断，而规范经济学必须以一定的价值判断为基础。

第三，实证经济学研究问题的结论具有比较强的客观性，而规范经济学研究问题的结论则具有比较强的主观性。实证经济学研究的内容、过程和方法具有客观性，所得出的结论可以根据事实进行检验，结论也不会以人的意志为转移；规范经济学研究问题的过程和方法则没有客观性，它所得出的结论要受到不同价值观的影响，具有不同的价值判断标准的人，对同一事物的分析可能会得出截然相反的结论。因为价值标准是由人事先确定的，对谁是谁非问题不可能有客观统一的评价标准，因而对其客观合理性无法用统一的标准进行检验。我们常说的“实践是检验真理的唯一标准”强调的就是用实证分析方法分析客观实际情况，对经济和社会问题的分析和判断要坚持实事求是。

必须强调指出，经济学研究是由人来进行的，不同的人由于对经济现象和问题分析的价值观念不同，既使都是采用同一实证分析方法，对分析过程中的方法选择和结果分析也会有很大的差异。企图超脱一切价值判断，就客观问题本身去分析其规律性，也不可能把决策人本身的主观因素完全排除在外。另外，在进行规范分析过程中，如果完全脱离客观现实去进行价值分析和判断，也只能是使问题的分析过程步入主观臆想的死胡同。因此，实证分析和规范分析是以不同的假设前提为条件的两种不同分析方法。实证经济学与规范经济学之间尽管存在着差异,但二者之间不是绝对的相互排斥的。规范经济学研究要以实证经济学为基础,而实证经济学研究也离不开规范经济学的指导。一般说来,越是具体的问题,实证分析的成分越多;而越是高层次,带有决策性的问题,则越具有规范性,在对经济现象分析过程中,这两种分析方法需要结合起来进行运用。

二、实证分析的工具

(一)均衡分析与非均衡分析

均衡分析就是假定经济变量中的自变量为已知的固定不变的,以观察因变量达到均衡状态时所出现的情况以及实现均衡的条件。由于在观察过程中,外界条件不断地发生变化,均衡可能是转瞬即逝的一刻,也可能永远达不到。但在均衡分析中,我们只考察达到假想中的均衡时的情况。

均衡分析又可以分为局部均衡分析与一般均衡分析。局部均衡分析考察在其他条件不变时单个市场均衡的建立与变动。一般均衡分析考察各个市场之间均衡的建立与变动,它是在各个市场的相互关系中来考察一个市场的均衡问题的。

非均衡分析则认为经济现象及其变化的原因是多方面的、复杂的,不能单纯用有关变量之间的均衡与不均衡来加以解释,而主张通过对历史、制度、社会等因素的分析作为基本方法。即使是个量分析,非均衡分析也不强调各种力量相等时的均衡状态,而是强调各种力量不相等时的非均衡状态。

微观经济学与宏观经济学运用的主要分析工具是均衡分析。比如,微观经济学中的均衡分析,是以理性的经济人假设为前提,以实现最优化为目标,主要通过边际分析方法来进行均衡状态分析的。

(二)静态分析与动态分析

按照分析经济活动时是否考虑时间因素来划分,分析方法可以分为静态分析与动态分析。

静态分析不考虑时间因素,不涉及时间因素所引起的变动,不考虑均衡和变动过程,只考察一定时期内各种变量之间的相互关系。因而静态分析是一种状态分析,是对一种事物横断面的分析。

动态分析则是引入时间因素,要涉及时间因素所引起的变动,考察各种变量在不同时期的变动情况。因而动态分析又被称为过程分析,是一种时间序列分析。

静态分析研究的是经济现象相对静止的状态,而动态分析研究的是经济现象的发展变化过程。

(三)静态均衡分析、比较静态均衡分析、动态均衡分析

静态均衡分析要说明的是各种经济变量达到均衡的条件,比较静态均衡分析要说明从一种均衡状态变动到另一种均衡状态的过程,即原有的条件变动时均衡状态发生了什么相

应的变化,并把新旧均衡状态进行比较。

动态均衡分析则是在引进时间因素的基础上说明均衡的实际变化过程,说明某一时点上的经济变量的变动如何影响下一时点上该经济变量的变动,以及这种变动对整个均衡状态产生的影响。微观经济学与宏观经济学都以这种分析工具作为分析经济现象和问题的手段和方法。

(四)定性分析与定量分析

定性分析就是分析研究经济现象内在的性质与规律性,具体地说是运用归纳、综合以及抽象与概括等方法,对获得的各种材料进行思维加工,从而能够去粗取精、去伪存真、由此及彼、由表及里,达到认识事物本质,揭示其内在的规律性。定性分析常被用于对事物相互作用的研究中,它主要是分析和解决研究对象"有没有"或者"是不是"的问题。

定量分析是将所研究的经济现象的有关特征及其变化程度实行量化,然后对取得的数据进行统计学处理,从对事物量变过程的分析中得出结论。从根本上说,定量分析渗透着这样一个观念:世界上一切事物不依赖人的主观意志而存在,是可以被认识的;它们的各种特征都表现为一定的量的存在或以不同的量的变化表现其变化的过程。定量分析是要说明事物或现象是"如何变化的"或"变化过程与结果怎样"的问题。

定性分析与定量分析相互补充,相得益彰,具有不可分离的关系,处在统一的连续体之中。在实际经济问题分析过程中,定性分析为定量分析提供基础,定量分析的结果要通过定性分析来解释和理解。

三、经济理论的组成与表述方法

(一)经济理论的组成

一个完整的理论包括定义、假设、假说和预测。

1. 定义(definition)

定义是对经济学所研究的各种变量规定的明确的含义。

变量是一些可以取不同数值的量。在经济分析中常用的变量有内生变量与外生变量、存量与流量。内生变量是一个理论中要研究的变量,也称为因变量;外生变量是在一个理论以外的变量,也称为自变量。比如在研究需求问题时,需求量是内生变量或称为因变量,商品价格是外生变量或称为自变量。存量是指变量在某一时点上存在的数值,其数值大小与时间维度无关。流量是指一定时期内发生变化的变量,其数值大小与时间维度有关。

2. 假设(assumption)

假设是某一理论所适用的条件。

因为任何理论都是有条件的、相对的,所以在理论形成中假设非常重要。比如供给定理就是以厂商对某种商品的供应量的变动只与其价格变动有关,而厂商的生产目标、相关商品的价格等因素相对不变作为假设条件,研究厂商对某种商品供应量的变动与其价格变动之间数量关系的理论,离开了这个假设条件,供给定理所说明的厂商在一般情况下对某种供应量与其价格之间的同方向变动关系就不存在或没有什么实际意义了。

3. 假说(hypotheses)

假说是对两个或更多的经济变量之间关系的阐述,也就是未经证明的理论。

在理论研究中提出假说是非常重要的,这种假说往往是对某些现象的经验性概括或总结。假说必须经过验证才能说明它是否能够成为具有普遍意义的理论。因此,假说并不能凭主观臆断而产生,必须来源于社会经济实践,通过对客观实际的观察分析来得出。

4. 预测 (prediction)

预测是根据假说对未来进行预期,即根据过去和现在估计未来,根据已知推断未知。

科学的预测是一种有条件的推测性说明,这种推测性说明根据历史与现实之间的客观联系,以所掌握的过去发生的与现在存在的反映客观事物状态和发展过程的信息资料为基础,是进行科学决策的一种依据条件。正确的假说的作用就在于它能够正确地预计未来,降低经济决策的风险性。

(二)理论的表述方法

主要有以下几种表述方法。

1. 口述法,或称叙述法,用文字来表述经济理论。

2. 算术表示法,或称列表法,用表格来表述经济理论。

3. 几何等价法,或称图形法,用几何图形来表述经济理论。

4. 代数表达法,或称模型法,用函数关系来表述经济理论,在实际的经济分析过程中,往往是把上述几种方法结合起来进行运用的。

任务四　历史沿革:经济学的发展阶段

经济学,在西方被称为“社会科学的皇后”。所谓当代西方经济学,一般是指 1929－1933 年世界经济大危机后产生并流行于当今西欧、北美和受其直接影响的国家及地区的经济学说。因此,我们要了解当代西方经济学,就必须首先了解西方经济学说发展、演变的历史概貌。迄今为止,西方经济学说的发展和演变,大体上经历了以下四个基本历史时期。

一、古代中世纪的西方经济学说(公元前 4 世纪至公元 15 世纪)

我们知道,经济学作为一门独立的科学是和资本主义生产方式同时产生和发展起来的。但在此之前,人类社会已存在了很久的历史时期。在这漫长的历史时期里,人类为了生存和发展,从来没有停止过物质资料生产等经济活动。尽管当时的生产力水平不高,自然经济占统治地位,社会分工和交换不发达,经济联系不密切,人们的经济生活比较简单,那时人们还没有把经济关系作为专门的研究对象。但是,古代中世纪的许多著作家、思想家和政治家在考察物质资料生产等经济活动时曾探讨过经济问题,并发表过许多杰出的见解,这些杰出的见解就成为经济学产生的思想渊源。公元前4世纪的希腊学者色诺芬,曾最早使用“经济”一词作为其论述家庭管理一书的名称。后来“政治经济学”一词中“Economy”这个词,就是由希腊文演变而来的。这些顾希腊学者的经济学说都产生于伯罗奔尼撒战争(公元前431年-前404年)后古希腊奴隶制城邦的危机时期。因此,对当代西方经济学思想渊源的考察,一般也就从公元前4世纪开始。

二、近代西方经济学体系的形成与演变(16世纪至19世纪60年代)

在西欧封建社会的末期,随着社会生产力的发展,在14-15世纪,商品市场关系已在地中海沿岸的某些城市开始稀疏地出现。在16世纪,商品市场关系得到了迅速的发展。随着商品货币体系的扩大和贸易的频繁,经济关系日益复杂。于是,新兴的资产阶级基于政治和经济斗争的需要,已经开始把经济关系同其他社会关系区分开来进行专门的研究。历史上最早对资本主义生产方式进行理论探讨的是重商主义者。最早使用“政治经济学”这个词作为书名的是法国重商主义者安徒万·德·蒙克来田,他在1615年曾发表提名为“献给国王和王太后的政治经济学”一书。重商主义是在资本原始积累时期产生的代表商业资产阶级利益的一种经济学说和政治体系。重商主义者认为,财富就是金银,金银就是财富;财富的真正来源是对外贸易和顺差。因此,他们主张政府积极干预经济,把政府一切经济活动统统归结为攫取金银。重商主义者的这种理论和政策主张,在英、法等国,从15世纪下半叶至17世纪下半叶这200年左右时间内一直占统治地位。

随着商品市场经济的发展,从17世纪下半叶开始,在英、法等国逐渐形成了一股反对重商主义的社会经济思潮,强调从生产领域来研究财富增长,主张自由放任,这就是西方经济学说史上的第一次重大变革。这次革命,西方人把它称为“古典革命”。通过这场革命,建立了第一个西方经济学的理论体系,即古典经济学。古典经济学在英国从威廉·配第到李嘉图结束,在法国从布阿吉尔贝开始到西斯蒙第结束,其中包括英国的亚当·斯密和法国重农主义经济理论体系建立者魁奈等人。这些古典经济学家经过一个半世纪的研究,论证了资本主义财富增长的因素、条件和途径,以及资本主义经济运行的机制和规律,奠定了劳动价值论的基础,强调了工资和利润、利润和地租的对立。古典经济学是资本主义工厂手工业和工业革命发展初期的经济理论和政策主张,它不仅为以后西方经济学的进一步发展提供了基本概念,也成为马克思主义经济学的理论来源。

由于古典经济学是在资本主义制度确立时期产生和发展起来的,因此古典经济学家对经济问题的研究就具有把经济制度的分析与既定制度下经济运行过程的分析结合起来的特征。亚当·斯密的经济理论体系就明显地体现了这种特征,在考察经济制度的同时侧重研究了一国财富增加的原因。李嘉图发挥了亚当·斯密某一方面的研究,即重点考察了国民收入的分配机制。法国经济学家萨伊和英国经济学家马尔萨斯等人也继承和发挥了亚当·斯密的学说。

1830年欧洲历史上发生了一个重大事件，即爆发了法国资产阶级推翻查理十世封建复辟王朝的七月革命。这次革命也推动了英国的民主运动。在1832年英国通过议会改革案，使工业资产阶级在议会取得了统治地位。这就是说，1830年法国的七月革命和1832年英国的议会改革，标志着法国和英国的资产阶级完全取得了胜利，标志着资本主义制度在欧洲的确立。1830年后的西尼尔、巴师夏、凯里等人，继承了亚当·斯密的传统，对既定制度下财富增长和收入分配进行了进一步的研究。尤其是集经济学家与实证主义哲学家于一身的约翰·穆勒，他把经济学划分为具有自然真理性质的生产和受制度影响的分配这两个不同的部分。尽管他本人在这两个方面还没有达到严密的系统分析，但他却有力地促进了经济学研究中这两个部分的分解。直到19世纪70年代“边际革命”的兴起，才全面完成这一过程的转变。边际革命以后的西方主流经济学，就专门注重对既定制度下资源配置过程进行微观和宏观分析。

三、现代西方经济学体系的产生和发展(19世纪70年代至20世纪30年代)

19世纪70年代，由于自然科学的发展和影响，数量分析特别是边际增量分析的统计方法和均衡概念等逐渐被应用到经济研究上来，于是西方经济学又发生了一次重大变革。这次革命被称为“边际革命”。在19世纪70年代初，奥地利的门格尔、英国的杰文斯和法国的瓦尔拉，差不多同时各自独立地发现了边际效用递减原理。这一原理经过维塞尔、庞巴维克、帕累托、马歇尔和克拉克等边际主义者的阐发，形成了以均衡价格为中心的微观经济学理论体系。他们所提出的这个“边际”概念，几乎可以运用到微观经济学所考察的所有经济变量，因而成为经济分析中的一个极为有用的基本概念。在“边际革命”以前，尽管有各种关于价值决定和价值源泉的看法，但其共同的特点是把价值决定看作是一个社会过程，价值源泉存在于生产耗费中。边际“革命”一反传统思路，从消费者行为出发研究价值问题，价值决定被看作个人的心理过程。这一转变，逐渐使经济学由一门主要研究整个国家致富的学问转变为主要研究个别消费者行为、个别厂商行为这两方面行为对价值、价格的决定机制的学问。这些边际主义者虽然根据19世纪初以来出现的变化情况，用数量方法建立了关于消费者谋取最大效用，生产者追求最大利润的刺激下如何通过市场机制实现一国生产资源的有效配置的理论，但他们仍坚信竞争力量是调节经济活动、从而在生产和消费之间建立均衡的力量。因此，他们所建立的这种微观经济理论，在西方被称为新古典经济理论。

在这一时期，在经济发展的同时，经济危机连续发生，这就促使人们从宏观上探寻和解释经济危机和经济波动的原因，于是就产生了许多种宏观经济理论。其中较有影响的，首先是瑞典经济学家维克赛尔、缪尔达尔、林达尔和挪威经济学家弗瑞希等人，他们采用总量分析方法考察了资本主义国家经济运行过程，形成了北欧经济学家的宏观动态均衡理论。其次是熊彼特，他在奥地利学派的边际效用论和洛桑学派的一般均衡论基础上，又在新历史学派的多元历史观的影响下，运用“创新”这一概念来解释经济周期的波动和社会的经济发展，形成了他独树一帜的经济发展理论。第三是英国经济学家马歇尔、庇古和美国经济学家费雪等人,在研究货币流通数量与物价水平相互关系时所形成的货币流通数量论。第四是美国经济学家米歇尔及其助手们对国内收入及其变动的研究。这个时期研究宏观经济问题的理论观点和方法对以后宏观经济学体系的建立是有影响的,特别是对国民收入核算和统计的研究,为宏观经济学的建立奠定了重要的前提和基础。正如美国经济学家托宾所说:“如果没有国民收入核算和近40年对其他方面统计的革新和改造,当前的经验宏观经济学便是不可想象的。

四、当代西方经济思潮(20世纪30至80年代)

在1929-1933年,爆发了一场空前严重的世界经济危机。这场危机宣告了自李嘉图至马歇尔等人所信奉的供给会自动创造需求的“仨伊定律”的破产,于是西方经济学又发生了第三次重大变革,这就是“凯恩斯革命”。

凯恩斯根据20世纪30年代大危机和大萧条的情况,于1936年发表了《就业、利息和货币通论》(以下简称通论)一书,书中运用“总量分析”方法阐述了有效需求原理。他认为社会的就业量取决于有效需求(包括消费需求和投资需求),而有效需求的大小又主要决定于三个基本心理因素,即“消费倾向”“对资产未来收益的预期”、对货币的“流动偏好”以及货币数量。在他看来,资本主义社会之所以存在失业和萧条,主要就是由于这些心里规律的作用所造成的有效需求不足,而危机的爆发则主要是由于对未来收益缺乏信心而引起的“资本边际效率”的“突然崩溃”。在此理论基础上,他所提出的对策,就是扩大政府干预经济的权利,采取财政金融措施,增加公共开支,降低利息率,刺激消费,增加投资,以提高有效需求,实现经济的充分就业均衡。凯恩斯在《通论》中所阐述的这种有效需求原理,严厉地抨击了供给会自动创造需求的“萨伊定律”,摈弃了古典学派和新古典学派关于资本主义制度可以通过市场机制的自动调节以实现充分就业均衡的传统理论。因此,《通论》的出版,在西方被告誉为“凯恩斯革命”。

《通论》出版以后,许多西方经济学家放弃了传统观点,追随凯恩斯,对凯恩斯的有效需求原理进行注释、补充和发展,形成了一套完整的宏观经济学经济理论体系。在《通论》基础上形成和发展起来的凯恩斯主义的经济理论和政策主张,对第一次世界大战后的资本主义国家产生过很大的影响。因此,有些西方经济学家把战后20年左右的时间,称为“凯恩斯时代”。但是,推行凯恩斯主义的结果,却改变了凯恩斯主义发生作用的某些条件。20世纪70年代以后,资本主义世界出现了大量失业与剧烈的通货膨胀并存的“停滞膨胀”,这种情况标志着凯恩斯主义的失灵。于是,在当今的西方经济学界形成了众多经济思潮和流派纷争的局面。

本章小结

经济学是研究人们如何利用既定稀缺性资源生产出最多的物品和劳务,并分配给不同的社会成员,满足其需要的科学。经济学包括微观经济学和宏观经济学两个部分。其中,微观经济学是在假定经济资源总量既定的前提下，研究如何配置资源，才能使其利用效率最高。宏观经济学是在假定微观经济主体都能有效利用资源的前提下，研究如何配置资源，才能消除有效需求不足，实现资源充分利用。微观经济学和宏观经济学之间既有联系也有区别。经济学的功能是解释世界和改善世界，为此经济学家必须运用科学的研究方法，包括提出假设、观察现象、实证分析和规范分析以及建立模型等。经济学的发展是一个历史过程，大致经历了古代中世纪的西方经济学说、近代西方经济学体系、现代西方经济学体系和当代西方经济思潮四个历史时期。

复习思考题

一、名词解释

自由物品　经济物品　机会成本　生产可能性曲线　微观经济学　宏观经济学　实证分析　规范分析

二、选择题

1. 说“资源是稀缺的”，是指(　　)。

A. 世界上大多数人生活在贫困中

B. 相对于资源的需求而言，资源总是不足的

C. 资源必须保留给下一代

D. 世界上资源最终将因生产更多的物品和劳务而消耗光

2. 当资源不能满足所有人的需要时，(　　)。

A. 政府必须决定谁的要求不能被满足

B. 必须作出选择

C. 必须有一套市场系统起作用

D. 价格必定上升

3. 以下不是微观经济学所考察问题的是(　　)。

A. 一个厂商的产出水平

B. 失业率的上升或下降

C. 联邦货物税的高税率对货物销售的影响

D. 某一行业中雇佣工人的数量

4. 微观经济学要解决的问题是(　　)；宏观经济学要解决的问题是(　　)。

A. 资源配置　　B. 资源利用

C. 企业效益的最大化　　D. 整个国民经济的增长

5. 在一个市场经济中，由(　　)来回答生产什么、如何生产和为谁生产的经济学基本问题。

A. 消费者　　B. 购买者

C. 企业和政府之间自由的相互作用　　D、企业和家庭之间自由的相互作用

6. 下列命题中不是实证经济学命题的是(　　)。

A. 1982 年 8 月联邦把贴现率降到 10%

B. 1981 年失业率超过 9%

C. 联邦所得税对中等收入家庭是不公平的

D. 社会保险税的课税依据已超过 30 000 美元

7. 一国生产可能性曲线以内的点表示(　　)。

A. 通货膨胀　　B. 该国资源存在浪费

C. 该国可被利用的资源很少　　D. 该国生产处于最佳状态

8. 在任何一个经济社会中(　　)。

A. 因为资源是稀缺的,所以不存在资源的浪费

B. 因为存在资源浪费,所以资源不稀缺

C. 既存在资源的稀缺,又存在资源的浪费

D. 既不存在资源的稀缺,又不存在资源的浪费

9. 花 10 元钱理发的机会成本是(　　)。

A. 10 元钱其他最好的用途

B. 用来理发的时间的其他最好的通途

C. 10 元钱和用来理发的时间的其他最好用途

D. 给理发师 10 元钱的价值

10. 当经济学家说人们是理性人的时候,这是指(　　)。

A. 人们不会做出错误的判断

B. 人们总会从自己的角度做出最好的决策

C. 人们根据完全的信息而行事

D. 人们不会为自己所做出的任何决策而后悔

三、分析讨论题

1. 现在上大学太昂贵了,既要花费时间,付出精力,又要交大笔学费。那么为什么人们还决定去上大学呢?

2. 列举三个你在生活中面临的重要权衡取舍的例子。

3. 看一场电影的机会成本是什么?

实训项目

当你在食堂排队买饭菜时,你总感到所站队特别慢。你常常会左顾右盼,略作估算,然后下决心离开原队而站到旁边的队列,之后,往往没过几分钟你会发觉你新站的队其实与原先所在的队一样慢!让我们对这一有趣的现象做较为形象的描述。我们假定,食堂一横排

开有十多个窗口,每个窗口出售完全相同的食物,又假定你进入食堂后,只能看到你附近的两三个队列。

问题:当你进入食堂,是先巡逻一番,挑最短的队列站,还是只从你所能看到的两列中挑较短的一队?试用经济学的观点分析此问题。

拓展阅读

经济学始祖——亚当·斯密

亚当·斯密被公认为是现代经济学的创始人,1723 年生于苏格兰,然后在格拉斯哥大学及牛津大学接受教育,随后曾担任格拉斯哥大学教授和副校长。

亚当·斯密一生中的大部分时间是担任格拉斯哥大学的伦理学教授,并在 1759 年出版了《道德情操论》,因此成为英国有名的哲学家,但此书并不是他的传世之作。当时,经济学只是伦理哲学领域中的一个分支。幸运的是,他是一位受欢迎的教授,因为当时格拉斯哥大学教授的薪水是由选修该课程学生人数的多少而定的。在格拉斯哥,斯密帮助年轻的瓦特找到一个制作仪器的工作,瓦特后来发明了蒸汽机。

在格拉斯哥大学待了三年后,斯密接受了一个高薪的职位,担任一个苏格兰贵族青年的家庭教师,陪他去法国留学,这是 18 世纪时贵族教育的传统方式。他对留在法国的日子感到厌倦,因此那几年中,斯密开始从事《国富论》的写作。经过 12 年的努力,《国富论》于他 53 岁时(1776 年)问世,书中的主要论点在于阐明自由贸易与分工对国家繁荣的重要性;政府对垄断的保护与课征关税将会带来危害;以及利己心较利他主义更能增进社会的福利。这本巨著为他赢得了极高的学术荣誉,也补偿了他早年所受到的漠视。斯密是第一位了解非计划性自由经济精髓的学者。在他的观念中,一个中心论点就是:厂商及个人在追求自身利益的同时,往往也增进了大众的福利。基于利己之心,个人被一只“看不见的手”所引导,最后增进了全社会的福利,而这并非其本来的希望。在个人只顾追求自己利益的情况下,最后所增进的社会利益往往比个人有心去增进社会福利的结果还来得多。

亚当·斯密的理论构成了微观经济学的主干。160 年后,凯恩斯学说变成了宏观经济学的主流。这两位著名的英国经济学家虽然时间上相差几乎达两个世纪,但都变成了家喻户晓的名字。

斯密是个健谈而又腼腆害羞的人,特别对女人敬而远之。当他在法国时,只要是受到贵妇们注意,他就会感到坐立不安。他从未结婚,大半生都与母亲住在一起。

项目二　价格理论

开篇案例

1988 年旱灾对供给的冲击

1988 年,美国中西部出现了有史以来最严重的旱灾。当年的玉米产量比原来预计下降 35%,黄豆产量下降超过 20%,小麦产量下降超过 10%,因此有必要对其后果做出预测,以便供政府参考,制定有关应变措施。而他们的预测依据并不是什么特别高深的手段和理论,而是有关供求关系的基本法则。

首先我们确定一件事,即这场旱灾已经大幅度减少了谷物的产量,供不应求的局面已经不可避免。因此这场旱灾可以看作是将谷物的供给曲线向左移动,我们由此得出结论:在需求曲线一定的前提下,供给曲线大幅度左移应该导致农产品价格大幅度上升。具体而言就是当年夏末时节玉米价格已经迅速上升 80%,黄豆价格也上升了接近 70%,而小麦价格则上升 50%。

由于谷物是许多其他产品(尤其是畜牧产品)的基础,经济学家同时运用供求关系模型预测这场旱灾对其他产品的供求状况的影响。例如,谷物是牲畜的主要食粮,随着谷物价格的上升,养殖牛羊等各种牲畜的利润便相应下降,农民的积极性难免受到负面影响。因为牲畜每天都需要喂养,多留一天无疑意味着耗费更多的谷物,成本也相应提高,于是农场里出现了农民纷纷提前宰杀牲畜出售的现象。结果在 1988 年,市场上可供选择的肉类供应量稍稍上升,虽然只是短期现象,却引起了肉类价格的轻微下降。

另外一个例子就是谷物作为养鸡场的主要饲料来源,其价格大幅度上升必然导致鸡的数量下降,鸡肉和鸡蛋供给曲线向左移动,价格因此略上升。与此同时,农产品的价格上升引起相关替代产品的需求曲线向左移动,即需求上升。结果证明这样的分析相当准确,仅在当年 7 月间,不受中西部旱灾影响的其他农产品(包括蔬菜和水果)的价格已经上升 5%,而且继续看涨。

资料来源:节选自《经济学基础》,化学工业出版社,2011 年 1 月,邓文博、吴春尚著。

知识目标

1. 理解需求的含义与需求定理
2. 掌握需求函数以及影响需求的因素
3. 掌握需求变动和需求量变动的区别
4. 理解供给的含义与供给定理
5. 掌握供给变动和供给量变动的区别
6. 掌握供给与供给函数以及影响供给的因素

7. 掌握均衡价格与供求定理

能力目标

能运用需求和供给理论，分析产品市场需求和供给的变动关系

任务一　洛阳纸贵：需求与供给

任务介绍

洛阳纸贵的故事

晋代文学家左思，小时候是个非常顽皮、不爱读书的孩子。父亲经常为这事发脾气，可是小左思仍然淘气得很，不肯好好学习。

有一天，左思的父亲与朋友们聊天，朋友们羡慕他有个聪明可爱的儿子。左思的父亲叹口气说："快别提他了，小儿左思的学习，还不如我小时候，看来没有多大的出息了。"说着，脸上流露出失望的神色。这一切都被小左思看到听到了，他非常难过，觉得自己不好好念书确实很没出息。于是，暗暗下定决心，一定要刻苦学习。

日复一日，年复一年，左思渐渐长大了，由于他坚持不懈地发奋读书，终于成为一位学识渊博的人，文章也写得非常好。他用一年的时间写成了《齐都赋》，显示出他在文学方面的才华，为他成为杰出的文学家奠定了基础。这以后他又计划以三国时魏、蜀、吴首都的风土、人情、物产为内容，撰写《三都赋》。为了在内容、结构、语言诸方面都达到一定水平，他潜心研究，精心撰写，废寝忘食，用了整整十年，文学巨著《三都赋》终于写成了。

《三都赋》受到好评，人们把它和汉代文学杰作《两都赋》相比。由于当时还没有发明印刷术，喜爱《三都赋》的人只能争相抄阅，因为抄写的人太多，京城洛阳的纸张供不应求，一时间全城纸价大幅度上升。

这个典故揭示了短期市场下，当供给不变时，需求增长导致的价格上扬。说明在封建社会小农经济条件下，供需规律一样是适用的。同样说明这个规律的另一个经典案例是"谷贱伤农"的典故。只是这个典故是从供给的角度说明，短期内供给增长，由于需求变化不大，导致价格下跌，进而使生产者受损。

故事出自《晋书·文苑·左思传》

知识引入

有一则古老的经济学笑话曾经讽刺道：只要教懂一只鹦鹉说"需求"和"供给"，它也能成为经济学家。从中可见需求和供给是当代经济学一个核心课题。需求和供给是一个经济学模型，它被应用于决定市场均衡价格和均衡产量。这个模型适用于竞争性市场，而不适用于市场存在垄断或者寡头垄断的情况，需求或者供给价格分别跟消费者的需求量和生产者的供给量挂钩，形成两种市场力量决定价格和产量的均衡。

一、需求分析

（一）需求的含义

需求（Demand）是指消费者在一定时间内，在一定价格条件下，对某一商品愿意并且能够购买的数量。如你需要一辆汽车是你的购买欲望，但要成为需求，还必须有支付能力。只有主观上有购买汽车的愿望，客观上又具有支付能力的人，才构成对汽车的需求；相反，你虽然有支付汽车的能力，但你没有购车的欲望，也不会构成对汽车的需求。所以，需求是购买欲望与购买能力的统一，缺任何一方面都不能形成需求，即经济学上讨论的需求是有支付能力的需求，或称有效需求。在理解需求概念时，还应当注意，需求是指对于一系列价格的一系列数量，而不是一个特定的具体的数值。其中，对于某一特定价格下，消费者愿意购买的某一货物的数量称为“需求量”。

拓展阅读

中国人不戴睡帽

鸦片战争，英国曼彻斯特棉纺商人为打开了中国这个广阔市场欣喜若狂。他们估计，中国有4亿人，如果1亿人晚上戴睡帽，每人每年用两顶，整个曼彻斯特棉纺厂日夜加班也不够用，何况还要做衣服呢。于是他们把大量洋布送到中国。结果相反，中国人没有戴睡帽的习惯，衣服也用自产的丝绸或土布，洋布根本卖不出去。按当时中国人的购买能力还是有相当一部分人可以消费得起洋布的，关键在于中国人没有购买欲望。构成需求的两个要素是购买欲望与购买能力。英国人失算在没有考虑到中国人的购买欲望。

市场是企业生存与发展的关键，在面临国内需求不足的今天，大概许多企业都有这种体会。要使产品有市场不仅要被动地适应消费者的需求，还要主动去创造需求，让消费者有购买欲望。鸦片战争后英国商人的失败给我们上了一课。现代企业家一定要时刻记住创造消费者购买欲望这个信条。

（二）需求定理

1. 需求定理

在一定时期内，如果其他条件不变，某种商品的价格上升，其需求量就会减少；反之，该商品的价格下降，其需求量就会增加。需求量与价格呈负相关。对多数商品而言，这种关系是成立的，因而经济学家称之为需求规律或需求定理。

对于需求定理的理解，要注意两个方面：

一是假定前提是其他条件（主要是指收入、相关商品的性质等其他因素）不变，因为如果其他条件变了，上述关系不一定成立。例如，如果购买者的收入增加了，即使某种商品的价格上升了，其购买量完全有可能也跟着增加，而不是减少。

二是需求定理表明的商品价格与需求量成反方向变动的关系，是替代效应和收入效应共同作用的结果。替代效应是指在实际收入不变的情况下，某种商品价格变化对其需求量的影响。即 X 商品价格上升而引起对其他具有同类用途商品的需求量增加,从而减少对 X 商品需求量所产生的替代现象。它强调的是一种商品价格变动对其他商品相对价格水平的影响。收入效应是指在货币收入不变的情况下,某种商品价格变化对其他商品需求量的影响。即由于 X 商品价格上升,消费者的名义货币收入不变,而实际货币收入减少,从而导致消费者对 X 商品的需求量减少。这种由于商品价格上升而引起的实际收入减少与需求量减少的现象就是收入效应。它强调的是一种商品价格变动对实际收入水平的影响。

2. 需求定理的例外

需求定理指的是一般商品的定律,但这一定理也有例外。比较重要的例外是炫耀性商品和吉芬商品。

炫耀性商品是用来显示人的社会身份的商品,例如首饰、豪华型轿车就是这种商品。这种商品只有在高价时才有显示人的社会身份的作用,因此,价格下降时需求反而减少。

此外,在某些特定条件下,某些商品的价格上升,需求反而增加。例如,英国经济学家吉芬发现,在 1845 年爱尔兰大灾荒时,马铃薯的价格上升,需求量反而增加。这种价格上升、需求量增加的情况被称为“吉芬之谜”,具有这种特点的商品被称为吉芬商品。

知识链接

恩格尔系数

在价格和其他条件不变的情况下,收入与需求量呈同方向变动。即需求量随收入的增加而增加,需求量随收入的减少而减少。当消费者的收入提高时,如果会增加商品的需求量,则为正常商品。当消费者的收入提高时,如果会减少商品的需求量,则为低档品或劣质商品。

恩格尔定律是指在价格和其他条件不变的情况下,一个人或一个家庭随着收入水平的不断提高,用于生活必需品(粮食)的支出额在总收入中所占的比重呈下降趋势。

恩格尔系数 = 一个人(家庭)生活必需品(粮食类)的支出额/可支配收入

恩格尔系数越大,表明生活水平越低;反之,恩格尔系数越小,表明生活水平越高。

(三)需求表与需求曲线

我们可以用需求表和需求曲线来表示需求规律。需求表是用来表示其他条件不变时,某种商品的价格与其需求量之间对应关系的表格。表 2－1 是大豆的需求表,其中数据显示,当大豆的价格为 1 元时,需求量是 1000 千克,当大豆的价格为 2 元时,需求量为 800 千克,随着价格的上升,需求量不断减少。

表 2－1　苹果的需求表

项目	A	B	C	D	E
价格(元)	1	2	3	4	5
需求量(千克)	1000	800	600	400	200

上述对应关系还可以用一条需求曲线来表示。需求曲线是一条表示在其他条件不变时，某种商品需求量与其价格之间关系的曲线。由于需求量随着价格的下降而增加，所以，一般情况下，需求曲线是一条向右下方倾斜的曲线。

如图 2-1 是根据表 2-1 做出的需求曲线。在图 2-1 中，横轴表示商品（这里指苹果）的需求量 Q，纵轴表示该商品的价格 P。需求曲线上标出的 A、B、C、D、E 点分别代表表上各行的资料。例如，A 点表示，苹果价格是 1 元一千克时，需求量是 1000 千克；B 点表示，苹果价格是 2 元时，需求量是 800 千克，以此类推。

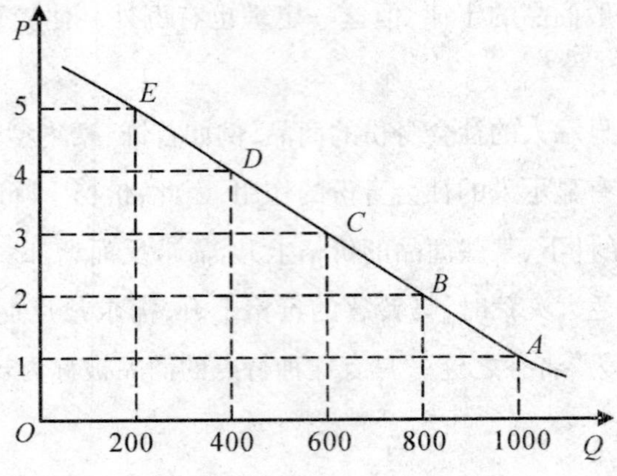

图 2-1 苹果的需求曲线

（四）影响需求的因素与需求函数

1. 影响需求的因素

消费者对某种商品的需求量取决于许多因素，如商品价格、消费者收入、相关商品价格、消费者对商品价格的期望、消费者个人偏好等。不同因素对商品需求量的影响方向是不同的，一般而言影响需求的主要因素如下：

(1) 商品本身的价格

商品本身的价格（P_A）不影响对这个商品的需求，只影响需求量。它是对商品需求量的影响最大、最敏感的因素。一般情况下，当影响商品需求的其他因素保持不变时，商品本身的价格越高，商品的需求量越小；相反，商品本身的价格越低，商品的需求量越大，正如需求定理所述。

(2) 消费者的收入水平

消费者的收入水平（I）是指消费者平均收入水平。在商品价格不变时，消费者收入水平的提高表明消费者的实际购买力提高，因此会使消费者增加购买商品的数量；而消费者收入水平的降低则会使消费者减少购买商品的数量。富裕国家或家庭几乎对于一切物品的需求，都高于不发达的国家或家庭。

(3) 消费者的偏好

消费者的偏好(T)是指消费者对商品的喜好程度。在不同时期消费者对同一种商品的偏好可能不同。例如,在冬季里消费者对冬季服装的偏好较强,而在夏季里对冬季服装的偏好较弱;又如我们通常所说的现在流行某种商品就是指现在消费者对这种商品有较强的偏好,而要说某种东西过时了,则表明消费者对这种商品的偏好变得较弱了。在商品价格不变时,消费者对某种商品的喜好程度越强,则消费者对该商品的需求量越大;相反,消费者对某种商品的喜好程度越弱,则消费者对该商品的需求量越小。

(4)相关商品的价格

相关商品(P_B 或 P_C)是指与需要购买的商品存在有直接或间接关联的商品。一种商品的需求还会受到其他商品价格变动的影响。这是因为该商品与其他商品之间可能存在着这样两种相关关系:

一种是替代(substitute)关系,即两种商品可以相互替代以用来满足消费者的同一种欲望。这时,这两种商品互为替代品。例如,对于一个既爱吃米饭又爱吃馒头的人来说,米饭和馒头就互为替代品。当一种商品其本身价格不变而其替代品价格上升时,该商品的需求量会增加;相反,当一种商品其本身价格不变而其替代品价格下降时,该商品的需求量会减少。例如,当进口彩电价格不变国内彩电价格下降时,消费者对进口彩电的需求减少。这就是说,一种商品的需求量和其替代品的价格呈同方向变动。

另一种是互补(complementary)关系,即两种商品共同使用才能满足消费者的同一种欲望,这时,这两种商品互为互补品。例如,摄像机和摄像带互为互补品。当一种商品其本身价格不变而其互补品价格上升时,该商品的需求量会减少;相反,当一种商品其本身价格不变而其互补品价格下降时,该商品的需求量会增加。例如,当摄像机价格不变摄像带价格上升时,消费者会减少对摄像机的需求。这就是说,一种商品的需求量和其互补品的价格呈反方向变动。

(5)价格预期

消费者在购买某种商品时,除了考虑该商品当前的价格外,还会考虑其未来的价格走势,即对未来的价格进行预期。价格预期(E)是指社会群体对某种商品未来价格的期望,不论这种预期是否正确,都会对某种商品当前的需求量产生影响。例如:人们普遍预期商品房价格将会继续显著上涨,会增加商品房消费,促使人们提前或增加商品房的购买。消费者对未来商品价格的预期效应有时会带来商品价格越高、需求量反而越大的反常现象,这是因为人们普遍存有“买涨不买跌”的心理。

另外,还有一些影响需求的其他因素,如社会收入分配平等程度、社会人口的数量及其构成、社会制度、风俗习惯,等等。例如:随着人们生活质量的提高、人们平均寿命的提高和人口自然增长率的下降,人口老龄化的趋势使老年人口的比例提高,从而会增加老年人的商品需求。

2. 需求函数

需求函数(Demand function)表示一种商品的需求数量和影响该商品需求数量的各种因素之间的相互关系。需求函数的一般表达式为:

$$Q_d = F(P_A, P_B, P_C, I, T, E\cdots) \quad (2-1)$$

其中Q_d——需求量;

P_A——A 产品自身的价格;

P_B——替代品 B 的价格;

P_C——互补品 C 的价格;

I——消费者的收入水平;

T——消费者的偏好;

E——消费者对未来商品价格的预期。

上述公式中,任何一个因素发生变动,都会引起因变量 Q_d 的相应变动。由于一种商品的价格是决定需求量的最基本的因素,所以,如果假定其他因素保持不变,仅仅分析价格因素对该商品需求量的影响,需求函数可以用下式表示

$$Q_d = F(P) \quad (2-2)$$

(五)需求量的变动和需求的变动

在实际生活中,影响消费者购买计划的因素变化可能会引起需求量的变动,也可能引起需求的变动。然而,不论是需求量的变动,还是需求的变动,我们能观察到的外在表现都是购买量的变动。例如,当你每月的收入从2000 元增加到3000 元时,在电影价格不变的情况下,你可能每月看电影的数量会增加两场,或者,当你的收入没有变化而电影价格从每场60 元下降为40 元时,你也可能每月多看两场电影。表面来看,你对电影的需求数量具有同样的增加,但是这两种增加的原因却是不同的。

1. 需求量的变动

需求量的变动是由于价格的变动而引起的变动。此时,假定除商品自身价格 P 以外的因素(收入水平、消费者偏好、相关商品的价格、价格预期)保持不变。从需求函数上来看,需求量的变动函数不变,仅仅是随着自变量的变动所引起的因变量的变动;从需求表上来看,需求量的变动表现为随着价格的变动同一需求表中的"价格——需求量"组合的移动;从需求曲线上看,需求量的变动表现为同一条需求曲线上的点的移动。假设你对电影的需求曲线是图 2-2 中的 D_0,在其他因素不变的情况下,当电影价格从 P_1 下降到 P_2 时,对电影的需求量从 Q_1 增加到 Q_2,需求量沿着需求曲线 D_0 向下移动,从 A 点移到 B 点;反之,当电影价格上升到 P_3 时,对电影的需求数量下降到 Q_3,需求量沿着需求曲线 D_0 向上移动到 C 点。这种移动所反映的就是需求定律。

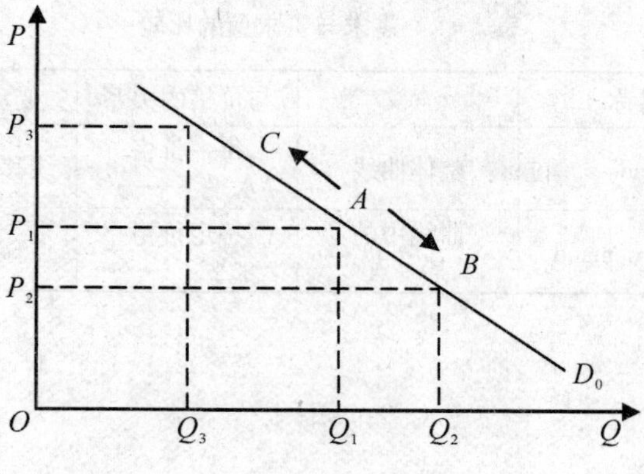

图 2－2　需求量的变动

2. 需求的变动

需求的变动是指在商品本身价格不变的情况下，由于其他非价格因素的变化所引起的需求量的变动。从需求表看，需求的变动不是同一需求表中“价格——需求量”组合移动，而是整个需求表的对应关系的变动，是在同一价格水平下由于其他因素导致所对应的需求量发生改变；从需求曲线看，需求的变动表现为整条需求曲线的平行移动，需求减少导致需求曲线向左平行移动，需求增加导致需求曲线向右平行移动。如图 2－3 所示，价格 P_0 并未发生变化，但由于收入、偏好、预期等一系列因素的变化，引起需求曲线向左或向右的移动。例如，三鹿奶粉事件导致消费者对牛奶的偏好发生变化，可以肯定在任何一种既定的价格 P_0 时，买者现在想买的牛奶数量在减少，从而使需求减少，这样就使牛奶的需求向左平移到 D_1。相反，国家如果大力宣传牛奶的好处会影响人们的偏好，使在现有价格下，牛奶的需求数量增加，使得牛奶的需求曲线向右平移到 D_2。

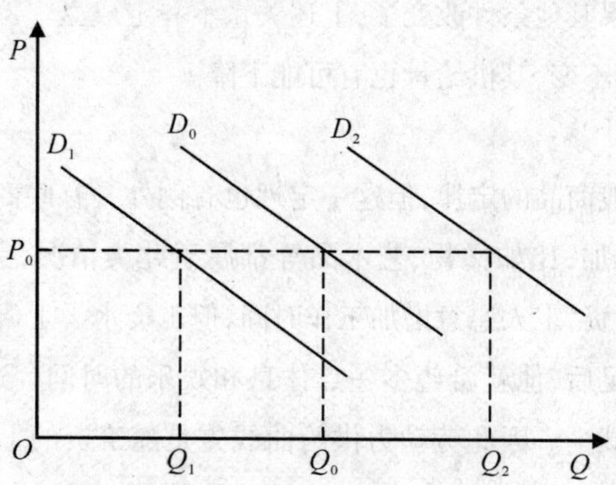

图 2－3　需求的变动

对于需求与需求量之间的关系，可以从含义、与价格的关系、变动状态以及影响因素方面来对比，见表 2－2。

表 2-2 需求与需求量的比较

名称	英文名称	含义	与价格的关系	变动	影响因素
需求 D	Demand	整体曲线	每一价格水平下……	线移动	非商品本身价格因素
需求量 Q_d	Quantity of demand	曲线中的某一点	特定价格水平下……	点移动	商品本身的价格

二、供给分析

(一)供给的含义

供给(Supply)是指生产者在一定时期内,在不同的价格水平上愿意并且能够提供销售的某种商品的数量。一个生产者希望销售某种商品,又有能力生产并提供到市场上,才能形成真实的供给。如果没有生产能力,仅仅有销售的欲望,是潜在的供给,而不是现实的供给。经济学上讨论的供给是有实际生产能力的供给,或称有效供给。在理解供给概念时,还应当注意,供给是指对应于一系列销售价格的一系列出售数量,而不是一个特定的具体数值。其中,对于某一特定价格水平,生产者愿意并且能够销售的商品数量称为"供给量"。

(二)供给定理

1. 供给定理

生产者在销售一定量商品时愿意接受的价格叫供给价格。对同一商品,不同的生产者有不同的供给价格。在一定时期内,如果其他条件不变,某种商品的价格上升,其供给量就会增加;反之,该商品的价格下降,其供给量就会减少。供给量与价格正相关。对多数商品而言,这种关系是成立的,因而经济学家称之为供给规律或供给定理。在这里,假定前提是其他条件不变。因为如果其他条件改变了,上述关系不一定成立。例如,如果生产成本上升了,即使某种商品的价格不变,其供给量也有可能下降。

2. 供给定理的例外

供给定理指的是一般商品的定律,但这一定理也有例外。有些商品的供给量是固定的,价格上升,供给也无法增加,比如文物、艺术品等都属于此类情况,劳动力的供给也是个例外。在开始阶段,提高工资,工人愿意增加工作时间,但工资水平上升到一定高度,劳动者的一般生活需要得到了满足后,他就希望多一点休息和娱乐的时间。这时,工资提高,他用于劳动的时间反而会逐渐减少。因此劳动力供给曲线先是随工资的上升而向右上方延伸,然后向左弯曲成为向后倾斜的供给曲线,如图 2-4 所示。某些商品小幅度升降价时,供给按供给定理正常变动,而大幅度升降价时,供给则会出现不规则的变化,证券、黄金市场就是如此;有些商品,在正常时期,其供给量按供给定理正常变化,但在非正常时期,则会出现不正常的变化。比如粮食欠收时,粮价上涨,并不能立即引起粮食供给量的增加,甚至会因生产者囤积居奇而减少。丰收时,粮价下降也不能立即引起供给量的减少。

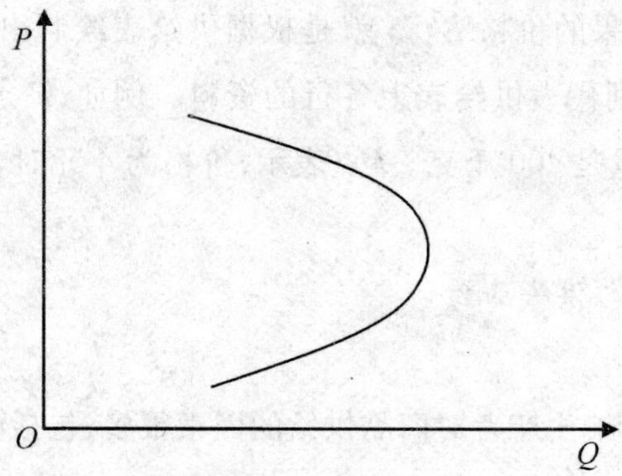

图 2-4　劳动力的供给曲线

（三）供给表与供给曲线

供给定理可以用供给表和供给曲线表示。供给表是用来表示其他条件不变时，某种商品的价格与供给量之间关系的表格。表 2-3 是苹果的供给表，表中数据显示，当每千克苹果的价格为 1 元时，其供给量为 200 千克；当价格上升到 2 元时，其供给量是 400 千克，随着价格的上升，苹果的供给数量增加。

表 2-3　苹果的供给表

项目	F	G	H	I	J
价格（元）	1	2	3	4	5
供给量（千克）	200	400	600	800	1000

上述对应关系还可以用一条供给曲线来表示。供给曲线是一条表示在其他条件不变时，某种商品供给量与其价格之间关系的曲线。由于供给量随着价格上升而增加，所以，一般情况下，供给曲线是一条向右上方倾斜的曲线。供给曲线实际上是用图形的形式来表达供给这个概念。

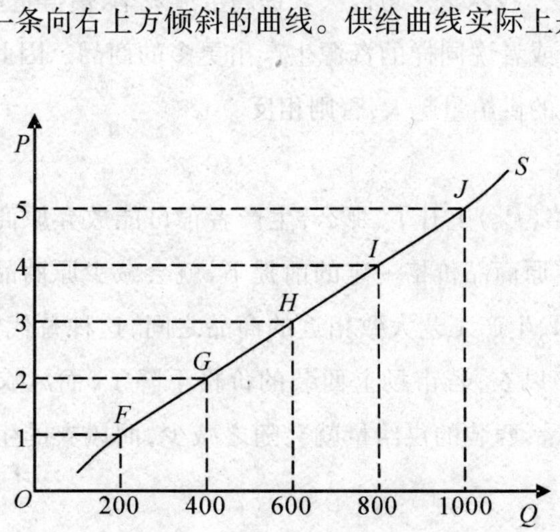

图 2-5　苹果的供给曲线

如图 2-5 是根据表 2-3 做出的供给曲线。在图 2-5 中，横轴表示商品的（这里指苹果)供给量 Q,纵轴表示苹果的价格 P。S 就是根据供给表绘制出的供给曲线。供给曲线上的 F、G、H、I、J 各点分别代表供给表上各行的资料。例如,F 点表示,苹果价格是 1 元时,生产者愿意供给的数量是 200 千克。I 点表示,价格为 4 元时,供给量为 800 千克。以此类推。

(四)影响供给的因素与供给函数

1. 影响供给的因素

在一种商品市场上,影响生产者对商品供给的因素很多,包括商品本身的价格,生产要素的价格、生产的技术水平、相关商品的价格、生产者的预期、政府税收等因素。

(1)商品本身的价格

在供给定理中影响供给的因素只限于商品本身的价格(P)。一般情况下,商品本身的价格越高,商品的供给量越大。这是因为商品价格提高后,生产者在新价格下更有利可图,生产者会进一步扩大生产量,愿意为市场提供更多数量的商品;同时,由于商品价格的提高,又会吸引更多的企业加入这一行业来投资办厂,使得企业或行业的商品供给量有所增加。相反,商品本身的价格越低,其供给量就会随之减少。一般情况下,商品的供给与商品自身的价格是呈正相关的。

(2)生产要素的价格

生产要素价格(P_R)主要指工资、利息率和租金率。生产要素的价格下降,会使产品的成本减少,从而在产品价格不变的情况下,增加利润,增加供给。反之,生产要素的价格上升,会使产品的成本增加,从而在产品价格不变的情况下,减少利润,减少供给。所以,商品的供给与其生产要素的价格呈反相关关系。

(3)生产的技术水平。技术进步可以大大提高生产效率,使得企业有可能在既定资源条件下更便宜地生产商品,或者说同样的资源生产出更多的商品。因此,在商品价格不变时,生产技术水平越高,商品的供给量越大,否则相反。

(4)相关商品的价格

如图其他商品的价格(P_S)上升了,那么,生产者很可能放弃原商品的生产而被吸引到其他商品的生产中去,在原商品价格一定的前提下,就会减少原商品的生产与供给。特别是在生产设备、生产技术、生产工艺大致相近的商品之间,这种替代性尤为明显。例如,服装厂既生产西装,又生产风衣,若市场上西装的价格下降了,而风衣的价格不变,那么,厂商就会减少西装的生产量,西装的供给量就会随之减少,而风衣的生产量与供给量就会相应增加。

(5)价格预期

与消费者一样,生产者对商品未来的市场价格也有预期(E)。如果生产者预期的商品价格要上涨,那么,生产者会尽量减少现在的供给,囤积居奇,使现在供给量减少,而增加了长期的供给量;反之,如果生产者预期的商品价格要下降,他就会减少这种商品的生产,并想方设法将现有商品销售出去,使现在供给量相应增加,但长期的供给量就会减少。

(6)政府税收

政府税收(T)直接影响生产成本,如果税收增加,则事实上使商品成本增加,在相同的价格下供给量就会减少;反之,政府补贴的作用正好相反,事实上使商品成本降低,供给量增加。

除上述影响供给量的主要因素外,其他诸如自然条件、交通运输、政府出台的政策等因素也会影响商品的供给。

2. 供给函数

供给函数表示一种商品的供给数量与影响该供给数量的各种因素之间的依存关系。如果把影响供给的因素作为自变量,把供给作为因变量,则可以用函数关系来表示影响供给的因素与供给之间的关系,即供给函数。供给函数的一般形式为

$$Q_S = F(P, P_S, P_R, E, T\cdots) \tag{2-3}$$

其中Q_S——供给量;

P——商品本身的价格;

P_S——生产中可替代商品的价格;

P_R——生产要素的价格;

E——生产者对该商品的价格预期;

T——政府税收。

如果假定影响供给的其他因素不变,只考虑供给量与价格之间的关系。以P代表价格,则供给函数公式为

$$S = F(P) \tag{2-4}$$

(五)供给量变动和供给变动

1. 供给量的变动

像前面严格区分需求的变动和需求量的变动一样,在进行供给分析时,也要严格区分供给的变动和供给量的变动。同样首先分析供给量的变动,供给量是指在某一特定价格水平时,厂商愿意或计划供给的商品量。即每个供给量都是和特定的价格水平相对应的。从供给曲线上看,商品本身价格变动所引起的供给量的变动表现为同一条供给曲线上点的移动。如图2-6中,当价格为P_1是,供给量为Q_1;当价格下降到P_2时,供给量减少到Q_2;当价格上升到P_3时,供给量增加到Q_3,价格与供给量的变化在供给曲线上则是从A点B点,从A点到C点的移动。所以,供给量的变动是在其他条件一定的情况下,由商品本身价格变动引起的。

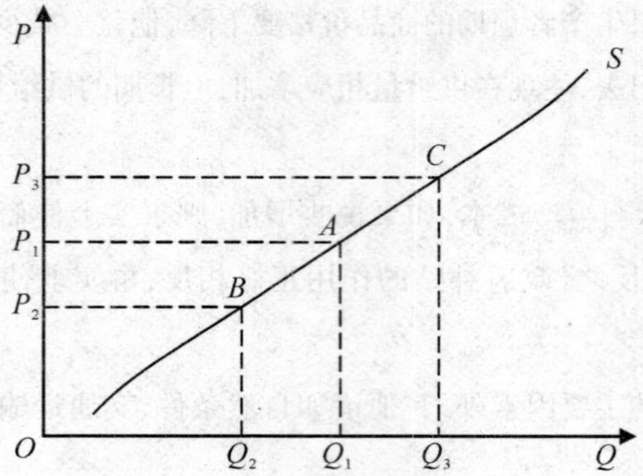

图 2-6 供给量的变动

2. 供给的变动

供给的变动是指在商品本身价格不变的情况下，其他因素变动引起的供给的变动。供给变动表现为供给曲线的平行移动。在图 2-7 中，在价格 P_0 不变的情况下，由于其他因素的变动，例如，生产要素价格下降了，在同样的价格水平下，厂商所获得的利润增加，从而产量增加，供给量从 Q_0 增加到 Q_1，供给曲线从 S_0 移动到 S_1；当生产要素价格上升后，供给量从 Q_0 减少到 Q_2，供给曲线由 S_0 移动到 S_1。可见，供给曲线向左移动是供给减少，供给曲线向右移动是供给增加。

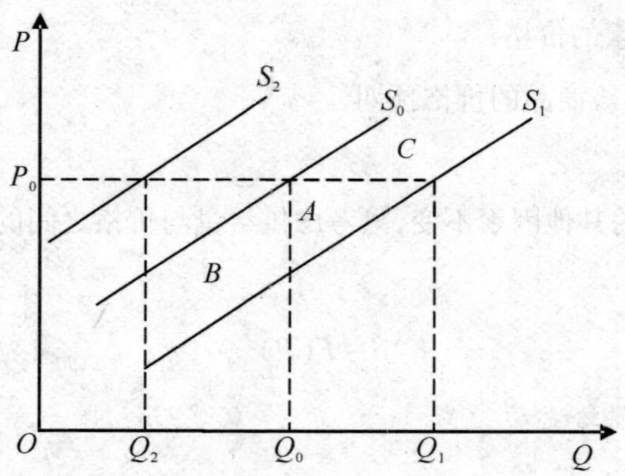

图 2-7 供给的变动

任务二 经济跷跷板：均衡价格

任务介绍

美国农产品的价格保护

自 20 世纪 30 年代以来，美国联邦政府一直致力于稳定谷物、棉花、大米、乳制品、糖、羊毛、花生等农产品的价格，为此设立了一些非常复杂的程序，成为农场法案的一部分。然而随着时间的推移，这一做法遭到来自各农业州的国会议员和他们的政治说客们的不满，法案被迫进行修订，以保证通过实施上述程序，农民最后可以享受的平均价格实际上稍高于市场平均价格。换句话说，政府制定的有关的程序相当于建立一定的价格下限，而且正如经济学家预测的那样，这引起了供给和政府农产品储备过剩。以1988年旱灾发生前的1987年为例，美国联邦政府拥有的谷物、麦子和棉花储备分别相当于当年产量的57%、63%和33%。

每过5年左右，农场法案就会进行一次较大的修订。1990年11月，布什总统签署了一个新的农场法案，其目标之一就是降低价格下限，逐步减少储备，使价格向市场均衡价格移动。1991年年中，美国国会预算办公室预计，到1996年，新的农场法案将使政府储备的谷物、麦子和棉花减少到分别相当于1996年产量的18%、35%和30%。这一预计已经考虑到其间可能出现的天气和技术条件变化、美国向其他国家出口状况以及其他一些因素。

无疑，政府适量拥有农作物储备，可以保护消费者免受旱灾或其他农业灾害可能带来的农作物减产和价格急剧上升的风险，不过这一储备的数量应该尽可能缩小。通过逐步减少储备，政府希望农民能逐步学会适应市场变化，并对市场变化作出应有的反应，而不是完全依赖政府设立的价格保护政策。

知识引入

前面介绍了需求与供给理论，但在市场经济中价格是由需求与供给两种力量共同决定的。本任务将分析需求与供给如何决定均衡价格，以及均衡价格如何随需求供给而变动的。

一、均衡价格的含义

均衡，是指各种力量处于平衡状态。在市场上，市场供求达到平衡时的状态称之为市场均衡。均衡价格（Equilibrium Price）是指需求曲线和供给曲线交点上的价格，此时需求价格等于供给价格，需求数量等于供给数量。如图2－8所示，S是某种商品的供给曲线，D是需求曲线。竖轴表示价格（P），横轴表示数量（Q）。

当价格为P_1时，生产者愿意提供较多商品S_1，而消费者仅愿意购买较少商品Q_1，$S_1 > Q_1$，供给超过需求；这时，价格必然下降，生产者也不得不缩减生产。当价格P_2时，生产者愿意提供较少商品S_2，而消费者愿购买较多商品Q_2，$Q_2 > S_2$，求过于供；这时，价格必然上升，生产者扩大生产。当价格为P_0时，供给和需求相等，表现为两曲线上相交的点E。E即为均衡点，表示生产者和消费者都能接受并愿保持此水平上的价格（P_0）与数量（Q_0），所以E点即为均衡价格。

对均衡价格的理解应注意以下几点：

第一，均衡价格是由于需求与供给这两种相反力量的作用使价格处于一种相对静止、不再变动的状态，这时的价格和数量是暂时确定的，即均衡价格和均衡数量。所以说均衡是暂时的、相对的，而不均衡是经常的，所以供不应求或供过于求会经常发生。

第二，决定均衡价格的是需求和供给，如果有外力的干预，那时的价格就不是均衡价格。在完全竞争市场上，需求和供给对价格的决定作用不分主次，是同等重要的。因此，需求或

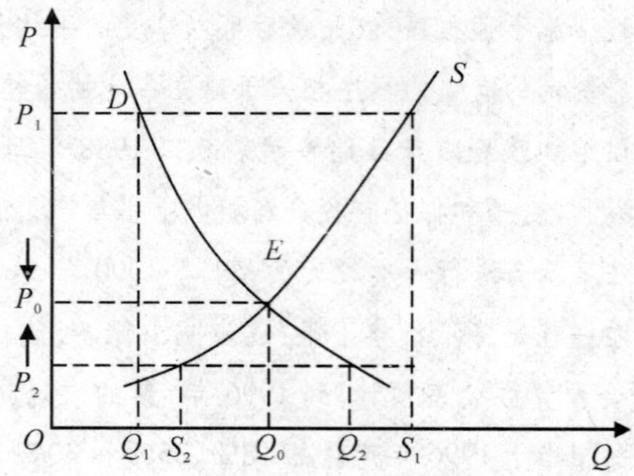

图 2-8　均衡价格与均衡数量

供给的变动都会影响均衡价格和均衡数量的变动。

第三,市场上各种商品的均衡价格是最后的结果,其形成过程是在市场背后自发进行的。

拓展阅读

局部均衡和一般均衡

英国经济学家马歇尔和法国经济学家瓦尔拉斯是均衡概念的较早引入者和均衡分析方法的创立者。马歇尔运用均衡概念和均衡分析研究价格,建立了均衡价格论。他主要考察了单个市场上某一种商品的供给和需求,以及由供求所决定的商品的均衡价格和均衡数量,或单个市场的均衡的建立与破坏。这种分析称为局部均衡分析。瓦尔拉斯在研究价格时,考察了所有各个商品市场的供给和需求,注重各个商品市场之间、各个要素市场之间以及各个商品市场和要素市场间价格和数量的相互影响和相互联系,或所有各个市场的均衡的建立与破坏。这种分析方法被称为一般均衡分析。在现代经济学中,均衡和均衡分析方法得到广泛运用和发展。

二、均衡价格的变动与供求定理

既然均衡价格是由供求水平或供求曲线共同决定的,那么,均衡价格的变动也自然是由供求曲线的移动所引起的。

(一)需求变动对均衡价格的影响

假设某种商品的供给不变,而需求发生变化,如消费者收入、偏好发生变化、相关商品的价格发生变化等,由此会引起整个需求状况的变动。需求增加使需求曲线右移,会使均衡价格下降,使均衡数量增加;而需求减少会使需求曲线左移,会使均衡价格下降,使均衡数量减少。如图 2-9 所示,供给曲线为 S 不变,当需求曲线为 D_0 时,均衡价格为 P_0,均衡数量为 Q_0。如果由于消费者的收入增加导致需求增加使需求曲线右移到 D_1,这时均衡价格上升到 P_1,均衡数量增加到 Q_1;相反,如果由于消费者收入减少导致需求减少使需求曲线左移到

D_2，这时均衡价格下降到 P_2，均衡数量减少到 Q_2。

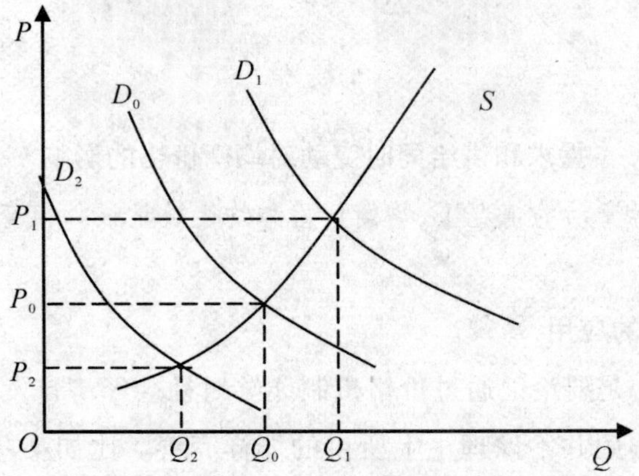

图 2－9　需求变动对均衡价格的影响

(二)供给变动对均衡价格的影响

假设某种商品的需求不变，而供给由于生产要素价格的降低，技术水平的提高等原因而增加，供给增加导致供给曲线右移，会使均衡价格下降，使均衡数量增加；而供给减少导致供给曲线左移，会使均衡价格上升，使均衡数量减少。如图 2－10 所示，需求曲线为 D 不变，当供给曲线为 S_0 时，均衡价格为 P_0，均衡数量为 Q_0。如果由于生产要素价格下降导致供给增加使供给曲线右移到 S_1，这时均衡价格下降到 P_1，而均衡数量增加到 Q_1；相反，如果由于生产要素价格上升导致供给减少使供给曲线左移到 S_2，这时均衡价格上升到 P_2，而均衡数量则减少到 Q_2。

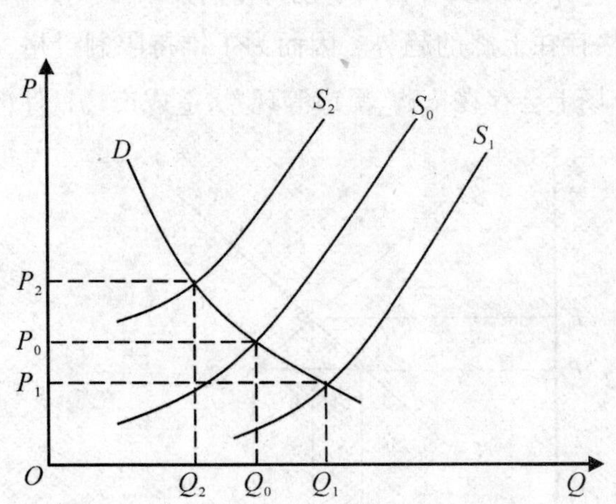

图 2－10　供给变动对均衡价格的影响

(三)供求定理

以上关于需求与供给变动对均衡价格的影响分析可以得出以下结论，也称供求定理。

当供给不变时，需求的增加引起均衡价格上升，均衡数量增加；需求的减少引起均衡价格下降，均衡数量减少。或者说，需求的变动引起均衡价格和均衡数量同方向变动。

当需求不变时，供给的增加引起均衡价格下降，均衡数量增加；供给的减少引起均衡价格上升,均衡数量减少。或者说,供给的变动引起均衡价格反向性变动而均衡数量同方向变动。

小思考

需求和供给同时变动对均衡价格的影响

在需求和供给同时变动的情况下,均衡价格和均衡数量该如何变动,则留给读者们自己去分析了。

三、均衡价格理论的应用

微观经济学的核心是要论证通过价格机制能够对社会经济自发地做出合理的调节,事实上价格机制的调节作用并不像理论上所讲的那样完善。比如某些生活必需品严重短缺时,价格会大幅度提高,在此价格水平上,收入水平低的家庭便难以维持最低水平的生活,从而不利于社会稳定。因而政府有必要通过制定价格政策来克服这些负作用。政府常用的价格政策主要有限制价格和支持价格政策。

(一)限制价格

所谓限制价格,又叫最高限价,是指政府为了限制某些商品(一般是某些生活必需品)的物价上涨而规定的这些商品的最高市场价格,限制价格低于市场均衡价格。如图 2-11 所示,某商品由供求关系所决定的均衡价格为 P_0,均衡数量为 Q_0,但这一价格水平时,部分生活贫困的人将买不起该商品。因而政府对这一部分商品实行限制价格政策,限制价格为 P_1,$P_1 < P_0$,此时商品实际供给量为 Q_s,需求量为 Q_D,供给量小于需求量,产品供不应求,在市场力量的作用下,价格存在上涨的趋势。因而为了维持限制价格,政府就要实行配给制。否则,在超额需求下,市场上会存在抢购、黑市等现象,造成市场秩序的混乱。

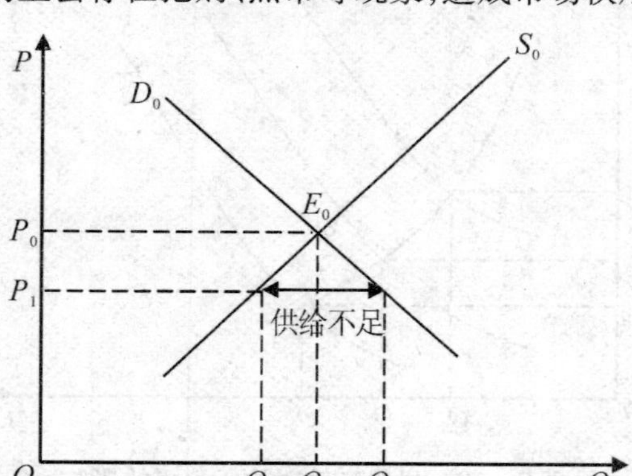

图 2-11　限制价格及结果

限制价格一般是在战争或自然灾害等特殊时期使用,但许多国家对某些生活必需品或劳务,长期实行限制价格政策。如有些国家对关系到国计民生的煤炭、电力、煤气、交通与邮电服务等实行限制价格,还有一些国家对粮食等生活必需品实行限制价格政策。

限制价格政策有利于社会平等的实现,有利于社会的安定。但这种政策长期实行会引起严重的不利后果，主要体现在以下几点。第一，价格水平低打击了生产者积极性，不利于刺激生产，从而会使产品长期存在短缺现象。第二，价格水平低不利于抑制需求，从而会在资源短缺的同时又造成严重的浪费，如低水价政策可能使缺水的城市出现严重浪费水资源的现象。第三，限制价格之下所实行的配给，会引起社会风尚败坏，产生黑市和寻租活动。正因为以上原因，一般经济学家都反对长期采用限制价格政策，一般只在战争或自然灾害等特殊时期使用。

（二）支持价格

所谓支持价格，又称最低限价，是指政府为了扶持某一行业的发展而规定该行业产品的最低价格，支持价格高于市场均衡价格。如图 2－12 所示，该行业某商品由供求关系决定的均衡价格为 P_0，均衡数量为 Q_0，政府为了扶持某一行业的发展而制定的支持价格为 P_1，$P_1 > P_0$，此时供给量为 Q_s，需求量为 Q_D，供给量大于需求量，产品出现过剩。为了防止价格下跌，政府就要收购剩余产品，因而支持价格政策的实施增加了政府财政支出。

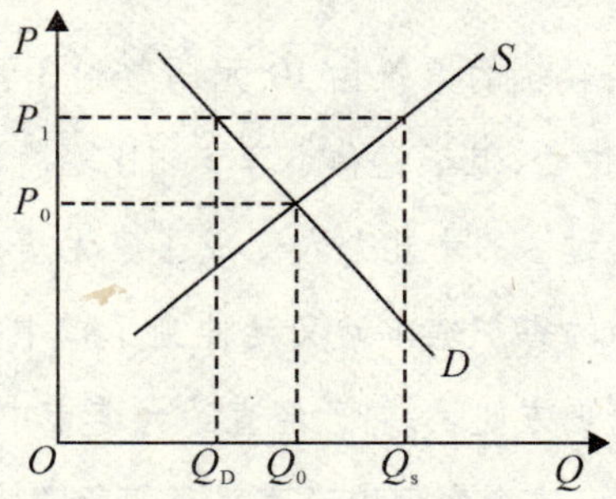

图 2－12　支持价格

支持价格政策的运用对于经济发展的稳定和制止投机活动有着极其重要的意义。其作用有如下几点。第一，稳定生产，减缓经济危机的冲击。第二，通过对不同产业产品的不同支持价格，可以调节产业结构，使之适应市场变动。第三，实行对农产品生产的支持价格政策，可以扩大农业投资，促进农业劳动生产率的提高。但支持价格会使财政支出增加，让政府背上沉重的包袱，降低政府对宏观经济的调节作用。

不论是限制价格还是支持价格，都是政府利用国家机器的力量对商品供求实行的价格管制。限制价格是低于均衡价格的商品的最高价格，支持价格一般是高于均衡价格的最低价格。前者的长期实行会造成商品持续的严重供不应求，后者的长期实行会造成商品的持续的供过于求，二者都会对市场供求关系的正常实现造成不利影响。政府为了在实行价格管制的条件下，维持社会稳定，就必须对社会商品供求实行管制，由此导致经济学上一个基本定理的产生与存在：实行价格管制的国家必然导致对商品供求实行数量管制。

任务三　薄利多销:弹性理论

任务介绍

轻轨列车的票价

2002 年,大连至金石滩的轻型轨道列车一期工程通车。过去,人们乘小客车从大连到开发区需要 1 小时,现在乘轻轨只需不到 30 分钟。而且轻轨内部环境好,运行过程也安全。但是轻轨运行一段时间之后,却陷入了一种非常尴尬的境地,每节可以容纳 100 余人的车厢,一般只有十几个乘客。

为什么呢?因为价格。小客车从大连到开发区的票价是 5 元,轻轨却要 10 元。而且,小客车随叫随停,而轻轨只在车站才能停车,而车站多数设置在距离市中心比较远的地方,乘客下车后还要自己打车或坐公交走很远才能到市中心。所以在票价高、不方便的条件下,人们一直都不认可轻轨。

这样运行了一段时间之后,轻轨的票价由 10 元调整到 3 元。这样,虽然下车后还要搭一段公交车或出租车才能达到市中心,但毕竟和小客车相比轻轨也有许多优势,而且价格也便宜了。所以很快,轻轨的车厢里由过去的十几个人变成了座无虚席,每节车厢人数基本都在 100 人以上。后来,轻轨列车由过去的香炉礁车站又延伸到了市中心的大连火车站,票价又涨到 5 元,和小客车票价相同。但是它更方便了,它已经直达大连市中心了,所以虽然涨价,但是它的乘客却猛增,每列车都座无虚席。这个案例中说明了我们所学的什么经济原理?

知识引入

一、弹性的含义

弹性是一个物理学的名词,指一物体对外部力量的反应程度。在经济学中,弹性是在经济变量之间存在函数关系式,因变量对自变量变化的反应程度。弹性的大小可以用弹性系数来表示。弹性系数是因变量变动比率与自变量变动比率的比值,其公式为:

$$\text{弹性系数} = \frac{\text{因变量变动比率}(\%)}{\text{自变量变动比率}(\%)} \tag{2-5}$$

设两个经济变量之间的函数关系为 $Y = f(X)$,则具体的弹性公式为:

$$e = \frac{\frac{\Delta Y}{Y}}{\frac{\Delta X}{X}} = \frac{\Delta Y}{\Delta X} \cdot \frac{X}{Y} \tag{2-6}$$

式中,e 为弹性系数; ΔX 、ΔY 分别为变量 X 、Y 的变动量。

需要注意的是,由弹性的定义公式可以清楚地看到,弹性是两个变量各自变化比例的一个比值,所以,弹性是一个具体的数字,它和自变量和因变量的度量单位无关。

二、需求弹性

需求方面的弹性主要包括需求价格弹性、需求收入弹性和需求交叉弹性。

（一）需求价格弹性

1. 需求价格弹性的含义

需求价格弹性简称需求弹性，是指一种商品价格变动的比率所引起的需求量变动的比率，即需求量变动对价格变动的反应程度。显然，需求价格弹性反映了消费者对该商品价格变化的敏感程度。

各种商品的需求弹性是不同的，一般用需求价格弹性的弹性系数 E_d 来表示弹性的大小。需求弹性的弹性系数是需求量变动的比率与价格变动比率的比值。其公式为：

$$|E_d| = \frac{\text{需求量变动百分比}}{\text{价格变动百分比}} = \frac{\frac{\Delta Q}{Q}}{\frac{\Delta P}{P}} = -\frac{\Delta Q}{\Delta P} \cdot \frac{P}{Q} \qquad (2-7)$$

式中，E_d 为需求价格弹性系数，ΔQ 为需求量的变动，Q 为需求量，ΔP 为价格的变动，P 为价格。

根据需求弹性 E_d 的性质，可以发现它具有以下的特点：

第一，弹性系数是两个相对数的比率，而不是绝对值的比率，因而可以适用于任何计量单位。

第二，通常情况下需求量与价格变动的方向是相反的，因而计算出来的 $\frac{\Delta Q}{\Delta P}$ 为负值，即需求价格弹性系数为负值。为了方便，一般取弹性系数的绝对值来比较弹性的大小。

第三，在同一条需求曲线上不同点的需求弹性系数大小并不相同。

2. 需求价格弹性的计算

根据价格和需求量变动幅度的大小，需求价格弹性的计算一般包括点弹性和弧弹性，他们在表示需求变化的百分比和价格变化的百分比之间的比率上是一样的，但他们所涉及的范围有所不同，计算方法也不同。

（1）点弹性

需求点弹性是指某种商品需求曲线上某一点的需求价格弹性，它衡量在需求曲线某一点上的需求量的无穷小的变动量对于价格的无穷小的变动量的反应程度。其公式为：

$$|E_d| = -\frac{dQ}{dP} \cdot \frac{P}{Q} \qquad (2-8)$$

例：某商品的需求函数为 $Q = 18 - 2P$，导出点弹性的表达式，并计算价格为 3 和 4 时的点弹性。

根据上述公式，可得需求点弹性表达式如下：

$$|E_d| = -\frac{dQ}{dP}\cdot\frac{P}{Q} = -(-2)\times\frac{p}{Q} = 2\frac{P}{Q}$$

当 $P=3$ 时，$Q=18-2\times3=12$，$E_d=2\times(3/12)=0.5$

当 $P=4$ 时，$Q=18-2\times4=10$，$E_d=2\times(4/12)=0.8$

从此例可以看出，当商品价格从 3 上涨到 4 时与价格从 4 下降到 3 时，需求价格点弹性系数并不相同，为了避免这种情况，价格和需求量可以采用平均值，即用弧弹性计算方式。

(2)弧弹性

需求弧弹性是指商品需求曲线上两个价格/数量点之间所具有的平均弹性。其公式如下：

$$|E_d| = \frac{\frac{\Delta Q}{Q}}{\frac{\Delta P}{P}} = -\frac{\Delta Q}{\Delta P}\cdot\frac{P}{Q} = \frac{\Delta Q}{\Delta P}\times\frac{P_1+P_2}{Q_1+Q_2} \tag{2-9}$$

应用此公式，上例商品的需求价格弹性计算如下：

价格从 3 上涨到 4 时，$P_1=3, P_2=4, Q_1=12, Q_2=10$

$$|E_d| = \frac{\Delta Q}{\Delta P}\times\frac{P_1+P_2}{Q_1+Q_2} = -\frac{10-12}{4-3}\times\frac{3+4}{12+10} = 0.64$$

价格从 4 下降到 3 时，$P_1=4, P_2=3Q_1=11, Q_2=12$

$$|E_d| = \frac{\Delta Q}{\Delta P}\times\frac{P_1+P_2}{Q_1+Q_2} = -\frac{12-10}{3-4}\times\frac{4+3}{10+12} = 0.64$$

因此，应用弧弹性计算公式，消除了价格上升与下降时所计算的弹性系数的差别。

3. 需求价格弹性的分类

根据弹性系数绝对值的大小，需求弹性可以分为五类。

(1) $|E_d|=0$，需求完全无弹性，即无论价格如何变化，需求量都固定不变。例如一些特殊的药品如胰岛素等，对于一些糖尿病人至关重要，无论价格如何上升或下降，他们都不会改变购买量。这时的需求曲线是一条与横轴垂直的线，如图 2-13 所示。

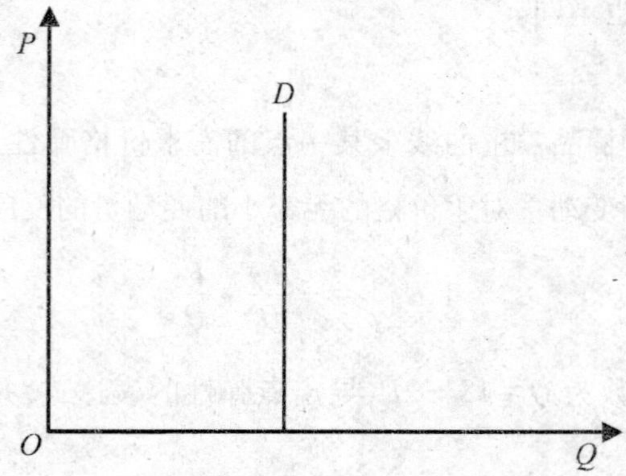

图 2-13　需求完全无弹性

(2) $|E_d|<1$,需求缺乏弹性,即需求量变动的百分比小于价格变动的百分比。例如,米、面粉、食盐等生活必需品。这时的需求曲线是一条比较陡峭的线,如 2－14 所示。

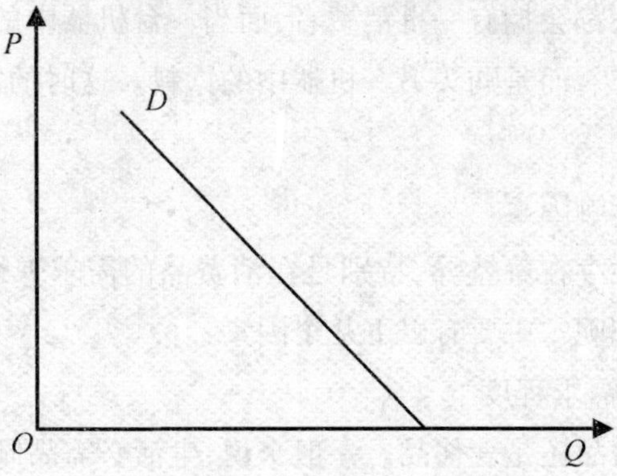

图 2－14　需求缺乏弹性

(3) $|E_d|=1$,需求单位弹性,即价格变动的百分比与需求量变动的百分比相同。例如报纸。这时的需求曲线是一条正双曲线,如图 2－15 所示。

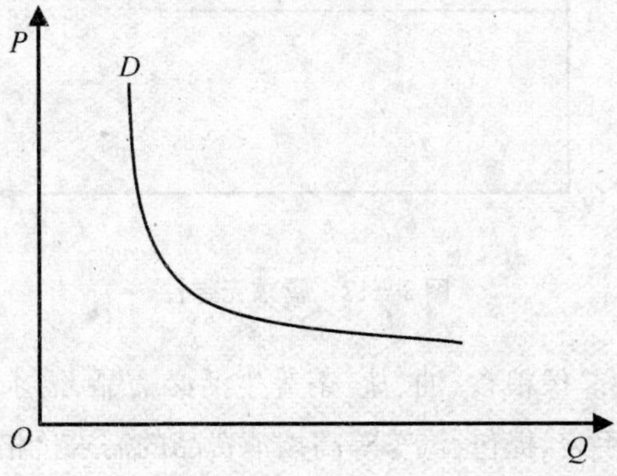

图 2－15　需求单位弹性

(4) $|E_d|>1$,需求富有弹性,即需求量变动的百分比大于价格变动的百分比。例如,空调、汽车等高端生活用品。这时的需求曲线是一条比较平坦的线,如图 2－16 所示。

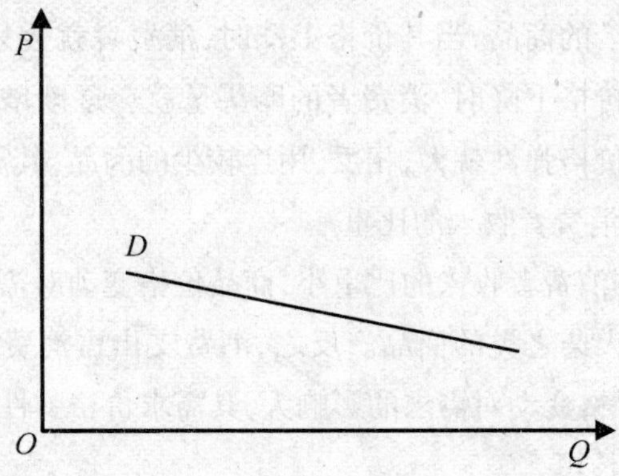

图 2－16　需求富有弹性

(5)$|E_d| = \infty$,需求无限弹性,即在指定的价格水平下需求量可以任意变动,或者说对于价格的微小变动,需求量出现了无限大的反应。例如,两台相邻饮料机中的同种同质饮料,在价格相同的情况下,都会拥有一批消费者,而当一台机器中的饮料价格上涨时,即使量很小,人们也不会愿意购买,而是购买另一机器中的饮料。这时的需求曲线是一条与横轴平行的线,如图 2-17 所示。

4. 需求价格弹性的影响因素

不同物品的需求弹性存在着差异,特别是在消费品的需求弹性方面。是什么原因造成不同物品需求弹性的区别呢？主要有以下几个因素:

(1)消费者对商品的需求程度

即该商品是生活必需品还是奢侈品。一般来说,生活必需品倾向于需求缺乏弹性,而奢

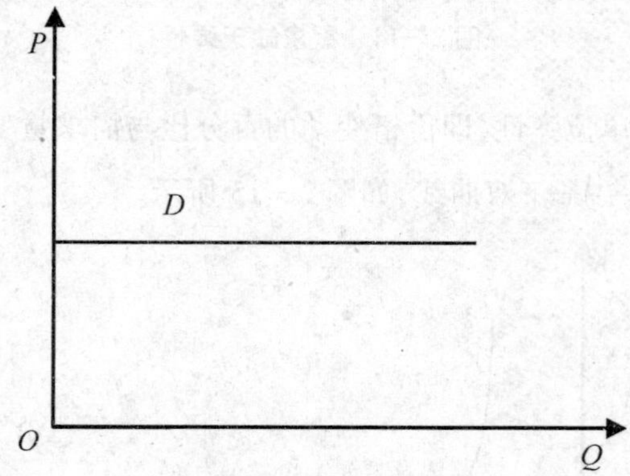

图 2-17　需求无弹性

侈品倾向于需求富有弹性。像粮食、油、盐、茶等生活必需品,需求程度大而稳定,因而需求价格弹性就小;而像名贵手表、提包、汽车等高档消费品的需求价格弹性就较大。

(2)商品的可替代程度

某种商品的可替代品越多,可替代程度越高,需求价格弹性越大;反之则越小。因为商品价格上升时,消费者会购买其替代品,而价格下降时,消费者会都购买该商品而取代其他替代品。

(3)商品本身用途的广泛性

一般来讲,用途比较广的商品,当其价格上涨时,消费者就会只购买较少的数量用于其最重要的用途上,而当其价格下降时,消费者的购买量就会逐渐增加,将商品越来越多地用于其他用途,因而其需求价格弹性就大;相反,用途较少的商品,其需求价格弹性就小。

(4)商品消费支出占消费者收入的比重

如果商品消费支出占消费者收入的比重小,商品价格变动对需求的影响就小,需求价格弹性就小,如毛巾、香皂、火柴之类的商品。反之,消费支出占消费者收入比重大的商品,像空调、珠宝之类的商品,价格变动对需求的影响大,其需求价格弹性也大。

(5)商品使用时间的长短

从商品使用时间的长短来看,一般来说,使用时间长的耐用消费品需求价格弹性大,而

使用时间短的非耐用消费品的需求价格弹性就小。

5. 需求价格弹性的应用

需求价格弹性理论对于分析一些经济问题、经济现象是很有用的，特别是在分析与总收益之间的关系方面。总收益也称总收入，是厂商出售一定量商品所得到的全部收入，也就是销售量与价格的乘积。如果以 TR 代表总收益，Q 为销售量，P 为价格，总收益的计算公式为：

$$TR = P \times Q \tag{2-10}$$

我们假设需求量也就是销售量，不同商品的需求弹性不同，价格变动引起的销售量（需求量）的变动不同，从而总收益的变动也就不同。下面我们主要分析需求缺乏弹性的商品与需求富有弹性的商品的需求价格弹性与总收益之间的关系。

（1）需求缺乏弹性的商品的需求价格弹性与总收益之间的关系

如果某商品是需求缺乏弹性的，那么价格上升引起总收益增加。如图 2－18 所示，假设价格从 1 元上升到 3 元，使需求量从 100 下降到 80，此时，总收益从 100 元增加到 240 元。价格上升引起总收益 $P \times Q$ 增加，但价格上升 200%，而收益仅上升 140%，这是因为需求量减少的幅度小于价格上升的幅度。

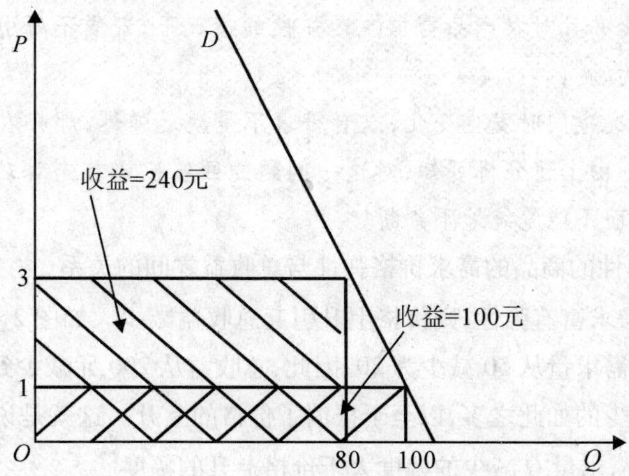

图 2－18　需求缺乏弹性商品价格变动对总收益的影响

以面粉为例，分析如下。

假设面粉的需求弹性系数为 $|E_d| = 0.5$，每千克面粉的价格是 4 元，销售量为 50 千克，这时总收益为

$$TR = P \times Q = 4 \times 50 = 200 \text{（元）}$$

如果面粉降价 10%，由于 $|E_d| = 0.5$，销售量则上升 5%，这时总收益为

$$TR = P \times Q = 3.6 \times 52.5 = 189 \text{（元）}$$

比较前后的总收益，面粉的价格下降了，但是总收益并未增加，反而减少了 11 元。

如果面粉涨价 10%，则销售量下降 5%，这时的总收益为

$$TR = P \times Q = 4.4 \times 47.5 = 209 \text{（元）}$$

再比较涨价前后的总收益,虽然面粉价格上升了,但总收益并未减少,反而增加了9元。

通过计算,可以得出这样的结论:需求缺乏弹性的商品,它的价格与总收益呈同方向变动。价格上升,总收益增加;价格下降,总收益减少。

知识链接

"谷贱伤农"

有人说,气候不好对农民不利,因为谷物欠收,会减少农民的收入。但也有人说,气候不好反而对农民有利,因为农业欠收后谷物价格会上涨,农民因此而增加收入。试运用所学经济学原 理对这两种说法给予评价。

分析:评价气候不好对农民是否有利,主要看农民的农业收入在气候不好的情况下如何变动。气候不好对农民的直接影响是农业欠收,即农产品的供给减少,这表现为农产品的供给曲线向左上方移动。如果此时市场对农产品的需求状况不发生变化,即需求曲线保持不变,那么农产品供给的减少将导致均衡价格的上升。

一般来说,人们对农产品的需求是缺乏弹性的,由需求的价格弹性与销售总收入的上升之间的关系可知,此时农民的农业收入将随着均衡价格的上升而增加。因而在需求状况不因气候不好发生变化并且对农产品需求缺乏弹性的情况下,气候不好引致的农业欠收对农民增加收入是有利的。

当然,若需求状况也同时发生变化,或者需求不是缺乏弹性,那么农民将不因气候不好而得到更多的收入。由上述分析可知,对这一问题的回答应该首先对农产品的需求弹性及需求状况做出假定,而不能笼统地下判断。

(2)需求富有弹性的商品的需求价格弹性与总收益之间的关系

如果某商品是需求富有弹性,则价格上升引起总收益减少。如图2－19所示,假设价格从4元上升到5元,需求量从50减少为20,因此,总收益从200元减少到100元。由于需求富有弹性,需求量减少的如此之多,以至于抵消了价格的上升。这就是说,价格上升,总收益 $P \times Q$ 减少,是因为需求量 Q 减少的幅度大于价格上升的幅度。

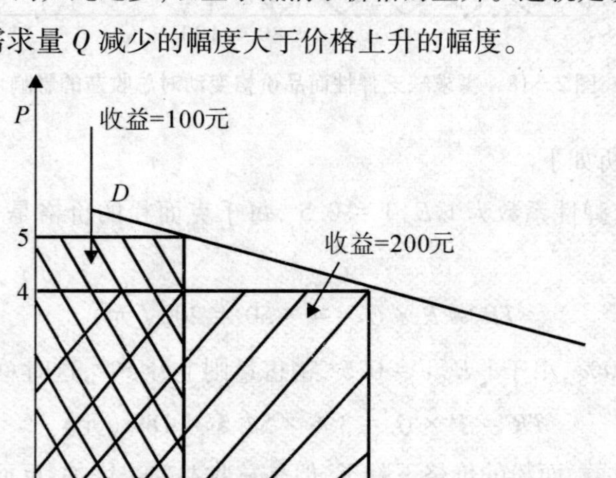

图2－19　需求富有弹性商品价格变动对总收益的影响

以电视机为例,分析如下。

假设电视机的需求弹性系数 $|E_d| = 2$,每台电视机的价格为2000元,销售量为100台,这时总收益为

$$TR = P \times Q = 2000 \times 100 = 200\ 000（元）$$

如果每台电视机的价格从2000元下降到1800元,下降幅度为10%。由于 $|E_d| = 2$,销售量便会增加20%,至120台,这时总收益为

$$TR = P \times Q = 1800 \times 120 = 216\ 000（元）$$

比较前后的总收益,每台电视机的价格虽然下降了,但总收益却增加了16 000元。

如果每台电视机的价格提高10%,即2200元,那么销售量会下降20%为80台。这时总收益为

$$TR = P \times Q = 2200 \times 80 = 176\ 000（元）$$

再比较涨价前后的总收益,虽然每台电视机的价格提高了,但是总收益未增加,反而减少了24 000元。

通过计算,可以得出这样的结论:需求富有弹性的商品,它的价格与总收益呈反方向变动。价格上升时,总收益减少;价格下降,总收益增加。

（二）需求收入弹性

1. 需求收入弹性的含义

消费者的收入是决定需求的一个不亚于价格的因素。所谓的需求收入弹性,简称收入弹性,是指在一定时期内消费者的收入变化对某商品需求量变动的影响。需求收入弹性以Em代表收入弹性的弹性系数,$\Delta Q/Q$ 代表需求量变动的百分比,$\Delta Y/Y$ 代表收入变动的百分比,则计算收入弹性系数的公式为:

$$E_m = \frac{\frac{\Delta Q}{Q}}{\frac{\Delta Y}{Y}} = \frac{\Delta Q}{\Delta Y} \times \frac{Y}{Q} \tag{2-11}$$

2. 需求收入弹性的分类

需求收入弹性与需求价格弹性一样也有几种分类,收入弹性一般分为五类。

（1）收入无弹性

$E_m = 0$,收入无弹性。在这种情况下,无论收入如何变动,需求量都不会变动。这时的收入－需求曲线是一条垂线,如图2－19中的A线。

（2）收入富有弹性

$E_m > 1$,收入富有弹性。在这种情况下,需求量变动的百分比大于收入变动的百分比。这时的收入－需求曲线是一条向右上方倾斜而平坦的线,如图2－19中的B线。

（3）收入缺乏弹性

$0 < E_m < 1$，收入缺乏弹性。在这种情况下，需求量变动的百分比小于收入变动的百分比。这时收入－需求曲线是一条向右上方倾斜而陡峭的线，如图2－19中的C线。

(4)收入单位弹性

$E_m = 1$，收入单位弹性。在这种情况下，需求量变动与收入变动的百分比相同。这时的收入－需求曲线是一条向右上方倾斜而与横轴呈45°的线，如图2－19中的D线。

(5)收入负弹性

$E_m < 0$，收入负弹性。在这种情况下，需求量的变动与收入的变动成反方向变化。这时收入－需求曲线是一条向右下方倾斜的线，如图2－20中的E线。

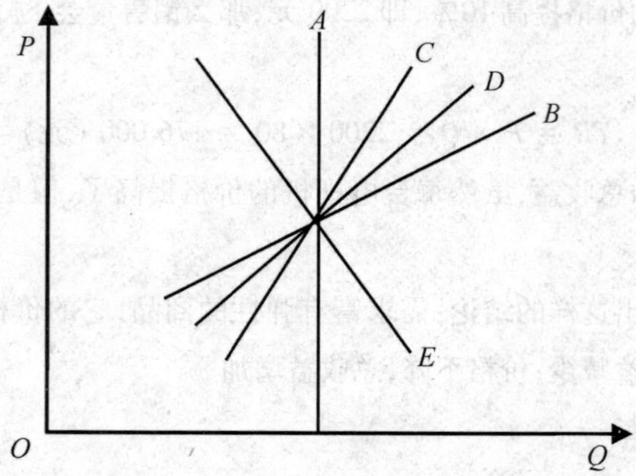

图2－20　需求收入弹性的五种类型

3. 需求收入弹性的应用

一般来说，收入增加对商品的需求量增加，符合这种特性的是正常商品，但收入增加后生活必需品增加比例小于收入增加的比例；收入增加后奢侈品的增加比例大于收入增加的比例。这两种情况无论收入弹性系数大小都是正值。但也有一些商品，例如旧货、低档面料的服装、处理品等随着消费者收入的增加而减少，收入弹性系数是负值。近几年收入不断增加，低档品从人民的生活中逐渐消失，而高档品的消费越来越多，这种变化情况符合恩格尔定理。

恩格尔是19世纪德国统计学家，他在研究人们的消费结构变化时发现了一条规律，即一个家庭收入越少，这个家庭用来购买食物的支出所占的比例就越大，反之亦然。家庭用以购买食物的支出与这个家庭的总收入之比，就叫恩格尔系数。这是因为食品缺乏弹性，收入增加几乎不增加食物的购买，收入增加后增加的几乎都是弹性大的商品。由此可以得出结论，对一个国家而言，这个国家越穷，其恩格尔系数就越高；反之，这个国家越富，其恩格尔系数越是下降。这就是世界经济学界所公认的恩格尔定理。

联合国粮农组织提出了一个划分贫困与富裕国家之间的标准：恩格尔系数在59%以上为贫困；50%～59%为小康；30%～50%为富裕；30%以下为特别富裕。我国城镇居民2006

年底的城市恩格尔系数是35.8%,农村是43%,说明我国人民以吃饱为标志的温饱型生活,正在向以享受和发展为标志的小康型生活转变。

(三)需求交叉弹性

1.需求交叉弹性的含义

需求交叉弹性是指相关的两种商品中一种商品的价格变动比率所引起的另一种商品需求量变动的比率,即一种商品的需求量变动对另一种商品价格变动的反应程度。如:对羊肉需求量的增加或减少,不仅受羊肉本身价格变动的影响,还会受到与羊肉相关的牛肉、鸡肉、鱼等商品价格变化的影响。以 E_{XY} 表示交叉弹性系数,则公式为

$$E_{XY}=\frac{\frac{\Delta Q_X}{Q_X}}{\frac{\Delta P_Y}{P_Y}}=\frac{\Delta Q_X}{\Delta P_Y}\times\frac{P_Y}{P_X} \qquad (2-12)$$

如羊肉的价格下降10%,牛肉的价格不变,羊肉的需求量上升12%,牛肉的需求量下降8%,则

$$E_{XY}=\frac{-0.08}{-0.10}=0.8$$

上例表面,羊肉价格下降1%,牛肉需求量下降0.8%。

2.需求交叉弹性的分类

相关商品可以分为替代商品和互补商品两类。

(1)$E_{XY}>0$

$E_{XY}>0$ 的两种商品为替代商品。替代商品是指两种商品可以相互替代来满足同一种欲望,他们之间是互相替代的。例如,大米和面粉,牛肉和羊肉等。消费者在购买两种替代商品时,如果其中一种商品价格上涨,另一种商品的需求量就会增加。例如,大米价格上涨,人们就会增加面粉的消费。因此,两种替代商品的交叉弹性是正数,如图2-21所示。

(2)互补关系

$E_{XY}<0$ 的两种商品为互补商品。互补商品是指两种商品共同满足一种欲望,它们之间是互相补充的。例如,汽车和汽油、照相机和胶卷等。消费者在购买两种互补商品时,如果其中一种商品价格上涨,对另一种商品的需求量就会减少,如汽车的价格上涨,人们就会减少对汽油的消费。因此,两种互补品的交叉弹性是负数,如图2-21所示。

(3)$E_{XY}=0$

$E_{XY}=0$ 的两种商品没有关系,如图2-21所示。

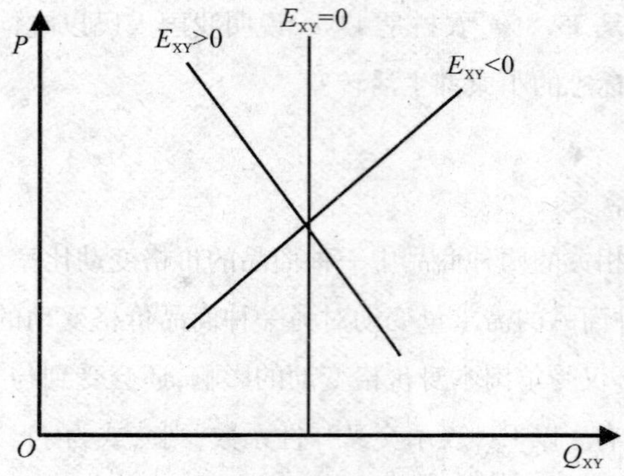

图 2－21　需求交叉弹性的三种类型

三、供给弹性

所谓供给价格弹性是指供给量对影响供给因素的变量变化所做出的反应程度。同样的，供给弹性可以分为供给价格弹性、供给收入弹性和供给交叉弹性，这里主要介绍供给价格弹性。

1. 供给价格弹性的含义

供给价格弹性简称供给弹性，是指价格变动的比率所引起的供给量的比率，即供给量变动对价格变动的反应程度。用供给弹性系数来表示，公式为：

$$E_s = \frac{\text{供给量变动的百分比}}{\text{价格变动的百分比}} = \frac{\frac{\Delta Q}{Q}}{\frac{\Delta P}{P}} = \frac{\Delta Q}{\Delta P} \times \frac{P}{Q} \quad (2-13)$$

形式上，供给弹性公式与需求弹性公式完全相同，只是这里的 Q 所代表的是供给量，而不是需求量。

2. 供给价格弹性的分类

与价格弹性相同，供给价格弹性也有五种分类，分别是：

(1) $E_s=0$，供给无弹性。表示无论价格怎么变化，供给量都固定不变。如土地、文物、某些艺术品的供给。此时的供给曲线是一条垂直于横轴的直线，如图 2－22 中的 A 线所示。

(2) $0<E_s<1$，供给缺乏弹性。表示供给量变动的幅度小于价格变动的幅度。此时的供给曲线比价陡峭，如图 2－22 中的 B 线所示。

(3) $E_s=1$，供给单位弹性。表示价格变动的百分比与供给量变动的百分比相同。此时的供给曲线是一条从原点出发，斜率为 1 的直线，如图 2－22 中的 C 线所示。

(4) $E_s>1$，供给富有弹性。表示供给变动的幅度大于价格变动的幅度。此时的供给曲线比较平缓，如图 2－22 中的 D 所示。

(5) $E_s=\infty$，供给完全弹性。表示在既定价格水平下，供给量可以任意变动。此时的供给曲线上一条与横轴平行的线，如图 2－22 中的 E 所示。

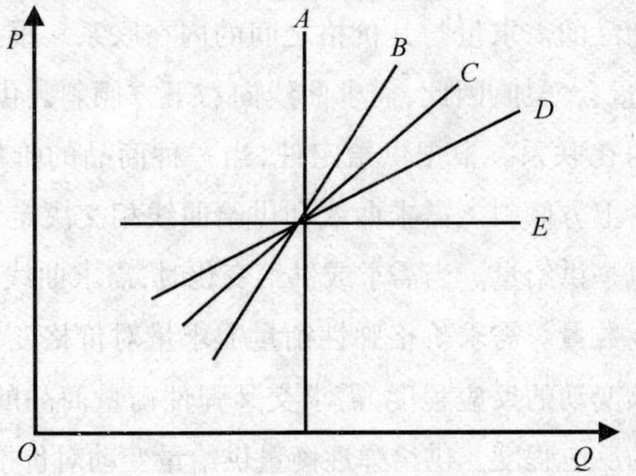

图 2－22　供给价格弹性的五种类型

3. 供给价格弹性的影响因素

影响供给价格弹性的因素比影响需求价格弹性的因素复杂得多。

(1)生产时间的长短

在短期内，生产设备、劳动等生产要素无法大幅度增加，从而供给无法大量增加，供给弹性也就小。尤其在超短期内，供给只能由存货来调节，供给弹性几乎是零。在长期中，生产能力可以提高，因此供给弹性也就大。这是影响供给弹性大小的最重要的因素。

(2)生产的难易程度

一般而言，容易生产而且生产周期短的产品对价格变动的反应快，其供给弹性大。反之，生产不易且周期长的产品对价格变动的反应慢，其供给弹性也就小。

(3)生产要素的供给弹性

供给取决于生产的供给。因此，生产要素的供给弹性大，产品的供给弹性也就大。反之，生产要素的供给弹性小，产品供给弹性也小。

(4)生产所采用的技术类型

有些产品采用资本密集型技术，这些产品的生产规模一旦固定，变动就较难，从而其供给弹性就小。有些产品属于劳动密集型技术，这些产品的生产规模变动交容易，从而供给弹性也就大。

在分析某种产品的供给弹性时要把以上因素综合起来。一般而言，重工业产品一般采用资本密集型技术，生产较为困难，并且生产周期长，所以供给弹性就小；轻工业产品，尤其是食品、服装这类产品，一般采用劳动密集型技术，生产较为容易，并且生产周期短，所以供给弹性大。从产品的生产角度看，尽管也多采用劳动密集型技术，但由于生产周期长，因此供给缺乏弹性。

本章小结

需求反映了一种商品的需求量与其价格之间的内在联系。根据需求定理,当一种商品的价格下降时,其需求量会增加,因此,需求曲线向右下方倾斜。供给反映了一种商品的供给量与其价格之间的内在联系。根据供给定理,当一种商品的价格上升时,其供给量会增加,因此,供给曲线向右上方倾斜。需求曲线和供给曲线相交决定了均衡价格和均衡数量。均衡数量既是需求量也是供给量。当需求或供给变化时,需求曲线或供给曲线就会移动,形成新的均衡价格和均衡数量。需求价格弹性衡量需求量对价格变动的反应程度,需求收入弹性衡量需求量对收入变动的反应程度,需求交叉弹性衡量商品的需求量对于它的相关商品的价格的相对变动的反应程度。供给弹性衡量供给量变动对价格的反应程度。

复习思考题

一、名词解释

需求　需求量　需求定理　供给　供给量　供给定理　均衡价格　供求定理　限制价格　支持价格　需求价格弹性　需求收入弹性　恩格尔定理　需求交叉弹性　供给价格弹性

二、选择题

1. 需求定理意味着在其他条件不变的情况下(　　)。

A. 随着汽油价格上升,汽车需求量将增加

B. 随着汽油价格上升,汽车需求量将减少

C. 随着汽油价格上升,汽车需求量仍保持不变

D. 随着汽油价格上升,汽车需求量可能增加,也可能减少,还可能不变

2. 需求的变动和需求量的变动(　　)。

A. 需求的变动由价格以外的其他因素的变动所引起的,而需求量的变动由价格的变动引起

B. 需求量的变动是一种因素引起的,需求变动是由两种及两种以上因素引起的

C. 都是由于一种原因引起

D. 是一回事

3. 供给定理说明(　　)。

A. 生产技术的提高会使商品的供给量增加

B. 某种商品的价格上升将导致对该商品的供给量增加

C. 由于政府采取措施鼓励某种商品的生产,使得该种商品的供给量增加

D. 消费者喜欢消费某种商品,使该商品供给量增加

4. 何种情况下会存在供给大于需求(　　)。

A. 实际价格低于均衡价格　　B. 实际价格高于均衡价格

C. 实际价格等于均衡价格　　D. 消除了稀缺性

5. 如果某种商品的市场是均衡的，那么(　　)。

A. 生产者在现行价格时会增加生产

B. 消费者在现行价格时会增加购买

C. 不存在过剩与短缺

D. 生产者与消费者不愿意按现行价格进行交易

6. 某种商品价格变动10%，需求量变动20%。则它的需求价格弹性系数为(　　)。

A. 10%　　B. 30%　　C. 0.5　　D. 2

7. 如果一种商品的价格变动5%，需求量因此变动8%，那么该商品的需求属于何种类型？(　　)。

A. 富有弹性　　B. 缺乏弹性　　C. 无弹性　　D、单位弹性

8. 如果人们的收入提高，则食物支出在总支出中的比重将会(　　)。

A. 大大增加　　B. 增加　　C. 减少　　D. 无法确定

9. 什么情况下应采取薄利多销政策(　　)。

A. 价格弹性小于1时　　B. 价格弹性大于1时

C. 收入弹性大于1时　　D. 任何时候都应薄利多销

10. 下列产品中，哪两种产品的交叉弹性为负值(　　)。

A. 汽车和轮胎　　B. 花生油和大豆油

C. 棉布和化纤布　　D. 大米和面粉

三、分析讨论题

1. 试用经济学分析“谷贱伤农”成语的含义。

2. 请分析在销售化妆品可以采用薄利多销的对策而对药品的销售却不行的原因？

3. 请解释为什么餐饮业可降价促销而教科书不可以？

实训项目

假如你是一个大型艺术博物馆的馆长。你的财务经理告诉你，博物馆缺乏资金，并建议你考虑改变门票价格以增加总收益。你将怎么办呢？你是要提高门票价格，还是降低门票价格？

拓展阅读

蛛网理论

某些商品的价格与产量变动相互影响，引起规律性的循环变动的理论。1930年由美国的舒尔茨、荷兰的J. 丁伯根和意大利的里奇各自独立提出。由于价格和产量的连续变动用图形表示犹如蛛网，1934年英国的卡尔多将这种理论命名为蛛网理论。

蛛网理论是一种动态均衡分析。古典经济学理论认为，如果供给量和价格的均衡被打破，经过竞争，均衡状态会自动恢复。蛛网理论却证明，按照古典经济学静态下完全竞争的假设，均衡一旦被打破，经济系统并不一定自动恢复均衡。这种根据的假设是：

①完全竞争,每个生产者都认为当前的市场价格会继续下去,自己改变生产计划不会影响市场;

②价格由供给量决定,供给量由上期的市场价格决定;

③生产的商品不是耐用商品。这些假设表明,蛛网理论主要用于分析农产品。

蛛网理论的模型如图所示。图中 P、Q、D、S、分别是价格、产量、需求函数和供给函数;t 为时间。根据上述模型,第一时期的价格 P_1 由供给量 Q_1 来决定;生产者按这个价格来决定他们在第二时期的产量 Q_2。Q_2 又决定了第二时期的价格 P_2。第三时期的产量 Q_3,由第二时期的价格 P_2 来决定,依此类推。由于需求弹性、供给弹性不同,价格和供给量的变化可分三种情况:

①当供给弹性小于需求弹性(即价格变动对供给量的影响小于对需求量的影响)时,价格和产量的波动将逐渐减弱,经济状态趋于均衡,如图 1 所示。供给弹性小于需求弹性为"蛛网稳定条件",蛛网向内收缩,称"收敛型蛛网"。

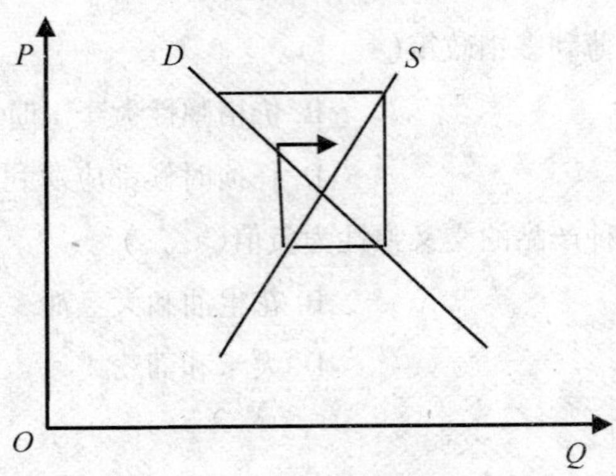

图 2-23 收敛型蛛网

②当供给弹性大于需求弹性(即价格对供给量的影响大于对需求量的影响)时,波动逐步加剧,越来越远离均衡点,无法恢复均衡,如图 2 所示。供给弹性大于需求弹性为"蛛网不稳定条件",蛛网为"发散型蛛网"。

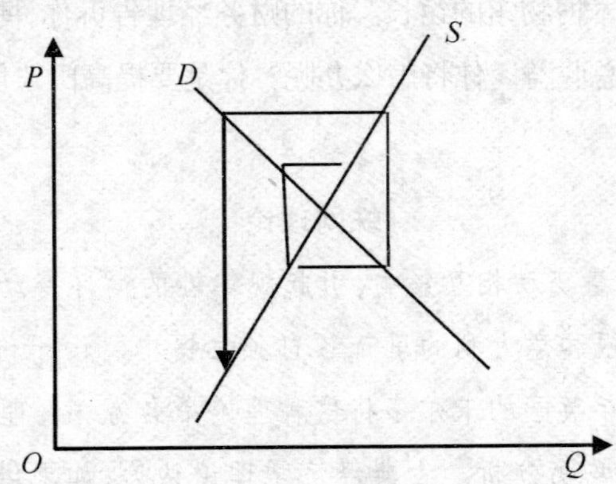

图 2-24 发散型蛛网

③当供给弹性等于需求弹性时，波动将一直循环下去，即不会远离均衡点，也不会恢复均衡，如图3所示。供给弹性与需求弹性相等为“蛛网中立条件”，蛛网为“封闭型蛛网”。

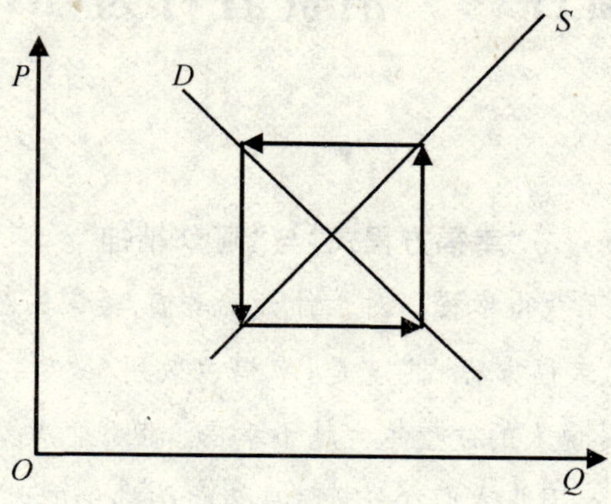

图2－25　封闭型蛛网

关于蛛网理论的说明：

蛛网理论旨在说明在市场机制自发调节的情况下，农产品市场经常发生蛛网型波动，从而影响农业生产的稳定性。在现实生活中，农产品广泛存在着发散型蛛网波动的现象。为消除或减轻农产品在市场上经常出现的这种蛛网型波动的现象，一般有两种方法：

(1)由政府运用支持价格、或限制价格之类的经济政策对市场进行干预；

(2)利用市场本身的调节作用机制进行调节，即运用期货市场来进行调节。

项目三　消费者行为理论

开篇案例

"幸福方程式"与"阿 Q 精神"

我们消费的目的是为了获得幸福。对于什么是幸福,美国的经济学家萨谬尔森用的"幸福方程式"来概括。这个"幸福方程式"就是:幸福 = 效用/欲望,从这个方程式中我们看到欲望与幸福成反比,也就是说人的欲望越大越不幸福。但我们知道人的欲望是无限的,那么多大的效用不也等于零吗?因此我们在分析消费者行为理论的时候我们假定人的欲望是一定的,那么我们在离开分析效用理论时,再来思考萨谬尔森提出的"幸福方程式",真是觉得他对幸福与欲望关系的阐述太精辟了,难怪他是诺贝尔奖的获得者。

在社会生活中对于幸福,不同的人有不同的理解。政治家把实现自己的理想和抱负作为最大的幸福;企业家把赚到更多的钱当作最大的幸福;我们教书匠把学生喜欢听自己的课作为最大的幸福;老百姓往往将平平淡淡衣食无忧作为最大的幸福。幸福是一种感觉,自己认为幸福就是幸福。但无论是什么人一般把拥有的财富多少看作是衡量幸福的标准,一个人的欲望水平与实际水平之间的差距越大,他就越痛苦。反之,就越幸福。"幸福方程式"使我想起了"阿 Q 精神"。

鲁迅笔下的阿 Q 形象,是用来唤醒中国老百姓的那种逆来顺受的劣根性。而我要说的是人生如果一点阿 Q 精神都没有,会感到不幸福,因此"阿 Q 精神"在一定条件下是人生获取幸福的手段。市场经济发展到今天,贫富差距越来越大,如果穷人欲望过高,那只会给自己增加痛苦。倒不如用"知足常乐",用"阿 Q 精神"来降低自己的欲望,使自己虽穷却也活得幸福自在。富人比穷人更看重财富,他会追求更富,如果得不到,他也会感到不幸福。

"知足常乐""适可而止""随遇而安""退一步海阔天空"该"阿 Q 时得阿 Q",这些说法有着深刻的经济含义,我们要为自己最大化的幸福作出理性的选择。

资料来源:节选自《微观经济学纵横谈》,生活·读书·新知三联书店,2000 年 8 月,梁小民著。

知识目标

1. 理解并掌握边际效用递减规律
2. 理解并能够分析基数效用论的消费者均衡
3. 理解消费者剩余
4. 理解无差异曲线和消费预算线
5. 理解并掌握边际替代率递减规律
6. 理解并能够分析序数效用论的消费者均衡

7. 理解收入效用与替代效用

能力目标

能够运用边际效用分析和无差异曲线分析两种分析方法，探讨消费者选择行为背后的基本原理，解释现代市场经济条件下的市场需求模式。

任务一　消费者行为理论概述

上一章供求理论中我们论述了需求与供给如何决定价格，但并没有说明需求与供给本身是如何决定的。那么，需求和供给又是由什么来决定的？经济学认为，需求来自消费者（居民户），是由消费者行为决定的，供给来自生产者（厂商），是由生产者行为决定的。因此，要更深入地了解需求与供给，必须了解消费者行为与生产者行为是如何决定的。从这种意义上说，本章的分析与后面的生产者行为理论是供求理论的继续与发展。

消费者行为理论也称效用理论，它是研究在一定收入和价格条件下，消费者为获得最大满足对各种商品做出的选择方式。考察消费者行为，可以采用两种分析方法：一种是以基数效用论为基础的边际效用分析；另一种是以序数效用论为基础的无差异曲线分析。

一、欲望与效用

1. 欲望(Wants)

消费者为何对各种商品和劳务有所需求呢？消费者的行为取决于其购买动机，这种动机主要来自于他的某种欲望。欲望(Wants)也称需要(Needs)，是指一种缺乏的感觉和求得满足的愿望。该种欲望或从肉体产生，或从精神产生。从经济学角度来看，消费是人满足这些欲望的一种合乎逻辑的行为。

西方行为主义心理学家亚伯拉罕·马斯洛(Maslow)认为，人可以有各种各样、不同层次的满足欲望，根据由低到高、由简单到复杂的顺序，可划分为生存的需要、安全的需要、归属和爱的需要、尊重的需要和自我价值实现的需要。既包括物质的满足，也有精神的需求。但是，人们的欲望不可能得到无限的满足。这是因为：第一，任何社会的资源都是有限的，因而提供的产品也有限；第二，一个人的生命有限，不可能满足所有的欲望，只能满足部分欲望；第三，欲望或需要的满足必须依靠他人的劳动来提供，而任何人所提供的劳动都有限，正因为资源、产品和时间有限，人们就必须在资源、产品和时间中加以最优选择，这样才能实现消费者行为的理想境界。

2. 效用(Utility)

支配消费者行为的潜在力量是商品和劳务所提供的效用。所谓效用，就是指消费者从某种物品的消费中得到的满足程度。效用是人们的心理感受，是一种主观感觉。例如：面包可以满足人们充饥的欲望，衣服可以满足人们御寒和装饰的欲望。

西方经济学家认为，效用是消费者的一种主观心理感觉，它取决于消费者对商品和劳务的主观评价。因此效用会因人、因时、因地而异。对不同的人而言,同样的物品所带来的效用是不同的,甚至对同一个人而言,同一物品在不同的时间和地点,效用也不同。比如,一杯水对一个住在泉边的人来说,可能没有什么效用,但对于一个在沙漠中旅行的人来说,则效用很大;冰块在夏季对人们具有较大的效用,但在冬季对于正常的人就没有什么效用。因此,除非给出特殊的假定,否则,效用是不能在不同的人之间进行比较的,但就某一个确定的消费者而言,可以判定某种商品对他的效用的大小。

这里,我们要注意效用与使用价值的区别。使用价值是物品本身所具有的属性,是客观存在的,不以人的意志为转移;而效用则强调了消费者对某种物品带来的满足程度的主观感受。另外,效用虽是消费者的一种主观心理感觉,但它本身并不包括是非的价值判断。也就是说,一种商品或劳务效用的大小,仅仅看它能满足人们多少欲望或需要,而不考虑这一需要或欲望本身的好坏。例如吸毒,从伦理上看是坏欲望,但毒品能满足这种欲望,因而它就具有效用。

拓展阅读

对效用的理解——《最好吃的东西》

兔子和猫争论,世界上什么东西最好吃。兔子说:“世界上萝卜最好吃!萝卜又甜又脆又解渴,我一想起萝卜就要流口水。”猫不同意,说:“世界上最好吃的东西是老鼠。老鼠的肉非常嫩,嚼起来又酥又松,味道美极了!”兔子和猫争论不休、相持不下,跑去请猴子评理。猴子听了,不由得大笑起来:“瞧你们这两个傻瓜蛋,连这点儿常识都不懂!世界上最好吃的东西是什么?是桃子!桃子不但美味可口,而且长得漂亮。我每天做梦都梦见吃桃子。”兔子和猫听了,全都直摇头。那么,世界上到底什么东西最好吃?

说明效用完全是个人的心理感觉。不同的偏好决定了对同一种商品效用大小的不同评价。

二、基数效用论与序数效用论

消费者行为理论要研究效用最大化实现的条件,其首要任务就是对效用大小的比较和评价。基于对效用大小和评价问题,西方经济学家先后提出了基数效用论和序数效用论。

基数效用论认为,效用如同长度、重量等概念,可以衡量、比较大小并加总求和。我们可以用基数,如1、2、3、4,来表示效用的大小并加总求和,表示效用大小的计量单位被称作效用单位。例如,对某个人来说看一场足球赛的效用是20个效用单位,吃一顿丰盛晚餐的效用是10个效用单位,那么这两种消费的效用之和为30个效用单位,而且前者的效用是后者效用的2倍。基数效用论采用边际效用分析方法分析消费者均衡的实现。

序数效用理论认为,效用是一种主观心理感觉,不可以计量并加总求和,只能表示出满足程度的高低与顺序。因此,效用只能用序数(第一、第二、第三……)来表示。如上面的例子,消费者要选择的是偏好哪一种消费,即哪一种消费效用是第一,哪一种消费效用是第二。

或者说要回答的是愿意看一场足球赛,还是更愿意吃一顿丰盛的晚餐。序数效用论采用无差异曲线分析方法来分析消费者均衡的实现。

现代经济学家通常假设效用以序数表示,而不以基数表示。多数采用无差异曲线分析方法,而不是边际效用分析方法。但是,这并不意味着两种效用论完全不相容。事实上,这两种理论得出的结论是一致的。

任务二　钻石与木碗:基数效用论

任务介绍

钻石和木碗的故事

一个穷人家徒四壁,只得头顶着一只旧木碗四处流浪。

一天,穷人上一只渔船去帮工。不幸的是,渔船在航行中遇到了特大风浪,船上的人几乎都淹死了,穷人幸免遇难。

穷人被海水冲到一个小岛上,岛上的酋长看见穷人头顶的木碗,感到非常新奇,便用一大口袋最好的珍珠宝石换走了木碗,派人把穷人送回了家。

一个富翁听到了穷人的奇遇,心中暗想,一只木碗都能换回这么多宝贝,如果我送去很多可口的食物,该换回多少宝贝!"于是,富翁装了满满一船山珍海味和美酒,找到了穷人去过的小岛。

酋长接受了富人送来的礼物,品尝之后赞不绝口,声称要送给他最珍贵的东西。富人心中暗自得意。一抬头,富人猛然看见酋长双手捧着的"珍贵礼物",不由得愣住了!

知识引入

既然效用是用来表示消费者在消费物品时所感受到的满足程度,于是就产生了对这种"满足程度"即效用的度量问题。在这一问题上,基数效用论者认为,效用如同长度、重量等概念一样,可以计量并加总求和,因此,效用大小可以用基数(1,2,3……)来表示。例如,对某一个消费者来说,吃一顿丰盛的晚餐和看一场高水平足球赛的效用分别为10效用单位和8效用单位,则该消费者对这两种商品消费的效用之和为18效用单位。基数效用论者在分析消费者行为时,采用的边际效用分析法。

一、总效用和边际效用

1. 总效用(Total Utility)

总效用是指某个消费者在某一特定时间内消费一定数量的某种商品所获得的满足的总和。微观经济学通常假定总效用在某个范围内是商品数量的增函数,意思是总效用随商品数量的增加而增加。总效用函数为:

$$TU = f(X) + f(Y) \tag{3-1}$$

$$TU = f(X + Y) \tag{3-2}$$

式(3－1)表示,总效用为 X,Y 这两种产品各自的效用之和。这意味着 X 的效用与 Y 的效用彼此无关。式(3－2)则表示,X 和 Y 的效用会相互影响。

2. 边际效用(Marginal Utility,MU)

边际效用是指消费者每增加1单位某种物品的消费所增加的总效用。也就是每种物品的消费量每增加一个单位而增加的效用。若以 MU 表示边际效用,以 ΔQ 表示增加的物品的数量,以 ΔTU 表示增加的效用量,则边际效用可表示为:

$$MU = \frac{\Delta TU}{\Delta Q} \tag{3-3}$$

3. 总效用与边际效用的关系

现举例说明总效用、边际效用以及两者之间的关系。假如某人在一定时期内(如一天)吃苹果,苹果的消费数量及苹果所产生的总效用和边际效用如表3－1。

表3－1　总效用与边际效用

苹果数/个	总效用/TU	边际效用/MU	苹果数/个	总效用/TU	边际效用/MU
0	0	–	3	22	4
1	10	10	4	22	0
2	18	8	5	20	－2

根据表3－1可以作出表示总效用曲线和边际效用曲线,如图3－1。图中,横轴 OQ 代表苹果的消费量,纵轴代表总效用或边际效用,TU 为总效用曲线,MU 为边际效用曲线。从表3－1中可以看出,当吃一个苹果时,总效用为10效用单位,苹果的数量由0增加到1,增加了1个,效用增加了10效用单位,所以第一个苹果的边际效用为10效用单位。当吃两个苹果时,总效用为18效用单位,比吃第一个苹果的效用增加了8效用单位,因此边际效用为8效用单位,以此类推,当吃第5个苹果时,总效用为20单位,比吃第4个苹果时的总效用22个效用单位少了2个效用单位,所以边际效用为－2个效用单位,即这个人吃第5个苹果所带来的是负效用。

图3－1中,总效用曲线TU是一条从原点出发,向右上方渐升,当达到最高点后,又向右下方倾斜的曲线。它表示:随着某商品消费量的不断增加,在合理的消费阶段,消费者的满足程度会不断增加,但当消费量达到饱和以后,即消费者对该商品的消费欲望得到满足以后,如果再继续增加消费,总的满足程度不但不再增加,反而可能减少。边际效用曲线MU是一条向右下方倾斜的曲线。它表示,随着某种商品消费量的不断增加,消费者所不断增加的欲望满足程度是递减的;当消费者的满足程度达到饱和,即总效用达到最大值时,边际效用为零。过了这点如果继续增加消费,由于总效用开始下降,边际效用就成了负值。

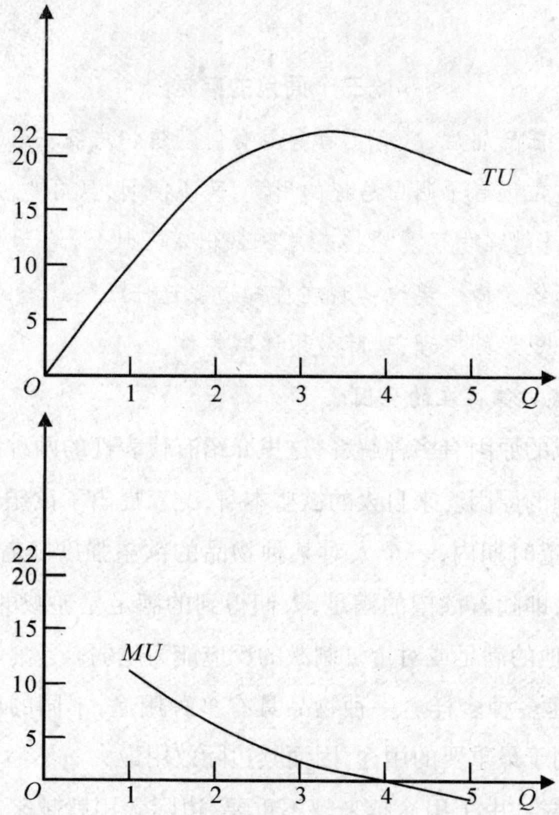

图 3 - 1　总效用与边际效用曲线图

由以上分析可以看出,总效用与边际效用的关系是:总效用增加,边际效用是正值;总效用达到最大时,边际效用为零;总效用下降,边际效用为负值。

三、边际效用递减规律

(一)边际效用递减规律的内容

从表 3 - 1 可以看出,消费者每吃一个苹果,其总效用在一定范围内会增加,但边际效用却是递减的,这种现象被称之为“边际效用递减规律”。德国经济学家戈森首先对这种现象进行了描述,所以又被称为“戈森第一定律”。

边际效用递减规律(Law of Diminishing Marginal Utility)是指一定时间内,在其他商品的消费量保持不变的条件下,随着消费者对某种商品消费量的不断增加,消费者从该商品连续增加的每一消费单位中所得到的效用增量即边际效用是递减的。边际效用递减规律是人们消费时的一个普遍规律,也是微观经济学的一个重要假设。例如,某消费者在饥饿状态下,吃第一个馒头给他带来的效用最大,以后,随着消费馒头数量的连续增加,虽然总效用不断增加,但每一个馒头给他带来的效用增量却是递减的。当他完全吃饱时,再让他继续吃下去,就会感到不适。

拓展阅读

吃三个面包的感觉

美国总统罗斯福连任三届后，曾有记者问他有何感想。总统一言不发，只是拿出一块三明治面包让记者吃。这位记者不明白总统的用意，又不便问，只好吃了。接着总统拿出第二块三明治面包，记者还是勉强吃了。紧接着总统拿出第三块，记者为了不撑破肚皮，赶紧婉言谢绝。这时罗斯福总统微微一笑说："现在你知道我连任三届总统的滋味了吧！"这个故事揭示了经济学中的一个重要的原理：边际效用递减规律。

（二）边际效用递减规律存在的原因

关于边际效用递减的原因有多种解释，这里介绍有代表性的两种：

1. 由于生理或心理的原因。来自人的欲望本身，戈森提出了欲望的两条规律：一是欲望强度递减规律，即在一定时期内，一个人对某种物品的欲望强度随着物品数量的增加而减少；二是享受递减规律，即随着欲望的满足，人们得到的满足是递减的。这说明消费者消费某一物品的数量越多，他的满足或对重复刺激的反应能力越弱。

2. 物品本身的用途多种多样。一种物品具有多种用途，不同的用途其重要性也不同。消费者总是把物品先用于最重要的用途，因而其边际效用最大。然后再用于次重要用途，边际效用会减小。以此类推，由于用途越来越不重要，边际效用就越来越小。例如，假设消费者有三杯水，他会把第一杯水用于止渴，满足基本的生理需求；第二杯水可能会给朋友，满足爱的需求；第三杯水可能用于施舍，满足自我价值的需求。因为三杯水用途的重要性依次递减，所以每杯水的边际效用也是递减的。

拓展阅读

春晚的怪圈

大约从20世纪80年代初期开始，我国老百姓在过春节的年夜饭中增添了一套诱人的内容，那就是春节联欢晚会。记得1982年第一届春晚的出台，在当时娱乐事业尚不发达的我国引起了极大的轰动。晚会的节目成为全国老百姓在街头巷尾和茶余饭后津津乐道的题材。

晚会年复一年地办下来了，投入的人力和物力越来越大，技术效果越来越先进，场面设计越来越宏大，节目种类也越来越丰富。但不知从哪一年开始，人们对春晚的评价却越来越差了。原来街头巷尾和茶余饭后的赞美之词变成了一片骂声，春晚成了一道众口难调的大菜，晚会陷入了"年年办，年年骂；年年骂，年年办"的怪圈。春晚的怪圈反映了什么经济学原理？

拓展阅读

垃圾中的边际效用

美国是世界上经济最为强大的国家，人均消费商品数量居世界第一，人均垃圾量也没有一个国家能与之相比。美国的垃圾不但包括各种废弃物，也包括各种用旧了的家具、地毯、鞋子、炊具,乃至电视机和冰箱。美国是一个提供消费的社会,它的生产力巨大,产品积压常常成为主要的经济问题。如果每个人将自己生产出来的产品(更精确地讲,是生产出来的价值)全部消费掉,经济则正常运转。如果生产旺盛,消费不足,或者说,居民由于富裕而增加了储蓄,产品就会积压。所以对于美国来说,医治经济萧条的主要措施是鼓励消费。

在美国旧东西有几条出路:或举办“后院拍卖”,或捐赠给教堂,或捐赠给旧货商店,或当垃圾仍掉。旧东西在美国很不值钱,你可以在后院拍卖中买到1美元一个的电熨斗,在教堂拍卖中买到10美元一套的百科全书(20本)和5美元一套的西装。相反,旧东西在中国就值钱多了。在大城市,经常看到有人在收购各种旧的生活用品,然后运到贫穷、偏僻的农村地区以几倍的价格卖出。

表面上看,这是一个矛盾的现象:相对穷的中国人,却愿意花几倍于相对富裕的美国人愿意出的价钱去买这些旧东西。但这个现象可以用经济学中的效用理论来解释。即商品价格的高低与商品所提供的边际效用的大小成正比。

富人用一块钱要比穷人用一块钱轻率,或者说,富人的钱的边际效用低。人们越富裕,就越有钱来购买奢侈品。举例说,在美国最便宜的剃须刀是10美分一把,最豪华的剃须刀大约要100美元,二者相差达千倍。豪华剃须刀虽然更美观,更安全,更经用,但它的基本功能也只限于剃胡子,它提供的附加效用非常有限。廉价手表和豪华手表的价钱也可相差千倍。过去我国比较穷,奢侈品没有市场,现在人们钱多起来,情况正在变化。

由于中美两国富裕程度的差别而形成的效用评价的差别,提供了巨大的贸易机会。即中国可以用极低的价格进口某些旧用品,其代价主要是收集、分类及运输的成本。如旧汽车是值得进口的。在美国由于人力昂贵,修理费用高,所以报废的标准比较高。

四、基数效用论的应用

由于边际效用具有递减规律,因而人们在对一种商品消费量的增加时,就要减少另一种商品的消费量。就消费者来说,他怎样才能花费一定数量的收入使购买各种商品所获得的总效用,或者说满意与享受达到最大化?这在消费者行为中就有一个决策问题,决策的目标是花费一定的收入所获得的总效用达到最大值。

(一)消费者均衡

所谓消费者均衡(Consumer Equilibrium)是指消费者在货币收入和商品价格既定的前提下,通过理性地购买和消费各种商品实现总效用最大化的过程。这里的均衡是指消费者实现最大效用时,既不想再增加也不想再减少任何商品的购买数量的一种相对静止状态。消费者均衡的问题就是要解决消费者如何把一定的收入分配到不同的商品上,每一种商品各分配多少。从另一个角度来说,实际上就是解决消费者对每一种物品的需求是如何决定的。

为了说明消费者均衡,首先必须作如下假定:①消费者的偏好是既定的,对各种商品的效用和边际效用是已知的,不会发生变动。②消费者的收入是既定的且全部用于购买商品和劳务。③消费者购买的商品和劳务的价格是已知的。④每单位货币的边际效用对消费者都相同。

在运用边际效用分析法来说明消费者均衡时,消费者均衡的条件是:消费者用单位货币所购买的各种商品的边际效用都相等,即消费者所购买的各种商品的边际效用之比等于它们的价格之比。或者说,消费者应使自己花费在各种商品购买上的最后一元钱所带来的边际效用相等,即货币的边际效用相等。

假设 λ 为不变的货币的边际效用,消费者用既定收入 I 购买 n 种商品,P_1、P_2、……、P_n 分别为 n 种商品的既定价格,X_1、X_2、……、X_n 分别为 n 种商品的数量,MU_1、MU_2、……、MU_n 分别为 n 种商品的边际效用,则上述消费者均衡条件可以用公式表示为:

$$P_1X_1 + P_2X_2 + \cdots + P_nX_n = I \tag{3-4}$$

$$\frac{MU_1}{P_1} = \frac{MU_2}{P_2} = \cdots = \frac{MU_n}{P_n} = \lambda \tag{3-5}$$

式(3-4)表明,消费者要把全部收入用完,如果超过收入,购买行为无法发生;小于收入,不能得到最大满足。式(3-5)表明,每一元钱的花费都货真价实,每一元钱用在不同商品上的边际效用相等。

上述消费者均衡条件即效用最大化原则,又称为"戈森第二定律"。这里需要注意的是,花在每种商品上的每一单位货币所带来的边际效用相等,并不是指消费者在各种商品上花费总额相等,而是使消费者购买时商品的边际效用与商品价格比相等,即$\frac{MU_1}{P_1} = \frac{MU_2}{P_2} = \lambda$。如果$\frac{MU_1}{P_1} > \frac{MU_2}{P_2}$,这就表示用每一元钱购买商品 1 的边际效用大于购买商品 2 的边际效用。这时,理性的消费者就要调整两种商品购买数量,即要增加对商品 1 的购买量,减少对商品 2 的购买量。根据边际效用递减规律,商品 1 的边际效用会随其购买量的不断增加而递减,商品 2 的边际效用会随其购买量的不断减少而递增,最终会达到 $MU_1/P_1 = MU_2/P_2$。

反之如果 $\frac{MU_1}{P_1} < \frac{MU_2}{P_2}$,理性购买者就要增加对商品 1 的购买量,减少对商品 2 的购买量。在边际效用递减规律作用下,最终仍会达到 $\frac{MU_1}{P_1} = \frac{MU_2}{P_2}$。此时,消费者既不想再增加也不想再减少任何商品的购买数量,处于一种相对静止状态。

理论应用

边际效用递减规律给经营者的启示

边际效用递减原理告诉我们,消费者连续消费一种产品的边际效用是递减的,消费者愿意支付的价格也会随之降低。因此企业要不断进行创新,生产不同的产品满足消费者需求,减少和阻碍边际效用递减。根据效用理论,消费者购买物品是为了实现效用最大化,企业在生产决策时首先要分析消费者心理，满足消费者偏好。一个企业要成功，不仅要了解当前的消费时尚，还要善于发现未来的消费时尚，并及时开发出能满足这种偏好的产品。同时消费时尚也受广告的影响，一种成功的广告会引导着一种新的消费时尚，左右消费者的偏好。

(二)消费者剩余

所谓消费者剩余(Consumer' s Surplus)是指消费者在购买商品时，所得到的总效用和实际支付的货币总效用之间的差额。或者说，消费者对某种商品所愿意付出的代价超过他实际付出的代价的余额。在西方经济学中，这一概念是马歇尔提出来的，他在《经济学原理》中为消费者剩余下了这样的定义："一个人对一物所付的价格，决不会超过，而且也很少达到他宁愿支付而不愿得不到此物的价格；因此，他从购买此物所得的满足，通常超过他因付出此物的代价而放弃的满足；这样，他就从这种购买中得到一种满足的剩余。他宁愿付出而不愿得不到此物的价格，超过他实际付出的价格的部分，是这种剩余满足的经济衡量。这个部分可以称为消费者剩余。"消费者剩余可以用如下公式表示

$$消费者剩余 = 愿意支付的价格 - 实际支付的价格 \tag{3-6}$$

对消费者来说，他消费某种商品，随着数量的增加而边际效用是递减的。因而他购买一定数量的商品时，愿意支付的价格是由其边际效用决定的，即它是按照一定数量中最后一个单位的效用来支付货币的。由于其他商品的效用都大于最后一个单位商品的效用，消费者便从前面每一单位商品中得到了效用的剩余。在几何图形上，消费者剩余表现为需求曲线以下，价格线以上的部分，见图 3-2 中的阴影部分。如果商品的价格下降，消费者剩余会增加。

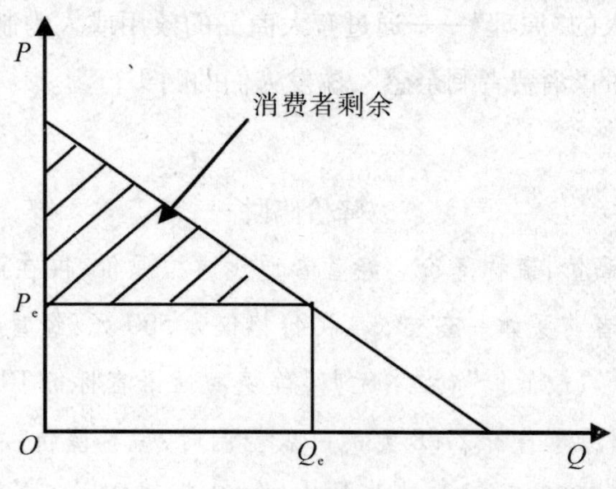

图 3-2　消费者剩余分析图

消费者剩余的存在是因为消费者购买某种商品所愿支付的价格取决于边际效用，而实际付出的价格取决于市场上的供求状况，即市场价格。下面，我们以茶叶的需求为例，说明消费者剩余。如果茶叶价格为每磅 20 先令，某个消费者只愿买 1 磅；如果价格再下降为 14 先令时，他将买 2 磅；如价格再下降为 10 先令时，他将买 3 磅。价格继续下降，这个消费者的购买量也继续增加，价格为 6 先令，他买 4 磅；价格为 4 先令，他买 6 磅；价格为 2 先令，他

买7磅,2先令是他实际支付的价格。在茶叶价格为每磅20先令时,他恰好买1磅,这表明,他从购买1磅茶叶中所得到的和把20先令用于购买其他商品所得到的满足是相等的。当茶叶价格从20先令下降为14先令时,他买了2磅茶叶,在他看来。他花了28先令(14+14)至少得到了34先令(20+14)的满足,他的消费者剩余是6先令(34-28)。当价格为10先令时,他买3磅,这就是说,这个消费者用30先令购买了3磅茶叶,在他看来,其中第一磅茶叶值20先令,第二磅茶叶值14先令,第三磅茶叶值10先令。3磅的总效用为44先令(20+14+10),而他只花了30先令。这时他的消费者剩余为14先令。依此类推,当价格最后降为2先令时:他买7磅,这7磅茶叶共值59先令(20+14+10+6+4+3+2)为他的效用总额。这个总数超过他实际支付的货币额(59-14)先令,就是他的消费者剩余。

然而消费者剩余作为一种额外的效用,仅是一种心理感觉。如上分析,并非消费者真正得到了现金,而是得到了满足感。然而正是这种满足感左右着消费者的购买行为,从而影响着市场上的需求。因此,当消费者以低于消费者预期的价格买到自己所需要的商品时,心里会很舒服,有一种划算的感觉,甚至有一种占了便宜的窃喜。当这种便宜感很大、很强烈时,消费者的购买行为完全可能再继续下去,直至购买到这种便宜感减弱、消失为止。这就是为什么人们对价格变得便宜的商品自然多买的原因所在。反之,当一个消费者的购买行为的结果使其大呼上当或感到吃亏时,那一定是失去了"消费者剩余",从而失去了一种满足感,甚至在某些情况下还会切切实实地失去了可以计算的有形的货币收入。

当我们明白了消费者价格和市场价格之间的关系后,我们就可以解释虚假广告和不法商家雇佣"托儿"来害人的"原理"——通过夸大商品的效用或人为制造紧缺感,提高消费者价格,从而增加购买者的"消费者剩余感",诱发人们的购买行为。

拓展阅读

降价陷阱

第一种情况,虚构高价,谎称降价。经营者通过虚拟原价,再在此基础上标注一个虚假优惠折扣价,诱骗消费者购买如一套皮衣实际价格仅为500元,经营者却虚构为2000元,然后以"跳楼价""处理价""最低价""血本无归"等煽动性语言标价1000元出售,诱骗消费者购买。如某商场在销售原零售价2788元的一款空调时,谎称降价,在降价商品标签上虚构原价为4058元,标现价2888元,实际上折扣的价格比真实价格还高。

第二种情况,经营者不虚构原价,但虚构专业、停业、结业等,谎称削价处理商品。我们经营看到一些商店挂上"本店停业,最后两天清仓大甩卖"的字样。但是过了两天,那块牌子仍挂在那里。一些商店谎称停业前最后一天经营,但过了半年仍然是在"最后一天经营"。

五、推导需求曲线

某种商品的需求量取决于价格,并与价格反方向变动。这是以前所讲的需求定理,那时并没有解释需求定理的原因。学过消费者行为理论,就可以用这一理论来解释需求定理。

在研究消费者行为时,有一个很重要的假设条件,就是货币的边际效用是不变的。只有货币的边际效用不变,才能用货币的边际效用去衡量其他物品的效用。同时,由于消费者的货币收入总是有限的,同样的货币可以购买不同的物品,所以这个假设在一般情况下也是合理的。

消费者为购买一定数量的某种物品所愿意付出的货币价格取决于他从这一定量物品中所获得效用,效用大,愿付出的价格就高;效用小,愿付出的价格就低。随着消费者购买某物品数量的增加,该物品给消费者所带来的边际效用是递减的,而货币的边际效用是不变的。这样,随着物品的增加,消费者所愿意付出的价格也在下降。因此,需求量与价格必然呈反方向变动。

任务三 买 CD 碟片还是买零食:序数效用论

任务介绍

买零食还是买 CD 碟片

一对新婚夫妇去商品购买去印尼巴厘岛度蜜月需要的物品时,在采购过程中两人对购买零食还是 CD 碟片产生了不同看法。喜欢吃零食的女士认为,这次旅行要经过长时间的飞行,当飞机在飞越太平洋上空的时候,嘴里一边含着话梅糖,这滋味……,若买 CD 碟片又要带上 CD 播放机,太麻烦了。而喜欢音乐的男士则提出另外的看法,坐飞机的时间较长,带一些流行音乐或歌曲的 CD 碟片,可以消磨旅途中一些时间,并且如果将歌曲与太平洋的浩瀚融在一起,其效果那真是……,巴厘岛有很多当地的热带水果,到那吃都来不及,还是 CD 碟片的效用较大。你认为这对新婚夫妇应该如何选择呢?

知识引入

序数效用论是为了弥补基数效用论的缺点而提出来的一种研究消费者行为的理论。与基数效用论不同,20 世纪的大多数经济学家(以帕累托、希克斯等人为代表)则认为,商品的效用是无法具体衡量的,只能用顺序或等级来表示,即用第一,第二,第三……来表示商品效用谁大谁小,而不能确切地说出各种商品的效用到底是多少。例如,你可以肯定地说在一杯水、一杯咖啡和一杯茶之间,你最喜欢咖啡、然后是水,其次是茶。那么咖啡的效用第一,水的效用第二,茶的效用第三。在价格相同的情况下,消费者认为哪一种商品效用大,是通过他在购买时的选择顺序来表现的。这就是序数效用论,序数效用论采用的无差异曲线分析法。

一、无差异曲线

(一)无差异曲线的含义

无差异曲线也称等效用线,它表示两种商品的不同数量的组合给消费者带来的效用完全相同的一种曲线。无差异曲线符合这样一个要求:如果听任消费者对曲线上的点作选择,那么,所有的点对他都是同样可取的,因为任一点所代表的组合给他所带来的满足都是无差异的。

假定某个消费者按既定的价格购买两种商品 X 和 Y,他购买 2 单位商品 X 和 6 单位商品 Y 或者 3 单位商品 X 和 4 单位商品 Y 所带来的满足是相同的,那么,这两种配合中任一种对这个消费者来说,都是无差异的。事实上,这个消费者在购买 X 和 Y 两种商品的过程中,会产生一系列无差异组合,形成无差异表。X 和 Y 两种商品的各种组合如表 3－2。

表 3－2　两种商品的无差异组合

组合方式	X	Y	组合方式	X	Y
A	1	10	C	3	4
B	2	6	D	4	2.5

将表 3－2 中的各种不同组合在坐标系内用对应的各个点表示,连接这些点就得到一条无差异曲线,如图 3－3 所示。

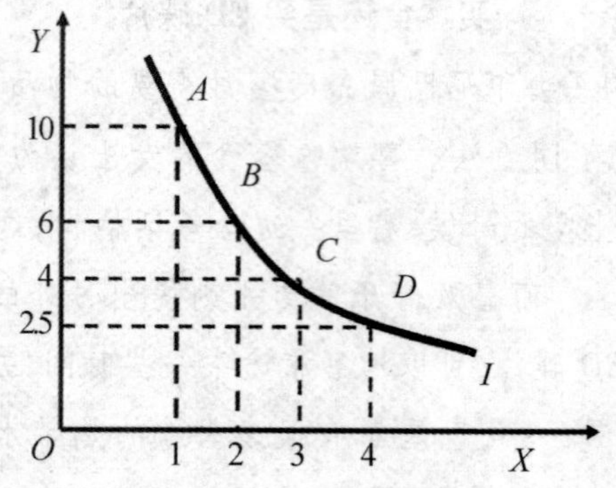

图 3－3　无差异曲线图

无差异曲线表明,曲线上的任何一点所代表的两种物品的不同组合所提供的总效用或总满足水平都是相等的,因此消费者愿意选择其中任何一种组合。

(二)无差异曲线的特征

从以上对无差异曲线的描述,可以得出无差异曲线的特征。

1. 无差异曲线是一条从左上方向右下方倾斜的曲线,其斜率为负值。这就表明消费者为了获得同样的满足程度,增加一种商品的数量就必须减少另一种商品的数量,两种商品不可能同时增加或减少。

2. 在同一平面图上,任意两条无差异曲线决不能相交。假设两条无差异曲线相交,如图 3－4 所示。M、E 在同一条无差异曲线 I_1 上,代表相同的效用水平,M、N 在同一条无差异曲线 I_2 上,M、N 代表相同的效用水平,因此,N、E 两点的效用水平也应该是相同的。但是在 N 点,X、Y 两种商品的数量都要多于 E 点,所以,N 点 X 和 Y 的组合提供的效用水平大于 E 点 X 和 Y 的组合提供的效用水平,即 N、E 两点的效用水平不能相等。所以在同一平面图上任意两条无差异曲线不能相交。

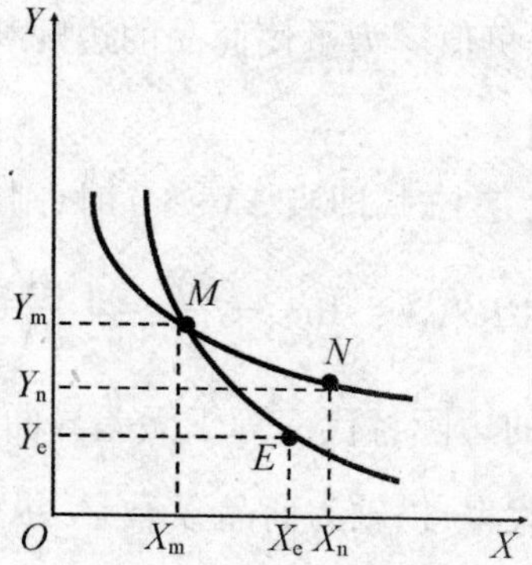

图 3-4

3. 由于消费者的偏好是无限的,因此在同一平面上就可以有无数条无差异曲线,形成无差异曲线群,曲线的全部称为消费者的偏好系统。如图 3-5,同一条无差异曲线代表同样的满足程度,不同的无差异曲线代表不同的满足程度。离原点越远的无差异曲线代表的满足程度越高。离原点越近的无差异曲线代表的满足程度越低,即 $I_1 < I_2 < I_3$。

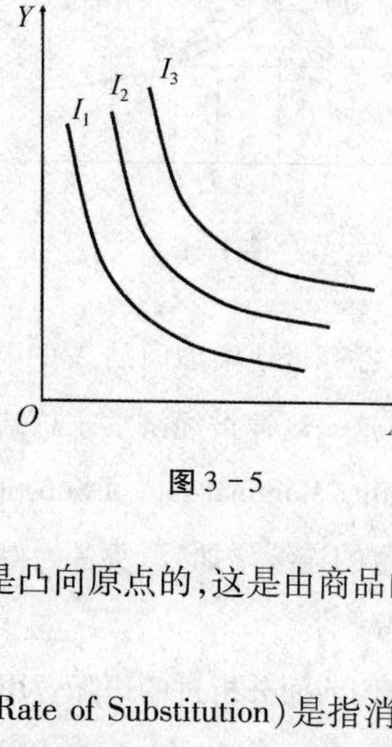

图 3-5

4. 一般情况下无差异曲线是凸向原点的,这是由商品的边际替代率来决定的。

二、边际替代率

所谓边际替代率(Marginal Rate of Substitution)是指消费者在保持相同的满足程度或维持效用不变的情况下,增加一单位某种商品的消费数量时所需要放弃的另一种商品的消费数量。边际替代率的值是减少的一种商品消费量与增加的一种商品消费量之比。如果用 MRS_{XY} 代表 X 对 Y 的边际替代率,消费者为了保持相同的效用水平,消费者要增加 1 单位 X 物品就必须放弃一定数量的 Y 物品,则边际替代率的公式为

$$MRS_{XY} = -\frac{\Delta Y}{\Delta X} \tag{3-7}$$

例如,某消费者购买 X、Y 两种商品,增加 1 个单位的商品 X 和放弃 2 个单位的商品 Y 给消费者带来的满足是相同的,那么 X 对 Y 的边际替代率 $MRS_{XY} = -2$。应该注意的是,在保持满足程度即总效用不变时,增加一种商品的消费量就要减少另一种商品的消费量,因此,

边际替代率从理论上来说应该是负值。为了使商品的边际替代率取正值以便于比较,所以在公式的中加了一个负号。

假定商品数量的变化趋于无穷小时,即当 $\Delta X \to 0$ 时,则商品的边际替代率公式为:

$$MRS_{XY} = \lim_{\Delta X \to o} -\frac{\Delta Y}{\Delta X} = -\frac{dY}{dX} \tag{3-8}$$

显然,无差异曲线上任一点的边际替代率等于无差异曲线在该点的斜率的绝对值。我们用图 3-6 表示商品的边际替代率,横轴为商品 X 数量,纵轴为商品 Y 数量,I 为无差异曲线。X 对 Y 的边际替代率,为 X 的增加数与 Y 的减少数之比。

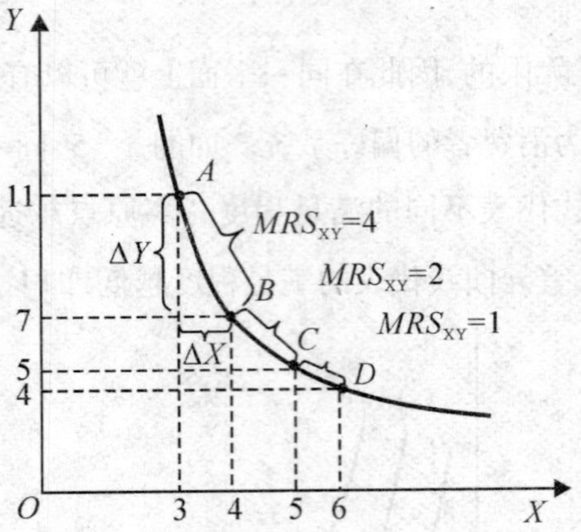

图 3-6

在图 3-6 中可以看到,该消费者等量地增加商品 X 的购买,消费者为得到商品 X 而愿意放弃的商品 Y 的数量越来越少。这一规律被经济学家总结为边际替代率递减规律。

边际替代率递减规律(Diminishing Marginal rate of Substitution)是指:在维持效用水平不变的前提下,随着一种商品消费数量的连续增加,消费者为得到每一单位的这种商品所需要放弃的另一种商品的消费数量是递减的。

边际替代率递减的原因在于我们前面分析过的边际效用递减规律,二者之间是一致的。当商品 X 的消费量不断增加时,增加的商品 X 的边际效用不断降低,因此商品 X 对商品 Y 的替代能力将下降。下面我们用数学表达式来分析边际替代率与边际效用之间的关系。

根据无差异曲线的定义,同一条无差异曲线上的不同商品组合,带给消费者相等的效用。如果用 X 商品代替 Y 商品,那么增加 X 所增加的效用必须等于减少 Y 所减少的效用,否则总效用就会改变。数学表达式为:

$$\Delta X \cdot MU_X = -\Delta Y \cdot MU_Y \tag{3-9}$$

$$-\frac{\Delta Y}{\Delta X} = \frac{MU_X}{MU_Y} \tag{3-10}$$

因此,边际替代率就等于两种商品的边际效用之比,即

$$MRS_{XY} = \frac{MU_X}{MU_Y} \tag{3-11}$$

随着 X 商品的购买量增加，MU_X 是递减的，而 MU_Y 随着 Y 商品购买量减少而递增，因此 MRS_{XY} 递减。这说明，边际效用递减规律是边际替代率递减规律的根源。从几何意义上讲，商品的边际替代率递减表示无差异曲线的斜率的绝对值是递减的。商品的边际替代率递减规律决定了无差异曲线的形状凸向原点。

知识链接

两种特殊的无差异曲线

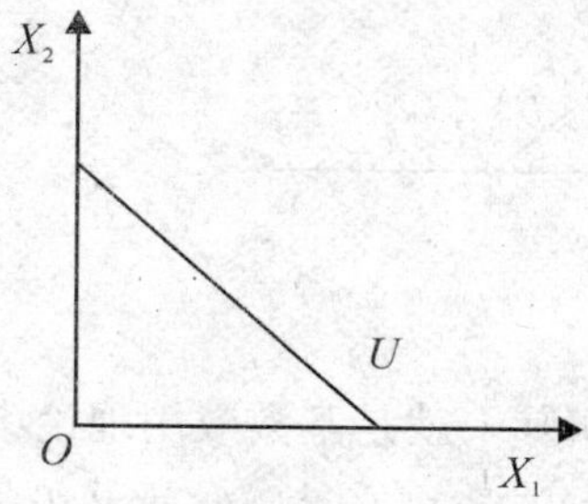

完全替代品的无差异曲线

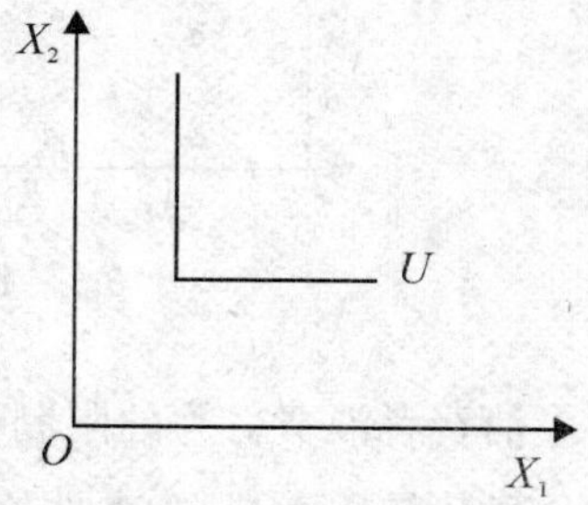

完全互补品的无差异曲线

完全替代品　如果对于消费者来说两种商品是完全替代品，那么，相应的无差异曲线为一条斜率不变的直线，商品的边际替代 MRS_{XY} 为一常数。例如消费者认为一瓶菠萝汁与一瓶芒果汁可以完全替代，则菠萝汁与芒果汁的相互替代比例固定不变，为1∶1。

完全互补品　如果对于消费者来说两种商品是完全互补品，那么，相应的无差异曲线呈现直角形状，与横轴平行的无差异曲线部分的商品的边际替代率 $MRS_{XY}=0$，与纵轴平行的无差异曲线部分的商品的边际替代率 $MRS_{XY}=\infty$。例如总是要按一副眼镜架和两片眼镜片的比例配合在一起，眼镜才能够使用。

三、预算线及其移动

（一）预算线（Budget Line）

预算线又称消费可能线、消费约束线或等支出线，它表示消费者在收入和商品价格既定的条件下所能购买到的各种商品与劳务数量的最大组合。作为理性消费者，都希望能够达到最高的无差异曲线，或者说实现效用最大化，但是消费者必须考虑自身收入和商品价格等限制因素，预算线就是消费者选择一定效用水平上的商品与劳务组合的限定条件。无差异曲线表示的是消费者的主观愿望，而预算线则是表示消费者实际消费的最大可能。

为了分析的简便，我们假定某消费者只购买两种商品 X 和 Y，他每周的收入是60美元，他需要购买 X 和 Y 二种商品，商品 X 的价格为15美元，商品 Y 的价格为10美元。如果消费者将其全部收入购买商品 X，可得4单位的 X 商品，如全部收入购买商品 Y，可得6单位的 Y 商品，见图3-6中的 B、A 二点。我们将 A、B 二点连接成线，便可得到预算线 AB。预算线 AB 上任何一点都是在收入和商品价格既定时，消费者所能购买的两种商品的最大组合。预算线里面的任一点（如 E 点）虽然在现有条件下能够实现购买组合，但并不是最大的数量组合；预算线外的任一点（如 F 点）超过了既定收入，是现有条件下无法实现的数量组合。

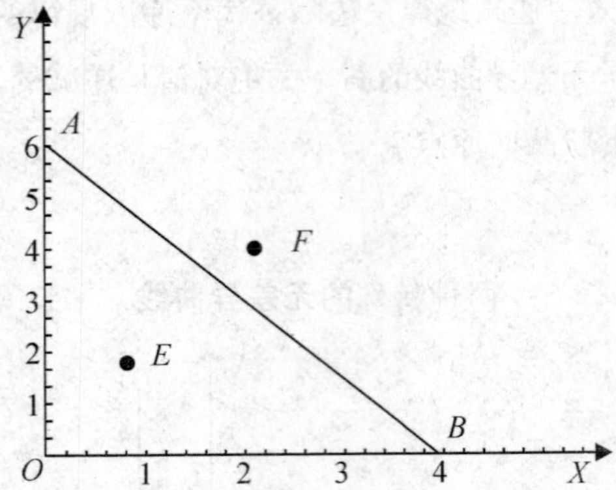

图 3－11

预算线表明了消费者消费行为的限制条件，实际上就是基数效用理论中分析消费者均衡的限制条件。如果我们用 M 表示消费者的货币收入，X、Y 表示消费者购买两种商品的数量，P_X、P_Y 分别表示商品 X 和 Y 的价格，则预算线可以用下列方程来表示：

$$P_X \cdot X + P_Y \cdot Y = M$$

$$\text{或}\ Y = \frac{M}{P_Y} - \frac{P_X}{P_Y} \cdot X \qquad (3-12)$$

上式表明，消费者的全部收入 M 等于他购买商品 X 的支出与购买商品 Y 支出的总和。如果消费者全部收入购买商品 X 的数量为 $\frac{M}{P_X}$，它是预算线在横轴的截距。消费者全部收入购买商品 Y 的数量为 $\frac{M}{P_Y}$，它是预算线在纵轴的截距，即为图 3－6 中的 OA 段。消费者预算线向右下方倾斜，斜率为负，其斜率可表示为：

$$\frac{OA}{OB} = -\frac{\frac{M}{P_Y}}{\frac{M}{P_X}} = -\frac{P_X}{P_Y} \qquad (3-13)$$

（二）预算线的移动

预算线是在消费者收入和商品价格既定的条件下作出的。无论商品价格变动还是消费者的货币收入变动，都会影响消费者的购买数量，从而导致预算线的移动。

1. 商品价格既定，消费者的货币收入变动

由于商品价格未变，预算线的斜率相同。如果货币收入增加，消费者可以购买更多的商品，预算线向右上方平行移动，由 A_1B_1 平移至 A_2B_2；如果货币收入减少，预算线向左下方平行移动，由 A_1B_1 平移至 A_3B_3。图 3－12 表明了这种情况。

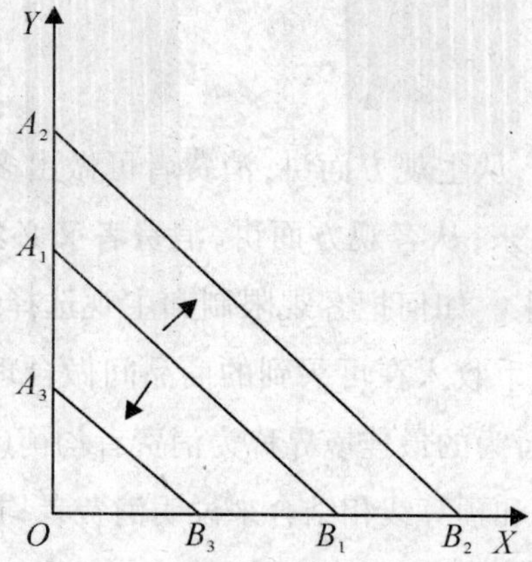

图 3－12　收入变动或价格同比例变动对预算线的影响

2. 消费者收入不变,两种商品的价格按相同比例上升或下降

在这种情况下,预算线的斜率不变,预算线在 X 轴和 Y 轴上的截距发生变化,所以,两种商品价格按相同比例的变化将导致预算线发生平行移动。如果两种商品的价格同比例上升,消费者购买商品的数量将减少,预算线向左下方平行移动;如果两种商品的价格同比例下降,消费者购买商品的数量将增加,预算线向右上方平行移动,如图 3－12 所示。

3. 消费者收入不变,商品价格变动

由于商品价格发生了变动,预算线斜率发生了改变,预算不再平行移动,如果商品价格下降,预算线向外旋转。如果商品价格上升,预算线向内旋转。如图 3－13(a)所示,假定商品 Y 的价格不变,如果商品 X 的价格 P_X 下降,则购买商品 X 的数量增加,预算线由 A_1B_1 向外移动至 A_1B_2;如果商品 X 的价格 P_X 上升,则购买商品 X 的数量减少,预算线由 A_1B_1 向内移动至 A_1B_3。图 3－13(b)表示商品 X 的价格既定,商品 Y 的价格变动所引起的预算线的移动。

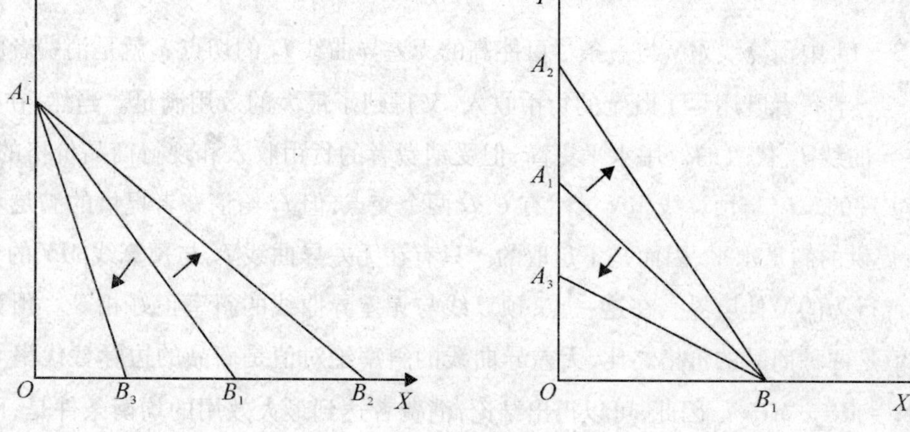

图 3－13　商品价格变化对预算线的影响

四、序数效用论的应用

(一)消费者均衡分析

从上面的分析中我们知道,从主观方面讲,消费者可做出多种多样的选择以得到满足,这种选择由无差异曲线表示出来;从客观方面讲,消费者又必然受到货币收入和价格的限制,这种限制由预算线表示出来。如何把客观限制和主观选择结合起来以求得消费的最大满足,或者说,如何以有限的货币收入在可买到的商品间做合理的配置以求得最大效用,使消费行为达到最佳境界,消费行为的最佳境界称为消费者均衡(Consumer Equilibrium)。

序数效用论将无差异曲线和预算线相结合来说明消费者均衡。消费者的偏好决定了消费者的无差异曲线,一个消费者关于任何两种商品的无差异曲线有无数条;消费者的收入和商品价格决定了消费者的预算线,在收入和商品价格既定的条件下,一个消费者关于两种商品的预算线只有一条。只有既定的预算线与其中一条无差异曲线的相切点,才是消费者均衡点。在切点上所代表的两种商品的数量就是消费者用一定的货币收入所获得的效用最大化的最优购买量组合,如图 3 - 14 所示。

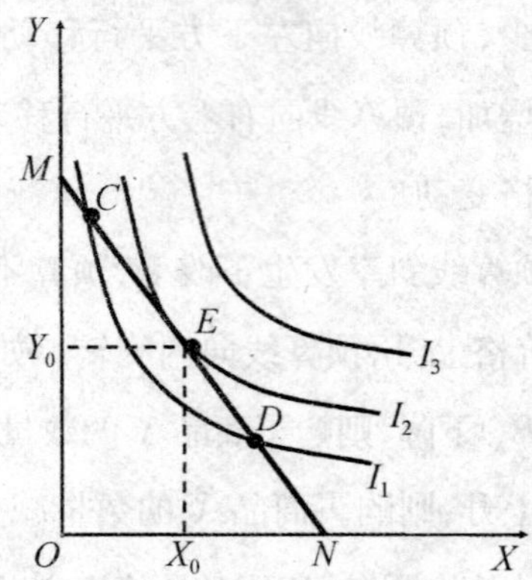

图 3 - 14　无差异曲线下的消费者均衡

在图 3 - 14 中预算线 MN 与一条尽可能高的无差异曲线 I_2 的切点 E 就是消费者的均衡点,在这一点,消费者既用尽了既定的货币收入,又得到了最大的效用满足。当然,在图 3 - 14 中无差异曲线 I_3 代表的效用水平更高,但受消费者的货币收入和现行商品价格的影响,这是不能实现的。I_1 与预算线 MN 虽然有 C、D 两个交点,但 I_1 给消费者提供的满足水平要小于 I_2 所提供的满足水平,因而是不足取的。只有在无差异曲线 I_2 与预算线 MN 的切点 E 才是消费者行为的最佳境界。在这一点,预算线与无差异曲线的斜率正好相等。预算线的斜率绝对值是两种商品的价格之比,无差异曲线的斜率绝对值是商品的边际替代率 $MRS_{XY} = -dY/dX = MU_X/MU_Y$。因此,可以得出结论:消费者达到最大效用的均衡条件是,两种商品的边际替代率或边际效用之比等于两种商品的价格之比,即

$$-\frac{\Delta Y}{\Delta X} = \frac{MU_X}{MU_Y} = \frac{P_X}{P_Y}$$

调整得
$$\frac{MU_X}{P_X}=\frac{MU_Y}{P_Y} \tag{3-14}$$

很显然,这个结果同我们前面运用边际效用的分析方法得出的结论是一致的,即消费者均衡的条件是:单位货币所购买的两种商品的边际效用相等。或者说它购买的两种商品的边际效用之比正好等于它们的价格之比。

举个简单的例子来说明消费者均衡。假如你带1000元去商场购物,准备买一件上衣和一条裤子,你看上了一套名牌服装,这件衣服虽然你很喜欢但价格超出了1000元,也就是说给你带来的效用虽然大,但超出了你的支付能力,买不起;你说你就带了1000元,卖服装的售货员又给你推荐另一套价格为1000元的服装,但你觉得不值。经过货比三家,在充分选择的基础上你终于挑选出自己最满意的衣服,也恰好是1000元。女同志爱逛商场,无非就是要挑选自己最满意的服装,在对一种商品决策“买不买”时,会把效用与价格进行比较。当你对自己购买的服装最满意的时候,也就是花钱最少,得到的效用最大的时候。

(二)替代效应与收入效应

一种商品价格的变化将对商品的需求量发生两种影响:一种是因该商品价格变化导致的消费者所购买的商品组合中,该商品与其他商品之间的替代,称为替代效用;另一种是在名义收入不变的情况下,因一种商品价格变化而导致消费者实际收入变化,从而导致消费者所购商品总量的变化,称为收入效应。

1. 替代效应

替代效应是指在实际收入不变的情况下,某种商品价格的变动引起其他商品相对价格呈反方向变动,从而引起比较便宜商品的购买对比较昂贵商品的购买的替代。当一种商品价格上升时,其他商品价格相对便宜了,消费者会多购买其他商品而少购买这种商品;当一种商品价格下降时,其他商品的价格相对昂贵了,消费者会增加这种商品的购买而减少其他商品的购买。

替代效应强调的是一种商品价格变动对其他商品相对价格水平的影响。比如,在茶叶价格上升以后,其他商品相对茶叶而言显得更便宜,消费者将用其他商品的购买来替代茶叶的购买。

2. 收入效应

收入效应是指在货币收入不变的情况下,某商品价格的变动引起消费税实际上后入呈相反方向变动,从而也引起其他商品购买量的相反方向的变动。当一种商品价格上升时,消费者实际收入减少,商品购买量也随之减少;当一种商品价格下降时,消费者实际收入增加,商品购买量也随之增加。

收入效用强调价格变动对实际收入水平的影响。比如一个家庭,它的收入用来购买甲、乙两种商品,在价格未变动以前,全部收入购买的两种商品是以使它获得最大满足的方式组合的。现在假定甲商品价格下降,在购买原来数量的甲商品后,家庭的收入将有所剩余。甲商品价格的下降等于增加了这个家庭的实际收入,这剩余的收入可以用来购买甲商品,也可以用来购买乙商品。

3. 不同类别商品的替代效应和收入效应

对于所有商品而言,替代效应与价格都是成反方向变动。即商品的需求量随着商品价格的上升而减少,随着商品价格的下降而增加。替代效应不引起消费者效用水平变动,而收入效应改变消费者效用水平,所以我们要讨论不同类别商品的收入效应。商品可以分为正常商品、低档商品和吉芬商品。接下来我们分别讨论正常商品、低档商品和吉芬商品的替代效应与收入效应,并以此进一步说明三类物品的需求曲线的形状特征。

(1)正常商品

正常商品是指随着收入增加而需求量上升或随着收入减少而需求量降低的商品。这里的收入是指实际购买力,而不是名义价格的变化。正常商品的价格与需求量呈反方向运动关系。

正常商品的收入效应:当商品价格发生变化时,人们的实际收入将呈反方向变化,人们对该商品的需求量与实际收入呈同方向变化。正常商品的替代效用:当某商品的价格发生变化时,由于需求规律的影响,人们将增加或减少其他商品的需求量(同方向变化的方向相同)来替代对该商品的需求量。

由此可见,对于正常商品来说,替代效应与价格呈反方向的变动,收入效应也与价格呈反方向的变动,在它们的共同作用下,总效应必定与价格呈反方向的变动。正因为如此,正常商品的需求曲线是向右下方倾斜的。

(2)低档商品

低档商品的需求量与消费者的收入水平呈反方向变动。简单地说,就是当一个人的实际收入增加后,将购买更少的低档商品,以较佳的替代品取代。例如,当一个人的收入低的时候,他选用的交通工具仅限低票价的汽车或火车,而当他的收入提升以后,他就会选择乘坐飞机这种快捷但价格高的交通工具。

对于低档商品而言,替代效应与价格呈反方向的变动,收入效应与价格呈同方向的变动,总效应大小取决于两种效应作用力的比较。在大多数的场合,低档商品的收入效应的作用小于替代效应的作用,所以,总效应与价格呈反方向的变动,相应的需求曲线是向右下方倾斜的。

(3)吉芬商品

在少数的场合,某些低档商品的收入效应的作用会大于替代效应的作用,于是,就会出现违反需求曲线向右下方倾斜的现象。这类特殊的低档商品,被称为吉芬商品。吉芬商品的特殊性就在于:它的收入效应的作用很大,超过了替代效应的作用,从而使得总效应与价格呈同方向的变动。这也就是吉芬商品的需求曲线呈现出向右上方倾斜的特殊形状的原因。

表 3－3　正常商品、低档商品和吉芬商品的替代效应和收入效应总结

商品类别	替代效应与价格的关系	收入效应与价格的关系	总效应与价格的关系	需求曲线的形状
正常商品	反方向变动	反方向变动	反方向变动	向右下方倾斜
低档商品	反方向变动	同方向变动	反方向变动	向右下方倾斜
吉芬商品	反方向变动	同方向变动	同方向变动	向右上方倾斜

本章小结

消费者从自己的偏好出发消费物品，满足欲望而获得效用。效用是一种心理感觉，每个人心理变化不同，消费物品的效用也不同。经济学家用基数效用论和序数效用论来解释消费者行为，但得到的结论却完全一致。

认为效用可以计量并加总求和的基数效用论用总效用概念和边际效用递减规律来解释消费者的需求。效用表示消费者从消费某种物品中得到的满足程度或有用性。从增加的一个单位物品消费中得到的效用增量叫做边际效用。边际效用递减的趋势，叫做边际效用递减规律。在消费者收入既定时，消费者用单位货币所购买的各种物品的边际效用都相等，或者，消费者用所有收入所购买的各种物品的边际效用与其价格之比都相等，消费者的选择就达到均衡状态。根据消费者均衡条件，可以推导出向右下方倾斜的需求曲线。

序数效用论用无差异曲线和预算线解释消费者的需求。无差异曲线是指能给消费者带来同等效用水平的两种物品的不同数量组合的点的轨迹。预算线是指在家庭收入和物品价格既定时，消费者的收入所能购买到的两种物品不同数量组合的点的轨迹。无差异曲线和预算线相切的物品组合，可以实现效用最大化。所以消费者均衡的条件是，两种物品的边际替代率等于其价格之比。根据消费者均衡条件推导出向右下方倾斜的需求曲线。

复习思考题

一、名词解释

效用　总效用　边际效用　基数效用论　序数效用论　边际效用递减规律
消费者均衡　消费者剩余　无差异曲线　预算线　替代效应　收入效应

二、选择题

1. 某消费者逐渐增加某种商品的消费，直至达到了效用最大化，在这个过程中，该商品的（　　）。

A. 总效用和边际效用不断增加

B. 总效用和边际效用不断减少

C. 总效用不断减少,边际效用不断增加

D. 总效用不断增加,边际效用不断减少

2. 如果消费者消费10个面包获得的总效用是100个效用单位,消费11个面包获得总效用是108个效用单位,则第11个面包的边际效用是(　　)。

A. 108　　B. 100　　C. 8　　D. 208

3. 如果消费者的预算收入为50美元,商品 X 和 Y 的价格分别为5美元和4美元,消费者打算购买6单位 X 和4单位 Y,商品 X、Y 的边际效用分别为25和20,那么,要达到效用最大化,他应该(　　)。

A. 按原计划购买　　B. 减少 X 和 Y 的购买量

C. 增加 X、Y 的购买量　　D. 增加 X 的同时减少 Y 的量

4. 同一条无差异曲线上的不同点表示(　　)。

A. 效用水平相同,两种商品的数量组合也相同

B. 效用水平相同,但两种商品的数量组合不同

C. 效用水平不同,但两种商品的数量组合相同

D. 效用水平不同,两种商品的数量组合也不同

5. 已知 X 商品的价格为1.5元,Y 商品的价格为1元,如果消费者从这两种商品的消费中得到最大效益的时候,商品 X 的边际效用是30,那么商品 Y 的边际效用应该是(　　)。

A. 20　　B. 30　　C. 45　　D. 15

6. 对正常商品而言,替代效用与价格呈(　　),收入效用与价格呈(　　)。

A. 反方向,反方向　　B. 同方向,反方向

C. 反方向,正方向　　D. 正方向,正方向

7. 基数效用论和序数效用论的主要区别是(　　)。

A. 边际效用是否递减　　B. 效用是否可加总

C. 效用函数是否线性　　D. 效用是否客观

8. 对预算线的斜率说法错误的是(　　)。

A. 斜率是两种商品价格比例的负值

B. 斜率是两种商品价格的负比率

C. 斜率是粮食商品价格比例的正值

D. 斜率的大小表明在不改变总支出数量的前提下,两种商品可以相互替代的比率

9. 某低档商品的价格下降而其他情况不变时(　　)。

A. 替代效应和收入效应相互加强导致该商品的需求量增加

B. 替代效应和收入效应相互加强导致该商品的需求量减少

C. 替代效应倾向于增加该商品的需求量,而收入效应倾向于减少其需求量

D. 替代效应倾向于减少该商品的需求量,而收入效应倾向于增加其需求量

10. 下列哪一种说法不是可以达到的最好消费点的特征(　　)。

A. 这一点在预算线上。

B. 收入效应等于替代效应。

C. 收入效应不等于替代效应

D. 两种物品之间的边际替代率等于其相对价格。

E. 最高的可以达到的无差异曲线与预算线斜率相同。

三、分析讨论题

1. 钻石用处极小而价格昂贵,生命必不可少的水却非常之便宜。请用边际效用的概念加以分析。

2. 免费发给消费者一定量实物与发给消费者按市场价格计算的这些实物折算的现金,哪种方法给消费者带来更高的效用？为什么？试用无差异曲线来说明。

3. 为什么消费者对大多数商品的需求曲线均是向右下方倾斜的？试用序数效用论简要说明。

实训项目

某学生即将参加研究生入学考试,现只有6天时间复习,每门课的复习时间与对应的预期成绩如下表所示。

复习时间与预期成绩表

天数	0	1	2	3	4	5	6
数学分数	30	44	65	75	83	88	90
政治分数	40	52	62	70	77	83	88
英语分数	70	80	88	90	91	92	93

为使预期成绩最高,应如何安排复习时间？

拓展阅读

水和钻石价值之谜

伟大的思想家总会留一些有待后人解释的谜。这或许是后人对他们的思想理解有偏差,或者是他们受时代限制提出了一些自己未解决的问题。解释这些谜,可以更深刻地理解伟人的深刻思想,也可以推动科学进步。

亚当斯密也给我们留下了两个谜。一个是“价值之谜”,或称“价值悖论”。斯密注意到,水是生活必需品,对人的价值极高,但价格很低;钻石是奢侈品,对人的价值并不高,但价格很高。这种矛盾现象,斯密没有作出解释,称为经济学史上的“价值之谜”。另一个是斯密

著作中“利己”与“利他”的矛盾。在《国富论》中他从物质利益出发论述并肯定了利己主义的经济观。

现代经济学已经解开了价值之谜。边际学派认为,决定商品价值的不是它所包含的社会必需劳动量,而是消费者从消费一种商品中得到的效用,即消费该商品带来的满足或享受程度。一种商品的价值大小不取决于它有多大用途(使用价值)或所包含的劳动量,而是消费者对它的主观评价。商品的价值取决于边际效用。边际效用是增加一单位某种商品消费所增加的效用。随着某种商品消费量的增加,边际效用是递减的。所增加的最后一单位商品的效用,即边际效用,决定了该商品的价值。商品的市场价格是由供求关系决定的,某种商品数量多(供给多),需求少,则边际效用低,价格低;反之,价格就高。

根据这种理论,价值之谜就不是谜了。尽管水是必需品,效用大,但其数量极多,边际效用几乎是零,如果不是在沙漠这类缺水的地方,水的供给大于需求,价格低是正常的。钻石虽然效用不大,但数量极少,边际效用高,钻石供给极小,总远远少于需求,价格高当然正常。这种解释已在经济学中得到公认。

总效用的规律是,开始的时候,随着消费某种东西的数量的增加,效用会不断增加,可是,增加到一定程度就不再增加了,然后就是随着消费的增加而减少。比如吃饭,开始的时候,吃得越多越满足,但是吃到一个最佳状态之后,再吃就不舒服了,总效用就会下降,当然我们一般不会吃到这个程度。

总效用先增加后下降,是由边际效用造成的。边际效用变化的特征是递减,也就是后一单位的效用,没有前一单位的效用大。

为什么边际效用会递减呢?因为我们的主观感受,来自于我们脑细胞中的神经元对外界刺激的应激反应。一个力度相等的外界刺激,随着刺激次数的增加,神经元对其所作的反应会越来越弱。好比你住在铁路旁边,开始的时候,火车经过的噪音,一定令你辗转难眠,但是,经过一段时间后,你对这种噪声就根本没有感觉了,它不再影响你的睡眠了。认可了这一点,就可以解释水和钻石的价值之谜了。

一件东西,一般都有多种用途,经济学家认为,理性的人们在拥有一件东西的多个单位后,可以按照用途的重要性,对这些东西进行从大到小的排序。比如你获得了10 000个单位的水,你会把第一单位的水用来自己喝,第二单位用来做饭,你认为,做饭的重要性不如喝,第三单位用来洗澡,洗澡的重要性不如做饭,然后继续排下去。

最后一单位的水,你想了半天,也没有想起还有什么可以安排的,你就把这最后一单位的水抛洒出去了,抛洒在空中,看着水在阳光下熠熠闪光。这个效用接近于0。

假如,你也获得了10 000单位的钻石,对于第一单位,当然是戴在身上炫耀,钻石是奢侈品,不是为了实用,而是为了虚荣。第二单位,我无法想像你准备怎么用,对剩余的其他单位,我也不得而知。但是,对最后一单位,也就是第10 000单位,我们也假定你把它抛洒在空中。

可是我们每个人,都曾经撒过水,也看别人撒过水,所以可以说,水满足了我们所能想像的所有用途或者效用。

而谁见过扔钻石的呢？没有。钻石大概只能满足第一种用途,也就是满足虚荣心。

根据边际效用递减的原理,排在前面的效用大,后面的效用小。水可以满足我们非常靠后的包括最小的欲望,于是,它的边际效用很小,甚或没有。而钻石只满足了我们一个欲望,只排了一个,其边际效用当然很大。因为边际效用决定价值,所以,钻石贵而水便宜 。

项目四　生产者行为理论

开篇案例

马尔萨斯人口论与边际报酬递减规律

经济学家马尔萨斯(1766－1834)的人口论的一个主要依据便是报酬递减定律。他认为,随着人口的膨胀,越来越多的劳动耕种土地,地球上有限的土地将无法提供足够的食物,最终劳动的边际产出与平均产出下降,但又有更多的人需要食物,因而会产生大的饥荒。幸运的是,人类的历史并没有按马尔萨斯的预言发展(尽管他正确地指出了"劳动边际报酬"递减)。

在20世纪,技术发展突飞猛进,改变了许多国家(包括发展中国家,如印度)的食物的生产方式,劳动的平均产出因而上升。这些进步包括高产抗病的良种,更高效的化肥,更先进的收割机械。在"二战"结束后,世界上总的食物生产的增幅总是或多或少地高于同期人口的增长。

粮食产量增长的源泉之一是农用土地的增加。例如,从1961－1975年,非洲农业用地所占的百分比从32%上升至33.3%,拉丁美洲则从19.6%上升至22.4%,在远东地区,该比值则从21.9%上升至22.6 %。但同时,北美的农业用地则从26.1%降至25.5%,西欧由46.3 %降至43.7%。显然,粮食产量的增加更大程度上是由于技术的改进,而不是农业用地的增加。

在一些地区,如非洲的撒哈拉,饥荒仍是个严重的问题。劳动生产率低下是原因之一。虽然其他一些国家存在着农业剩余,但由于食物从生产率高的地区向生产率低的地区的再分配的困难和生产率低地区收入也低的缘故,饥荒仍威胁着部分人群。

资料来源:《微观经济学》,经济科学出版社,平狄克,鲁宾费尔德2002年。

知识目标

了解生产要素及生产函数

掌握总产量、平均产量、边际产量关系

掌握边际报酬递减规律

理解一种可变生产要素的最优投入

掌握量线与两种生产要素的最适组合

理解边际技术替代率及其递减规律

规模报酬的含义及类型

能力目标

运用生产理论分析、解释厂商行为

本项目将分析供给曲线背后的生产者行为,并从对生产者行为的分析中推导出供给曲线,然后,将供给曲线和上一项目从消费者行为分析中推导的需求曲线结合在一起,分析商品市场的均衡问题。

本项目将从生产函数出发,以一种可变生产要素的生产函数,考察短期的生产规律和不同生产阶段的特点;以两种可变生产要素的生产函数,运用等产量曲线分析方法,考察厂商在长期生产中实现最优生产要素组合的均衡条件。

任务一 努力与回报:生产要素与生产函数

任务情境

初中生刘洋是一名学兼优的学生,平时考试都是班里的前三名。刘洋大部分科目的成绩都很好,唯独数学成绩一般,只能算中上等。这次,期末考试就要开始了,同学们都进入了温课迎考阶段,刘洋也不例外。不过这次刘洋主攻数学,每天早上起来就开始做数学题,不休息,连续做五六个小时。本想着这次数学能考个好成绩,可结果数学成绩虽有提高,却提高不多,只有 80 多分;而其他学科由于复习时间少,成绩也有所下滑,最终在班级排到了第 6 名。刘洋心里很纳闷:“我这样努力学习,结果成绩反而下滑,是不是我的智商不高? 再怎么努力成绩也提不高?”

讨论:为什么刘洋努力了却没有得到相应的回报?

任务分析

生活中,类似刘洋这样的学生很多,他们的学习不可谓不努力,而且花费了很多时间,但成绩却没有成比例提高,这是什么原因呢? 事实上,学生学习与企业生产相同,学生投入时间和精力相当于企业投人生产要素,学生收获成绩相当于企业产出成品。生产是对各种生产要素进行组合以制成产品的过程,同理,学习是对各种学习要素进行组合以收获成绩的过程。要想获得满意的成绩,仅仅在时间和精力上加大投人力度是不够的,还要分配好它们的比例和方向。举个例子,炼钢厂炼钢时需要铁矿石、铁合金等主料,还需要石灰、白云石等辅料,并且主料和辅料的比例必须确定好,否则就无法生产出钢材。

资料来源:《经济学基础》,北京邮电大学出版社,刘日星,赵亚芬,59 页。

知识精讲

一、生产和生产要素

厂商进行生产的过程就是从投人生产要素到生产出产品的过程。在西方经济学中,生产要素一般被划分为劳动、土地、资本和企业家才能这四种类型。

(1)劳动指人类在生产过程中提供的体力和智力的总和。

(2)土地不仅指土地本身,还包括地上和地下的一切自然资源,如森林、江河湖泊、海洋和矿藏等。

(3)资本可以表现为实物形态或货币形态。资本的实物形态又称为资本品或投资品,如厂房、机器设备、动力燃料、原材料等。资本的货币形态通常称为货币资本。

(4)企业家才能指企业家组织建立和经营管理企业的才能。

通过对生产要素的运用,厂商可以提供各种实物产品,如房屋、食品、机器、日用品等,也可以提供各种无形产品即劳务,如理发、医疗、金融服务、旅游服务等。

二、生产函数

(一)生产函数的含义

生产函数表示在一定时期内,在技术水平不变的情况下,生产中所使用的各种生产要素的数量与所能生产的最大产量之间的关系。任何生产函数都以一定时期内的生产技术水平作为前提条件,一旦生产技术水平发生变化,原有的生产函数就会发生变化,从而形成新的生产函数。新的生产函数可能是以相同的生产要素投入量生产出更多或更少的产量,也可能是以变化了的生产要素的投入量进行生产。

假定 $X_1, X_2, \cdots, X_n$ 顺次表示某产品生产过程中所使用的 n 种生产要素的投入数量,Q 表示所能生产的最大产量,则生产函数可以写成以下形式:

$$Q = f(X_1, X_2, \cdots X_n) \tag{4-1}$$

在经济学的分析中,为了简化分析,通常假定生产中只使用劳动和资本这两种生产要素。若以 L 表示劳动投入数量,以 K 表示资本投入数量,则生产函数写为:

$$Q = f(L, K) \tag{4-2}$$

(二)生产函数的具体形式

1. 固定替代比例的生产函数(也被称为线性生产函数)

固定替代比例的生产函数表示在每一产量水平上任何两种生产要素之间的替代比例都是固定的。假定生产过程中只使用劳动和资本两种要素,则固定替代必例的生产函数的通常形式为:

$$Q = aL + bK \tag{4-3}$$

其中,Q 为产量,L 和 K 分别表示劳动和资本的投入量,常数 a、$b>0$。显然,这一线性生产函数相对应的等产量曲线是一条直线。

2. 固定投入比例的生产函数(也被称为里昂惕夫生产函数)

这一函数指生产过程中的各种生产要素投入数量之间都存在固定不变的比例关系。固定投入比例生产函数表示在每一个产量水平上任何一对要素投入量之间的比例都是固定的。假定生产过程中只使用劳动和资本两种要素,则固定投入比例生产函数的通常形式为:

$$Q = \min\left\{\frac{L}{u},\frac{K}{v}\right\} \tag{4-4}$$

式中,Q 为产量;L 和 K 分别为劳动和资本的投入量;常数 u、$v>0$,分别为固定的劳动和资本的生产技术系数,它们分别表示生产一单位产品所需要的固定的劳动投入量和固定的资本投入量。(4-4)式的生产函数表示:产量 Q 取决于 $\frac{L}{u}$ 和 $\frac{K}{v}$ 这两个比值中较小的那一个,即使其中的一个比例数值较大,那也不会提高产量 Q。

3. 柯布—道格拉斯生产函数

柯布—道格拉斯(Cobb—Dauglas)生产函数是由数学家柯布和经济学家道格拉斯于20世纪30年代初一起提出来的。柯布—道格拉斯生产函数被认为是一种很有用的生产函数,因为该函数以其简单的形式描述了经济学家所关心的一些性质,它在经济理论的分析和实证研究中都具有一定意义。该生产函数的一般形式

$$Q = AL^{\alpha}K^{\beta} \tag{4-5}$$

式中,Q 为产量;L 和 K 分别为劳动和资本投入量;A、α 和 β 为三个参数,柯布—道格拉斯生产函数中的参数。α 和 β 的经济含义是:当 $\alpha+\beta=1$ 时,α 和 β 分别表示劳动和资本在生产过程中的相对重要性,α 为劳动所得在总产量中占的份额,β 为资本所得在总产量中所占的份额。根据柯布和道格拉斯两人对本国1899—1922年期间有关经济资料的分析和估算,α 值约为0.75,β 值约为0.25。它说明,在这一期间的总产量中,劳动所得的相对份额为75%,资本所的相对份额为25%。

此外,根据柯布—道格拉斯生产函数中的参数。α 与 β 之和,还可以判断规模报酬的情况。若 $\alpha+\beta>1$,则为规模报酬递增;若 $\alpha+\beta=1$,则为规模报酬不变;若 $\alpha+\beta<1$,则为规模报酬递减。

任务二 三个和尚没水喝:短期生产函数

任务情境

某电工机械厂厂长王钧:现以转盘生产为例,具体说明边际实物报酬是怎样递减的。转盘是我厂大型连续卷管机400多种零件中的关键件之一,用4台机床进行加工。

开始时,我们用4名工人加工,一人一台机床。由于每个人既要操作机床,又要做些必要的辅助工作(如卡零件,借用工具,相互传递,打扫卫生等),使机床的生产效率没有得到充分发挥,结果日总产量为32件,人均产量只有8件。当增加一个人后,就可以有一个人做辅助工作,其他4个人能够把大部分时间用在机床上,日总产量增加到41件,人均产量为8.2件,边际产量为9件。再增加一个人后,就能将绝大部分辅助工作担当起来,有4人盯住机床上,充分发挥了设备的效率,日总产量又增加到54件,人均产量为9件,边际产量为13

件。这就是边际实际报酬的递增阶段,总产量以递增的速度增加。

当增加到7个人时,由于新投入的第三个人只能担负一部分辅助工作,有一部分时间没活干,因此总产量虽然增加到63件,平均产量保持不变,边际产量反而下降。此后,随着投入的劳动力进一步增加,不但剩余时间越来越多,而且互相干扰,废品率也相应上升,结果平均产量不断下降,边际产量下降更快。直到总劳动力为10人时,总产量达到最大,平均产量从递增到递减,边际产量从最大到0。这就是边际实物报酬递减阶段,总产量以递减的速度增加。

讨论:为什么劳动力增加到10人以上时,总产量、平均产量下降了?

任务分析

当劳动力增加到10人以上时,便人浮于事,人多手杂,职责不清,互相推诿,废品率进一步增加,导致边际产量为负,平均产量继续下降,总产量也开始下降。这就出现了负报酬阶段。中国有句古话:一个和尚挑水喝,两个和尚抬水喝,三个和尚没水喝。看来人多未必是好事。由此可见,边际实物报酬递减法则,是生产中的一条客观规律,我们应该学好它,用好它,以求最大的经济效益。

资料来源:圣才学习网 http://yingyu.100xuexi.com/view/specdata/20121127/0dbbd26a-8c4a-4f9d-8f9a-c815852d0704.html.

知识精讲

经济学的短期生产理论是指生产者来不及调整全部生产要素的数量,至少有一种生产要素的数量是固定不变的时间周期。经济学通常以一种可变生产要素的生产函数考察短期生产理论,以两种可变生产要素的生产函数考察长期生产理论。本任务介绍短期生产理论,下两节任务介绍长期生产理论。

由生产函数 $Q = f(L,\bar{K})$ 出发,假定资本投入量是固定的,用 $\bar{K}$ 表示,劳动投入量是可变的,用L表示,则生产函数可以写成:

$$Q = f(L,\bar{K}) \tag{4-6}$$

这就是通常采用的一种可变生产要素的生产函数的形式,它也被称为短期生产函数。

一、总产量、平均产量和边际产量

劳动的总产量 TP_L 指与一定的可变要素劳动的投入量相对应的最大产量。它的定义公式为:

$$TP_L = f(L,\bar{K}) \tag{4-7}$$

劳动的平均产量 AP_L 指平均每一单位可变要素劳动的投入量所生产的产量。它的定义公式为:

$$AP_L = \frac{TP_L(L,\bar{K})}{L} \tag{4-8}$$

劳动的边际产量 MP_L 指增加一单位可变要素劳动投入量所增加的产量。它的定义公式为：

$$MP_{L} = \frac{\Delta TP_{L}(L,\bar{K})}{\Delta L} \tag{4-9}$$

$$\text{或者}\ MP_{L} = \lim_{\Delta L \to 0} \frac{\Delta TP(L,\bar{K})}{\Delta L} = \frac{dTP_{L}(L,\bar{K})}{dL} \tag{4-10}$$

ΔTP_{L} 为总产量的增量，ΔL 为劳动投入量的增量。

假设生产某种产品所用的生产要素是资本与劳动，其中资本是固定的，劳动是可变的，则总产量、平均产量和边际产量的变动如表 4－1 所示。

表 4－1　总产量、平均产量和边际产量的变动规律

劳动投入	总产量	平均产量	边际产量
0	0	0	0
1	8	8	8
2	20	10	12
3	36	12	16
4	48	12	12
5	55	11	7
6	60	10	5
7	60	8.6	0
8	56	7	－4

根据表 4－1 画出图 4－1，可以看出总产量、平均产量和边际产量曲线的特点，以及三者之间的关系。

（1）总产量的变化。总产量曲线先是以较快的速度递增，接着以较慢的速度递增，到达最高点后，逐渐下降。

（2）总产量与平均产量的关系。根据定义，平均产量是总产量曲线上任一点与原点连线的斜率。从图 4－1 中可以看出，总产量曲线上 B 点和原点连线的斜率最大，所以平均产量达到最大，相应的劳动投入量是 L_2。

（3）总产量与边际产量的关系。根据定义，边际产量是总产量曲线上任一点切线的斜率。当总产量以递增的速度增加时，边际产量是逐渐增加的；当总产量以递减的速度增加时，边际产量是逐渐减少的；当总产量达到最大时，边际产量为零；当总产量递减时，边际产量为负值。图 4－1 中，A 点切线的斜率最大，这是边际产量最大；C 点切线的斜率为零，边际产量为零，总产量达到最大值。

（4）平均产量和边际产量的关系。当边际产量大于平均产量时，平均产量递增；当边际产量小于平均产量时，平均产量递减；边际产量等于平均产量时，平均产量达到最大值。图 4－1中，总产量 B 点与原点的连线正好是 B 点的切线，即在劳动投入量为 L_2 时，边际产量等

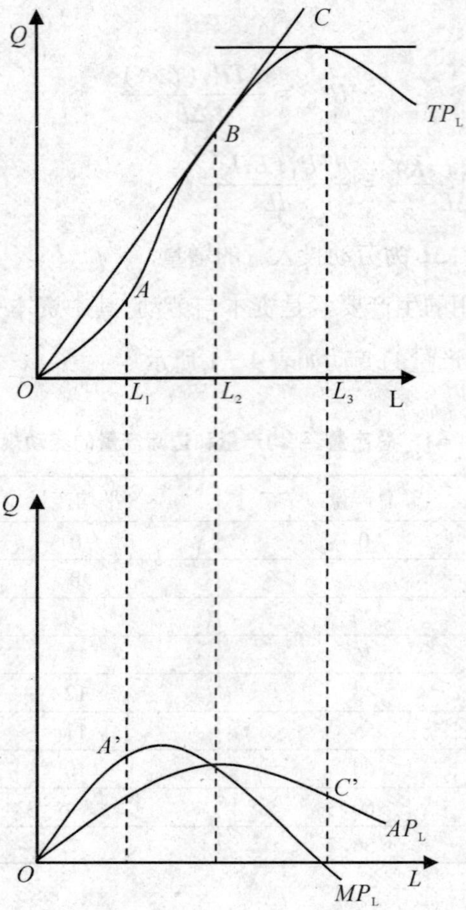

图4-1 总产量、平均产量和边际产量曲线

于平均产量,平均产量达到最大值。

二、边际报酬递减规律

对一种可变生产要素的生产函数来说,边际产量表现出先上升而最终下降的特征,这一特征被称为边际报酬递减规律,有时也被称为边际产量递减规律或边际收益递减规律。

在技术水平不变的条件下,在连续等量地把某一种可变生产要素增加到其他一种或几种数量不变的生产要素上去的过程中,当这种可变生产要素的投入量小于某一特定值时,增加该要素投入所带来的边际产量是递增的;当这种可变要素的投入量连续增加并超过这个特定值时,增加该要素投入所带来的边际产量是递减的。这就是边际报酬递减规律。边际报酬递减规律是短期生产的一条基本规律。在理解边际报酬递减规律时,要注意一下几点。

(1)这一规律发生作用的前提是技术水平不变。技术水平不变是指生产中所使用的投入技术没有发生重大变革。一旦某种技术水平形成,会有一个相对稳定的时期,在这一时期内,就可以称为技术水平不变。

(2)它是以其他生产要素投入固定不变,只有某种生产要素的投入变动为前提的。也就是说明生产要素分为可变和不变的两类。在保持其他生产要素不变而只增加其中某种生产要素投入量时,边际报酬才会发生递减。

(3)递减是在可变要素投入增加到一定程度之后才出现的。在可变要素增加的初期,边际产量是递增的,当可变要素投入超过一定量之后,边际产量才开始递减。

三、生产要素的合理投入区域

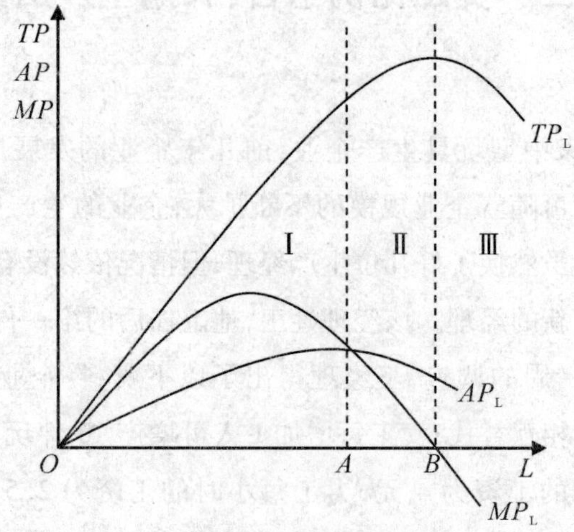

图 4-2　生产要素的投入区域

根据短期生产的总产量曲线、平均产量曲线和边际产量曲线之间的关系将短期生产划分为三个阶段,如图 4-2 所示。

在第Ⅰ阶段,产量曲线的特征为:劳动的平均产量始终是上升的,且达到最大值;劳动的边际产量上升达最大值,然后,开始下降,且劳动的边际产量始终大于劳动的平均产量;劳动的总产量始终是增加的。这说明:在这一阶段,不变要素资本的投入量相对过多,生产者增加可变要素劳动的投入量是有利的。或者说,生产者只要增加可变要素劳动的投入量,就可以较大幅度地增加总产量。因此,任何理性的生产者都不会在这一阶段停止生产,而是连续增加可变要素劳动的投人量,以增加总产量,并将生产扩大到第Ⅱ阶段。

在第Ⅲ阶段,产量曲线的特征为:劳动的平均产量继续下降,劳动的边际产量降为负值,劳动的总产量也呈现下降趋势。这说明:在这一阶段,可变要素劳动的投入量相对过多,生产者减少可变要素劳动的投入量是有利的。因此,这时即使劳动要素是免费供给的,理性的生产者也不会增加劳动投入量,而是通过减少劳动投入量来增加总产量,以摆脱劳动的边际产量为负值和总产量下降的局面,并退回到第Ⅱ阶段。

由此可见,任何理性的生产者既不会将生产停留在第Ⅰ阶段,也不会将生产扩张到第Ⅲ阶段,所以,生产只能在第Ⅱ阶段进行。在生产的第Ⅱ阶段,生产者可以得到由第Ⅰ阶段增加可变要素投入所带来的全部好处,又可以避免将可变要素投入增加到第Ⅲ阶段而带来的不利影响。因此,第Ⅱ阶段是生产者进行短期生产的决策区间。在第Ⅱ阶段的起点处,劳动的平均产量曲线和劳动的边际产量曲线相交,即劳动的平均产量达最高点。在第Ⅱ阶段的终点处,劳动的边际产量曲线与水平轴相交,即劳动的边际产量等于零。至于在生产的第Ⅱ阶段,生产者所应选择的利润最大化的最佳投入数量究竟在哪一点,这一问题还有待于以后结合成本、收益和利润进行深入的分析。

任务三　员工比例组合:长期生产函数

任务介绍

红冠玩具厂是国内一家中型玩具生产企业,前几年企业的发展比较迅速,产量连年增长,市场份额也稳步上升。可随着企业规模的不断扩大,企业的生产似乎出现了瓶颈,投入和产出始终无法达到均衡,虽然换了好几位生产经理,但情况依然没有好转。

这次,企业又换了一名新的经理。该经理姓王,他上任后的第一件事是下到车间了解生产一线员工的状况。经过一周的调查,王经理得出了以下资料:企业现有女工和男工各一半,且女工和男工之间可以相互替代;女工每增加1人可增产10件玩具,男工每增加1人可增产8件玩具;女工每小时的工资为4元,男工每小时的工资为2.5元。从掌握的资料来看,王经理可以肯定生产人员组合比例失调是导致投入与产出无法达到均衡的主要原因。

讨论:到底如何安排男工和女工的组合比例才是最优的呢?

任务分析

在产品生产过程中,往往需要投入多种要素,且各种要素之间有可能在一定限度内互相替代。因而同一产量的某种产品就可以通过不同比例的投人要素来生产。在这种情况下,企业将面临以下两种选择:一是在资源(如资金)既定的条件下,如何优化投入组合以实现产量最大化;二是在保持一定产量水平的条件下,如何通过优化投入组合以达到成本最小。

案例中的王经理面临的就是第一种选择。解决的办法是首先以男工的数量为横轴、以女工的数量为纵轴,画一个平面直角坐标系;然后在该坐标系中画出企业等产量曲线和等成本曲线;最后找出等产量曲线和等成本曲线的切点,该点就是投入要素的最优组合点。

资料来源:《经济学基础》,北京邮电大学出版社,刘日星,赵亚芬,66页。

知识精讲

在长期内,所有的生产要素的投人量都是可变的,在生产理论中,为了简化分析,通常以两种可变生产要素的生产函数来考察长期生产问题。假定生产者使用劳动和资本两种可变生产要素来生产一种产品,则两种可变生产要素的长期生产函数可以写为:

$$Q = f(L,K) \tag{4-11}$$

式中,L为可变要素劳动的投入量;K为可变要素资本的投人数量;Q为产量。

一、等产量线

(一)等产量线的含义及特点

生产理论中的等产量曲线和效用理论中的无差异曲线是很相似的。等产量曲线是在技术水平不变的条件下生产同一产量的两种生产要素投入量的所有不同组合的轨迹。

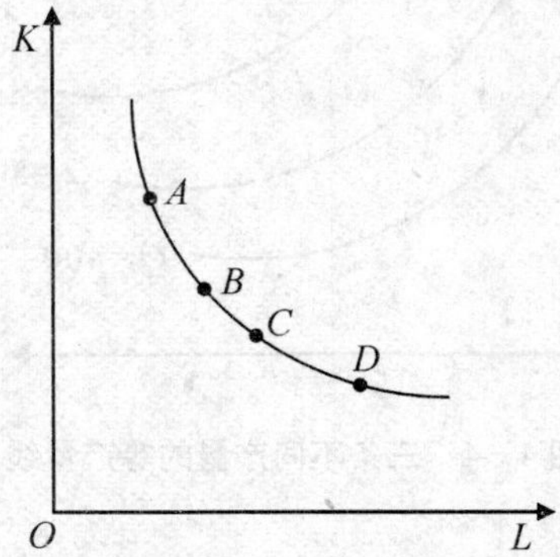

图 4-3　等产量线

在图 4-3 中,横轴代表劳动 L 的投入量,纵轴代表资本 K 的投入量,Q 代表等产量线,A、B、C、D 表示劳动与资本的四种组合方式。在等产量曲线的任何一点上,劳动 L 与资本 K 不同数量的组合给生产者所带来的产量都是相同的。

等产量线有以下特点。

(1)等产量线是一条向右下方倾并凸向原点的曲线,其斜率为负值。这表明,生产者的资源与生产要素价格既定的条件下,为了达到相同的产量,在增加一种生产要素投入时,可以减少另一种生产要素的投入。等产量曲线是凸向原点的。这是由边际技术替代了递减决定的。

(2)在同一平面上,可以有无数条等产量线。等产量曲线与坐标原点的距离的大小表示产量水平的高低:离原点越近的等产量曲线代表的产量水平越低;离原点越远的等产量曲线代表的产量水平越高。如图 4-4 中,Q_1、Q_2、Q_3 三条不同的等产量线,其中 Q_1 代表的产量水平最低,Q_2 代表的产量水平大于 Q_1,Q_3 代表的产量水平最高。

(3)同一平面坐标上的任意两条等产量曲线不会相交。假设有两条等产量线相交于某一点,那么它们在这一点上就有相等的产量,这与不同的等产量线代表不同的产量水平是矛盾的。

(二)边际技术替代率

1. 边际技术替代率的含义

在维持产量水平不变的条件下,增加一单位某种生产要素投入量时所减少的另一种要素的投入数量,被称为边际技术替代率。劳动对资本的边际技术替代率的定义公式为:

$$MRTS_{LK} = -\frac{\Delta K}{\Delta L} \tag{4-12}$$

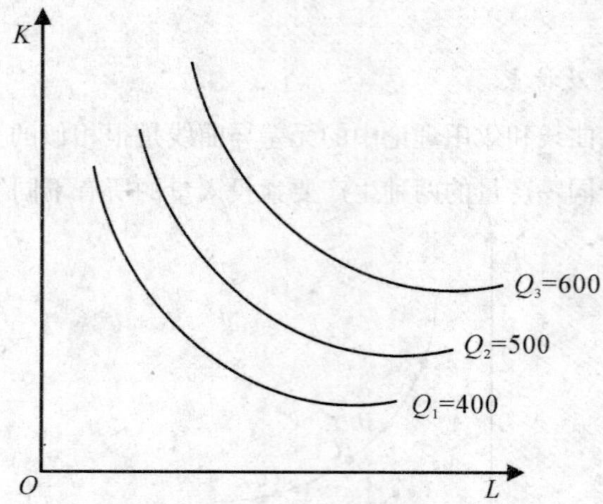

图 4-4　三条不同产量的等产量线

当 $\Delta L \to 0$ 时，则相应的边际技术替代率的定义公式为：

$$MRTS_{LK} = \lim_{\Delta L \to 0} -\frac{\Delta K}{\Delta L} = -\frac{dK}{dL} \quad (4-13)$$

显然，等产量曲线上某一点的边际技术替代率就是等产量曲线在该点斜率的绝对值。

边际技术替代率还可以表示为两要素的边际产量之比。这是因为，边际技术替代率的概念是建立在等产量曲线的基础上的，所以，对于任意一条给定的等产量曲线来说，当用劳动投入去替代资本投入时，在维持产量水平不变的前提下，由增加劳动投入量所带来的总产量的增加量和由减少资本量所带来的总产量的减少量必定是相等的，即必有：

$$|\Delta L \cdot MP_L| = |\Delta K \cdot MP_K|$$

整理得：

$$-\frac{\Delta K}{\Delta L} = \frac{MP_L}{MP_K}$$

由边际技术替代率的定义公式得：

$$MRTS_{LK} = -\frac{\Delta K}{\Delta L} = \frac{MP_L}{MP_K}$$

可见，边际技术替代率可以表示为两要素的边际产量之比。

2. 边际技术替代率递减规律

在两种生产要素相互替代的过程中，普遍地存在这么一种现象：在维持产量不变的前提下，当一种生产要素的投入量不断增加时，每一单位的这种生产要素所能替代的另一种生产要素的数量是递减的。这一现象被称为边际技术替代率递减规律。边际技术替代率递减的主要原因在于：任何一种产品的生产技术都要求各要素投入之间有适当的比例，这意味着要素之间的替代是有限制的。在劳动投入增加到相当多的数量和资本投入量减少到相当少的数量的情况下，再用劳动去替代资本就将是很困难的了。

二、等成本线

等成本线是在既定的成本和既定生产要素价格条件下生产者可以购买到的两种生产要素的各种不同数量组合的轨迹。

在生产要素市场上，厂商对生产要素的购买支付，构成了厂商的生产成本。成本问题是追求利润最大化的厂商必须要考虑的一个经济问题。假定要素市场上既定的劳动的价格即工资率为 ω，既定的资本的价格即利息率为 γ，厂商既定的成本支出为 C，则成本方程为：

$$C = \omega L + \gamma K \tag{4-14}$$

由成本方程可得：

$$K = -\frac{\omega}{\gamma}L + \frac{C}{\gamma} \tag{4-15}$$

根据以上式子可以得到等成本线，如图 4-6 所示。

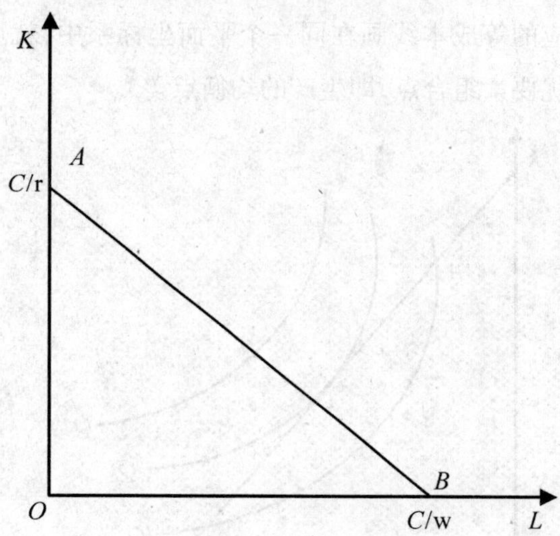

图 4-6　等成本线

图中横轴上的点 $\frac{C}{\omega}$ 表示既定的全部成本都购买劳动时的数量，纵轴上的点 $\frac{C}{\gamma}$ 表示既定的全部成本都购买资本时的数量，连接这两点的线段就是等成本线。它表示既定的全部成本所能购买到劳动和资本的各种组合。根据（4-14）式，等成本线的纵截距为 $\frac{C}{\gamma}$，等成本线的斜率为 $-\frac{\omega}{\gamma}$，即为两种生产要素价格之比的负值。

等成本曲线具有如下几点性质。

第一，离原点较远的等成本曲线总是代表较高的成本水平。

第二，同一等成本曲线图上的任意两条成本曲线之间不能相交。

第三，等成本曲线向右下方倾斜，其斜率是负的。要增加某一种要素的投入量而保持总成本不变，就必须相应地减少另一种要素的投入。

第四,在要素价格给定的条件下,等成本曲线是一条直线,其斜率是一个常数,等于$-\frac{\omega}{\gamma}$,即两种投入要素的价格之比。

三、最优的生产要素组合

将等产量曲线和等成本线结合在一起,研究生产者是如何选择最优的生产要素组合,从而实现既定成本条件下的最大产量,或者实现既定产量条件下的最小成本。最优的生产要素组合是可以使产量一定时成本最低的要素组合,也可以使成本一定时产量最高的要素组合。表现在图形上,就是等成本线和等产量线的切点,称为生产者均衡点。

(一)既定成本条件下的产量最大化

假定在一定的技术条件下厂商用两种可变生产要素劳动和资本生产一种产品,且劳动的价格 ω 和资本的价格 γ 是已知的,厂商用于购买这两种要素的全部成本 C 是既定的。把厂商的等产量曲线和相应的等成本线画在同一个平面坐标系中,就可以确定厂商在既定成本下实现最大产量的最优要素组合点,即生产的均衡点。

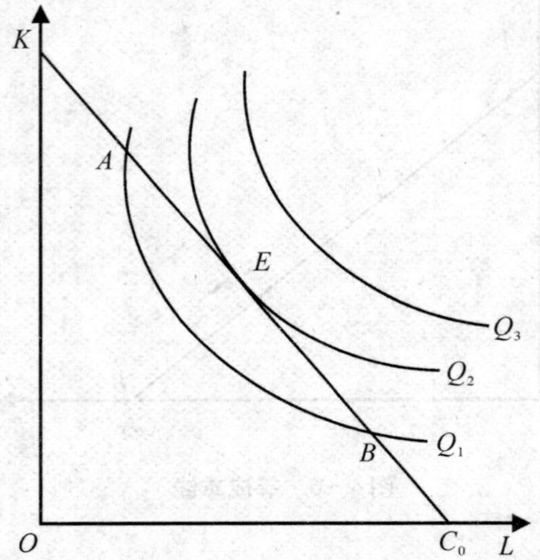

图 4-7　既定成本下最大产量的生产要素最优组合

在图 4-7 中,有一条等成本线和三条等产量曲线 Q_1、Q_2、Q_3。Q_1 代表的产量水平最低,Q_2 代表的产量水平大于 Q_1,Q_3代表的产量水平最高。C_0与 Q_1 相交,与 Q_2 相切,与 Q_3 既不相交也不相切。这意味着,较低水平的产量 Q_1,可以在既定的成本条件下生产,但不经济;较高水平的产量 Q_3,虽然经济,但在既定的成本条件下不可能达到;只有在 C_0与 Q_2 的切点 E 上才实现了生产要素的最优组合。可见,E 点为生产者均衡点。

等成本线的位置和斜率决定于既定的成本量 C 和既定的已知的两要素的价格比例$-\frac{\omega}{\gamma}$。由于 E 点是等产量线 Q_2 和等成本线的切点,于是,等产量线 Q_2 和等成本线的斜率在生产均衡点 E 是相等的,所以有:

$$MRTS_{LK} = \frac{MP_L}{MP_K} = \frac{\omega}{\gamma} \tag{4-16}$$

它表示:为了实现既定成本条件下的最大产量,厂商必须选择最优的生产要素组合,使得两要素的边际技术替代率等于两要素的价格比例。这就是两种要素的最优组合原则。

进一步,可以有:

$$\frac{MP_L}{\omega} = \frac{MP_K}{\gamma} \tag{4-17}$$

它表示:厂商可以通过对两要素投入量的不断调整,使得最后一单位的成本支出无论用来购买哪一种生产要素所获得的边际产量都相等,从而实现既定成本条件下的最大产量。

(二)既定产量下的成本最小化

假定厂商的既定产量是 Q_0,则可以用图 4-8 来分析既定产量下的最优生产要素组合。

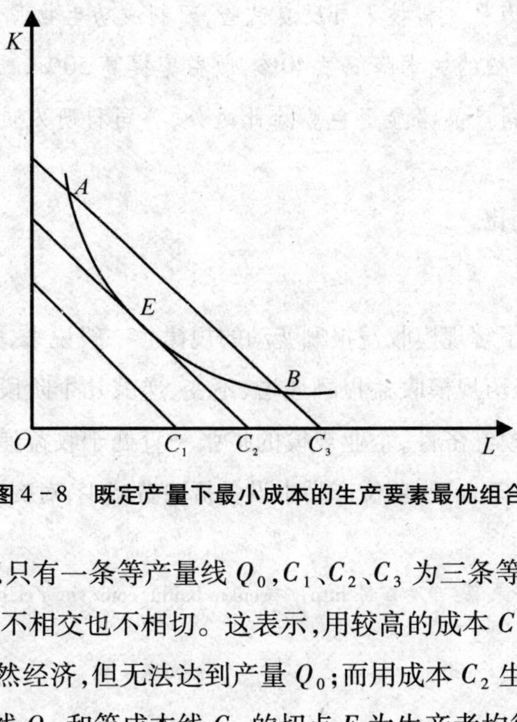

图 4-8　既定产量下最小成本的生产要素最优组合

由于产量既定,所以只有一条等产量线 Q_0,C_1、C_2、C_3 为三条等成本线,等产量线 Q_0 与 C_3,与 C_2 相切,与 C_1 既不相交也不相切。这表示,用较高的成本 C_3 可以生产产量 Q_0,但不经济;用较低成本 C_1 虽然经济,但无法达到产量 Q_0;而用成本 C_2 生产产量 Q_0,既可能也最经济。既定的等产量曲线 Q_0 和等成本线 C_2 的切点 E 为生产者均衡点,它表示该点的要素投入组合是既定产量下成本最小的组合。

用于 E 点是等产量线 Q_0 和等成本线 C_2 的切点,因此等产量线 Q_0 和等成本线 C_2 的斜率在这一点上是相等的,同样可得式(4-15)。

在这里,式(4-15)表示在总产量既定的条件下,为获得最小成本厂商应选择的生产要素投入的最优数量组合,是两种生产要素的边际技术替代率,即两种要素的边际产量之比等于它们的价格之比。

任务四　天津药业公司的成功:规模报酬

任务情境

天津药业有限公司是天津最大的综合性制药企业,也是目前全国最大的皮质激素类药物科研、生产和出口基地。80 年代随着国家的改革开放,外国大制药公司的地塞米松凭借高质量、低价格的优势长驱直入中国市场。当外国产品的价格降到国产品生产成本以下时,国内制药厂只好停产地塞米松,将国内市场全部让与外商。

天津药业公司意识到,要夺回市场首先要充分掌握、消化专利技术,并通过不断的开发和研制,保持技术的先进性;其次,因为药品生产是一系列化学反应的集合,有显著的规模经济性,所以要最大限度地扩大产量。据此,企业制定了"高科技+规模经济"的战略。新的科技体制调动了全部科研力量。科技人员反复试验,研制成功生物脱氢新工艺,使 6 种激素类药物受益。其中,地塞米松的成本降低了 40%,收益率提高 50%,质量超过美、意产品,只在外观上比最好的罗素公司产品略显逊色。除此之外,公司科研人员还先后开发研制了十几个新产品和十几项新工艺。

讨论:规模报酬的变化

任务分析

该案例中我们可以了解规模收益报酬变动的规律。一般说来,企业在从无到有、从小到大的发展过程中,都会经历规模收益报酬递增、不变、递减几个阶段。由于天津药业有限公司的生产具有显著的规模经济性,企业规模的扩张一直处于收益递增的区间。随着规模的扩大,设备之间的分配趋于合理,单位产品中设备折旧费减少,对提高产量、降低成本有明显作用。

资料来源:百度百科 http://wenku.baidu.com/view/ea0ca333f111f18583d05abf.html.

知识精讲

一、规模报酬的含义

在生产理论中,通常是以全部的生产要素都以相同的比例发生变化来定义企业的生产规模的变化。相应地,规模报酬是指在其他条件不变的情况下,企业内部各种生产要素按相同比例变化时所带来的产量变化。

二、规模报酬的类型

企业的规模报酬变化可以分规模报酬递增、规模报酬不变和规模报酬递减三种情况。

1. 规模报酬递增

产量增加的比例大于各种生产要素增加的比例,称之为规模报酬递增。例如,当全部的生产要素劳动和资本都增加 100% 时,产量的增加大于 100%。产生规模报酬递增的主要原因是由于企业生产规模扩大所带来的生产效率的提高。它可以表现为:生产规模扩大以后,企业能够利用更先进的技术和机器设备等生产要素,而较小规模的企业可能无法利用这样的技术和生产要素。随着对较多的人力和机器的使用,企业内部的生产分工能够更合理和专业化。此外,人数较多的技术培训和具有一定规模的生产经营管理,也都可以节省成本。

2. 规模报酬不变

产量增加的比例等于各种生产要素增加的比例,称之为规模报酬不变。例如,当全部生产要素劳动和资本都增加100%时,产量也增加100%。一般可以预计两个相同的工人使用两台相同的机器所生产的产量,是一个这样的工人使用一台这样的机器所生产的产量的两倍。这就是规模报酬不变的情况。

3. 规模报酬递减

产量增加的比例小于各种生产要素增加的比例,称之为规模报酬递减。例如,当全部生产要素劳动和资本都增加100%时,产量的增加小于100%。产生规模报酬递减的主要原因是由于企业生产规模过大,使得生产的各个方面难以得到协调,从而降低了生产效率。它可以表现为企业内部合理分工的破坏,生产有效运行的障碍,获取生产决策所需的各种信息的不易等等。

我们也可以用以下的数学公式来定义规模报酬的三种情况。

令生产函数为 $Q = f(L,K)$ 。

如果 $f(\lambda L,\lambda K) > \lambda f(L,K)$,其中,常数 $\lambda > 0$,则生产函数 $Q = f(L,K)$ 具有规模报酬递增的性质。产量增加的比例大于各种生产要素增加的比例,称之为规模报酬递增。

如果 $f(\lambda L,\lambda K) = \lambda f(L,K)$,其中,常数 $\lambda > 0$,则生产函数 $Q = f(L,K)$ 具有规模报酬不变的性质。产量增加的比例等于各种生产要素增加的比例,称之为规模报酬不变。

如果 $f(\lambda L,\lambda K) < \lambda f(L,K)$,其中,常数 $\lambda > 0$,则生产函数 $Q = f(L,K)$ 具有规模报酬递减的性质。产量增加的比例小于各种生产要素增加的比例,称之为规模报酬递减。

一般说来,在长期生产过程中,企业的规模报酬的变化呈现出如下几个阶段的规律。当企业从最初的很小的生产规模开始逐步扩大的时候,企业面临的是规模报酬递增的阶段。在企业得到了由生产规模扩大所带来的产量递增的全部好处以后,一般会继续扩大生产规模,将生产保持在规模报酬不变的阶段。这个阶段有可能比较长。在这以后,企业若继续扩大生产规模,就会进入一个规模报酬递减的阶段。

知识巩固

一、名词解释

生产要素　生产函数　总产量　平均产量　边际产量　边际报酬递减规律　等产量线　边际技术替代率　等成本线　规模报酬

二、单选题

1. 习惯上，生产要素包括（　　）。

A. 劳动和资本　　B. 土地

C. 企业家才能　　D. 以上都正确

2. 当其他生产要素不变，一种生产要素增加时，（　　）。

A. 总产量会一直增加　　B. 总产量会一直减少

C. 总产量先增加后减少　　D. 总产量先减少后增加

3. 当边际产量大于平均产量时（　　）。

A. 平均产量增加　　B. 平均产量减少

C. 平均产量不变　　D. 平均产量达到最低点

4. 总产量达到最大时（　　）。

A. 边际产量为最大　　B. 边际产量为 0

C. 边际产量为正　　D. 边际产量为负

5. 如果连续地增加某种生产要素，在总产量达到最大时，边际产量曲线（　　）。

A. 与纵轴相交　　B. 经过原点

C. 与平均产量曲线相交　　D. 与横轴相交

6. 下列说法中，正确的是（　　）。

A. 只要总产量减少，边际产量一定为负

B. 只要边际产量减少，总产量一定减少

C. 只要边际产量大于平均产量，平均产量一定减少

D. 只要边际产量减少，平均产量也一定减少

7. 边际收益递减规律所研究的问题是（　　）。

A. 各种生产要素同时变动对产量的影响

B. 其他生产要素不变，一种生产要素变动对产量的影响

C. 一种生产要素不变，其他几种生产要素变动对产量的影响

D. 所以生产要素都没有变动，是自身规律的变化

8. 等产量曲线（　　）。

A. 向右上方倾斜　　B. 向右下方倾斜

C. 是一条水平线　　D. 是一条垂直线

9. 抑制等成本线和等产量线既不相交也不相切，此时要达到等产量所表示的产出水平，应该（　　）。

A. 增加投入　　B. 减少投入

C. 保持原始投入不变　　D. 或 A 或 B

10. 规模报酬递减是在下述情况下发生的(　　)。

A. 按比例连续增加各种生产要素

B. 不按比例连续增加各种生产要素

C. 连续地投入某种生产要素而保持其他要素不变

D. 上述都正确

三、多选题

1. 生产要素可分为(　　)。

A. 土地　　B. 劳动　　C. 资本　　D. 企业家才能

E. 资本家才能

2. 等产量曲线具有如下性质(　　)。

A. 凸向原点

B. 斜率为负

C. 任何两条等产量曲线不能相交

D. 离原点越远的等产量曲线表示产量越大

E. 等产量曲线向右下方倾斜

3. 边际收益递减规律是(　　)。

A. 以生产技术进步为前提

B. 以生产技术水平不变为前提

C. 假定所有的可变要素投入是同质的

D. 以其他生产要素固定不变,只有一种可变要素的生产

E. 在可变要素投入增加到一定程度之后才出现投入的边际产量递减

4. 如果只有一种生产要素可以变动,那么,该要素合理投入量应处于(　　)。

A. 生产要素投入的第二阶段

B. 平均产量和边际产量都递增的阶段

C. 平均产量和边际产量都递减并且大于0的阶段

D. 平均产量递增,而边际产量递减的阶段

E. 平均产量递减,而边际产量小于0的阶段

5. 由于总产量等于所有边际产量之和,所以(　　)。

A. 在边际产量曲线上升时,总产量曲线以越来越慢的速度上升

B. 在边际产量曲线上升时,总产量曲线以越来越快的速度上升

C. 在边际产量曲线下降时,总产量曲线以越来越快的速度上升

D. 在边际产量曲线下降时,总产量曲线以越来越慢的速度上升,至边际产量曲线降到0时开始以较快的速度下降

E. 在边际产量曲线开始下降时，总产量曲线就以越来越快的速度下降

四、简单题

1. 什么是生产要素与生产函数？

2. 什么是边际报酬递减规律？

3. 总产量、平均产量和边际产量之间的关系是什么？

4. 解释边际技术替代率及其递减规律

5. 什么是等产量线？它有什么特征？

6. 用图形说明生产要素的最佳组合。

五、计算题

1. 已知某厂商的生产函数 $Q=KL-0.5L^2-0.32K^2$，其中 Q 代表产量，K 代表资本，L 代表劳动，且 $K=10$。求：

(1)劳动的平均产量函数和边际产量函数

(2)当总产量、平均产量和边际产量达到极大值时，该厂商雇佣的劳动量是多少？

2. 某种产品的产量和劳动投入量之间的生产函数关系为 $Y=300+40.5L-0.5L^2$，单位劳动时间的工资为40元，单位产品售价为20元，请问取得最大纯收益及劳动投放量各为多少？

实训项目

1. “企业的产量越大，利润越多，越能实现利润最大化。”这句话对吗？请用经济学原理进行分析。

2. 假设一位朋友请教你，他应该在学校上学多少年。请用经济学相关原理对其作出分析，帮助您朋友决策。并思考上学是否也存在边际效益递减？

项目五　成本理论

开篇案例

为什么家长舍得把大把的钱花在子女教育上？

我们简单的介绍经济学所说的成本。经济学所说的成本有两种：一是实际发生的成本，即会计成本；另一个是机会成本。会计成本是厂商在生产过程中按市场价格直接支付的一切费用，这些费用一般均可以通过会计账目反映出来。利用这个原理我们计算一个大学生上大学四年的会计成本是上大学的学费、书费和生活费，按照现行价格标准，一个普通家庭培养一个大学生的这三项费用之和是4万。机会成本是某种东西的成本，是为了得到它而放弃的东西。大学生如果不上学，会找份工作，按照现行劳动力价格标准假如也是4万，也就是说一个大学生上大学四年的机会成本也是4万。因此，大学生上大学经济学概念的成本是8万。这还没算上在未进大学校门前，家长为了让孩子接受最好的教育从小学到中学的择校费用。

上大学成本如此之高，为什么家长还选择让孩子上大学，因为这种选择符合经济学理论，收益的最大化原则。我们算一下上大学与不上大学一生的成本与收益。不上大学18岁工作，工作到60岁，共42年，平均每年收入是1万，共42万。上大学22岁工作，工作到60岁，共38年，平均收入是2万元，共76万，减去上大学的经济学成本8万，剩下68万。与不上大学收入比较上大学多得到的收入是26万。这还没考虑学历高所带来的名誉、地位等其他效应。为什么家长舍得在子女教育上投入，就在情理之中了。这里说的“选择”是有两种机会，你能考上大学的情况下。另外我们说的只是一般情况。

在这里顺便纠正一个错误的说法，有人说教育是消费行为，其实教育不是消费而是投资。消费与投资的区别是消费不会给你增殖一分钱，比如你今年买一台电视，明年再卖，会大大的贬值不会增殖；投资是有可能增殖，一个大学生尽管投资8万，但与不投资比较多得的收益是26万。但投资是有风险的，如果一个家长不考虑孩子的实际情况，从小学到中学在教育上的高投入，如果考不上大学或考上大学毕不了业。其投入与产出知比是可想而知的。

但对一些特殊的人，情况就不是这样了。比如，一个有足球天才的青年，如果在高中毕业后去踢足球，每年可收入200万人民币。这样，他上大学的机会成本就是800万人民币。这远远高于一个大学生一生的收入。因此，有这种天才的青年，即使学校提供全额奖学金也不去上大学。这就是把机会成本作为上大学的代价。不上大学的决策就是正确的。同样，有些具备当模特气质与条件的姑娘，放弃上大学也是因为当模特时收入高，上大学机会成本太大。当你了解机会成本后就知道为什么有些年轻人不上大学的原因了。可见机会成本这个概念在我们日常生活决策是十分重要的。

资料来源:圣才学习网 http://yingyu.100xuexi.com/view/specdata/20120921/2527d2a4-f6cc-43a3-a853-5001de3fcd27.html 案例一。

知识目标

掌握机会成本的概念

熟悉显性成本、隐性成本的概念

掌握长期、短期成本曲线的特点和关系

了解长期总成本和长期边际成本

理解利润最大化原则

能力目标

运用成本的有关知识,分析相关问题

在上一项目中,生产论中涉及了成本方程,成本方程表示厂商的生产成本与生产要素的投入量之间的关系。本项目的成本论将进一步考察厂商的生产成本与产量之间的关系。和上一项目一样,本章仍假定生产要素的价格是给定的。

任务一　校园里的占座现象:成本的概述

任务情境

在校园的占座方面,女生勤快于男生。由事实可知,几乎每堂课坐在前几排的都是女生,而男生都在后面几排,据说因此男生颇不服气,于是一连几天早早起来占座,座是占到了,但带来的负效应也不少:晚上睡的晚,早上起的早,上课精神自然不好,一连几天的恶性循环,男生起早占座的现象就没了,前几排仍是女生占有绝大部分的座位。

讨论:为什么前几排仍是女生占有绝大部分的座位?

任务分析

其实这是一个机会成本的问题,男生占座的显形机会成本是提前一个小时起床,而隐性机会成本则是一天的精神状态不佳,相较起来,女生的机会成本就要小得多。因此,占座风波的必然结果就是机会成本比较小的方取胜。

资料来源 http://blog.sina.com.cn/s/blog_723c07740100tycb.html 第五章案例一。

知识精讲

企业的生产成本通常被看成是企业对所购买的生产要素的货币支出。然而,西方经济学家指出,在经济学的分析中,仅从这样的角度来理解成本概念是不够的。为此,他们提出了机会成本的概念以及显性成本和隐性成本的概念。

一、机会成本

西方经济学家认为,经济学是要研究一个经济社会如何对稀缺的经济资源进行合理配置的问题。从经济资源的稀缺性这一前提出发,当一个社会或一个企业用一定的经济资源生产一定数量的一种或者几种产品时,这些经济资源就不能同时被使用在其他的生产用途方面。这就是说,这个社会或这个企业所获得的一定数量的产品收入,是以放弃用同样的经济资源来生产其他产品时所能获得的收入作为代价的。由此,便产生了机会成本的概念。例如,当一个厂商决定利用自己所拥有的经济资源生产一辆汽车时,这就意味着该厂商不可能再利用相同的经济资源来生产 200 辆自行车。于是,可以说,生产一辆汽车的机会成本是所放弃生产的 200 辆自行车。如果用货币数量来代替对实物商品数量的表述,且假定 200 辆自行车的价值为 10 万元,则可以说,一辆汽车的机会成本是价值为 10 万元的其他商品。一般地,生产一个单位的某种商品的机会成本是指生产者所放弃的使用相同的生产要素在其他生产用途中所能得到的最高收入。在西方经济学中,企业的生产成本应该从机会成本的角度来理解。

二、显成本和隐成本

企业的生产成本可以分为显成本和隐成本两个部分。

企业生产的显成本是指厂商在生产要素市场上购买或租用他人所拥有的生产要素的实际支出。例如,某厂商雇用了一定数量的工人,从银行取得了一定数量的贷款,并租用了一定数量的土地,为此,这个厂商就需要向工人支付工资,向银行支付利息,向土地出租者支付地租,这些支出便构成了该厂商的生产的显成本。从机会成本的角度讲,这笔支出的总价格必须等于这些生产要素的所有者将相同的生产要素使用在其他用途时所能得到的最高收入。否则,这个企业就不能购买或租用到这些生产要素,并保持对它们的使用权。

企业生产的隐成本是指厂商本身自己所拥有的且被用于该企业生产过程的那些生产要素的总价格。例如,为了进行生产,一个厂商除了雇用一定数量的工人、从银行取得一定数量的贷款和租用一定数量的土地之外(这些均属于显成本支出),还动用了自己的资金和土地,并亲自管理企业。西方经济学家指出,既然借用了他人的资本需付利息,租用了他人的土地需付地租,聘用他人来管理企业需付薪金,那么,同样道理,在这个例子中,当厂商使用了自有生产要素时,也应该得到报酬。所不同的是,现在厂商是自己向自己支付利息、地租和薪金。所以,这笔价值就应该计人成本之中。由于这笔成本支出不如显成本那么明显,故被称为隐成本。隐成本也必须从机会成本的角度按照企业自有生产要素在其他用途中所能得到的最高收入来支付,否则,厂商会把自有生产要素转移出本企业,以获得更高的报酬。

三、利润

企业的所有显成本和隐成本之和构成总成本。企业的经济利润指企业的总收益和总成本之间的差额,简称企业的利润。企业所追求的最大利润,指的就是最大的经济利润。经济利润也被称为超额利润。

在西方经济学中，还需区别经济利润和正常利润。正常利润通常指厂商对自己所提供的企业家才能的报酬支付。需要强调的是，正常利润是厂商生产成本的一部分，它是以隐成本计人成本的。为了理解正常利润是成本的一部分这一说法，我们需要运用前面讲到的机会成本的概念。从机会成本的角度看，当一个企业所有者同时又拥有管理企业的才能时，他可以面临两种选择机会，一种选择是在自己的企业当经理，另一种选择是到别人所拥有的企业当经理。如果他到别人所拥有的企业当经理，他可以获得收入报酬。如果他在自己的企业当经理，他就失去了到别的企业当经理所能得到的收入报酬，而他所失去的这份报酬就是他在自己所拥有的企业当经理的机会成本。或者说，如果他在自己的企业当经理的话，他应当自己向自己支付报酬，而且这份报酬数额应该等于他在别的企业当经理时所可以得到的最高报酬。所以，从机会成本的角度看，正常利润属于成本，并且属于隐成本。

由于正常利润属于成本，因此，经济利润中不包含正常利润。又由于厂商的经济利润等于总收益减去总成本，所以，当厂商的经济利润为零时，厂商仍然得到了全部的正常利润。

成本理论是建立在生产理论的基础之上的。我们已经知道，生产理论分为短期生产理论和长期生产理论，则相应地，成本理论也分为短期成本理论和长期成本理论。由于在短期内企业根据其所要达到的产量，只能调整部分生产要素的数量而不能调整全部生产要素的数量，所以，短期成本有不变成本和可变成本之分。由于在长期内企业根据其所要达到的产量，可以调整全部生产要素的数量，所以，长期内所有的要素成本都是可变的，长期成本没有不变成本和可变成本之分。本章从任务二起将先后研究短期成本函数及其曲线和长期成本函数及其曲线。

任务二　门庭冷落的保龄球场：短期成本分析

任务情境

在现实中，我们经常会看到一些保龄球场门庭冷落，但仍然在营业，而且打保龄球的价格相当低，甚至低于成本，他们为什么这么做？

任务分析

在短期中，保龄球场经营的成本包括固定成本和可变成本。保龄球场的场地、设备、管理人员是短期中无法改变的固定投入，用于场地租金、设备折旧和管理人员的工资的支出是固定成本。固定成本已经支出无法收回，也称沉没成本。保龄球场营业所支出的各种费用是可变成本，如电费、服务员的工资等。如果不营业，这种成本不存在，营业量增加，这种成本增加。由于固定成本已经支出，无法收回，所以，保龄球场在决定短期是否营业时，考虑的是可变成本。

门庭冷落的保龄球场仍在营业，说明价格高于平均可变成本。这就是这种保龄球场不停业的原因。

有许多行业是固定成本高而可变成本低，例如，旅游、饭店、游乐场所等。所以现实中这些行业价格可以降得很低。但这种低价格实际上仍然高于平均可变成本。因此，仍然营业比不营业有利，至少可以弥补部分固定成本，实现损失最小化。

本案例说明的问题，短期成本分析对企业短期经营决策的意义。

资料来源：百度文库 http://wenku.baidu.com/view/1aa9dc80d4d8d15abe234eae.html 案例十四。

知识精讲

一、短期成本的类型

短期成本分为短期总成本（STC）、短期平均成本（SAC）和短期边际成本（SMC）三种。

1. 短期总成本

总不变成本 *TFC* 是厂商在短期内为生产一定数量的产品对不变生产要素所支付的总成本。例如，建筑物和机器设备的折旧费等。由于在短期内不管企业的产量为多少，这部分不变要素的投入量都是不变的，所以，总不变成本是一个常数，它不随产量的变化而变化。即使产量为零时，总不变成本也仍然存在。如图 5－1 所示，图中的横轴 *Q* 表示产量，纵轴 *C* 表示成本，总不变成本 *TFC* 曲线是一条水平线。它表示在短期内，无论产量如何变化，总不变成本 *TFC* 是固定不变的。

总可变成本 *TVC* 是厂商在短期内生产一定数量的产品对可变生产要素支付的总成本。例如，厂商对原材料、燃料动力和工人工资的支付等。总可变成本 *TVC* 曲线如图 5－1 所示，它是一条由原点出发向右上方倾斜的曲线。

总成本 *STC* 是厂商在短期内为生产一定数量的产品对全部生产要素所支出的总成本。它是总固定成本和总可变成本之和。总成本 *STC* 曲线如图 5－1 所示，它是从纵轴上相当于总固定成本 *TFC* 高度的点出发的一条向右上方倾斜的曲线。*STC* 曲线表示：在每一个产量上的总成本由总固定成本和总可变成本共同构成。总成本用公式表示为：

$$STC(Q) = TFC + TVC(Q) \tag{5-1}$$

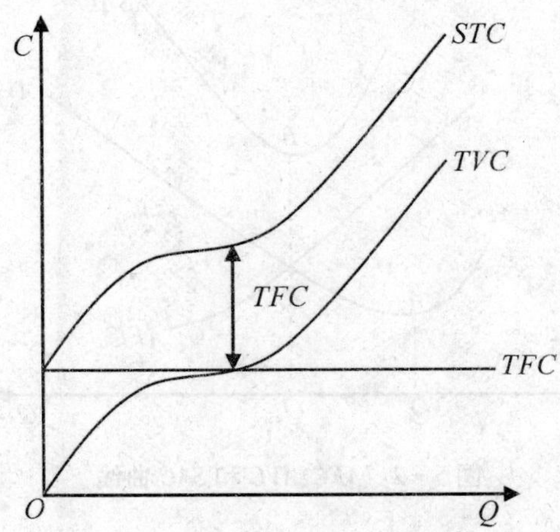

图 5－1　*TFC*、*TVC* 和 *STC* 曲线

2. 短期平均成本

平均不变成本 AFC 是厂商在短期内平均每生产一单位产品所消耗的不变成本。平均不变成本 AFC 曲线如图 5－2 所示，它是一条向两轴渐近的双曲线。AFC 曲线表示：在总不变成本固定的前提下，随着产量的增加，平均不变成本是越来越小的。平均不变成本用公式表示为：

$$AFC(Q) = \frac{TFC}{Q} \tag{5-2}$$

平均可变成本 AVC 是厂商在短期内平均每生产一单位产品所消耗的可变成本。从图 5－2中可以看出，AVC 曲线是 U 形，它可以从 TVC 曲线推导出。在图 5－1 中，某产量下的平均变动成本的值等于总变动成本曲线上相应的点与原点 O 的连线的斜率。当与 TVC 相切时，连线的斜率最小，相应的平均变动成本处于平均变动成本曲线的最低点。在切点的左边，连线的斜率随着产量的增加越来越小；在切点的右边，连线的斜率随着产量的增加越来越大。这表明平均变动成本随着产量的增加先递减后递增，因此 AVC 曲线表现为 U 形。其用公式表示为：

$$AVC(Q) = \frac{TVC(Q)}{Q} \tag{5-3}$$

平均总成本 SAC 是厂商在短期内平均每生产一单位产品所消耗的全部成本等于平均不变成本和平均可变成本之和。

$$SAC(Q) = \frac{STC(Q)}{Q} = AFC(Q) + AVC(Q) \tag{5-4}$$

将 AFC 曲线与 AVC 曲线相加可以得到 SAC 曲线。SAC 曲线也是 U 形曲线，它可以从 STC 曲线推导出来。这表明短期平均成本也是随着产量的增加先递减后递增的。SAC 曲线的位置在 AVC 曲线上方，两条曲线之间的垂直距离既为 AFC。

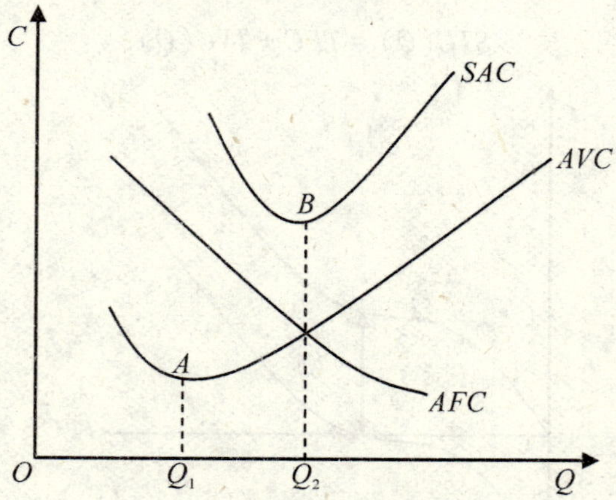

图 5－2　AFC、AVC 和 SAC 曲线

从图 5－2 中可以看出，AVC 曲线与 SAC 曲线都是先下降后上升的 U 行曲线，AVC 曲线

的最低点 A 位于 SAC 曲线的最低点 B 的最下方，这说明 AVC 的最小值在较小产量水平 Q_1 上达到，而 SAC 的最小值在较大产量水平 Q_2 上达到。当产量小于 Q_1 时，AFC 与 AVC 都是下降的，故 SAC 下降较快；当 $Q_1 < Q < Q_2$ 时，AFC 是下降的，AVC 是上升的，但 AFC 下降的幅度大于 AVC 上升的幅度，故 SAC 继续下降；当产量为 Q_2 时，AFC 下降的幅度等于 AVC 商店的幅度，SAC 处于最低点；当产量大于 Q_2 时，AFC 下降的幅度小于 AVC 上升的幅度，故 SAC 开始上升。当产量很小是，AFC 很大，趋近于 SAC；当产量很大时，AFC 很小，越来越远离 SAC，而 AVC 越来越接近 SAC。

3. 短期边际成本

短期边际成本 SMC 是厂商在短期内增加一单位产量时所增加的成本。用公式表示为：

$$SMC(Q) = \frac{\triangle STC(Q)}{\triangle Q} \tag{5-5}$$

或者

$$SMC(Q) = \lim_{\triangle Q \to 0} \frac{\triangle STC(Q)}{\triangle Q} = \frac{dSTC}{dQ} \tag{5-6}$$

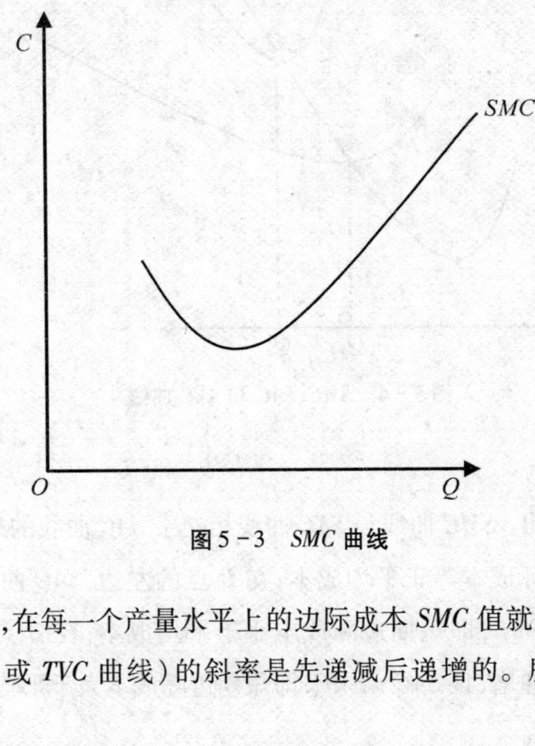

图 5-3　SMC 曲线

由(5-6)式可知，在每一个产量水平上的边际成本 SMC 值就是相应的，成本 STC 曲线的斜率，而 STC 曲线（或 TVC 曲线）的斜率是先递减后递增的。所以 SMC 曲线也是 U 形曲线。

表 5-1 是一张某厂商的短期成本表。表中的平均成本和边际成本的各栏均可以分别由相应的总成本的各栏推算出来。该表体现了各种短期成本之间的相互关系。

二、短期成本的关系

将 SMC、SAC 和 AVC 放在同一个坐标中，可以分析 SMC 和 SAC 及 SMC 和 AVC 的关系。如图 5-4 所示。

表 5-1 短期成本表

产量 Q	总成本			平均成本			边际成本
	总不变成本 TFC	总可变成本 TVC	总成本 TC	平均不变成本 AFC	平均可变成本 AVC	平均总成本 AC	边际成本 MC
0	1200	0	1200				
1	1200	600	1800	1200.0	600.0	1800.0	600
2	1200	800	2000	600.0	400.0	1000.0	200
3	1200	900	2100	400.0	300.0	700.0	100
4	1200	1050	2250	300.0	262.5	562.5	150
5	1200	1400	2600	240.0	280.0	520.0	350
6	1200	2100	3300	200.0	350.0	550.0	700

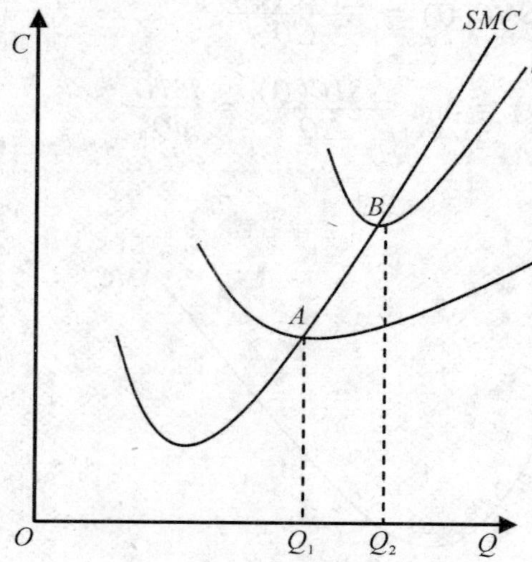

图 5-4 *SMC*、*SAC* 和 *AVC* 曲线

1. *SMC* 和 *SAC* 的关系

从图 5-4 中可以看出，*SMC* 曲线与 *SAC* 曲线相交于 *SAC* 曲线的最低点 *B*。在 *B* 点上，*SMC* = *SAC*，就是短期边际成本等于平均成本；在 *B* 点的左边，*SAC* 曲线在 *SMC* 曲线之上，*SAC* 一直递减，且 *SAC* > *SMC*，即短期边际成本小于平均成本；在 *B* 点的右边，*SAC* 曲线在 *SMC* 曲线之下，*SAC* 一直递增，且 *SAC* < *SMC*，即短期边际成本大于平均成本。

2. *SMC* 和 *AVC* 的关系

图 5-4 表明 *SMC* 曲线与 *AVC* 曲线相交于 *AVC* 的最低点 *A*。由于短期边际成本对产量变化的反映要比平均变动成本灵敏得多，因此不管是下降还是上升，*SMC* 曲线的变动都快于 *AVC* 曲线，*SMC* 曲线比 *AVC* 曲线更早到达最低点。在 *A* 点上，*SMC* = *AVC*，就是短期边际成本等于平均可变成本；在 *A* 点左侧，*AVC* 曲线在 *SMC* 曲线之上，*AVC* 一直递减，*AVC* > *SMC* 即短期边际成本小于平均可变成本；在 *A* 点右侧，*AVC* 曲线在 *SMC* 曲线之下，*AVC* 一直递增，且 *AVC* < *SMC*，也就是短期边际成本大于平均可变成本。

任务三　王永庆与台塑的成功:长期成本分析

任务情境

台塑是王永庆成功地经营的第一个大企业。这个企业生产聚氯乙烯(PVC)塑胶粉。开始时,该企业规模仅为月产量100吨,尽管产量很低,仍然供大于求,台湾省内的需求仅为每月20吨。产量低,平均成本无法实现最低,价格降不下来,台湾省仅有的20吨市场需求也被日本占领。扩大产量,产品销路又成问题。王永庆处于两难境地。这时台塑的股东纷纷要求退股,王永庆毅然卖掉自己的大部分企业,买断了台塑的产权,独自经营。

王永庆知道,企业困难的关键在于产量上不去,平均成本降不下来。如果只考虑需求,减产产量,平均成本更高,更缺乏市场竞争力。因此,扩大产量使平均成本降到最低是转败为胜的关键。于是,他决定把产量扩大到平均成本最低的月产1200吨。这时平均成本最低,而且由于当时台湾是当时世界烧碱的主要生产基地之一,生产烧碱中被弃置不用的氯气可用于生产PVC.这样,在实现了最低成本时,其货币成本还低于世界其他国家。有了这种优势就可以打入世界市场。结果,王永庆成功了。

王永庆的成功说明,在确定企业规模时一定要达到平均成本最低的产量,即实现规模经济。我国汽车等行业的产品之所以价格高就在于企业规模小,没有实现平均成本最低的产量。世界汽车公司的最低规模在400万辆以上,说明在这个规模时,平均成本才是最低的。但我国最大的上海企业厂(桑塔纳)产量也不过30万辆,这就难以实现规模经济。

讨论:企业适度规模。

任务分析

本案例说明:长期平均成本曲线。表明长期平均成本随产量的变动而变动。只有产量增加到一定量时才能实现平均成本最低。平均成本最低才能使企业实现实际效率。因此,企业平均成本最低时的产量就是企业适度规模。企业只有根据这一原则确定产量才能成功。

资料来源:百度文库 http://wenku.baidu.com/view/1aa9dc80d4d8d15abe234eae.html 案例十四。

知识精讲

一、长期成本的类型

厂商的长期成本可以分为长期总成本、长期平均成本和长期边际成本。它们的英文缩写顺次为*LTC*、*LAC*和*LMC*。

1. 长期总成本

长期总成本是指厂商在长期中在每一个产量水平上通过选择最优的生产规模所能达到的最低总成本,用*LTC*表示。在长期生产中,长期总成本随产量的变动而变动,随着产量的增加,总成本增加。没有产量时,没有总成本。在开始生产时,要投入大量生产要素,而产量少时,这些生产要素无法得到充分利用,因此成本增加的比率大于产量增加的比率。当产量增加到一定程度后,生产要素开始得到充分利用,长期总成本曲线比较平坦,这时成本增加的比率小于产量增加的比率,这也是规模经济的效益。最后,由于规模收益递减,成本的增加比率又大于产量增加的比率,长期成本曲线又变得陡峭。

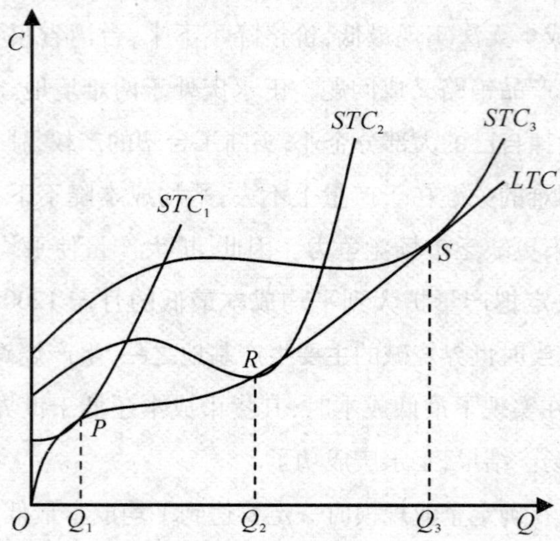

图 5-5 *LTC* 曲线

可以从短期成本曲线 *STC* 导出长期成本曲线 *LTC*。图 5-5 中,假定有,STC_1、STC_2、STC_3 三条不同生产规模的短期总成本曲线。短期总成本曲线在纵坐标上的截距越大,代表的企业规模越大,因为比较大的经营规模总是以较高的固定成本为保证的。对于产量 Q_1、Q_2、Q_3,来说,三条不同规模的短期总成本曲线的成本最低点分别为 *P*、*R*、*S*,连接 *O*、*P*、*R*、*S* 成一条曲线,即为长期总成本曲线。

如果市场需求小于 Q_1,厂家会选择 STC_1 曲线所代表的生产规模,因为它比其他规模的生产成本都低;如果预计市场需求大于 Q_1 而小于 Q_2,厂商会选择 STC_2曲线所代表的生产规模;如果预计市场需求量大于 Q_2,厂商会选择 STC_3曲线所代表的生产规模。对于任意一个既定产量,厂商都可以实现最低的总成本。假定存在无数多个可供选择的生产规模,即有无数条短期总成本曲线。长期总成本曲线 *LTC* 就是无数多条短期总成本曲线 *STC* 的包络线。即在任一产量水平上,*LTC* 曲线都会和无数多条 *STC* 曲线之中的一条相切。如前述 *LTC* 曲线与 STC_1 曲线相切于 *P* 点,该点对应的产量是 Q_1,那么该 *STC* 曲线所代表的生产规模就是生产这一特定产量的最优生产规模。该切点所对应的总成本就是生产此产量的最低总成本。把所有这样的切点连结起来就形成了一条 *LTC* 曲线。因此,*LTC* 曲线代表了长期内厂商在每一产量水平上都由最优生产规模进行的生产变动轨迹。

2. 长期平均成本

长期平均成本 *LAC* 表示厂商在长期内按产量平均计算的最低总成本。长期平均成本函数可以写为：

$$LAC(Q) = \frac{LTC(Q)}{Q} \qquad (5-7)$$

LAC 曲线是一条先下降后上升的 U 形曲线，由于长期平均成本是生产各种产量所需的最低平均成本点轨迹构成，可由短期平均曲线 *SAC* 推导出。它是各个短期平均成本曲线的包络线。

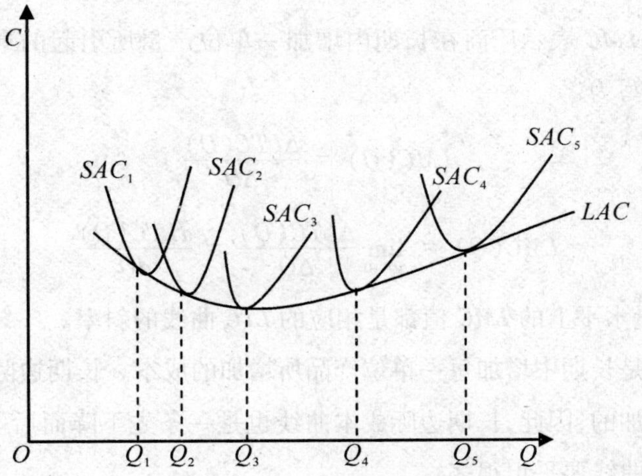

图 5-6 LAC 曲线

在图 5-6 中条有 5 条短期平均成本曲线，分别为 SAC_1、SAC_2、SAC_3、SAC_4、和 SAC_5。它们分别代表不同的生产规模。在长期内，厂商可以根据产量要求选择最优生产规模生产。以 SAC_5 与 *LAC* 的关系，说明短期平均成本曲线与长期平均成本曲线的关系。SAC_5 所对应的产量水平是 Q_5，与这一产量水平相对应的短期总成本是 $SAC_5 * Q_5$，这是当 $Q = Q_5$ 时 *SAC* 与 *Q* 的乘积。在这一产量水平时的长期总成本是 *LAC* 与 Q_5 的乘积。可以看到，在 $Q = Q_5$ 时，*STC* 曲线在这一点上切线的斜率为 SAC_5，*LTC* 曲线在这一点上切线的斜率也是 SAC_5，二者相等，表示在同一产量水平时，长期平均成本与短期平均成本相同，其原因是 $AC = TC/Q$。这一结论也同样适用于 SAC_1、SAC_2、SAC_3、SAC_4 和 SAC_5 等其他各条短期平均成本曲线与长期平均成本曲线的关系。长期生产过程是由无数个短期生产过程所构成的，由于列出的这 5 条短期平均成本曲线分别表示不同生产规模上平均成本的变化情况，越是往右，代表生产规模越大，每条 *SAC* 曲线与 *LAC* 不相交但相切，并且只有一个切点，从而形成一条包络曲线。之所以这样，是因为在长期中一切生产要素都是可以调整的，是厂商为了降低成本而进行的生产规模优化的结果。生产者要根据产量的大小来决定生产规模，其目标是使平均成本达到最低。在长期中，厂商按这条曲线确定生产规模，制定生产计划，如在图

5－6中，当成本水平为 SAC_5 时，厂商按照成本最低的产量 Q_5 安排生产规模；同样在不同的短期生产中，厂商都按照成本最低的 Q_1、Q_2、Q_3 和 Q_4 的生产规模安排生产计划。因此，长期平均成本曲线又称为厂商的生产计划曲线。

此外，从图 5－6 还可以看到，*LAC* 曲线呈现出 U 形的特征。而且，在 *LAC* 曲线的下降段，*LAC* 曲线相切于所有相应的 *SAC* 曲线最低点的左边；在 *LAC* 曲线的上升段，*LAC* 曲线相切于所有相应的 *SAC* 曲线最低点的右边。只有在 *LAC* 曲线的最低点上，*LAC* 曲线才相切于相应的 *SAC* 曲线（图中为 SAC_4 曲线）的最低点。

3. 长期边际成本

长期边际成本 *LMC* 表示厂商在长期内增加一单位产量所引起的最低总的增量。长期边际成本函数可以写为：

$$LMC(Q) = \frac{\Delta LTC(Q)}{\Delta Q} \tag{5-8}$$

或者

$$LMC(Q) = \lim_{\Delta Q \to 0} \frac{\Delta LTC(Q)}{\Delta Q} = \frac{dLTC(Q)}{dQ} \tag{5-9}$$

显然，每一产量水平上的 *LMC* 值都是相应的 *LTC* 曲线的斜率。

长期边际成本是长期中增加每一单位产品所增加的成本。长期边际成本也是随产量的增加先减少而后增加的，因此，长期边际成本曲线也是一条先下降而后上升的 U 形曲线，但它比短期边际成本曲线要平坦很多。

二、长期成本的关系

长期边际成本与长期平均成本的关系和短期边际成本与短期平均成本的关系一样，即在长期平均成本下降时，长期边际成本小于长期平均成本；在长期平均成本上升时，长期边际成本大于长期平均成本；在长期平均成本的最低点，长期边际成本等于长期平均成本。这一点可用图 5－7 来说明。

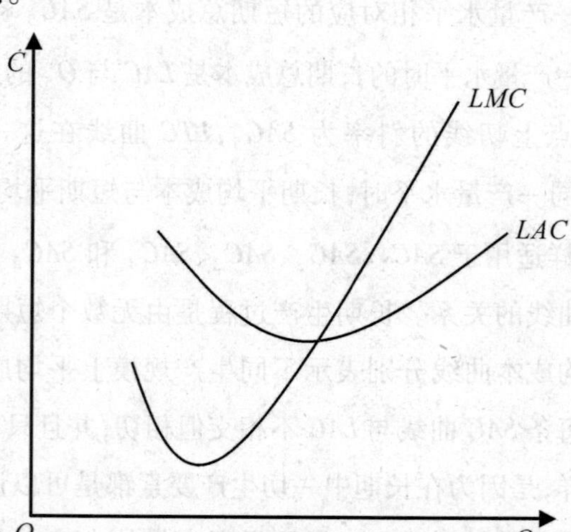

图 5－7　*LMC* 曲线

在图 5－7 中,LMC 为长期边际成本曲线,与长期平均成本曲线 LAC 相交于 LAC 的最低点。在最低点,$LMC = LAC$,即长期边际成本等于长期平均成本;在这一点的左侧,LAC 曲线在 LMC 曲线之上,LAC 一直递减,$LAC > LMC$,即长期边际成本小于长期平均成本;在这一点的右侧,LAC 曲线在 LMC 曲线之下,LAC 一直递增,$LAC < LMC$,也就是长期边际成本大于平均成本。根据成本分析,可以推断出在长期中,按照利润最大化的原则,如果 $LMC > LAC$,对厂商经营有利,可以继续进行经营;否则对厂商不利,厂商就要考虑转变经营方向,或对原有经营方案进行调整。

三、不同行业的长期平均成本

如果考虑到生产要素价格的变动,则各行业长期平均成本变动的特点有所不同。一般可以根据长期平均成本变动的情况把生产行业分为 3 种情况:成本不变、成本递增、成本递减的行业。

1. 成本不变的行业

这种行业中各厂商的长期平均成本不受整个行业产量变化的影响,无论产量如何变化,长期平均成本是基本不变的。这种行业就是成本不变行业。

形成这些行业成本不变的原因主要有两个。第一,这一行业在经济中占的比重很小;也就是说,与其他行业相比,它是非常微小的,这样,它需要的生产要素在全部生产要素中所占比例也很小,从而它的产量的变化不会对生产要素的价格发生影响。因此,这一行业中各企业的长期平均成本就不会由于这一行业产量的变动而变动了。第二,这一行业所使用的生产要素的种类与数量与其他行业成反方向变动。例如,其他行业都在增加对资本的使用,减少对劳动的使用,而这一行业却反其道而行之,减少对资本的使用,增加对劳动的使用。这样,它的产量的变动也就不会引起生产要素价格的变动,从而保持长期平均成本不变。具有成本不变特点的行业并不多见,一般是一些小商品生产或特殊行业。

2. 成本递增的行业

在成本递增的行业中,各个厂商的长期平均成本要随整个行业产量的增加而增加。这种行业在经济中属于普遍的情况。

形成这些行业成本递增的原因是,由于生产要素是有限的,所以整个产业产量的增加就会使生产要素价格上升,从而引起各个企业长期平均成本增加。这种情况在以自然资源为主要生产要素的行业,例如农业、渔业、矿业中更为突出。

3. 成本递减的行业

在成本递减的行业中,各个厂商的长期平均成本要随整个行业产量的增加而减少,这种情况可能是由外部原因引起的,也可能是由内部原因造成的。例如在同一地区建立若干汽车制造厂,各企业就会由于在交通、辅助服务等方面节约而产生成本递减。但这一现象只是在一定时期内存在,长期将无法维持下去。

任务四　商场延长营业时间:收益与利润最大化

任务情境

节假日期间,人们有更多的时间去旅游购物,使商场的收益增加,而平时紧张工作和繁忙家务使人们没有更多时间和精力去购物,就是延时服务也不会有更多的人光顾,因此,商场往往在节假日期间延长营业时间而在平时不延长营业时间。

讨论:节假日期间许多大型商场都延长营业时间,为什么平时不延长?

任务分析

现在我们用边际分析理论来解释这个问题。从理论上说延长时间一小时,就要支付一小时所耗费的成本,这种增加的成本就是我们这一章所学习的边际成本。假如延长一小时增加的成本是 1 万元,那么在延时的一小时里他们由于卖出商品而增加收益大于 1 万,作为一个精明的企业家他还应该再将营业时间在此基础上再延长,因为这时他还有一部分该赚的钱还没赚到手。相反如果他在延长一小时里增加的成本是 1 万,增加的收益是不足 1 万,他在不考虑其他因素情况下就应该取消延时经营的决定,因为他延长一小时成本大于收益。

资料来源:圣才学习网 http://yingyu.100xuexi.com/view/specdata/20120921/2527d2a4 - f6cc - 43a3 - a853 - 5001de3fcd27.html 案例二。

知识精讲

一、收益

厂商的收益就是厂商的销售收入。厂商的收益可以分为总收益、平均收益和边际收益,它们的英文简写分别为 *TR*、*AR* 和 *MR*。

总收益指厂商按一定价格出售一定量产品时所获得的全部收入。以 P 表示既定的市场价格,以 Q 表示销售总量,总收益的定义公式为:

$$TR(Q) = P \cdot Q \tag{5-10}$$

平均收益指厂商在平均每一单位产品销售上所获得的收入。平均收益的定义公式为:

$$AR(Q) = \frac{TR(Q)}{Q} \tag{5-11}$$

边际收益指厂商增加一单位产品销售所获得的总收入的增量。边际收益的定义公式为:

$$MR(Q) = \frac{\Delta TR(Q)}{\Delta Q} \tag{5-12}$$

或者

$$MR(Q) = \lim_{\Delta Q \to 0} \frac{\Delta TR(Q)}{\Delta Q} = \frac{dTR(Q)}{dQ} \tag{5-13}$$

二、利润

利润是总收益与总成本之间的差额。用公式可表示为:

$$\pi(Q) = TR(Q) - TC(Q) \tag{5-14}$$

利润 π、收益 TR、成本 TC 都与厂商的产量或销售量有关,都是产量的函数,随着产量的变化而变动。

厂商从事经济活动的目的是取得最大利润。厂商要想获得利润最大化,必须使得 $\pi(Q)' = 0$,因此有

$$\pi(Q)' = \frac{dTR}{dQ} - \frac{dTC}{dQ} = 0 \tag{5-15}$$

又有

$$MR = \frac{dTR}{dQ}, MC = \frac{dTC}{dQ} \tag{5-16}$$

所以,当 $\pi(Q)' = 0$,有 $MR = MC$,即边际收益等于边际成本,厂商利润最大化的原则是边际成本等于边际收益。

利润最大化原则又叫最大利润规律或 $MR = MC$ 法则,它是指企业只有根据边际收益 MR 等于边际成本 MC 原则来决定产量才能获得最大利润。利润最大化原则的内容是:$MR > MC$,则增加产量;$MR < MC$,则减少产量;$MR = MC$,则产量处于最佳水平。利润最大化原则有两方面的应用价值。①它是厂商最优产量抉择的依据。$MR > MC$,则增加产量;$MR < MC$,则减少产量;$MR = MC$,则产量处于最佳水平。②它是获得最大利润的均衡条件。$MR > MC$ 时,表明厂商每多生产一单位产品所增加的收益大于所增加的成本。这时,企业通过增加产量可以增加利润;$MR < MC$ 时,表明厂商每多生产一单位产品所增加的收益小于所增加的成本。这时,企业通过减少产量可以增加利润;只有当产量满足 $MR = MC$ 时,厂商才不会调整产量,此时厂商实现了利润最大化,总利润才最大。

这个规律具有普遍意义。尤其是在完全竞争下经营的厂商,其产品价格为市场所确定,厂商只是既定价格的接受者,它要解决的只是按市场价格,提供多少数量的产品。生活中做每一件事情,只要比较 MR 与 MC,就能够抉择是否应该继续下去。

知识巩固

一、名词解释

机会成本　显性成本　隐性成本　短期成本　长期成本　利润

二、单选题

1. 某厂商每年从企业的总收入中取出一部分作为自己管理企业的报酬,这部分报酬属于(　　)。

A. 显性成本　B. 隐性成本　C. 经济利润　D. 正常利润

2. 企业购买生产要素所引起的成本为(　　)。

A. 显性成本　B. 隐性成本　C. 固定成本　D. 机会成本

3. 边际成本大于平均成本时,(　　)。

A. 平均成本上升　　B. 平均可变成本可能上升也可能下降

C. 总成本下降　　D. 平均成本下降

4. 假如增加一单位产量所带来的边际成本大于产量增加前的平均可变成本，那么在产量增加后平均可变成本(　　)。

A. 减少　　B. 增加　　C. 不变　　D. 都有可能

5. 已知产量为 99 单位时，总成本等于 995 元；产量增加到 100 单位时，平均成本等于 10 元，由此可知边际成本为(　　)。

A. 10 元　　B. 5 元　　C. 15 元　　D. 7.5 元

6. 短期边际成本曲线与短期平均成本曲线相交之后，(　　)。

A. 边际成本等于平均成本　　B. 边际成本大于平均成本

C. 边际成本小于平均成本　　D. 平均成本最低

7. 随着产量的增加，短期平均成本的变动规律是(　　)。

A. 先减少而后增加　　B. 先增加而后减少

C. 按一固定比率减少　　D. 按一固定比率增加

8. 短期平均成本曲线呈 U 型，是因为(　　)。

A. 外部经济问题　　B. 内部经济问题

C. 边际收益(报酬)问题　　D. 规模收益问题

9. 厂商获取利润最大化的原则是(　　)。

A. 边际收益等于边际成本　　B. 边际收益小于边际成本

C. 边际收益大于边际成本　　D. 无法确定

10. 关于长期平均成本和短期平均成本的关系，以下正确的是(　　)。

A. . 长期平均成本线上的每一点都与短期平均成本线相交

B. 短期平均成本线上的每一点都在长期平均成本线之上

C. 长期平均成本线是短期平均成本线的最低点连线

D. 每一条短期平均成本线的最低点都在长期平均成本曲线之下

三、多选题

1. 下列生产要素的购买中，属于可变成本的是(　　)。

A. 设备、厂房　　B. 工人的工资

C. 原材料、燃料　　D. 管理人员的工资

E. 支付的地租

2. 厂商的长期平均成本曲线呈 U 型，是因为(　　)。

A. 内部经济问题　　B. 外部经济问题

C. 规模收益问题　　D. 边际收益问题

E. 以上都有可能

3. 以下说法正确的是(　　)。

A. MC 大于 AC 时,AC 下降

B. MC 小于 AC 时,AC 下降

C. MC 等于 AC 时,AC 下降

D. MC 等于 AC 时,AC 达到最低点

E MC 等于 AC 时,AC 达到最高点

4. 企业购买生产要素所引起的费用是(　　)。

A. 隐含成本　　B. 显明成本　　C. 变动成本　　D. 经济成本

E. 固定成本

5. 厂商获取最大利润的条件是(　　)。

A. 边际收益大于边际成本的差额为最大

B. 边际收益等于边际成本

C. 价格高于平均成本的差额为最大

D. 价格高于平均变动成本的差额为最大

E. 收益大于成本的差额为最大

四、计算题

1. 假设某产品生产的成本函数为:$TC = Q^3 - 4Q^2 + 10Q + 100$,求固定成本函数、可变成本函数、平均成本函数、边际成本函数。

2. 某企业短期总成本函数 $STC = 1000 + 240Q - 4Q^2 + 1/3Q^3$。求:

(1)当 SMC 达到最小值时的产量是多少?

(2)当 AVC 达到最小值时的产量是多少?

五、简答题

1. 短期边际成本的变动规律是什么?它与短期平均成本的关系如何?

2. 长期平均成本曲线是如何构成的?其特征是什么?

3. 什么是收益和利润?两个有什么关系?

实训项目

请选择一家企业,运用生产函数、成本函数和最优投入组合的概念和分析方法,为企业确定最优生产规模。

假设一位朋友请教你,他应该在学校上多少年学。请用经济学相关原理对其做出分析帮助您朋友决策,并思考上学是否也存在边际效益递减?

项目七　分配理论

知识目标

1. 掌握生产要素价格的含义。

2. 理解以均衡理论为基础的分配理论。

3. 理解洛伦兹曲线和基尼系数的含义。

能力目标

能运用生产要素供求分配理论,分析生产要素的价格决定问题。

开篇案例

××公司的薪酬制度

××机械集团有限公司是目前我国规模最大、装备最好、产销量最多的工程用轮式装载机系列产品的专业生产厂家和主导厂。集团的上市公司——××公司,拥有目前世界先进的生产制造技术,主导产品ZL系列轮式装载机的产品质量、性能均处于国内领先水平。为了巩固竞争优势,保持长足的发展动力,公司高层领导班子意识到企业人力资源在现代企业激烈竞争中的重要地位。因此,近几年,公司在培训人力资源专业队伍和学习、运用现代人力资源管理方法上,做了许多具体工作,以增强××的市场竞争优势,企业的解决方案有如下几点。

一、新分配制度的模式

为了解决现行工资薪酬结构中"活的成分小,单位之间差距小,岗位之间差别小,易岗易薪力度小"等问题,在管理专家的建议下,××决定采取灵活的多元化的工资分配模式(以薪点工资制为主,其他薪酬形式为辅)代替以前的分配模式。通过调整员工的活工资比例,新的分配模式将充分调动公司员工工作的主动性和积极性,使员工的收入与个人劳动成果以及公司经济效益更加紧密地结合起来。同时,这种新模式还将侧重于把优厚的待遇向有贡献的人员倾斜,建立有效的公司内部工资薪酬激励约束机制,实现"奖勤罚懒,按劳取酬"的按劳分配目标。

二、新工资制度的模式

新的工资模式是××薪酬制度改革的中心内容和最终目标。这些模式主要包括薪点工资制和特区工资制,特区工资制还可以细分成年薪制、谈判工资制、佣金制、产品技术奖励制、项目比例提奖制、高学历奖励制等六种。

为了吸引和留住优秀人才,公司每年以年工资总额的10%设立特区人才谈判工资。实行谈判工资的人员为公司总人数的1%~3%，主要是生产、管理、技术、销售方面的精英和公司急需的专业人才。工资水平由双方根据人才市场供求关系、最新劳动力市场价格情况、同行业工资水平、个人工作业绩、个人工作能力等因素协商确定。谈判工资的年工资总额固定的部分按月平均发放，其他部分经量化考核后发放。进入特区人才的试用期为3－6个月，实施动态管理，按年度考核，有进有出。

三、业绩考核

通过岗位评测，公司形成了一套相对固定的岗位工资标准，与之相匹配，还需要制定业绩考核的标准。业绩考核是反映员工当月工作绩效的直接依据，由企业管理部门和员工所在的部门负责实施。岗位业绩工资依据其评价结果进行计算，考核公式如下：

$$Z = B \times G \times N_1 \times N_2 \times N_3$$

公式中：

Z——员工岗位业绩工资；

B——员工岗位业绩工资薪点数；

G——当年薪点点值；

N_1——公司当月效益系数（生产部门以当月完成的生产任务量为依据确定系数；职能管理部门以当月完成的销售任务为依据确定系数。由公司企业管理部门操作。）；

N_2——单位（部门）综合考核分数（以各单位的工作任务、完成质量、经济指标、服务态度和协作精神为依据确定系数。由企业管理部门操作。）；

N_3——个人综合考核分数（以员工当月完成工作的任务、质量、态度和协作精神为依据确定系数。由员工所在部门操作。）。

四、新薪酬制度的效果

新薪酬制度的试行，使员工的责任心明显增强，××的全员劳动生产率得到提高。以股份公司（按增加值）为例，××全员劳动生产率1999年1~6月累计25 659元/人，2000年1~6月累计36 851元/人，同比增长43.6%，在激烈的市场竞争中给企业带来了显著的成效。2000年上半年，股份公司实现工业总产值（1990年价）2.4亿元，工业增加值1.1亿元，销售收入3.69亿元，实现利润约1200万元，主要产品销量1470台，继续保持了行业排头兵的地位。

资料来源：http://www.sina.com.cn 2003/04/25 17:36 中人网。

任务一　明星的高收入：生产要素的需求与供给

任务介绍

无论在国外还是国内，影视和体育明星们的收入都是天文数字。在美国，像泰格尔·伍兹和朱利娅·罗伯茨这样的大牌明星年收入达几千万美元并不奇怪。在国内，名气冲天的大腕们的年收入也不下几百万元。人们对明星有一种矛盾的心态。一方面,看着他们开着保时捷跑车飞驰而过时,心里颇不平衡;另一方面,又不惜用高价弄到一张票去看他们的演出。

明星们的这种高收入合理不合理,或者用经济学的语言说,他们的这种收入公平不公平,有没有效率呢?

在市场经济中,生产要素所有者是根据他们在生产中做出的贡献来得到收入的。这就是按贡献进行分配。对这个原则,反对者不多,问题在于如何衡量各个生产要素所有者在生产中的贡献。社会的最终产品和劳务往往是许多人共同协作努力的结果,要真正衡量出个人在生产中的贡献实际上极为困难,在更多情况下甚至是不可能的。这正如我们过去讲按劳分配,实际上劳也是无法衡量的。并不能认为按劳分配就必定合理。

要按贡献进行分配,必须有一种客观标准衡量贡献。贡献难以直接衡量,但有一个间接衡量标准,这就是生产要素的价格。某种生产要素价格高说明它在生产中做出的贡献大,反之,亦反之。生产要素的价格也与其他物品的价格一样是由其供求关系决定的。所以,市场经济中,每种生产要素所有者得到的收入就是供求关系决定的该生产要素价格,以及提供的生产要素数量来决定,在市场经济中,用这种方法决定的收入分配就是合理的,而且,我们现在也找不出其他更好的方法来代替这种方法。

明星的高收入是由供求关系决定的。社会对明星的需求量是极大的,这种需求来自公众和企业。公众希望看到高水平的体育或影视表演,看伍兹打高尔夫球,欣赏朱利娅·罗伯茨的电影,无疑是一种极大的享受。公众作为需求者对明星的高需求表现为他们愿意为得到这种享受而出高价。企业希望这些公众影响力大的明星为它们做广告,因为这样会扩大它们产品的销路,带来滚滚利润。它们愿意为明星付高价是因为它们觉得值,即由此得到的收益大于所付出的成本。在市场经济中,没有人强迫公众花高价欣赏明星的表演,也没有人强迫企业高价请明星做广告。明星收取高价是公众和企业自愿给的,没有什么不合理之处。

明星能收取高价的更重要原因在于供给极少。一个人能成为明星首先在于天赋。如果人人通过勤奋努力都能成为明星,明星就不值钱了。能成为明星者,一定是极富天才、极努力,又极幸运的极少数人。在任何社会内,这种天才明星都是极少的。明星是一种垄断性极高的稀缺资源。这决定了它可以像任何这类资源(如钻石)一样卖高价。

明星这种生产要素的高价格和高收入是由其供求关系决定的。在这种要素供给极为短缺时,决定明星价格的主要因素还是公众和企业的支付愿望与支付能力。一种生产要素的价格(或这种要素所有者的收入)是否合理取决于它的决定机制。如果这种高收入由政府人为决定,无论多少都不合理(如政府给钱让北大、清华教授增加工资就不合理);如果这种高收入是市场决定的,无论多少都合理。这是我们判断一种收入是否合理的标准。

明星的高收入公正吗?公正是平等的竞争过程的参与权。如果每一个想成为明星的人都可以从事演艺业,并参与和其他做明星梦的人的竞争,结果只有极少数人成了高收入明星,就没什么不公正的。如果社会用种种手段限制人们进入演艺业,做明星梦的人之间没有平等竞争权,才会不公正。市场经济中明星们是竞争出来的,他们成功了,这就实现了公正。

明星的高收入有利于效率吗?作为一种激励制度,明星的高收入的确刺激了演艺业的效率。演艺业的效率就是充分利用资源,为社会提供更好更多的演出。高收入引起高效率的原因在于以下几点。第一,使更多的人渴望成为明星,其中必有少数成功者,明星的增加会使演艺事业繁荣;第二,明星受高收入的激励,到处去表演,这就给公众带来更多享受,给企业带来更多收入;第三,在竞争中,不断产生高水平的明星,明星的演艺水平不断提高,这些都繁荣了演艺事业。这就是效率的提高。

明星的高收入对社会也是有利的。他们不仅给人们带来更多更高的艺术享受,而且还会拉动经济增长。一场精彩的体育表演或电影会给多少人带来就业机会?又会拉动相关部门的多大增长?演艺业的活动被称为娱乐经济,它的产值已成为 GDP 的重要一部分。没有明星,有娱乐经济的繁荣吗?明星们得到了高收入,也为社会做出了贡献,有什么不合理的?

知识引入

一、生产要素的需求与供给

(一)分配理论的概述

分配理论所探讨的是生产要素所有者取得收入的过程。由于生产要素所有者取得的收入取决于生产要素的价格,因此,收入分配理论实际上是在讨论生产要素的价格决定。

生产要素(Factors of Production),指进行社会生产经营活动时所需要的各种社会资源,是维系国民经济运行及市场主体生产经营过程中所必须具备的基本因素。生产要素,是经济学中的一个基本范畴。现代西方经济学认为生产要素包括劳动力、土地、资本、企业家四种,随着科技的发展和知识产权制度的建立,技术、信息也作为相对独立的要素投入生产。这些生产要素进行市场交换,形成各种各样的生产要素价格及其体系。

(二)生产要素的需求

生产要素的需求来自厂商,厂商购买生产要素不是为了满足自己的消费需要,而是满足生产需要,即最终生产出满足消费需要的商品和服务。正因如此,最终消费需求也就决定了生产要素的需求。或者说,对生产要素的需求是由对消费品的需求派生出来的,因而是一种“派生需求”,如果消费者对某种产品需求增加,则厂商对生产该产品的生产要素的需求也会增加,反之则然。同时,假定其他因素不变,生产要素的需求弹性也取决于用这种要素所生产的商品的需求弹性。如果所生产的商品需求弹性较大,则此生产要素的需求弹性也较大。

要素需求不仅是一种派生需求,也是一种“联合需求”。假定生产一种产品需要至少两种以上要素,那么,各种生产要素之间就存在互相替代或补充的关系。因此,厂商对某一生产要素的需求,不仅取决于该要素的价格,也同时取决于其他要素价格的影响。

生产要素的需求曲线与产品市场的需求一样,也具有向右下方倾斜的特征如图 7-1。这一特征可由边际生产力理论得到解释。

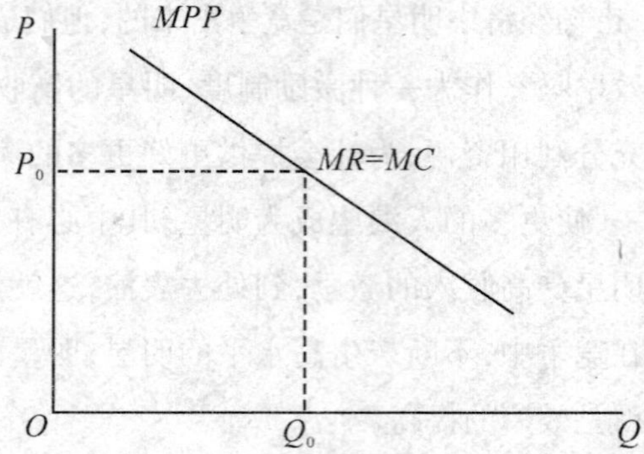

图 7-1　生产要素的需求曲线

1. 完全竞争市场上厂商生产要素的需求

完全竞争厂商的生产要素需求量取决于要素的边际收益与边际成本,为了实现利润最大化,他必须使购买最后一单位生产要素所支出的边际成本与其所带来的边际收益相等。在完全竞争市场上,边际收益等于平均收益,等于价格。因此,厂商对生产要素的需求就是要实现边际收益、边际成本与价格相等,即

$$MR = MC = P$$

在完全竞争市场上,对一家厂商来说,价格是不变的。所以,厂商对生产要素的需求取决于生产要素的边际收益。

生产要素的边际收益取决于该要素的边际生产力。美国经济学家克拉克的边际生产力理论是边际分析法在分配理论中的应用,所谓边际生产力,从实物形态上说是在其他条件不变的情况下,增加一单位某种生产要素所增加的实物产量,称边际物质产品。从价值形态上说,就是在其他条件不变时,每增加一单位某生产要素所增加的产值,称为边际产值,每增加一单位生产要素所增加的收入,称边际生产收入。如图 7-1 所示,横轴表示生产要素的需求量,纵轴表示生产要素的价格,MPP 表示边际物质产品曲线,即向右下方倾斜的边际生产力曲线,也是生产要素的需求曲线,当生产要素的价格为 P_O,需求量为 Q_O 时,使用的生产要素量可以实现,则 $MR = MC$,如果生产要素价格高,则 $MR < MC$,从而减少生产要素的需求量;如果生产要素价格低,则 $MR > MC$,从而增加生产要素的需求量。

整个行业的生产要素需求是各个企业的需求之和,也是一条向右下方倾斜的线。

2. 不完全竞争市场上厂商生产要素的需求

在不完全竞争条件下,单个厂商具有控制市场的力量,其所面临的是一条向右下方倾斜的需求曲线。这时,厂商要出售增加的产品,其价格必须低于以前单位产品价格,因此,售出每一追加单位产出所获得的边际收益就会降低,这就使得不完全竞争厂商的边际收益曲线

与完全竞争厂商边际收益曲线不尽相同。尽管两条曲线都是向右下方倾斜,但两条曲线下降的原因不同,在完全竞争条件下,生产要素的边际生产力递减而下降;而在不完全竞争条件下,边际收益曲线除了取决于生产要素的边际生产力,还取决于价格水平。因此,不完全竞争市场上厂商的边际收益曲线要比完全竞争厂商的边际收益曲线更加陡峭一些。一般而言,同一价格时完全竞争市场上的生产要素需求量大于不完全竞争市场。

不完全竞争市场上厂商生产要素的需求量仍决定于 $MR = MC$。

(二)生产要素的供给

生产要素根据其有无生产成本分为两类。如果某种生产要素是有厂商生产出来的,如机器、设备、原料、厂房等资本品,其供给价格和供给量主要与生产和再生产该生产要素的成本有关;如果生产要素不是厂商生产的,如土地、劳动、货币资本等,其供给价格和供给量则主要由该生产要素在某一时期的存量、供给者的偏好、该要素的机会成本等因素决定。

1、土地的供给

经济学上的土地,泛指一切自然资源,其特点被描述为"原始的和不可毁灭的"。说它是原始的,因为它一般不能生产出来,说它不可毁灭,因为它在数量上不会减少。因而,一般都认为土地的供给是固定不变的,供给曲线是一条垂直的直线,如图 7-2 所示,横轴表示土地的数量 N,纵轴表示地租 R,垂直的直线 S 是土地的供给曲线。

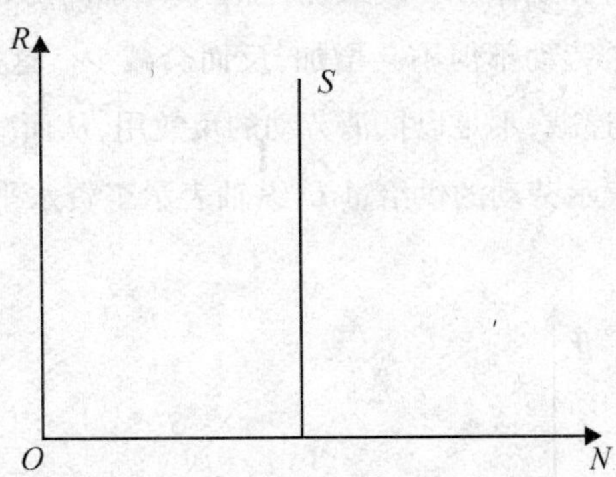

图 7-2 土地的供给曲线

2. 资本的供给

资本分为资本品和货币资本。资本作为生产要素,其本身又是产出,即生产过程的产物,它包括机器、设备、原材料等。资本品的供给曲线与一般最终产品的供给曲线一样,是向右上倾斜的,它取决于资本品的生产成本。货币资本不是生产出来的,其供给主要取决于借贷资本的供给,也就是取决于与一定利息率相关的储蓄的大小。在利息率一定时,收入越高,储蓄就越多;在收入一定时,利息率越高,一定收入中用于储蓄的部分也就越多,储蓄越多就意味着货币资本的供给越多。把借贷资本的供给量看作是利息率的函数,利息率越高,意味着持有货币的机会成本越高,要使用货币资本就要向其所有者支付更高的报酬。因此,货币资本的供给曲线同资本品的供给曲线一样,是向右上倾斜的。

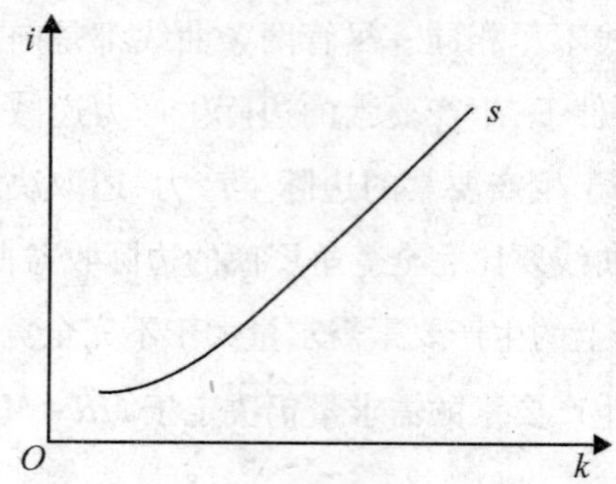

图 7-3　资本的供给曲线

如图 7-3 所示，横轴表示资本的数量 K，纵轴表示利息率 i，向右上方倾斜的曲线 S 就是资本的供给 。

3. 劳动的供给

劳动的供给主要取决于劳动的成本，劳动的成本包括：一为实际成本，即维持劳动者及其家属生活必需的生活资料的费用，以及培养教育劳动者的费用；二为心理成本，劳动是以牺牲闲暇的享受为代价的，劳动会给劳动者心理带来负效用，补偿劳动者这种心理负效用的费用就是劳动的心理成本。

劳动的供给有自己的特殊规律。一般来说，当工资增加时劳动会增加，但工资增加到一定程度后，如果再持续增加，劳动不但不会增加，反而会减少。这是因为货币工资增加到一定程度后，货币的边际效用递减，不足以抵消劳动的负效用，从而减少劳动。

如图 7-4 所示，横轴表示劳动的供给量 L，纵轴表示工资水平 W，向后弯曲的曲线 S 就是劳动的供给曲线。

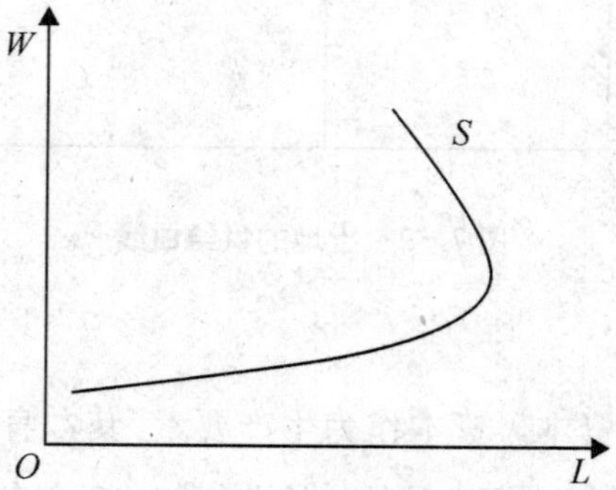

图 7-4　劳动的供给曲线

但也有一些西方经济学家认为，从短期看，劳动供给曲线会向后弯曲，但从长期看，由于青年人逐渐加入劳动者行列，以及较低工资的工人总是愿意调整职业，用同样的劳动时间得到更高的工资。所以劳动的市场供给曲线是向右上方倾斜的，向后弯曲的劳动供给曲线只适用于高度发达和高度富裕国家。在低收入工人占多数的国家是不会出现向后弯曲的劳动供给曲线的。

三、生产要素价格的决定

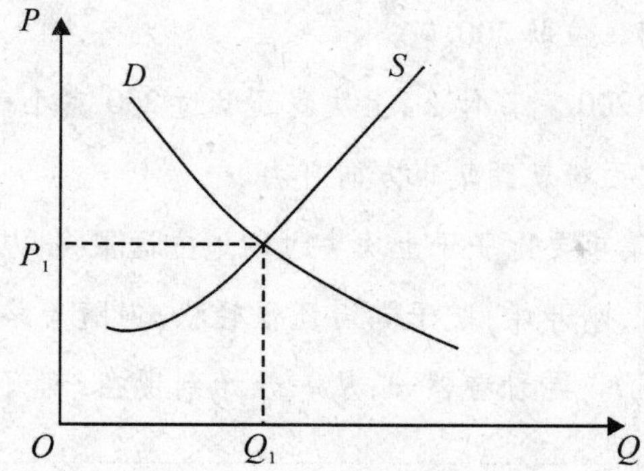

图 7－5　生产要素价格的决定

生产要素的价格与物品的价格一样，在完全竞争市场上是由生产要素的供求所决定的。根据以上对生产要素供求的分析，一般而言，生产要素的需求曲线向右下倾斜，供给曲线向上方倾斜，这样就可以用图 7－5 说明生产要素价格的决定。

在图 7－5 中，生产要素的需求曲线 D 与供给曲线 S 相交，决定了生产要素的价格为 P_1，数量为 Q_1。这与物品价格和数量的决定完全一样。但各种生产要素有不同的需求与供给特征，也有不同的市场结构。因此，各种生产要素价格与收入的决定亦有不同。

任务二　收入的来源：工资、利息、地租和利润的决定

任务介绍

骡子和驴子的故事

有一位农民，养了一头驴子和一头骡子。驴子身材矮小，虽然不像骡子那样身强体壮，但它却生性乖巧，干活非常踏实，尤其拉起磨来勤勤恳恳，就是让它整天整夜地干，也没有半句怨言；骡子长得又高又大，身强力壮，干起活来好像总有使不完的力气，对拉磨、耕地这种活计就根本不放在眼里。

在平时，它们都干一样的活，驴子拉磨，骡子也拉磨。由于磨房比较狭窄，骡子的力气也施展不出来，他们磨出的面粉也差不多。

但是吃起饲料来，骡子吃的却比驴子要多很多。

驴子觉得很不服气。于是，驴子决定去找主人论理："主人啊，你看我和骡子干一样的活，为什么它吃的就要比我多呢？"

主人笑着说："驴子，你说得很对，骡子吃的是比你多，但你想过没有，有的时候骡子干起活来你是比不了它的。"

驴子很不理解，为什么主人这么袒护骡子呢？它怎么就没发现骡子在什么地方干的比它强呢？

有一天,主人把驴子和骡子叫到一起,告诉它们:“伙计们,今天我们要将前几天磨好的面粉驮到集市上去卖,你们每位驮200克。”

驴子听了,不屑地说:“200克算什么,上次我还驮过250克小麦呢!”

骡子也二话没说,驮起面粉就朝集市方向赶去。

原来它们今天要去的集市要比驴子上次去过的地方远很多,从天不亮出发,它们先越过两座大山,又淌过一条大河,刚开始,驴子觉得还很轻松,但随着路途不断地加长,驴子觉得自己背上的面粉越来越重了。再看看骡子,从一开始到现在,都好像很轻松,嘴里还时不时地哼上两首小曲。

面对眼前又一座大山的时候,已经汗流浃背、气喘嘘嘘的驴子终于累倒了,再也爬不起来了。看着驴子的可怜样儿,骡子二话没说,从驴子背上取下面粉放在自己的背上。甚至还半开玩笑地对驴子说:“小兄弟,走吧。”看着骡子坚定的步伐,驴子终于知道了为什么骡子平时吃的比自己吃得多了。

知识引入

一、工资理论

工资(time wage)是在一定期间内,给予提供劳动的劳动者的报酬,也是劳动这种生产要素的价格。

根据报酬的性质,工资可以分为狭义的工资和广义的工资。狭义的工资,仅指雇佣劳动者的报酬。广义的工资,包括雇佣劳动者和独立劳动者的一切劳心、劳力的报酬,以及除货币工资以外所享受到的一些货币和非货币利益。

根据支付的方法,工资可以分为计时工资和计件工资。计时工资是按照劳动时间计算的,有日薪、周薪、月薪、年薪等。计件工资则使按照完成工作的数量计算的。

根据工资的形式,又可分为货币工资和实际工资。货币工资以货币数量表示,又叫名义工资。实际工资则是按照工资能够购买的实物价值计算的。

在某些发达国家,工资收入占国民收入(GDP)的2/3以上,构成GDP的主要部分,也是生产成本的主要部分。因此,工资理论是研究分配理论的首要课题。

在完全竞争市场上,劳动的需求取决于劳动的边际生产力,由于劳动的边际生产力是递减的,所以劳动的需求曲线是向右下方倾斜的,表明劳动的需求量与工资水平呈反方向变动。而劳动的供给曲线已经介绍过了,是向后弯曲的。将劳动的需求曲线和劳动的供给曲线结合起来,即可得到均衡的工资水平及均衡的劳动数量。

如图7-6所示,劳动的需求曲线D和劳动的供给曲线S相交于E点,决定了均衡的工资水平位W_0,均衡的劳动数量为L_0。劳动的供给任何一个变化都会使均衡工资水平发生变化,工资水平的升降也可以调节劳动市场的供求,使劳动的供求实现平衡。

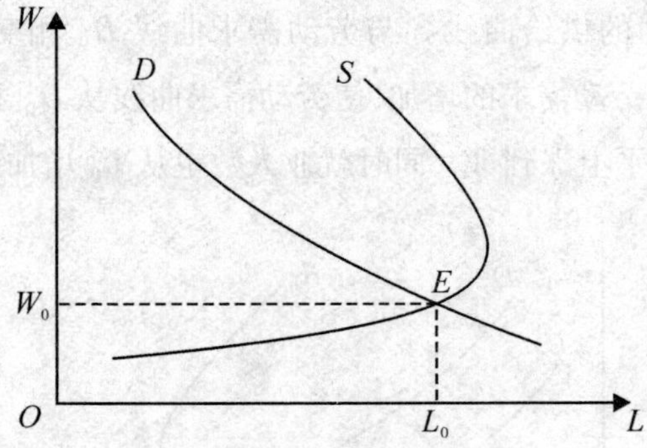

图7-6 工资的决定

不完全竞争市场有两种情况:一种是买方垄断市场,劳动的供给是由众多相互竞争的劳动者提供的劳动所形成,而购买劳动的厂商只有一家,即对劳动的需求是垄断购买的情况;另一种是卖方垄断市场,对劳动的需求是由众多相互竞争的厂商购买形成的,而劳动者却由工会组织在一起,成为生产要素市场的卖方垄断者。在这种不完全竞争的劳动市场上,工会对工资的决定通常起着重大的作用,这里重点介绍一下工会在工资决定中的作用。

工人通过工会组织在一起,集体出售他们的劳动。工会组织会尽量采取措施以提高工人的工资,具体方法有以下几点。

第一,减少劳动的供给。限制移民、学徒期限延长、种族和性别的限制、拒绝接纳新会员加入工会或不让非工会会员参加工作,这些都是曾经使用过的限制劳动供给的方法。在需求不变的情况下,通过减少劳动的供给,可以提高工资,但会使就业人数减少。

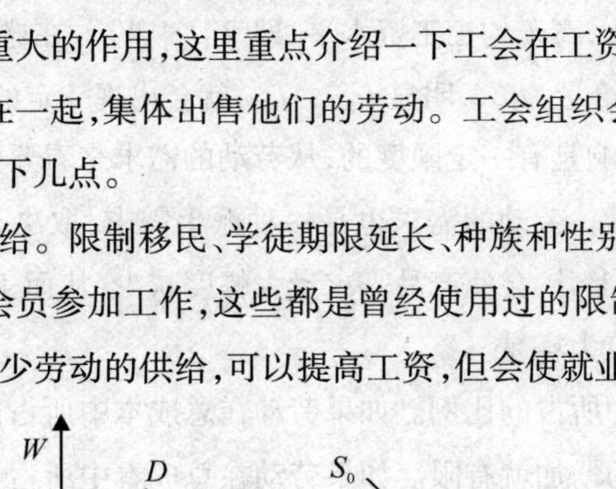

图7-7 减少劳动供给提高工资

如图7-7所示,劳动的需求曲线 D 和原来的劳动供给曲线 S_0 的交点 E_0 决定的工资水平位 W_0,就业人数为 L_0。由于劳动供给的减少,供给曲线从 S_0 左移到 S_1,其与需求曲线 D 的交点 E_1,决定了工资水平上涨到 W_1,而就业人数相应地却从 L_0 减少到 L_1。

第二,增加劳动的需求。通过支持保护关税、广告竞争等方法,增加对厂商产品的需求,以提高对劳动的需求。在供给不变的情况下,通过增加对劳动的需求的方法,可以提高工资,同时还可以增加就业人数。

如图 7－8 所示，劳动的供给曲线 S 与劳动需求曲线 D_0 相交于 E_0，决定了工资水平 W_0，就业人数为 L_0。由于劳动需求的增加，使劳动需求曲线从 D_0 右移到 D_1，它与供给曲线相交于 E_1，决定了工资水平上涨到 W_1，同时就业人数也从 L_0 增加到了 L_1。

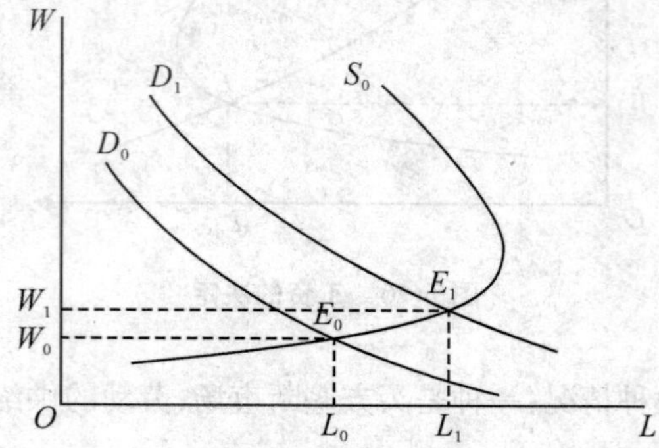

图 7－8　增加劳动需求提高工资

第三，降低工资法。工会迫使政府通过立法规定最低工资水平为 W_0，就业人数为 L_0。而规定的最低工资水平 W_1，高于均衡工资水平，即 $W_1 > W_0$。在这高水平的工资上，劳动的需求量为 L_D，而劳动的供给量为 L_S，明显 $L_S > L_D$，就会出现一定的失业人口。

工会对工资决定的影响是有一定限度的，从劳动的需求来看要受到三种因素的影响。

第一，产品的需求弹性。劳动的需求也是一种派生需求，取决于对产品的需求弹性大，则工资增加引起产品价格上升，会使产品需求量大幅度减少，从而工资无法增加。如果产品需求弹性小，则工资增加较为容易。

第二，劳动在总成本中所占的比例。如果劳动在总成本中所占的比例大，则工资增加引起总成本增加较多，工资的增加就有限。如果劳动在总成本中所占比例小，工资增加对总成本影响不大，则工资增加较易。

第三，劳动的可替代性。如果劳动不易被其他生产要素代替，则提高工资容易。如果劳动可以轻易地被其他生产要素代替，则工资提高就有限。

从劳动的供给来看，也要受到以下三种因素的影响。

第一，工会所控制的工人的多少。如果控制的工人多，工会力量强大，则易于增加工资；这就是说，工会的垄断程度越高，要求增加工资的力量越大。

第二，工人的流动性大小。如工人流动性大，某一行业或地区可以从其他来源得到工人，则难于增加工资；反之，则容易增加工资。

第三，工会基金的多少。如果工会保证罢工期间工人生活的基金多，提高工资较容易一些；反之，提高工资较难一些。

工会提高工资的斗争能否成功在很大程度上还要取决于整个经济形势的好坏，劳资双方的力量对比，政府干预的程度与倾向性，工会的斗争方式与艺术，社会对工会的同情和支持程度，等等。工会只有善于利用各方面的有利条件，才能在争取提高工资的斗争中取得胜利。从西方国家历史与现实来看,工会在维护工人权益方面还是起了重要的作用。

工会在决定工资中有一定作用,在现实生活中,不同的人工资收入差别很大,这是由劳动力的供给与需求决定的。在人才市场和劳动力市场上,一些有一技之长的人才供不应求,工资必然高;相反,没有一技之长的人才供过于求,工资必然低,因此工资的决定主要是由供求关系决定的。

二、利息理论

利息(Interest)是资本的价格。在西方经济学中,使用货币资本的价格称为利息,也就是货币资本使用者向资本提供者支付的报酬。它是一个绝对量的概念。在经济分析中,通常使用的是利息率的概念,简称利率,指利息占使用资本总量的百分比。

为什么资本可以带来利息?经济学家用以下理由说明了利息的合理性。

消费的时间偏好。人们往往有一种时间偏好,即在现期消费和未来消费中,人们偏好于现期消费。由于对未来的难以预测,人们认为,现在多增加一个单位消费所带来的边际效用要大于将来多增加这一单位消费所带来的边际效用。例如,现在购买一辆汽车和几年以后购买同一辆汽车给消费者带来的效用是不一样的,消费者会认为几年以后拥有汽车的人会很多,不如现在给他带来的满足程度大。所以,很多人总是喜爱现期消费,因此对于放弃现期消费把货币作为资本的人理应得到利息作为报酬。

三、地租理论

马克思主义认为,地租是土地使用者由于使用土地而缴给土地所有者的超过平均利润以上的那部分剩余价值。地租是土地所有者凭借土地所有权从土地使用者那里获得的报酬。

在某些场合下,西方经济学把地租定义为物主将其所有的土地、房屋或任何财产租给他人使用所获得的报酬,并不一定专指出租土地而获得的租金。按照这个定义,把地租分为契约地租和经济地租两类。契约地租又称商业地租,是指物主将土地或其他财物出租给承租者,承租者按租赁契约支付给物主之租金。经济地租又称理论地租,有广义和狭义之分。广义上讲,经济地租是指人们使用任何生产要素所获得的超额利润。狭义上讲,经济地租是指人们利用土地所获的超额利润,即土地总收益扣除总成本的剩余部分。一般所谓地租,是针对狭义地租而言的。

地租产生的原因,是不同土地生产的商品在数量上或质量上存在差异。下面分两种情况介绍。

(一)产量差异导致地租产生

古典经济学家李嘉图、穆勒等认为地租产生的原因是不同土地生产商品产量的差异。假设肥沃土地、贫瘠土地上生产的都是小麦,且肥沃土地、贫瘠土地生产的小麦品质一样。肥沃的土地小麦产量高,为1000千克/亩,贫瘠的土地小麦产量低,为500千克/亩。肥沃土地、贫瘠土地生产小麦的成本都是500元/亩。小麦价格由贫瘠土地生产成本决定,为1元/千克。从而,肥沃土地生产小麦的收入为1000元/亩,贫瘠土地生产小麦的成本为500元/亩,从而,肥沃土地将产生利润为:1000元/亩 - 500元/亩 = 500元/亩,这500元将变成肥沃土地的地租。

(二)质量差异产生地租

现代经济学家汪林海等扩展了古典地租理论,认为不同土地生产商品的质量差异也会产生地租。假设肥沃土地、贫瘠土地上生产的都是甘蔗,且肥沃土地、贫瘠土地生产的甘蔗产量一样,都为1万株甘蔗/亩。肥沃土地生产的甘蔗品质高,贫瘠土地生产的甘蔗品质低,肥沃土地甘蔗的价格是贫瘠土地甘蔗的1.5倍。肥沃土地、贫瘠土地生产甘蔗的成本都是1万元/亩。贫瘠土地甘蔗价格由贫瘠土地生产成本决定,为1元/株,从而肥沃土地甘蔗的价格为1.5元/株。从而,肥沃土地生产小麦的收入为1.5万元/亩,肥沃土地生产小麦的成本为1万元/亩,从而,肥沃土地将产生利润为:1.5万元/亩 -1万元/亩 =0.5万元/亩,这0.5万元/亩将变为肥沃土地的地租。

城市中地租的产生,主要是土地上商品质量(品质)差异造成的。城市中好地段、差地段生产住房的数量不一定有差异,但好地段住房品质高,价格高,差地段住房品质差,价格低,好地段住房价格与差地段住房价格的差异,就导致好地段有更高的地租。

四、利润理论

西方经济学家认为,利润是在总收入扣除厂商的实际成本和隐含成本以后给予企业家的一项剩余。英国经济学家马歇尔第一个认为,企业家才能也是一种生产要素,应该得到这项剩余。由于企业家的功能是多方面的,因此关于利润的来源,有以下几种说法。

第一,利润是协调生产的报酬。企业家按照最优生产要素组合原则组织生产,才能获得最大利润。因此,组织协调工作的好坏,对利润大小有重要影响,"企业家才能"理应获得利润。

第二,承担风险的报酬。企业家的工作常常具有风险和不确定性结果,如新项目的投产,新市场的开拓等。风险活动意味着存在失败的可能,如果没有相应的补偿机制,就没有人敢冒风险。因此,利润就是一种风险报酬。

第三,利润是创新的报酬。按照熊彼特的观点,创新是企业家对生产要素的重新组合,包括新产品、新技术、新市场、新材料、新工艺或发明的开发与应用。企业家的创新活动打破了旧的经济均衡,使厂商获得了超出正常收益之上的收益,因此,这部分剩余就是企业家才能的报酬。

第四,利润是垄断收益。在不完全竞争条件下,厂商的产品具有一定垄断性,超出完全竞争条件下正常收益以上的部分,就是垄断收益或垄断利润。

以上我们分析了利润的来源。但是,利润的产生也有一个市场均衡过程。市场均衡时的利润,称为正常利润,它是厂商长期均衡时企业家所希望得到的报酬,因而可以看成是生产成本的一部分。这是因为,假定所有企业家的能力相同,要他们留在一个行业中,就必须都获得正常利润,否则,企业家将转移到其他行业去。同时,如果一个行业出现超过正常利润的利润,新厂商和企业家必然进入直到超额利润消失为止。

知识链接

薪酬的起源与含义

"薪酬"一词所对应的英文单词有多个,我们通常见到的表达有:wage,salary 和 compensation。其中 compensation 是最近也是最广泛使用的词汇。从字面理解,薪酬的意思是平衡、补偿、回报的意思。它暗含着交换的意思。不同的国家对薪酬可能有不同的表达方法,但是其基本意思大体相同——所谓薪酬,指的是劳动者根据劳动所获得的收入。

在经济学的所有论著中,一般对于不同形式的薪酬都统一用"工资(wage)"一词概括。在经济学的历史中,对工资问题的研究由来已久。在经济学中第一个用"工资"这个概念的人恐怕是 17 世纪的英国经济学家威廉·配第。在长达 200 多年的历史中,产生了诸如威廉·配第、魁奈的最低工资理论、生存工资理论;亚当·斯密的工资差别理论;穆勒的工资基金理论;马歇尔、克拉克的边际生产力理论、均衡价格工资论;克拉克、多布和皮古的谈判工资理论、集体谈判的希克斯模型;舒尔茨的人力资本理论;威茨曼、马丁的分享经济论和效率工资理论等著名的工资理论。其中许多理论至今仍对薪酬管理实践产生着重要的影响。

根据孙剑平先生的看法,真正从管理学的角度对企业的薪酬制度设计进行研究,始于 1911 年美国管理之父泰勒对薪酬问题的研究。他令人信服地证明了,企业薪酬管理是可以作为科学研究对象的,并注意到了薪酬(尽管仅仅认识到金钱)的激励作用。同时实际分析了怎样发挥金钱的激励作用——运用工作分析和工作评价的方法,探讨理性的薪酬制度的建立。(孙剑平,1999)

国际劳工组织在《1949 年保护工资条约》中对"工资"范畴做出了界定,"'工资'一词系指不论名称或计算方式如何,由一位雇主对一位被雇佣者,为其完成和将要完成的工作或已提供或将要提供的服务,可以货币结算并由共同协议或国家法律或条例予以确定,而凭书面或口头雇佣合同支付的报酬或收入。"

任务三　中国经济分配的不合理:洛伦兹曲线和基尼系数

任务介绍

中国官方10年来首次公布2003至2012年基尼系数

http://www.youth.cn　2013-01-19 05:28:00　中国青年网

2003年-2012年中国基尼系数

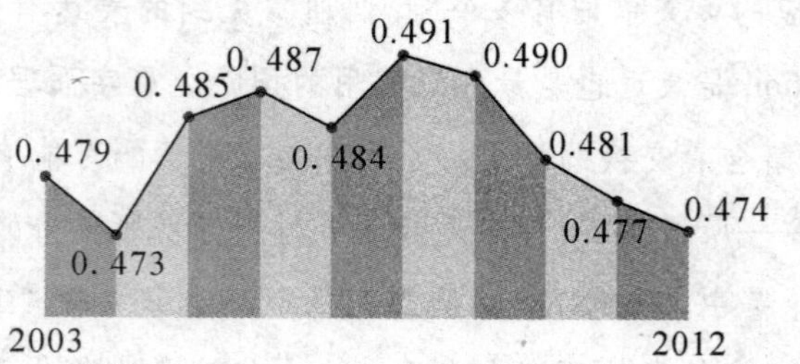

新京报讯(记者蒋彦鑫)国家统计局昨日在发布会上,首次公布了10年来中国的基尼系数。2012年中国的基尼系数为0.474,这一数据“反映出收入差距还是比较大”。

自2008年起逐年回落

这也是统计局首次公布这10年中国的基尼系数。

基尼系数是用于衡量居民收入差距的常用指标,数值越大,说明收入差距越大。按照国际一般标准,0.4以上表示收入差距较大。

公布的数据显示,除2004年出现下降外,从2003年开始,中国的基尼系数一路走高,在2008年达到最高点,此后中国的基尼系数开始逐年下降。2012年中国的基尼系数为0.474。根据世界银行的数据,2010年全球基尼系数平均为0.44。

昨日,在发布会上,国家统计局有关负责人表示,数据说明了加快收入分配改革、缩小收入差距的紧迫性,“因为0.47到0.49之间的基尼系数不算低。”在答记者问环节,马建堂再次表示,“0.49-0.47的基尼系数,反映出收入差距还是比较大。”

国家统计局有关负责人也指出,从2008年金融危机以后,随着各级政府采取了惠民生的若干强有力的措施,中国的基尼系数逐步有所回落。

行业间差距超4倍

马建堂表示,“城乡差距大概有3倍。按照城镇工资统计,高收入行业和低收入行业大概有4倍以上的差距。按照我提供给大家的数据,大家可以算出来,居民收入五等份的收入差距还是不算小。”

同时,国家统计局有关负责人强调说,要科学地、客观地、理性地分析中国的收入差距。只有这样,才能制定出科学的、理性的收入分配改革方案。

与民间统计差距大

此前，西南财经大学公布的一份中国家庭金融调查结果显示，2010年中国家庭的基尼系数为0.61。

对于数据为何存在差异，无论官方统计还是民间调查，都需要建立科学的统计制度，规范的抽样方法，适量的、妥当的样本数目，以及严谨的发布态度。

世界银行计算的中国居民收入基尼系数与统计局的数据接近，后者数据还略高一些。他举例说，世界银行测算的中国基尼系数2008年是0.474。而昨日国家统计局公布的中国2008年基尼系数为0.491。

现场

数据公布准备了两年

据《瞭望东方周刊》报道，统计局曾于2000年公布中国基尼系数为0.412，之后未见官方数据发布。

昨日国家统计局有关负责人表示，"经过近两年的准备，中国对原有的城乡分开的住户调查制度进行了重大改革，从去年12月1日开始，全国40万户居民已经按照全国统一的城乡可比的统计标准、指标体系进行记账。根据这个新的全国统一城乡可比的统计标准分类口径，我们对历史的分城乡的老口径的住户基础资料，特别是收入资料，进行了整理、计算，然后得出2003年到2011年全国居民基尼系数。"

同时，2003年到2011年基尼系数，是按照新标准、新口径、老资料计算出来的，不排除2013年会按照新标准取得的新数据，对这些历史数据进行适当修订。不过，是否修订，目前还没有定论。

分析

"公布样本可信度会更高"

如何看待此次统计局发布的基尼系数？中国人民大学经济学院有关专家表示，必须要看抽样调查的方法、原始数据、测算方法。只有这些都一致的情况下，相互对比才有意义。

刘元春表示，统计局在公布数字的同时，如果能公布样本和原始数据，会显得更有可信度和科学性。

对于统计局与西南财大公布数据的不一致，有关专家认为，可能西南财大的样本要少一些，"如果大样本抽1000户，假如这里面有一个亿万富翁，一下子就把基尼系数拉高了。"

有关专家介绍，发达国家的基尼系数一般在0.2左右，一些非洲国家的基尼系数在0.5左右，甚至达到0.6。作为发展中国家，中国官方公布的数据还不到0.5，这一方面说明中国收入差距较大，同时也说明政府采取的一些民生和扶贫措施，产生了一定的作用。

【人口】中国劳动年龄人口首次下降

昨日统计局发布的数据显示，中国15～59岁的劳动年龄人口比重首次出现下降，绝对数减少了345万人。

人口红利消失?

数据显示，到去年年底中国大陆总人口 13.5404 亿人，其中 15 ~ 59 岁劳动年龄人口 9.3727亿人，比上年减少 345 万人，占总人口的比重为 69.2%，比上年末下降 0.60 个百分点。

这是相当长时期中国劳动年龄人口第一次出现了绝对下降，“要高度重视”。他补充说，人口和劳动力的供给波动变化是非常长期的，在比较长的一段时间，至少在 2030 年以前，中国劳动年龄人口应该是稳步地、逐步地有所减少。

对于是否对中国劳动年龄人口下降感到忧虑，国家统计局有关负责人表示“不否认”。

“中国劳动年龄人口的这样一个变化，是不是意味着多少年来支撑中国经济增长的人口红利的消失，应该说有争论。”国家统计局有关负责人说，“尽管在稳步下降，但是总量依然很大，总量依然有 9 亿多的劳动力，这仍然是中国最大的一个资源优势。”

根据新形势研究人口政策

对于中国的计划生育政策，国家统计局有关负责人表示，实行计划生育政策以来，中国用 30 年左右时间，少生了一两亿人，对推动中国持续、健康发展发挥了很重要的作用。

“但经过了几十年的计划生育以后，中国的人口和劳动力供应格局出现了一些变化。这些变化也是一个初步的。根据这个变化，我们要在坚持计划生育政策这个国策的同时，根据新形势的变化，研究适当的科学的人口政策也是很必要的。”国家统计局有关负责人说。

从城乡结构看，在去年中国城镇人口首次超过农村人口后，今年城镇人口继续增多。

数据显示，城镇人口 7.1182 亿人，比上年末增加 2103 万人，占总人口比重达到 52.57%。人户分离人口达 2.79 亿人，其中流动人口为 2.36 亿人，比上年末增加 669 万人。

【收入】城乡居民收入增速“跑赢”GDP

昨日国家统计局发布的数据显示，去年城镇居民人均可支配收入 24 565 元，扣除价格因素实际增长 9.6%，增速比上年加快 1.2 个百分点。农村居民人均纯收入 7917 元，扣除价格因素实增 10.7%，比上年回落 0.7 个百分点。城乡居民收入增速双双跑赢 GDP，农村居民收入增速连续第三年超过了城镇居民。

按照十八大提出的国民收入倍增计划，未来几年居民收入的名义增速应该保持在 10% 以上，才可以保证实际收入实现 10 年倍增。

2008 年至 2011 年，中国 GDP 分别为 9.6%、9.2%、10.4%、9.2%，城镇居民可支配收入增速分别为 8.4%、9.8%、7.8%、8.4%，呈现反向增长。

数据显示，2012 年前 11 月全国财政收入累计 10.89 万亿元，同比增 11.9%，增幅比去年同期回落 14.9 个百分点。

知识引入

一、洛伦兹曲线和基尼系数

(一)洛伦兹曲线

洛伦兹曲线(Lorenz curve),也译为“劳伦兹曲线”。就是,在一个总体(国家、地区)内,以“最贫穷的人口计算起一直到最富有人口”的人口百分比对应各个人口百分比的收入百分比的点组成的曲线。为了研究国民收入在国民之间的分配问题,美国统计学家(或说奥地利统计学家)M. O. 洛伦兹(Max Otto Lorenz,1903－)1907 年(或说 1905 年)提出了著名的洛伦兹曲线。

洛伦兹曲线用以比较和分析一个国家在不同时代或者不同国家在同一时代的财富不平等,该曲线作为一个总结收入和财富分配信息的便利的图形方法得到广泛应用。通过洛伦兹曲线,可以直观地看到一个国家收入分配平等或不平等的状况。画一个矩形,矩形的高衡量社会财富的百分比,将之分为五等份,每一等分为 20 的社会总财富。在矩形的长上,将 100 个家庭从最贫者到最富者自左向右排列,也分为 5 等分,第一个等份代表收入最低的 20 个家庭。在这个矩形中,将每一等分的家庭所有拥有的财富的百分比累计起来,并将相应的点画在图中,便得到了一条曲线就是洛伦兹曲线。整个的洛伦兹曲线是一个正方形,正方形的底边即横轴代表收入获得者在总人口中的百分比,正方形的左边即纵轴显示的是各个百分比人口所获得的收入的百分比。从坐标原点到正方形相应另一个顶点的对角线为均等线,即收入分配绝对平等线,这一般是不存在的。实际收入分配曲线即洛伦兹曲线都在均等线的右下方。

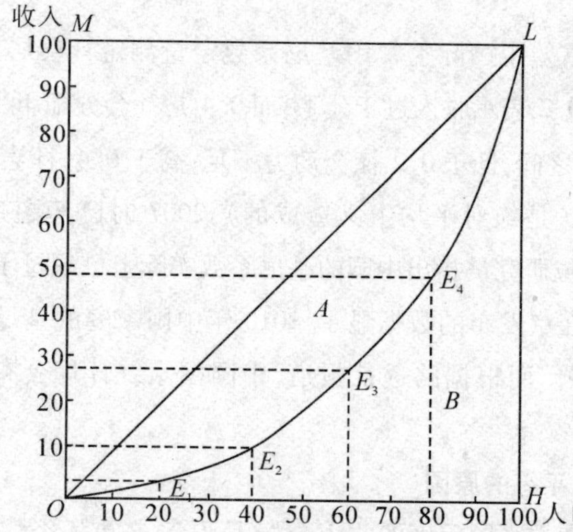

(二)基尼系数

基尼系数(Gini Coefficient)为意大利经济学家基尼(Corrado Gini,1884－1965)于 1922 年提出的,定量测定收入分配差异程度。其值在 0 和 1 之间。越接近 0 就表明收入分配越是趋向平等,反之,收入分配越是趋向不平等。按照国际一般标准,0.4 以上的基尼系数表示收入差距较大,当基尼系数达到 0.6 以上时,则表示收入差距很大。

如图,图中横轴代表家庭数比例 $x\%$(注意此比例计算是从低收入家庭开始计算的,到 100%时才涵盖最富有家庭),纵轴代表该比例的家庭拥有的财富占社会总财富的比率 $y\%$,绿线代表绝对平均状态(即每个家庭拥有财富相同)下,低收入人群所占人口百分比和总收入百分比之间的关系(财富占比等于家庭数占比);红线代表实际情况(实际是由财富－家庭分布曲线积分而来),这条曲线也称作洛伦兹曲线(Lorenz curve),蓝线代表绝对不平均的情况。图中红线和绿线中间的面积越小,收入分配越平等。基尼系数表示的是绿红线间面积与绿蓝线间面积之比。基尼系数越小,红线与绿线越接近,反映收入水平越平均;反之,基尼系数越大,红线与绿线越远离,反映财富向少数人集中。

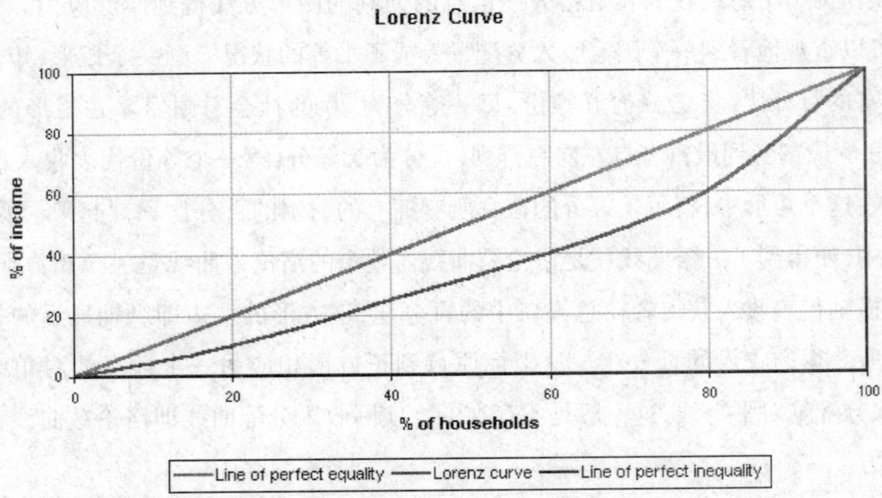

基尼系数反应的贫富差距国际上常用基尼系数定量测定社会居民收入分配的差异程度。认为基尼系数低于 0.2 表示收入过于公平;而 0.4 是社会分配不平均的警戒线,故基尼系数应保持在 0.2 ~0.4 之间,低于 0.2 社会动力不足;高于 0.4,社会不安定。中国改革开放前的基尼系数为 0.16(是绝对平均主义造成的),2007 时已经超过警戒线 0.4 达到了 0.48,2010 年,新华社两位研究员指出中国的基尼系数实际上已超过了 0.5。西南财经大学中国家庭金融调查今日在京发布的数据显示,2010 年中国家庭的基尼系数为 0.61,大大高于 0.44 的全球平均水平。而根据路透社报道,中国国家统计局公布 2012 年基尼系数为 0.474,2010 年为 0.481。

二、引起收入分配不平等的原因

在任何一个社会都存在不同程度的收入分配不平等,在市场经济社会中这一问题更加突出。在不同的社会中,引起收入分配不平等的原因既有共同之处,又有不同之处。研究引起收入分配不平等的原因既有共同之处,又有不同之处。

首先,收入分配不平等的状况与一个社会的经济发展状况相关。根据美国经济学家库兹涅茨的研究,一个社会收入分配状况变动的一般规律是,在经济开始发展时,收入分配不平等随着经济发展而加剧,只有发展到一定程度之后,收入分配才会随经济发展而较为平等,他根据一些国家的资料作出了反映这种收入分配变动规律的库兹涅茨曲线。库兹涅茨曲线是表示随经济发展收入分配不平等程度加剧,经济发展到一定程度时,随经济发展收入分配逐渐平等的一条曲线。

其次,各国收入分配不平等也与制度上存在的问题相关。例如,一些国家存在的户籍制度、受教育权利的不平等。由于制度或社会习俗,一部分人对另一部分人的歧视。许多国家普遍存在对妇女的歧视、对有色人种的歧视等。在发达国家,工会制度的存在也是引起不平等的原因,工会会员受到工会保护获得较高工资,而非工会会员则无力与雇主抗争,工资较低。在欧洲、加拿大这类传统上工会力量强大的国家,工会在引起收入分配不平等中起到的作用还相当大。

最后,引起收入分配不平等的原因还有个体差异。由于每个人在能力、勤奋程度、机遇等方面存在不同。就能力而言,既有先天的才能,也有后天受教育程度的不同。有的人勤奋好学,而有的人正好相反。经济学家认为,人的受教育程度与个人收入之间有强烈的相关性。受教育越多,能力越强,收入水平越高,这已是一个不争的事实。

本章小结

生产要素的价格同一般商品一样,取决于生产要素的需求与供给。

工资是劳动的价格,它的大小取决于劳动的需求与供给,劳动的供给曲线是一条向后弯曲的曲线,劳动的需求曲线是一条向右下方倾斜的曲线,其交点决定的工资水平就均衡工资。

地租是土地的价格,土地的供给曲线是与横轴垂直的直线,土地的需求曲线是一条向右下方倾斜的曲线,它们的交点决定的地租水平就是均衡地租。

利息是资本的价格,资本的供给曲线是一条向右上方倾斜弯曲的曲线,资本的需求是一条向下方倾斜的曲线,其交点决定的利息水平就是均衡的利息。

利润分正常利润和超额利润。正常利润是企业家才能的价格包括在成本中,收支相抵就可获得正常利润;超额利润是超过正常利润的利润,它是总收益与总成本之差,在完全竞争的市场是没有超额利润的。

洛伦兹曲线是反映社会收入分配平等程度的曲线,基尼系数是根据洛伦兹曲线得到的反映社会收入分配平等程度的指标。

知识巩固

1. 什么是生产要素?

2. 工资、地租、利息、利润的含义。

3. 简述洛伦兹曲线及基尼系数。

课后练习

一、单项选择题

1. 某一时期科技进步很快,人们越来越倾向于资本密集型生产方式,这将导致(　　)。

A. 劳动的供给曲线向右移动　　B. 劳动的需求曲线向右移动

C. 劳动的供给曲线向左移动　　D. 劳动的需求曲线向左移动

2. 在完全竞争市场上,生产要素的边际收益取决于(　　)。

A. 该要素的边际生产力　　B. 该要素的平均收益

C. 该要素的平均水平　　D. 该要素的边际成本

3. 随着工资水平的提高(　　)。

A. 劳动的供给量会一直增加

B. 劳动的供给量会一直减少

C. 劳动的供给量先增加,但工资提高到一定水平后,劳动的供给量不仅不增加,反而会减少

D. 劳动的供给量增加到一定程度后就不会增加也不会减少

4. 使地租不断上升的原因是(　　)。

A. 土地的供给与需求共同增加

B. 土地的供给不断减少,而需求不变

C. 土地的需求日益增加,而供给不变

D. 土地的需求和供给共同减少

5. 企业家的报酬是(　　)。

A. 正常利润　　B. 超额利润　　C. 经营利润　　D. 以上全正确

6. 洛伦斯曲线代表了(　　)。

A. 贫困的程度　　B. 税收体制的效率

C. 收入不平等的程度　　D. 税收体制的透明度

7. 如果收入是平等分配的,则洛伦斯曲线与(　　)。

A. 横轴重合　　B. 45′对角线重合

C. 纵横重合　　D. 难以确定

8. 如果收入是完全平等分配的,基尼系数将等于(　　)。

A. 10　　B. 0.5　　C. 0.25　　D. 0

9. 收入分配要(　　)。

A. 要以效率为标准　　B. 要以公平为标准

C. 兼顾平等和效率　　D. 以上都正确

二、多项选择题

1. 生产要素的价格形成与商品的价格形成的不同点表现在(　　)。

A. 供求主体不同　B. 需求性质不同　C. 政府关注点不同　D. 企业投入不同

E 需求特点不同

2. 劳动、土地、资本和企业家才能等生产要素的价格分别是(　　)。

A. 工资　B. 利润　C. 利息　D. 税率　E. 地租

3. 生产要素的需求是一种(　　)。

A. 派生需求　B. 直接需求　C. 联合需求　D. 最终产品的需求

E. 引致需求

4. 工会提高工资的主要方法是(　　)。

A. 增加对劳动的需求　B. 减少对劳动的供给

C. 最低工资法　D. 减少对劳动的需求

E. 增加对劳动的供给

5. 西方学者对利息率合理性的解释是(　　)。

A. 消费的时间偏好　B 迂回生产

C. 供求关系　D. 需求决定的　E. 供给决定的

6. 超额利润的主要来源是(　　)。

A. 创新所得到的　B. 承担风险　C. 垄断　D. 需求大于供给

E. 供给小于需求

案例分析

贫富差距:中国最大的挑战?

88 岁高龄的新加坡“国父”李光耀日前在圣淘沙圆桌论坛回答主持人提出的“您认为在中国崛起过程中将会面临的最大挑战是什么?”时表示,“我想中国最大的问题就是贫富差距,特别是沿海地区与内陆地区的差异,这种差距正越来越大。很多外出的工人没有户口、教育、医疗保险等福利,他们的收入依然没有得到很大提高。”

从改革开放之初的“允许一部分人先富起来,以先富带后富”,到近期“十二五”规划中提出的“坚持共同富裕”,中国的主流贫富观经历了戏剧性的演变。

“为富不仁”和“均贫富”的观念一样根深蒂固,20 世纪 80 年代,万元户就已经是人们艳羡或另眼看待的富人了。近些年来,中国地区、城乡、行业、群体间的收入差距越来越大,分配格局失衡导致部分社会财富向少数人集中,收入差距已经超过基尼系数标志的警戒“红线”,由此带来的诸多问题正日益成为社会各界关注的焦点。

以前,国家统计局每年都要公布中国的基尼系数,1978 年的基尼系数为 0.317,自 2000 年越过 0.4 的警戒线,并逐年上升,2004 年超过了 0.465。至此,国家统计局不再公布这一系数。之后的基尼系数大都是由经济学者或研究机构做出的估计。中国社科院一份报告称,2006 年中国的基尼系数已经达到了 0.496。据世界银行的测算,欧洲与日本的基尼系数也不过在 0.24 至 0.36 之间。

不过,国内也有专家持不同看法,称应正确认识基尼系数,最好的办法是给基尼系数打一个"国情折扣"。他们认为,用"购买力"计算的中国基尼系数,要比用"名义收入"计算的数值小很多,中国的贫富差距实际上被夸大了。更有人则干脆表示,中国的基尼系数超越国际警戒线,是在危言耸听地制造并不存在的危机感,给"劫富济贫"的再分配政策寻找理论依据。

然而,绝大多数的人感觉贫富差距比十年前变得更大了,80% 以上的人表示这种贫富差距已经让人不能接受,而一些专家却说没问题、不可怕,不用过于担心,不要任意夸大。公众与部分专家感觉差别这样大,看法向背这样远,是多数公众感觉错了,还是少数专家闭门造车、自我乐观和陶醉呢?

2010 年 12 月,国际知名的波士顿咨询公司发布的《中国财富管理市场:机遇无限挑战犹存》报告,称 2009 年中国百万美元资产家庭的数量达到 670000 户,位列全球第三,仅次于美国和日本。同时,中国财富市场从 2008 年年底到 2009 年底增长了约 28%,达到 5.4 万亿美元。社会财富迅速流向富人的同时,中国的贫富差距也在日益扩大,迫在眉睫的收入分配改革正在艰难中谋求破局。

虽然中国人均 GDP 只有 4628 美元(2010 年统计),与欧洲、美国、日本等国相比存在着巨大差距,似乎不在同一个层次上,但在富豪增长的数量上,中国似乎优势明显。

尽管有李光耀的判断,或一些机构的数据支撑,但愈演愈烈的中国贫富差距问题出路何在呢?当今的中国,一个突出的现象是,富者愈富,穷者愈穷。富人阶层往往占有大量的社会,政治,文化和自然资源,同时,金钱和权力的结合给他们创造了"穷人们"无法想象和触碰的机会和保障。更使他们有机会以最低的成本和风险获取最大的财富,同时,一定程度上剥夺了低收入阶层的生存资源和重新分配财富的机会。

资料来源:2011-10-01 天津网-数字报刊《新京报》。

根据上述案例,谈谈你对当前中国基尼系数的看法。

项目八 市场失灵和微观经济政策

开篇案例

20 世纪初的一天，列车在绿草如茵的英格兰大地上飞驰。车上坐着英国经济学家庇古(A. C. pigou)。他一边欣赏风光，一边对同伴说：列车在田间经过，机车在田间经过，机车喷出的火花(当时是蒸汽机)飞到麦穗上，给农民造成了损失，但铁路公司并不用向农民赔偿。这正式市场经济的无能为力之处，称为“市场失灵”。

将近 70 年后的 1971 年，美国经济学家乔治. 斯蒂(G. J. Stigler)和阿尔钦(A. A. Alchian)同游日本。他们在高速列车(这时已是电气机车)上见到窗外的禾苗，想起了庇古当年的感慨，就问列车员，铁路附近的的农田是否受到列车的损害而减产。列车员说，恰恰相反，飞速奔驰的列车把吃稻谷的飞鸟吓走了，农民反而受益。当然，铁路公司也不能向农民收“赶鸟费”。这同样是市场经济所无能为力的，也称为“市场失灵”。

资料来源：http://koalabear. blogbus. com/logs/34739482. html。

知识目标

掌握市场失灵、外部效应、公共物品和不对称信息的含义及其对策；掌握科斯定理的内容。理解垄断的低效率与对策；交易成本的低效率与对策；歧视的低效率与对策。

熟悉公共选择理论、逆向选择、道德风险、委托－代理问题等内容。

能力目标

利用微观经济政策，解决市场失灵问题

任务一 农民的悲哀(大小年)：市场失灵

知识目标

市场失灵的概念

能力目标

能用引起市场失灵的原因，分析社会现象

任务介绍

菜农的“悲哀”

当 2011 年 4 月份秋天的大白菜买了 7 毛钱一斤的好价钱时，徐光玉乐得满脸笑容。而到了今年春天他脸上却只剩苦笑了。三亩地里 3 万斤的大白菜，刚刚被菜商一斤 7 分钱的价钱买走了。

“一亩地光施肥就得一千块钱，再加上灌溉，打药，至少是一千五。这还不算人工。”41岁的徐玉光一边算账一边叹气。4500元成本的大白菜，到如今只卖了2100元，而其中每斤三分钱是摘白菜的人工费。“我还得管饭，现在就是餐馆里一盘炒白菜，也得十块钱吧。”

即使是这样赔本的买卖，徐也承认自己算是走运的了。同样在山东省青州市东夏镇种地的农民，有的家里菜根本就没有人要，只能碾碎了在地里当肥料，或者让人拿去喂猪。

今年春天，菜价的暴跌是和徐光玉一样的全国各地的菜农不得不面对的事实。商务部的数据显示，2011年4月11日至17日，全国18种蔬菜平均批发价格比前一周下降9.8%，三周以来已累计下降16.2%。25日，国家统计局发布本月11日至20日全国50个大中城市蔬菜价格。大白菜继续下降至1.79元每千克，较2月份下降近13%。

摘自中国日报网

上述案例说明在市场经济中，由于农民处于获得市场信息的不利地位，导致无法对市场需求做出有效预期，而出现的“悲哀”。

知识引入

一、市场失灵的含义

市场失灵是指市场无法有效率地分配商品和劳务的情况。美国经济学家弗朗西斯·M·巴托于1958年在《市场失灵的剖析》一文中最早提出市场失灵的概念。“市场失灵”，又称作市场障碍、市场失效、市场失败等。

根据亚当·斯密的“看不见的手”的原理，每一个人在追求自身利益的时候，会在一只“看不见的手”的引导下，实现增进社会福利的目的。“看不见的手”有可能会出现的第一个问题，就是资源配置的低效率问题。高效率一直被认为是市场机制的最主要的优点，然而，在很多情况下，这种看法却并不正确。如自由竞争往往会引起垄断，而在垄断的情况下，市场机制就不能够引导资源的最优配置了。第二，“看不见的手”最多只能解决效率问题，而不能解决分配问题。实际上，纯粹的市场机制的作用往往会引导贫富差距的扩大，导致两极分化。

二、市场失灵的原因及其解决办法

造成市场失灵的主要原因包括：不完全竞争的市场结构、公共物品的存在以及外部经济效果三个方面。

1. 不完全竞争市场。垄断产生的原因：物质技术条件、人为的和法律的因素以及地理位置、稀缺资源等。垄断造成的后果：产品价格高于边际成本，从而资源配置缺乏效率。此外，垄断还可能造成其他的社会成本。如，完全垄断厂商缺乏降低成本和进行技术革新的动力，

寻租行为等。

2. 公共物品。公共物品具有非排他性和（或）非竞争性。非排他性和非竞争性产生“免费乘车者问题”。

3. 外部经济影响或外在性。外在性是指未经交易的一方对他人强加的经济影响。后果是使得社会成本与私人成本(或者说社会收益与私人收益)二者出现差异。与社会最优相比,正的外在性导致产量生产不足;负的外在性导致产量生产过多。

除了上述三个制约市场机制发挥作用导致市场失灵的原因以外,市场结构不合理、信息不完全等其他因素也可能引起市场失灵。针对市场失灵的原因,可以采取以下几种不同的矫正措施。

1. 为了消除垄断的影响,政府可以采取反垄断政策。

针对不同形式的垄断,政府可以分别或同时采取行业的重新组合和处罚等手段,而这些手段往往是依据反垄断法来执行。行业的管制主要是对那些不适合于过度竞争的垄断行业,如航空航天、供水等行业所采取的补救措施。这时,政府往往在保留垄断的条件下,对垄断行业实行价格控制或者价格和产量的双重控制、税收或补贴以及国家直接经营等管制措施。

2. 解决公共物品的供给是消除公共物品所造成的市场失灵的关键。

做到这一点,可以依靠市场和非市场的集体决策两种方式。利用市场决定公共物品的最优供给量的过程是通过消费者在既定收入和对公共物品偏好的条件下的个体需求曲线,在既定的供给量下加总所有消费者愿意支付的价格,从而得到公共物品的市场需求曲线。然后,根据公共物品的生产成本得出的供给曲线与该需求曲线的均衡,决定公共物品的最优供给量。

公共物品供给量也可以利用具有集体性、非市场性和规则性特点的公共选择。公共选择的规则多采用一致同意和多数票规则。

3. 外部经济效果是造成市场失灵的重要原因。

解决这一问题的政策主要包括:税收和补贴、政府直接调节以及明确产权和谈判三种手段。税收和补贴政策是向施加负的外部经济效果的厂商征收恰好等于边际外部成本的税收,而给予产生正的外部经济效果的厂商等于边际外部利益的补贴的一种手段,目的是使得厂商以社会收益和社会成本进行决策。直接调节是政府通过行政或法律的手段强行控制外部经济影响,也可以将施加和接受外部成本或利益的经济单位合并。科斯定理的结论也被用来解决外部影响问题。

消除市场失灵的政策是根据不同的原因设计的,它们在一定的条件下起作用。

任务二 漫天要价:垄断

知识目标

垄断的含义;垄断与市场失灵

能力目标

能用垄断分析市场失灵

任务介绍

为 1 元钱状告中国电信　垄断行业背后的积怨

北京的赵先生发现用手机拨打 11185 不能享受电信提供的套餐中规定的优惠资费，而拨打 114 等号码均可以，与电信的客服人员的声称“拨打 1、4、9 开头的号码都另外计费不包含在套餐内”不一致。赵先生于是起诉中国电信要求其进行道歉，并返还他在拨打 11185 过程中单独被收取的 1 元钱。

或许有人会觉得赵先生太“较真”，1 元钱的事何必这么“折腾”？但或许会有更多人表示支持和赞同，每个中国人每天都必然要进行通信，正因为如此庞大的用户基数和需求，在行业垄断的背后，三大运营商才赚得盆满钵满，虽然偶尔也有电信资费进行调整的新闻出来，但一来调整幅度太小，二来各种收费项目的运作名目繁杂，广大消费者也实难判断，大家心中早已淤积了不少对运营商的怨愤，一旦查实权益被侵犯的情况，当然立即出手。

在上述案例中电信作为垄断行业，在对于其运营过程中出现的垄断行为，消费者普遍不满。

知识引入

一、垄断的含义

垄断是对市场的控制。垄断是一个争议的话题，生产者为了获得最大的利润，总是想做到行业最大，做到行业的垄断，但消费者却深知垄断带来的种种不便。一方面垄断集中的资源提高了效率；另一方面垄断排斥了竞争，又会造成低效率。总之，垄断是生产者和消费者的一个均衡的博弈过程。

如果是生产者垄断，即一般所说的垄断，或卖方垄断。如果是购买者垄断即买方垄断。这两种垄断都会引起市场失灵。

二、造成垄断的原因

1. 对稀缺资源或投入要素的控制

一旦垄断者控制了某一行业中至关重要的资源或投入要素就能防止其他企业进入这一市场。塞西尔·罗德斯正是通过对世界大多数生产钻石的矿山实施控制，造成了戴比尔斯对钻石生产行业的垄断。

2. 规模经济

现在城市中都有输送到家中的天然气，以供做饭和取暖。地方的天然气公司一直是垄断者。但是为什么没有竞争对手加入地方天然气供应行业，形成有效竞争呢?

其实在 19 世纪初，当天然气供应行业刚刚兴起时，行业内存在竞争，但是这种竞争并没有持续多长时间。不久之后，几乎每个城市的天然气供应都因为给城市铺设管道的大额固定成本而被垄断。由于铺设天然气管道的成本不是由公司出售天然气的数量决定，所以销售量大的公司具有成本优势：因为它们可以在更大范围内分摊固定成本，它们平均总成本比小公司低,具有规模经济效应。在一个具有规模经济特征的行业中,大公司获利更多,同时小公司将被逐出该行业。由于同样的原因,已成立的公司具备优于任何潜在进入者的成本优势即一种潜在的进入壁垒。所以地方天然气公司的垄断是其自身行业的规模经济引发并保持的。

这种由规模经济引发并保持的垄断被称为自然垄断。自然垄断的定义特征是行业在一定范围的产量下存在规模经济。其条件就是产业中要投入大额的固定成本,一定数量的产品在由一个大企业生产时比由两个或更多的小企业生产所需的平均总成本更低。

自然垄断在地方的公用事业中比比皆是,如自来水、天然气、电力、当地的电信服务和有线电视,等等。

3. 技术优势

一家公司在行业中始终保持超过潜在竞争者的技术优势,便有很大可能成为垄断者。从20世纪70年代到90年代,英特尔在CPU的设计和生产上始终保持优势,一直处于CPU生产的垄断地位。但是技术优势一般是短期而非长期的进入壁垒:随着时间的推移,竞争者们将投入资金以提高技术,并与技术领先者进行竞争。事实上,在最近几年,英特尔发现它的技术优势已经受到了竞争者美国高级微电子器件公司AMD的威胁,垄断格局逐渐被打破。

4. 政府制造的壁垒

政府制造的最重要的合法垄断壁垒就是专利权和版权。专利权现在的有效期是20年,它被赋予新产品的发明者们;版权被给予作者和编者们,它的有效期通常是创作者的终生再加70年。

政府制造合法垄断的出发点是为了保证垄断企业利润从而达到鼓励创新的目的。一个企业,愿意在新产品的研发上投入大量资金,很大一方面的原因是它期待着由此带来行业的垄断从而赚取巨额利润。创新是社会进步的源泉,政府为了鼓励创新,设置壁垒,让创新的企业在某一个时间段内、某一个行业领域里获得垄断地位,保证企业的创新能够获得高额的回报,以此刺激企业不断创新,推动社会进步。

任务三　鲸鱼灭绝的危险:公共物品

知识目标

公共物品的含义

能力目标

掌握在市场失灵过程中公共物品所起到的作用

任务介绍

为什么鲸鱼会有灭绝的危险

一个美国人平均每年消费牛肉 73 磅,猪肉 59 磅,鸡肉 63 磅,但是谁也没有听说过这种消费可能导致对牛、猪或鸡的灭绝的担忧。相对而言没有多少美国人吃鲸肉;然而在日本等一些国家,鲸肉被视为佳肴。1986 年,由于担心鲸可能灭绝,一项暂停商业猎鲸的国际法规出台。为什么同样一个市场系统可以保证产出足够的牛、猪和鸡,却偏偏威胁到某些种类的鲸的生存呢?

经济学家从财产权着手进行分析。农民拥有他所养殖的食用牲畜,将这些动物视为自己的财产,因此觉得有必要好好照看它们,增加存栏数量。与此相反,鲸不属于任何国家或个人,换言之,它是世界共有的财产。于是,一方面大家都知道捕鲸可以赚大钱,不少人蜂拥而上;另一方面,保护和繁殖鲸类则由于缺乏直接经济利益而乏人问津。这个模式称为"共有财产的悲剧"。如果一样东西属于大家,例如海洋,每个人都有经济上的激励去加以开发利用,却没有人有经济上的激励去保护。这样的结果可能是使鲸从海洋中消失。

当然,不仅鲸面临这样的问题。在美国,共有草原上的著名的美洲野牛濒于灭绝就是另外一个例子。要解决这一问题,许多情况下需要全社会联合起来,制定经济激励或法规保护资源,避免过度开发而导致破坏。

有时甚至法规也不足以产生作用。就在限制商业捕鲸法规通过的 1986 年,某些国家似乎一夜之间出现了动物学研究的热情,急切希望对鲸加以"研究"。1987 年,日本宣布增加其"科研用鲸"的数量,几乎是该国原有商业消费量的一半!同时,在日本的高额悬赏吸引下,本身并不属于鲸类消费国的冰岛也跃跃欲试,准备将其大部分的"科研用鲸"制成冻肉运往日本。

资料来源美国斯蒂格利茨《经济学》小品与案例。

知识引入

一、公共物品

1. 公共物品的含义和特点

公共物品是指公共使用或消费的物品。公共物品是可以供社会成员共同享用的物品,严格意义上的公共物品具有非竞争性和非排他性。所谓非竞争性,是指某人对公共物品的消费并不会影响别人同时消费该产品及其从中获得效用,即在给定的生产水平下,为另一个消费者提供这一物品所带来的边际成本为零。所谓非排他性,是指某人在消费一种公共物品时,不能排除其他人消费这一物品(不论他们是否付费),或者排除的成本很高。

通常不具备排他性或(和)竞争性,一旦生产出来就不可能把某些人排除在外的商品称为(纯)公共物品。所谓商品的排他性是指商品的生产者或者购买者可以很容易地把他人排斥在获得该商品带来的利益之外;商品的竞争性是指消费商品的数量与生产这一数量的成本有关。

2. 公共物品的分类

①纯公共物品:具有完全的非竞争性和非排他性,如国防和灯塔等,通常采用免费提供的方式。在现实生活中并不多见。

②准公共物品:具有有限的非竞争性和局部的排他性。即超过一定的临界点,非竞争性和非排他性就会消失,拥挤就会出现。准公共物品可以分为两类:a. 公益物品。如义务教育、公共图书馆、博物馆、公园等。b. 公共事业物品,也称自然垄断产品。如电信、电力、自来水、管道、煤气等。

3. 私人物品

私人物品是指普通市场上常见的那些物品,是那种数量将随任何人对它的消费的增加而减少的物品。它在消费上有两个特点。第一是竞争性;如果某人已经消费了某个物品,则其他人就不能再消费给物品了。第二个是排他性;对商品支付价格的人才能消费商品。

二、公共物品与市场失灵

由于公共产品具有非排他性,因而难免产生搭便车的问题。所谓搭便车,是指某些个人虽然参与了公共产品的消费,但是却不愿意支付公共产品的生产成本的现象。

以国防为例,如果一个消费者知道他不纳税也能享受到国防给予的保护,那么在自愿纳税的情况下他就不会纳税,将导致人们都试图在公共物品消费上做一名“免费乘车者”,尤其在公共产品消费者为数众多的情况下更是如此。这就意味着,即使单个消费者能准确地了解自己对公共产品的偏好程度,从而确定自己的需求曲线,也不会如实说出来。这就使得公共产品最优数量的决定因需求曲线是虚假的而没有意义。由于单个消费者对公共产品的需求曲线不会自动显示出来,因此无法将他们加总得到公共产品的市场需求曲线,并进而确定公共产品的最优数量。也就是说由于搭便车问题的存在,便产生了一个典型的市场失灵的情形,即在公共产品的消费过程中不存在一种协调的刺激机制,以至每个人都倾向于给出错误的信息,自称在给定的集体消费中只享有比他真正享有的要少的利益,以求产生对每个人来说有利的结果。

既然在公共产品的消费过程中不存在一种类似于竞争市场的协调的刺激机制,从而难以避免搭便车的问题。既然市场机制对公共产品的有效配置无能为力,那么,由政府或公共部门负责安排生产并根据社会福利原则来分配公共产品成为解决搭便车问题的唯一选择。

三、公共选择理论

假定社会采用全体成员投票表决的方式来决定公共物品的提供,那么,公共选择理论就是用经济学来分析研究政府对公共产品的决定和选择,或者说,政府官员根据投票结果进行决策的过程分析。在集体选择的过程中有以下几种规则。

1. 一致同意规则

①一致同意规则的含义

所谓“一致同意规则”(unanimity rule),也称为“一致性规则”或“全体一致投票规则”,指的是一项决策或议案,须经全体投票人一致赞同才能通过。

一致同意规则实行的是一票否决制,按照该规则取得的集体决策能够满足全部投票人的偏好,也就是该决策可以满足至少一个人的偏好而又不损害其他任何一个人的偏好。这就意味着一致同意的规则,是能保证实现“帕累托最优”的规则。

②一致同意规则的特点

a. 选择结果是一种帕累托最优状态;

b. 所有投票人的权利都能平等地得到保障;

c. 可以有效地避免“搭便车”行为的发生;

d. 需要全体参与者的一而再、再而三地协商与讨价还价才能最终达成。

③一致同意规则的适用范围

在现实中,一致同意规则适用范围有限,其适用于如下的范围中。首先,它排除了个人的策略行为。一致同意规则假定每个参与者都会诚实投票,实际上可能有参与者因为特殊的目的会隐瞒自己的偏好,使决策结果达不到最优。“这决策所需的规则越是接近于全体一致同意,个体谈判者的权力就越大,而下述可能性也就越大:至少会有一些人,将力图最大限度地利用他们的讨价还价地位”。

其次,一致同意实施成本过高,最终可能使达成集体决策的代价超过其实施所带来的好处。集体中的全部成员达成一致同意往往需要很长时间,要耗费时间和精力,而且还存在方案被一票否决的可能。

第三,坚持一致同意规则的结果有可能达不成集体决策。当集体中成员很多,各自偏好又各异时,由于每个人都具有否决权,集体决策便不能做出,最终很可能是,一致同意的投票制度将导致讨价还价、敲诈和拖延,以至于达不成任何实质性决议,甚至还会出现“一致同意悖论”:一致同意规则在逻辑上鼓励局部的小型一致同意体出现,因为人数越少,越容易达成一致同意,结果局部达成同意的小型一致同意体越多,实现社会整体的一致同意就越难。从另一方面来讲,为了使各方都同意自己,有一方可能会使用一些不正当手段以拉取赞成票,这种互惠过程形成利益再分配,通过投票交易的双方在达成自己目的的同时却损害了第三方的利益,结果违背了投票表决的初衷,与一致同意规则的出发点——政治平等相矛盾。

尽管具有参与者权利平等、避免免费搭车等优点,但在现实运用中,一般只能局限于少数场合,而难以成为财政决策的普遍规则,其原因主要在于决策交易成本太高,对于每一个投票者来说,最后一个投票者的否决权给予了他过大的讨价还价的能力。

该规则忽视了投票人的偏好显示难题。一个好的投票规则,应该使得决策成本和外部成本两者之和最小。

2. 多数规则

所谓“多数同意规则”(majority voting rules),也称为“多数投票规则”,是指一项决策须经半数以上人赞成,才能获得通过的一种投票规则。多数投票规则的实质,是“少数服从多数”。由于一致同意规则很高的决策成本,使得多数同意规则成为在实践中最为普遍运用的投票规则。

多数同意规则,又分为简单多数票规则和比例多数票规则。最基本最常用的规则,是简单多数票规则。

公共选择中的多数同意规则, 显示一种有关公共物品的方案,必须由只有在所有利益相关者中有超过半数表示同意的情况下,即一半以上的利益相关者表示同意或者不反对的情况下,才能得到批准。

多数同意规则具有强制性,多数派可以把意愿强加于少数派,往往只能改善多数利益相关者的福利而损害少数利益相关者的福利,因此,公共选择中有最优多数的概念。多数同意规则损害少数利益相关者,这种损害称为外在成本,外在成本是一个方案得到批准所需要的最低多数的递减函数;为了使一个方案得到批准所需要的最低多数的数值越大,则协商所需要的时间越长,称为集体选择的时间成本。把外在成本函数式与时间成本函数式联立,则可以求出最优多数。

多数同意规则的优点,在于与一致同意相比决策成本相对小,容易作出决策。但它也存在很多不足,主要表现在以下几点。

①存在多数人强制现象(多数人暴政)。这就是所说的外部成本。

②与一致同意规则相比,单个参与者的选择行为不再具有决定性,影响个人参与投票的积极性,最终影响真实的偏好显示。

③存在多种结果的可能。“投票悖论”,即无法得出明确的均衡结果,而与投票次序有关。

④无法表达偏好强度。个人只能排列出对不同议案的偏好顺序,但无法反映出偏好的强度。这可能在总体上产生无效率的结果,并同时可能产生投票交易行为。

除上述两个规则外,加权规则和否决规则也是在进行公共选择时常采用的方法。加权规则是一个集体行动方案对不同的参加者会有不同的重要性。于是,可以按照重要性的不同,给参加者的意愿“加权”,即分配选举的票数。相对重要的,拥有的票数就较多,否则就较少。否决规则是首先让每个参加对集体行动方案投票的成员提出自己认可的行动方案,汇总之后,再让每个成员从中否决掉自己所反对的那些方案。这样一来,最后剩下的没有被否决掉的方案就是所有成员都可以接受的集体选择结果了。如果有不止一个方案留下来了,就再借助于其他投票规则(如一致同意规则或多数规则等)来进行选择。否决规则的优点是显而易见的,因为经过这一规则筛选后留下来的集体行动方案都将是帕累托最优的。

任务四　劣币驱逐良币:信息不对称

知识目标

信息不对称的含义

能力目标

能结合实际用信息不对称分析市场失灵的原因

任务介绍

一个职业砍价女孩的奋斗史

相信每个人都有过购物时和商家唇枪舌剑,结果还是被"痛宰"的经历。大到住房,小到衣服、首饰,谁都不希望当"冤大头"。"职业砍价人"正是这样一种群体,依靠他们掌握的"砍价"绝招,轻松帮你省钱,买到物美价廉的商品。四川女孩何娜,正是凭自己的"砍价"技能,闯出了一片新天地。

为"职业砍价"打基础

四川女孩何娜(化名)高中毕业后,考虑到家里的经济条件,她将上大学的机会留给了弟弟,自己投奔了已打工多年的好友圆圆。

圆圆在成都一家建材公司做售货员。在她的介绍下,何娜进入一家小型电脑公司当前台接待。接待员的工作很琐碎,虽然相对轻松但薪水也很低。何娜非常羡慕公司里跑业务的同事,因为他们有些人月薪抵得上她一年的工资。

时间长了,何娜渐渐发现,其实卖电脑的利润非常低,而那些业务员之所以能够拿到高额提成,大都运用了销售"损招",首先,极力怂恿客户买价格便宜的组装机,其次,报价前问些专业问题试探客户是否懂行,比如:"您要独立显卡,还是集成显卡? 要 AGP4X 还是 2X?"如果客户答不上来,他们就会报出高价格,组装硬件却尽量选用一些便宜货。

公司代理各种品牌电脑,品牌电脑售价要比组装电脑高得多,但这些业务员却极力推荐组装机,是因为品牌电脑售价比较公开,无法获得更高利润。组装电脑就不同了,机箱、主板、CPU 这些硬件牌子多,进货渠道广,给客户报什么价,就全凭他们说了算了。

了解到这些内幕后,生性耿直的何娜总有一种在"黑公司"上班的感觉。她的苦恼圆圆知道后,开导她:"这有什么,做生意哪有不黑的,你不知道,我们建材市场更黑!"圆圆详细介绍说,她工作的那个建材销售公司,主要经营建筑和室内外装饰材料。不说别的,仅油漆这一项,里面就有许多惊人的销售黑招,在那个建材市场里,除了两三家名牌油漆外,其余的油漆在销售时都有高额回扣。每户装修房子的居民,用油漆的费用少则五六千元,多则 3 万余元,而其中有近 30% 的费用都被装修工吞了,有的甚至高达 50%。圆圆的话,让何娜听得目瞪口呆。

最终,何娜还是因故离开了那家电脑公司。后来,她干过百货商场售货员,电器公司销售员,新型健身器材的推销员,还有超市理货员。当时她怎么都没想到,正是这些经历为她后来做职业砍价人奠定了良好的基础。

做一个自由的"职业砍价人"

真正使她萌发当"职业砍价人"念头的,是2006年秋的一件小事。当时何娜正逢休息日,想买套衣服,于是来到了步行街一家大商场,在里面东游西逛。

正逛着,何娜听到前面有位女士用广东话询问一件皮衣的价格。但卖衣服的小姐听不懂她的话,她自己的普通话又不很流利,一时两人都一头雾水,谁也搞不明白谁。见此情景,何娜急忙走上前去为她们做起了翻译。因为她之前和一个广东女孩合租过房间,所以理解女士的话并不困难。她用广东话告诉女士皮衣的价格是2800元,又对小姐说价格太贵了,能不能便宜点。这样,她不但给来成都办事的女士做了翻译,经过讨价还价,还帮她省下来整整900元钱,最终女士用1900元买了那件漂亮皮衣。事后,女士高兴地连连致谢,并执意给了何娜200元钱表示感谢。何娜推辞不过,接过钱的同时,忽然意识到,帮人砍价也是条生财之道!

后来,何娜跟一位在北京的朋友说起她的想法,想不到朋友告诉她,在北京、广州等地早就出现了这种名叫职业砍价人的行当,一些职业砍价人的收入十分不菲。

越"砍"越有劲

在朋友鼓励下,何娜毅然辞掉了工作,信心十足地当起了职业砍价人。第一天出征,她在上次帮广东女士买皮衣的商场门口,热情地向几名自己认为可能会考虑类似需求的顾客讲了意图,想不到,她不仅被无一例外地拒绝,还有人丢出一句,神经病。

正心灰到不行的时候,有位路过的中年男子停下脚步,试探地问:"你能帮我买批瓷砖吗?我会拿出你帮我节省资金的30%作为回报。"何娜激动地连连点头,要知道,她从圆圆那里已经学到了不少建材方面的知识。

这位先生姓周,当下,何娜坐周先生的车来到一家瓷砖品牌店。周先生指定要一种乳白色瓷砖,商家立即夸他有眼光,说这种瓷砖原价160元一匹,现在促销150元一匹。经过周先生讨价还价,价格讲到了140元。何娜要了5匹样品,在旁边看了半天,开口说:"最多也就95元左右,这匹瓷砖色泽不是很纯,除了细小的斑点外,几何尺寸也有误差。"老板立刻现出惊讶的表情。何娜接着说:"这应该是二等品,一等品市场上才卖130元。"几个回合下来,何娜最终以100元的价格买下这些瓷砖,帮周先生节省了4400元钱。按照约定,何娜得到了1320元的酬金。

首单生意让何娜意识到,应该把目光放在电脑商城、建材市场等这些她所熟悉的领域,而且对这类购物者来说,他们更需要职业砍价人的陪同。

遵循这样的思路，何娜的职业砍价生涯慢慢上了道，平均每天都有至少几百元的收入。一次，一个朋友介绍她帮某国企单位一次性购买60台电脑、5台打印机以及配套的电脑桌椅。本来，电脑商家很高兴来了大客户，但何娜一出现，商家傻眼了。60台电脑的机箱、CPU、内存条、显卡等等都是何娜亲自一一挑选，刚开始对方还打算以次充好，用几块旧主板充数，但何娜立即从一大堆主板中挑出了那几块冒牌货，使这家电脑公司的经理汗颜不已。最终，商家不但把价格压到了最低，电脑配件的质量也不敢有丝毫马虎。告别时，何娜发现经理的脸色非常难看。当然了，如果没有何娜，这宗大业务他起码可以多赚六七万元！

"砍"出一家公司

一段时间后，何娜感到，要不断开拓自己的砍价领域，为此，她时刻关注购物、消费方面的报道，并刻意搜集平常自己不屑一顾的大街上派发的广告单。尤其是一些商场为促销而沿街派发的打折、优惠广告，更是她关注的首选，从中能够找到不少有用的信息。帮顾客砍起价来心里也就有底了。同时，她还格外留意各种商品的产地、成本与批发价等相关信息，通过一段时间的坚持，何娜渐渐成了多面手，能够陪客户在商场里购买各种各样的商品。

2009年8月，何娜在各路朋友的帮助下成立了自己的专业价格监理公司，招收了12名员工。他们中有的在珠宝专柜做过售货员，有的卖过服装，有的从事过汽车和房地产销售，从业经验都在2年以上，对自己熟悉的商品价格及变化了如指掌，何娜让他们各尽其责，最大可能地发挥自己的专长，全面拓展了业务范围。到如今，顾客只要与公司签订一份"监理合同"，何娜马上就能为其配备一位职业砍价人。一次成功的合作过后，公司会从顾客手里拿到节省资金的20%~30%作为佣金。由于何娜要求手下的职业砍价人个个能够准确掌握商品质量和商家心理，接到的业务几乎无往不胜，总能令客户满意而归，对他们的服务费不绝口。在何娜的苦心经营下，公司业务蒸蒸日上，她手下的每一位职业砍价人都能保持5000元以上的月收入，而何娜自己，除了公司，还购置了繁华地段两套房产和一辆雪铁龙，成为名副其实的中产阶级。

资料来源：《当代青年·我赢》，作者：容子，2011-02-11.

针对这一新行业，砍价公司的出现反映了市场的不规范及信息的不对称。它的出现客观上是有一定积极作用的，因为这从某种程度上剥夺了部分卖方的超利润，从而促使了卖方及时调整规范价格。

知识引入

一、信息不对称

1. 信息不对称的含义

信息不对称理论是指在市场经济活动中，各类人员对有关信息的了解是有差异的；掌握信息比较充分的人员，往往处于比较有利的地位，而信息贫乏的人员，则处于比较不利的地位。

2. 信息不对称的作用

①该理论指出了信息对市场经济的重要影响。随着新经济时代的到来,信息在市场经济中所发挥的作用比过去任何时候都更加突出,并将发挥更加不可估量的作用。

②该理论揭示了市场体系中的缺陷,指出完全的市场经济并不是天然合理的,完全靠自由市场机制不一定会给市场经济带来最佳效果,特别是在投资、就业、环境保护、社会福利等方面。

③该理论强调了政府在经济运行中的重要性,呼吁政府加强对经济运行的监督力度,使信息尽量由不对称到对称,由此更正由市场机制所造成的一些不良影响。

3. 信息不对称理论的重要启示

①充分认识新经济的特点,高度重视信息对未来经济社会可持续发展的重大影响。我们正在进入由信息业推动,以生命科学、超级材料、航天技术等新知识和新技术为基础的新经济时代。这是一个充满不确定性、高利润与高风险并存、快速多变的"风险经济"的时代。在这个时代里,市场经济中的信息不对称现象比比皆是,问题的关键是各行各业的决策者怎样努力掌握与了解比较充分的信息,研究生产力发展的规律和趋势,把握住经济、技术和社会的发展动向。可以预见,在新经济时代,过去的"大鱼吃小鱼"将不再是一般规律,取而代之的将是"快的吃慢的""信息充分的吃信息不充分的",速度是新经济的自然淘汰方式。只有及时掌握比较充分的信息,才能胸有成竹,变不确定为确定,认准方向,加快发展。

②在政府职能转变的过程中,应注意政府对经济运行发挥作用的方式、方法的研究。市场经济不排除政府对市场的干预,关键是要研究什么地方需要干预,用什么手段干预以及怎样干预,才能完善和发展市场经济。经济手段、法律手段和行政手段的运用,都应以相关信息的收集、研究为前提,一切唯书、唯上、照抄、照搬是不行的。特别是加入 WTO,与国际接轨后,在利用市场法则方面,我们处于信息不充分的不利地位,更应早做准备,尽量避免或少走弯路。

③重视信息资源的开发利用工作,扶持信息服务业的发展。要不断地发掘信息及其他相关要素的经济功能,并及时将其转化为现实的信息财富,努力开拓其在经济社会发展中的用途。

要克服知识和观念方面的障碍,树立正确的信息意识。目前,世界上经济发达国家都把占有、开发和利用信息资源作为一项基本国策,对信息资源的开发利用工作十分普及。信息业就业人数占全社会就业人数比重,美国、欧共体国家已经超过50%,澳大利亚、日本也接近50%。相比之下,我国尚处于起步阶段。为此,应积极采取措施,促进信息市场体系的构造和形成,大力扶持信息服务业的发展。特别对高新技术领域的技术信息和经济信息资源开发利用工作,更要组织自然科学和社会科学方面的专家学者,只争朝夕,知难而上,奋力开拓,努力争创高新技术的新优势,以此带动整个经济社会的发展。

二、逆向选择

在现实的经济生活中，存在着一些和常规不一致的现象。本来按常规，降低商品的价格，该商品的需求量就会增加；提高商品的价格，该商品的供给量就会增加。但是，由于信息的不完全性和机会主义行为，有时候，降低商品的价格，消费者也不会做出增加购买的选择，提高价格，生产者也不会增加供给的现象。所以，叫"逆向选择"。

随着个人购买家庭轿车的数量逐渐增多，汽车保险业务近年增长得很快。可是由于车多路窄，新手又多，汽车交通事故比原来增加很多。这些购买了汽车保险的人由于有了保险，开起车了跟开坦克似的，横冲直撞，反正汽车坏了有保险公司负责修理。更有人经常酒后开车，把握不住；还有的是开车精力不集中，甚至打瞌睡。结果就是汽车交通事故频繁发生，致使保险公司收取的保险费不够赔付汽车修理公司的汽车修理费。两年下来，中原保险公司已经在汽车保险项目上赔了几百万。从2008年1月开始，曹丕召开公司董事会，讨论汽车保险业务的问题。通过分析，大家一致认为，汽车保险业务亏损的主要原因是保险费收取得比较低，结果就造成了收入不抵支出。要解决这一问题，唯一的办法是提高保费的额度，否则会一直亏损下去。最后的决议是提高保险费。中原保险公司的这一决策不仅没有收到预期的效果，反而使汽车保险的保费收入开始出现下降。这是他们的决策者们所始料不及的。他们不知道在经济行为中存在着逆向选择。这种逆向选择告诉我们，愿意购买保险的人常常是最具有风险的人，而收取较高保险价格会阻止具有较低风险的人购买保险。保险公司的保费收得高，出险率低，你进一步提高保险价格，干脆不买保险了。这种逆向选择效应的根源在于保险公司所掌握的信息是不完全的。尽管公司也知道，在它的顾客中有些肯定比其他人具有更低的风险，但它不能确切知道谁是风险低的人。也就是说，保险公司知道个人之间肯定存在差别，应该努力把他们划分为较好的和较差的风险类别，并征收不同的保险费。但是它做不到，因为它不能知道哪些人是高风险的，哪些人是低风险的。凡是那些积极买保险的人都是容易出险的人，因为他们容易出事故，所以常常渴望购买保险，以便出险之后有保险公司为他们付费。而出险概率较低的人则往往犹豫不决，如果保险价格提高了，反而会把他们首先拒之门外。这就是典型的逆向选择效应。提高保险价格导致那些事故倾向较小的人退出了保险市场，而高风险顾客比例的上升直接影响的是保险赔付的上升。

三、道德风险

道德风险(Moral Hazard)是指参与合同的一方所面临的对方可能改变行为而损害到本方利益的风险。

比如说，当某人获得某保险公司的保险，由于此时某人行为的成本由那个保险公司部分或全部承担。此时保险公司面临着道德风险。如果此人违约造成了损失，他自己并不承担全部责任，而保险公司往往需要承担大部分后果。此时某人缺少不违约的激励，所以只能靠他的道德自律。他随时可以改变行为造成保险公司的损失，而保险公司要承担损失的风险。

在经济活动中,道德风险问题相当普遍。获2001年度诺贝尔经济学奖的斯蒂格里茨在研究保险市场时,发现了一个经典的例子:美国一所大学学生自行车被盗比率约为10%,有几个有经营头脑的学生发起了一个对自行车的保险,保费为保险标的15%。按常理,这几个有经营头脑的学生应获得5%左右的利润。但该保险运作一段时间后,这几个学生发现自行车被盗比率迅速提高到15%以上。何以如此?这是因为自行车投保后学生们对自行车安全防范措施明显减少。在这个例子中,投保的学生由于不完全承担自行车被盗的风险后果,因而采取了对自行车安全防范的不作为行为。而这种不作为的行为,就是道德风险。可以说,只要市场经济存在,道德风险就不可避免。

那么,怎样产生的道德风险呢?由于企业中普遍存在的契约的不完备性和信息的非对称性,诱发了员工的机会主义行为。员工会尽可能选择以付出较少的努力换取较多的收入或报酬。假定经理目标是以利润最大化为准则的,那么他希望工人多努力以增加利润。如果契约是完备的、信息是对称的,个人的行为及目标选择都置于组织的监控之下.那么个人只有通过完成组织目标并在组织目标的约束下才能实现个人目标。但是,企业契约并不能明确规定未来所有各种可能出现的状态及各方的责任权利关系,经理并不能完全观测到员工的工作方式和努力程度。那么,对于一个理性的员工来说,他就有动机利用契约的"漏洞"和行为的不可观测性为谋求自身效用最大化而背离经理所希望的目标。工人可以采用偷懒或"磨洋工"的方式,甚至利用组织资源(如偷窃、泄露企业技术秘密等)为个人谋取福利。这样,个人目标偏离组织目标,人力资源道德风险也由此而生。

任务五　科斯定理:外部性

知识目标

外部效应含义;科斯定理的内容

能力目标

能用科斯定理分析实际问题

任务介绍

我国首例异地排污权交易

我国是燃煤大国,煤炭占一次能源消费总量近70%,随之而来的燃煤二氧化硫大气污染也相对较为严重。二氧化硫排放又引发了酸雨,对居民健康和生态系统都造成了重大影响。据测算,每年我国由酸雨导致的经济损失高达1100亿元人民币。为此,中国政府一直在寻找有效的防治办法,并在制度安排上取得了一定的成果。

1995年,我国首次将控制酸雨污染的条文列入《大气污染防治法》中。1998年1月,国务院首次批复了酸雨控制区和二氧化硫控制区(简称"两控区")的划分方案,并提出了酸雨和二氧化硫污染的控制目标。在《国民经济和社会发展"十五"计划》中,更是明确要求:"到2005年,主要排放物排放总量进一步削减,全国二氧化硫排放量在2000年的基础上将减少10%;'两控区'的二氧化硫排放总量在2000年的基础上削减20%。"

在这样的大背景下,中国政府开始努力借鉴国外先进经验,引进并在部分省市试行排污权交易。作为全国唯一的"两控区"省份,江苏是排污权交易的先行者。2002年9月30日,江苏省环保厅与省经贸委正式公布了国内第一部排污权交易办法——《江苏省电力行业二氧化硫排污权交易管理暂行办法》。此后不久,2003年1月中旬,江苏完成了首笔异地二氧化硫排污权交易。位于江苏太仓市的太仓港环保发电公司以340万的价格,向南京市下关发电厂购买为期两年的二氧化硫排污权。

太仓港环保发电有限公司是因苏州市电力需求缺口较大而兴建的一项骨干发电工程。该公司正处在扩大之中,需要扩建发电供热机组,公司的二氧化硫总量控制指标已没有余量,而公司每年仍要增加2000吨的二氧化硫排放量。由于国家对新建电厂二氧化硫排放总量的严格控制,太仓港环保发电有限公司计算发现,即使兴建了脱硫装置,每年仍要比国家规定的排放总量多排1700吨。而这样,环保部门就不会允许企业投产。与此同时,装机容量为25万千瓦的南京市下关发电厂通过引进先进的治理技术,使该厂每年实际排放的二氧化硫必环保部门核定的排污总量指标减少了3000吨。在有环保限制的情况下,太仓港环保发电有限公司的排污成本近乎无限高,而南京市下关发电厂剩余的排污指标却被闲置。通过排污权交易,正好将此"两难"变成了"双赢"——南京市下关发电厂获得了治理污染的经济补偿,太仓港环保发电有限公司为多排的污染支付了成本。

根据环保部门的测算,目前安装了脱硫设备的电厂每千克二氧化硫的治理成本在1~2元之间。在得到企业认可后,下关电厂的治理成本被定为1.6元/千克。同时,由于买方太仓港环保发电有限公司将增加排污量,按照规定,每千克二氧化硫的排放还将交纳0.6元的排污费。最后,转让价格确定为治污成本减去排污费,即1元/千克。根据买卖合同,从2003年7月起至2005年,太仓港环保发电有限公司每年将以此价格从南京市下关发电厂购买1700吨的二氧化硫排污权。2006年以后,双方根据当时的二氧化硫排污权交易市场行情,再行决定价格。

此次交易前,江苏省环保厅特地聘请了具有环境影响评估资格的第三方——南京电力环保研究所对本次交易进行了评估。评估内容主要是交易是否会对买入一方所在地造成新的污染以及交易双方是否符合条件等。概括而言,就是企业必须达标排放,并且不能突破排污总量。最终的成交价格也主要依据了评估单位提出的建议,并得到了交易双方的认可。

资料来源:复旦大学国际关系与公共事务学院学生根据有关资料整理。

知识引入

一、外部效应

1、外部效应的含义

外部效应又称为溢出效应、外部影响或外差效应，指一个人或一群人的行动和决策使另一个人或一群人受损或受益的情况。即社会成员(包括组织和个人)从事经济活动时其成本与后果不完全由该行为人承担。分为正外部性(positive externality)和负外部性(negative externality)。正外部性是某个经济行为个体的活动使他人或社会受益，而受益者无须花费代价，负外部性是某个经济行为个体的活动使他人或社会受损，而造成外部不经济的人却没有为此承担成本。

2、外部效应的分类

①生产中的负外部性

工厂在生产中所排放的污染物就是一种负外部性。它所造成的社会成本包括政府治理污染的花费，自然资源的减少，以及污染物对人类健康造成的危害。

②生产中的正外部性

教育是一种正外部性。完善的教育系统培育出的人才，会对社会建设作出贡献，这是对所有人都有益的。建设一栋造型美观的建筑，让这个地区的所有人都可以欣赏到这一道风景线，也是一种正外部性。

③消费中的负外部性

某人养了一只狗，这只狗喜欢每天夜里不停地叫。这个人由于习惯于夜生活，所以并不会对此感到困扰。可是他的邻居习惯于早睡，每天就会被狗的叫声弄得失眠，于是不得不花钱买安眠药。在这里养狗对于这个邻居就是一种负外部性。

④消费中的正外部性

以最近的例子来说，某人去注射了甲流疫苗，这场消费不仅对于他自己有好处，对他周围的人也有一定的好处，即接触到病毒的传染源减少。这也是一种正外部性。

二、外部性与资源配置

外部性可分为外部经济和外部不经济，即使在完全竞争的条件下，最终都会造成资源配置的不当，不能实现帕累托最优状态。

1、外部经济对资源配置的影响

外部经济对外带来的好处是无法得到回报的，因此外部经济说明物品的消费或生产的收益小于它应当得到的收益(社会收益)；也就是说物品的消费或生产的成本高于它应当支付的成本(社会成本)。外部经济导致具有外部经济的物品供应不足，如图 8－1 所示(私人需求量为 Qp < 社会需求量 Qs).

如果从社会中其他人得到的收益中拿出一部分补偿私人的损失，这种具有外部经济的物品供应就会增加,从而使整个社会得到更多的好处,及帕累托改进。

2、外部不经济对资源配置的影响

外部不经济对外带来的危害是无法进行补偿的。因此外部不经济说明物品的消费或生产的收益大于它应当得到的收益(社会收益);也就是说物品的消费或生产的成本低于它应当支付的成本(社会成本)。外部不经济导致具有外部不经济的物品供应过多,如图 8－2 所示(私人需求量为 Qp > 社会需求量 Qs)。

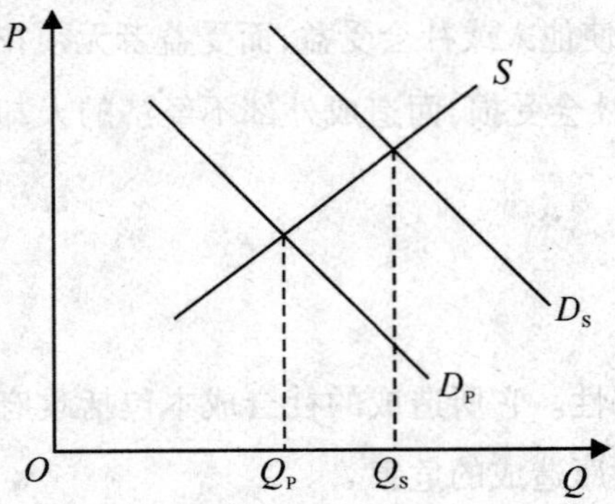

图 8－1 外部经济和资源配置

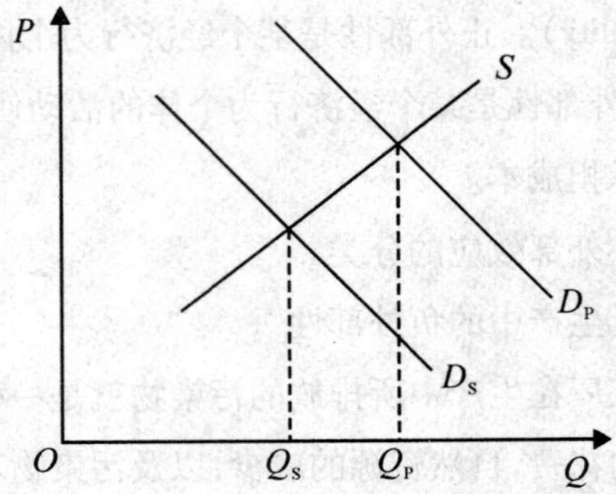

图 8－2 外部不经济和资源配置

如果从私人得到的收益中拿出一部分补偿其他人的损失,这种具有外部不经济的物品供应就会减少,从而使整个社会得到的好处增加,即帕累托改进。

三、解决外部效应的对策

1. 征税与补贴

任何一种经济活动都会对外部产生影响,比如说,汽车运输必然会产生废气污染环境,而植树造林发展林业就会形成改善环境的结果。这就是经济的外部性。如果说前者是"负外部性"的话,后者就应该被称作是"正外部性"。外部性扭曲了市场主体成本与收益的关系,会导致市场无效率甚至失灵,而负外部性如果不能够得到遏制,经济发展所赖以存在的环境将持续恶化,最终将使经济失去发展的条件。

所以,可以对负的外部性征收税费,对正的外部性给予补贴。征税可以抑制产生负的外部性的经济活动;补贴可以激励产生正的外部性的经济活动。政府对造成外部不经济的家庭或厂商征税,对造成外部经济的家庭或厂商进行补偿,直至社会的利益 = 私人的利益,或社会的成本 = 私人的成本,从而使资源配置达到帕累托最优。

2. 科斯定理

如果存在产权划分,交易成本较低且参与人数较少的时候,人们可以通过私下谈判来解决外部性问题。

3. 企业合并

将具有外部经济的企业和具有外部不经济的企业合并,从而使外部性"内部化",容易实现资源配置的帕累托最优。

四、科斯定理

科斯定理(Coase theorem)是由罗纳德·科斯(Ronald Coase)提出的一种观点,认为在某些条件下,经济的外部性或非效率可以通过当事人的谈判而得到纠正,从而达到社会效益最大化。关于科斯定理,比较流行的说法是:只要财产权是明确的,并且交易成本为零或者很小,那么,无论在开始时将财产权赋予谁,市场均衡的最终结果都是有效率的,实现资源配置的帕雷托最优。

科斯定理的精华在于发现了交易费用及其与产权安排的关系,提出了交易费用对制度安排的影响,为人们在经济生活中做出关于产权安排的决策提供了有效的方法。根据交易费用理论的观点,市场机制的运行是有成本的,制度的使用是有成本的,制度安排是有成本的,制度安排的变更也是有成本的,一切制度安排的产生及其变更都离不开交易费用的影响。交易费用理论不仅是研究经济学的有效工具,也可以解释其他领域很多经济现象,甚至解释人们日常生活中的许多现象。比如当人们处理一件事情时,如果交易中需要付出的代价(不一定是货币性的)太多,人们可能要考虑采用交易费用较低的替代方法甚至是放弃原有的想法;而当一件事情的结果大致相同或既定时,人们一定会选择付出较小的一种方式。

本章小结

市场不是万能的,市场运行的自身弱点主要是"市场失灵"问题。市场失灵指在有些情况下仅仅依靠价格调节并不能实现资源配置最优。市场失灵产生于公共物品、外部性和垄断。

知识巩固

1、简述市场失灵的原因。

2、简述解决外部效应的对策。

3、简述垄断带来市场失灵的表现。

4、简述公共选择理论的规则。

案例讨论

案例1:

钻石的价值

"钻石恒久远,一颗永流传"。经典的广告词彰显出钻石的尊贵典雅,一直以来,钻石都是奢华的象征,问及原因,大多数人都会回答:因为钻石少啊,物以稀为贵,稀有就值钱了呗。

可事实真是如此吗?如果你去询问地质学家,他将告诉你,钻石并非那么稀有。事实上,根据《上乘珍品和珠宝的道·琼斯 欧文指南》中所述,钻石"比其他具有宝石质地的有色石头更加普通。它们仅仅是被人感觉好像更为稀有"

为什么我们会觉得钻石比其他宝石稀有呢?部分原因在于钻石厂商出色的市场营销活

动,不断地向你灌输钻石稀有的信息,不知不觉你也就觉得钻石稀有了。其实,让你觉得钻石稀有的主要原因在于钻石开采公司戴比尔斯:这家公司控制了世界上绝大多数钻石矿脉,并且对一定时间内提供给市场的钻石数量加以限制,导致其垄断了全世界的钻石生产。

南非的戴比尔斯垄断组织由英国商人塞西尔·罗德斯创始于19世纪80年代。当时,世界的钻石主要是由南非的矿山供给,然而,存在许多互相竞争的采矿公司。在19世纪80年代,罗德斯买下了这些矿山的绝大部分,并把它们合并为一个公司——戴比尔斯。到1989年,戴比尔斯控制了世界上几乎所有的钻石生产。

为什么罗德斯把南非的钻石生产者们合并为一个公司?这使世界钻石市场发生了什么样的变化?答案就是使钻石的价格始终维持在一个垄断的价格。

垄断者是一种没有近似替代品的商品唯一的(或几乎是唯一的)生产者。当一个企业是垄断者的时候,其所处的行业为垄断行业。比如,戴比尔斯就是一个垄断者。

完全竞争和垄断都是特殊类型的市场结构。它们是一个市场体系中的两个特殊种类。完全竞争者们在既定的价格下出售产品,垄断者们的行为则不同。垄断者们知道自己的行动影响着市场价格,并在决定产量的时候考虑了这种影响。

垄断者通过减少供给量使得价格高于完全竞争状态下的价格,从而获得高额利润。塞西尔·罗德斯将钻石生产者们合并为戴比尔斯公司,因为他认识到总体的价值要比局部加总的价值更高,垄断产生的利润将高于单个竞争性公司的利润总和。

垄断者这种通过减少产量来使价格高于竞争水平的能力被称为市场势力,而且市场势力都与垄断有关,任何一个生产小麦的农民都不具有市场势力,他(或她)必须以现行的市场价格出售小麦。但你家的有线电视公司却具有市场势力,它能在提高价格的同时仍保留许多(尽管不是全部)客户,因为你没有其他选择,当地的有线电视公司就此一家,别无分号。换句话说,它也是一个垄断者。

其他企业不会对垄断者获取利润的行为视而不见,在高额利润的诱惑下它们会想方设法打破这种局面,采取和垄断者同样的行动,并最终压低价格和利润。但为什么利润没有因为竞争而消失?垄断持续存在的原因是什么?

垄断者能持续保持其垄断的地位,是因为其他企业进入不了它所在的行业,存在某种东西阻止其他企业进入,这种"东西"被称为进入壁垒。市场经济中,主要存在四种主要的进入壁垒:对稀缺资源或投入要素的控制、规模经济、技术优势和政府制造的壁垒。

案例2:

进一步促进中国电信行业竞争

中国电信业在20世纪90年代中期之前依旧处于邮电部的垄断经营之下。由于政企合一和高度垄断,整个行业机构臃肿、企业冗员、官僚主义等现象十分严重,导致产业效率低下,服务价格也居高不下。打破电信业垄断,成为政府改革者的共识。

截至目前,中国电信行业经历了三次重大改革。1994 年之前,中国电信行业完全由邮电部行政垄断经营。在这种完全垄断的状况下,难以满足企业和居民的通信需求。

电信业重组第一阶段:引入竞争

中国电信改革第一阶段为引入竞争阶段(1994 - 1997 年),在此阶段最主要的变化是 1994 年引入中国联通与从邮电部改制过来的中国电信进行竞争,改革后,电信行业形成了"双寡头"竞争格局。由于新进入的中国联通太弱小,以至于并不能形成真正的竞争格局,新进入者中国联通仅占中国电信市场份额的 1/267,难以对垄断者中国电信形成竞争威胁,因此,这一时期电信业依然保持着高度垄断,难以称为"双寡头"竞争。

电信业重组第二阶段:拆分改革

电信改革第二阶段为拆分改革阶段(1998 - 2007 年),这阶段中国电信业改革的初衷是实现电信部门分业竞争,即在移动和固定通信业务内部实现有效竞争,打破中国电信在中国电信市场上的垄断地位,主要采取拆分中国电信的方式推动改革,这次改革也是中国电信行业最大刀阔斧的改革。

第二阶段包括两次拆分。其中,第一次为纵向拆分。1999 年 2 月,中国电信拆分方案得到国务院批准,中国电信按照业务领域一分为四:新中国电信(固定业务)、中国移动(移动业务)、中国卫通(卫星通讯)和国信公司(寻呼业务),拆分出来的中国移动与中国联通形成了移动"双寡头"竞争。第二次为横向拆分。2002 年 5 月,中国电信固定网络按地域南北拆分,形成北方中国网通(北方 10 省)和南方中国电信(南方 21 省)的竞争格局。固网拆分后,允许各自在对方区域内建设本地电话网和经营本地固定电话等业务,双方相互提供平等接入等互惠服务。经过拆分重组,电信业形成了"5 +1"的竞争格局,为电信部门分业竞争奠定了基础。固定通信主要是中国电信、网通和铁通之间的同一业务竞争,移动通信是中国移动和联通的同一业务竞争。

从我们的研究结果来看,在这阶段中,电信业竞争主要表现为异质业务之间的替代竞争,背离了两次拆分实现分业竞争下同一业务内有效竞争的改革初衷。从两次拆分来看,第一次纵向拆分是为了实现移动有效竞争,第二次横向拆分是为了实现固网有效竞争。但是,实证结果显示,同一业务内的竞争绩效并不显著,因此两次拆分并没有实现改革初衷。令改革者始料不及的是,同业竞争效果没有达到,反而是拆分后所形成的异质业务竞争显著提高了移动电信业绩效。但这种绩效是在对固定替代基础上形成的,替代竞争意味着电信业内的"一荣一损"。最终,固网业务不断萎缩,中国移动"一家独大",整个电信市场结构处于失效的边缘。

为何分业竞争效果不理想呢?对于移动通信来说,中国联通进入移动市场前,中国移动已经垄断了市场;进入市场后不久,2002 年中国联通又投入了巨资开展 CDMA 业务,但并没有取得良好效果。结果,中国联通在网络规模、资金实力、客户服务等方面都落后于中国移动，因此，其无法与中国移动展开有效竞争，移动市场并不是严格意义上的“双寡头垄断”。对于固定通信来说，2002 年南北拆分后，中国电信和网通彼此进入，尽管略微降低了长途电话的价格，但是，对于其他绩效指标的影响并不显著。可能的解释是，固定网络依然属于强自然垄断行业，再加上两家固定电信企业通过制造互联互通障碍，阻挠对方企业在自己领地竞争，最终双方都难以在对方领地展开竞争，不得不在 2007 年初签订了《电信网通互不竞争协议》，为拆分后的竞争时代画上了句号，实质上又退回到各自垄断的改革起点。

电信业重组第三阶段：全业务重组

在中国电信行业“一家独大”的高度垄断格局下，中国电信和网通固定电话业务不断萎缩，为改变这种竞争失衡状况，2008 年开始，中央又对电信行业进行了重组，目的是允许中国电信进入移动通信领域，同时中国移动进入固定通信领域，实现全业务竞争。

第三阶段为全业务重组阶段(2008 年至今)。2008 年 5 月 24 日，工信部、发改委和财政部发布了《三部委关于深化电信体制改革的通告》，原 6 家基础电信运营企业重组为 3 家——中国电信收购中国联通 CDMA 网(包括资产和用户)，同时将中国卫通的基础电信业务并入；中国联通与中国网通合并；中国铁通并入中国移动。电信业重组为中国移动、中国电信和中国联通，形成了三分天下的竞争格局。电信业重组为优化市场格局奠定了基础，但由于我国电信市场的复杂性以及重组效果的滞后性，目前电信市场结构并无明显改善，甚至出现失衡加剧的现象。

2010 年，中国移动的电话用户和收入市场份额为 53.4% 和 56.2%，中国电信份额为 23.7% 和 25.3%，中国联通份额为 22.9% 和 18.5%。无论在用户还是收入市场上，中国移动依然“一家独大”，市场竞争格局改善不大。

电信行业垄断依然严重

电信行业经历了三次重大改革后，从完全垄断走向寡头竞争格局。但是，行业垄断状况依然严重，主要表现为：(1)整体行业竞争失衡，由于移动通信业务对固定通信业务的替代，中国移动占据着“一家独大”的位置；(2)在移动通信业务上，第三次重组改革后虽然形成了三家竞争的格局，且 3G 手机市场竞争加剧，但是无法改变中国移动的独大地位(2010 年其手机用户市场份额仍为 69.7%)；(3)在固定电话和宽带市场上，中国电信和中国联通在南北几乎保持着垄断，而中国移动不到 8% 的市场份额，难以对垄断者构成竞争威胁。因此，在移动市场上，中国移动“一家独大”，使得其在市场上成为领导者，具有较强的定价权，这种不充分竞争导致了中国手机资费依然偏高，中国移动获取了较高的垄断利润；在宽带市场上，中国电信和中国联通南北垄断，几乎不存在竞争者，因此，宽带市场上的垄断程度更高，垄断者具有很强的价格支配权。这就出现了国际宽带资费都在下降的情况下，中国宽带资费反而一直维持着较高的价格。中国电信行业仍然是政府管制下的强垄断市场，其强垄断状况将电信资费维持在较高的水平，不仅降低了社会福利，而且阻碍了信息通信业发展，甚至作为基础性行业,影响了中国经济增长。

根本出路:实现行业市场竞争

如何改变当前电信行业的垄断状况,让老百姓享受到更加合理的电信资费?单纯依靠反垄断调查,实现价格规制,并不是长久之策;唯有打破垄断,实现行业市场竞争,才是根本出路。

就此,我们提出以下政策建议。(1)借助三网融合实现宽带竞争。世界电信业正从分业经营向全业务经营过渡,我们认为,应该顺应世界电信发展趋势,实现电信网、互联网和广电网三网融合,允许广电进入宽带市场,形成宽带市场竞争。(2)通过"分享规制"打破宽带的自然垄断,强制在位垄断者共享其网络,允许其他所有制运营商进入,这是打破电信宽带竞争最有效的办法。(3)在移动领域应该继续强化竞争,降低市场集中度,采取非对称管制,辅以单向可携带号码、通信基础设施共享等方式,增强移动通信业务的竞争。(4)固网由于自然垄断性依然存在,并且受到移动竞争替代,业务有萎缩趋势,再强调固定业务内部竞争意义不大,因此,应该注重与移动网络、宽带网络融合基础上的竞争。

资料来源于:2012 年 5 月 7 日《中国社会科学报》第 300 期。

项目九　国民收入决定理论

开篇案例

2012 年世界各国 GDP 实力排名，中国强势拉开与日本的距离

第一名：美利坚合众国。GDP 二次估算值为 150 944 亿美元，同比名义增长 3.9%，实际增长 1.7%，增量 5689 亿美元，人均 48 373 美元。

第二名：中华人民共和国（大陆地区）。GDP 初步核算数为 73 011 亿美元，同比名义增长 23.1%（美元计价名义增长，以下国家名义增长均为美元计价增长），实际增长 9.2%（本币实际增长，以下国家实际增长率均为本币），增量 13 699 亿美元，人均 5432 美元。

第三名：日本国。GDP 初次速报值为 58 685 亿美元，同比名义增长 6.9%，实际下降 0.9%，增量 3782 亿美元，人均 45 912 美元。

第四名：德意志联邦共和国。GDP 初值 35 786 亿美元，同比名义增长 9.0%，实际增长 3.0%，增量 2951 亿美元，人均 43 760 美元。

第五名：法兰西共和国。GDP 初值 27 781 亿美元，同比名义增长 8.5%，实际增长 1.7%，增量 2176 亿美元，人均 42 625 美元。

第六名：巴西联邦共和国。GDP 初值 24 746 亿美元，同比名义增长 15.5%，实际增长 2.7%，增量 3312 亿美元，人均 12 863 美元。

第七名：大不列颠及北爱尔兰联合王国。GDP 二次估值 24 212 亿美元，同比名义增长 7.0%，实际增长 0.8%，增量 1589 亿美元，人均 38 630 美元。

第八名：意大利共和国。GDP 初值 21 996 亿美元，同比名义增长 6.8%，实际增长 0.4%，增量 1405 亿美元，人均 36 215 美元。

第九名：俄罗斯联邦。GDP 初值 18 496 亿美元，同比名义增长 24.4%，实际增长 4.3%，增量 3627 亿美元，人均 12 939 美元。

第十名：印度共和国。GDP 初估 18 393 亿美元，同比名义增长 14.1%，实际增长 7.3%，增量 2267 亿美元，人均 1530 美元。

第十一名：加拿大联邦 2011 年，加拿大名义 GDP 折合 17 378.01 亿美元，较上年的 15 768.30亿美元增加 1609.71 亿美元，增长 10.2%（本币升值 4.2%），人均名义 GDP 约为 50 674 美元。

第十二名：西班牙王国。西班牙 GDP 初值 10 733.83 亿欧元(14 941 亿美元)，同比增长 0.7% 人均 31 610 美元。

第十三名：澳大利亚联邦。GDP 折合 14 889.69 亿美元，名义增长 19.6%，实际增长 2.2%。

第十四名:墨西哥合众国。名义国内生产总值为 11 535.66 亿美元,同比增长 11.3%;按可比价格计算,同比增长 3.9%。

第十五名:大韩民国。2011 年名义国内生产总值为 11 171.47 亿美元,同比增长 10.1%;按可比价格计算,同比增长 3.6%。

在新闻中,我们总是能听到 GDP 这个词,那么到底什么是 GDP 呢? 各国的 GDP 又是怎么得出来的呢?

任务一　牛粪创造的 GDP:国民收入核算

知识目标

了解整个社会经济活动的国内生产总值、国内生产净值、国民收入、个人收入和个人可支配收入等

理解国民收入核算中五个总量的关系

掌握 GDP 核算方法

能力目标

能运用国民收入核算方法计算简单的 GDP

任务介绍

有个很著名的关于经济学家的笑话:说的是经济学家甲与经济学家乙一起散步,忽然发现路上有一堆牛粪,经济学家甲对经济学家乙说:"我给你 100 万元,你把这堆牛粪吃了。"经济学家乙吃了牛粪,经济学家甲给了乙 100 万元。二人继续前行,又看见路上有一堆牛粪,经济学家乙对经济学家甲说:"你也把这堆牛粪吃了,我给你 100 万元。"经济学家甲吃了牛粪,经济学家乙也付给经济学家甲 100 万元。事后,二位经济学家感叹:"我们二人什么也没到,可每人都吃了一堆牛粪。"就在二人伤心之余,忽然他们又高兴起来了:"我们为 GDP 作出了 200 万元的贡献。"

这个笑话确实令人喷饭,而仔细一想,似乎里面的经济学家的理论都有道理,但我们知道实际的统计工作却不可能如此展开,那么蹊跷出在哪里呢? 这个笑话后面又有什么东西值得探寻呢?

这个笑话荒唐在哪里呢? 其实不荒唐。从严格的意思上来讲,笑话中的经济学家是正确的:他们创造出了 200 万元的 GDP(不考虑税收等因素)。我们可以把吃牛粪的行为视为一种劳务合同,那么,虽然这种劳务的定价似乎高了点(吃一堆牛粪 100 万元),但它完全符合 GDP 的定义,也应当被统计入 GDP。

那么,如果这个笑话不荒唐的话,现实生活中可以用这种方法来创造 GDP 吗? 不可行,尽管很多地方官僚实际上采用的办法和这个笑话一模一样。为什么呢? 我们花钱购买产品

或劳务,是为了投资而获得将来的产出(消费也可视为对自我的投资,以便获得将来的回报),而吃牛粪这样的投资行为,无法获得将来的任何回报(甚至可能是负回报),不但如此,它还挤占了对其他有回报投资的资金需求,抑制了正常的投资活动,所以,以吃牛粪来增加GDP,从经济学的意义上讲,是典型的短视行为。

但是,在现实生活中,并不鲜见这样的例子:例如某些政府项目,把一块地反复刨开又回填上,这就是现实经济中的吃牛粪行为。

资料来源:《经济金融手札》

知识引入

一、国民生产总值与国内生产总值

宏观经济学研究整个国民经济活动,而整体的国民经济状况又是通过一系列国民收入总量指标来反映的。在各种总量指标中,衡量一个经济活动的基本总量是国内生产总值。

(一)国内生产总值的概念

国内生产总值(Gross Domestic Product,GDP),是指一个经济社会(一个国家)在某一给定时期内(通常指一年)运用生产要素所生产的全部最终产品(包括产品和劳务)的市场价值的总和。理解这一定义时,应注意以下几点。

第一,GDP是一个市场价值的概念。各种最终产品的价值都是用货币加以衡量的,产品市场价值就是用这些最终产品的单位价格乘以相应的产量然后加总而成的。因此,GDP的数值不仅受到计算时期产量变动的影响,也受到计算时期价格水平变动的影响。例如,某国一年生产20万件上衣,每件上衣售价为40美元,则该国一年生产上衣的市场价值就为800万美元。

第二,GDP测度的是最终产品价值,计算时不包括中间产品价值,以免重复计算。所谓最终产品(Finished Goods)是指最后供人们消费的产品,在现实经济中,许多产品难以区分是最终产品还是中间产品,故常运用增值法,即只计算在生产各阶段上所增加的价值,因为各生产阶段上增加价值之和等于最终产品价值。

第三,构成GDP的最终产品不仅包括有形产品,而且包括无形产品。在社会的三种产业中,第一、第二产业提供物质的最终产品的价值是构成国民生产总值的主要部分,第三产业提供的是劳务,虽然劳务无形,但却是社会经济发展不可或缺的部分,因此第三产业所提供的劳务的价值也应计入国民生产总值之中。创造国民生产总值的最终产品的行业不仅包括农业、工业和建筑业,还应包括流通部门、服务部门、社会发展部门(教育、文化、卫生、体育、广播电视、科学研究和社会福利事业等)以及社会公务部门。

第四,国民生产总值是最终产品的市场价值的总和。因此,那些只是为满足生产者自身需要而生产的非商品性产品,以及其他没有通过市场的买卖而直接进入消费过程的商品,由于没有市场价格,也就不能计入国民生产总值。

第五,GDP 是一个时期指标,反映的是一个流量的概念。统计指标根据其反映的时间状态不同,可以分为时期指标和时点指标。时期标是反映事物总体在某一段时期内活动过程的总量指标,是流量方面的指标,而时点指标则是反映事物总体在某一时间(瞬间)上状况的总量指标,是存量方面的指标。

第六,GDP 是按"国民原则"计算的。由于现代社会经济的开放性,生产要素的国际间流动日趋频繁,于是为避免国与国之间重复计算,国民民生产总值一般只计算本国常住居民所生产的最终产品价值。常住居民包括:

(1)居住本国的本国公民;(2)暂住在国外的本国公民;(3)常住在本国但未加入本国国籍的居民。其他类型居民在国外或国内所生产的产品的价值则不计入本国的 GNP 中。

与国民生产总值相关的一个总量指标是国内生产总值(Pross Domestic Product,GDP)国内生产总值是指一国在一定时期内(通常是一年)在本国境内生产的最终产品的市场价值的总和。GDP 的计量按照"国土原则"。

国民生产总值(GNP)和国内生产总值(GDP)的不同在于二者计算的依据准则不同,前者是按"国民原则"计算的,后者是按"国土原则"计算的。也即,GNP 是一国居民所拥有的劳动和资本所生产的总产出量,而 GDP 则是一国境内的劳动和资本所生产的总产出量。由此可以得出 GNP 与 GDP 的关系:

GNP = GDP + 本国公民在国外生产的最终产品的价值 - 外国公民在本国生产的最终产品的价值 = GDP + 国外净要素收入

例如,一个在中国工作的美国公民收入要计入美国的 GNP 中,但不计入美国的 GDP 中,而应计入中国的 GDP。反之,一个在美国制造业中开设公司的中国老板取得的利润是中国 GNP 的一部分,不是美国 GNP 的一部分。因此,若某国一定时期内的 GNP 超过 GDP,说明该时期该国公民从外国获得的收入超过了外国公民从该国获得的收入,而 GDP 超过 GNP 时,说明的情况正好相反。

知识链接

我国的 GDP 是如何确定的呢

国家统计局每年公布 GDP 数据是怎么得到的呢?据国家统计局专家讲,我国的 GDP 计算需要经过以下几个过程:初步估计过程、初步核实过程和最终核实过程。初步估计过程一般在每年年终和次年年初进行。它得到的年度 GDP 数据只是一个初步数,这个数据有待于获得较充分的资料后进行核实。初步核实过程一般在次年的第二季度进行。初步核实所获得的 GDP 数据更准确些,但因仍缺少 GDP 核算所需要的许多重要资料,因此相应的数据尚需要进一步核实。最终核实过程一般在次年的第四季度进行。这时,GDP 核算所需要的和所能搜集到的各种统计资料、会计决算资料和行政管理资料基本齐备。与前一个步骤相比,它运用了更全面、更细致的资料,所以这个 GDP 数据显得就更准确些。

此外,GDP 数据还需要经过一个历史数据调整过程,即当发现或产生新的资料来源、新的分类法、更准确的核算方法或更合理的核算原则时,要进行历史数据调整,以使每年的 GDP 具有可比性,这是国际惯例。如美国在 1929 年至 1999 年之间就进行过 11 次历史数据调整。总之,每个时段公布的 GDP 都有其特定阶段的含义和特定的价值,不能因为在不同时间公布的数据不同,而怀疑统计数据存在问题。

资料来源:圣才学习网——宏观经济学

二、国民收入核算的基本方法

世界各国核算国民生产总值的方法不完全相同,其中主要有支出法和收入法两种,其中支出法又称产品流量法,收入法又称收入流量法或要素成本法。

(一)支出法

这种方法是从产品的使用出发,把一定时期内购买各项最终产品的支出加总计算出该时期生产出的最终产品的市场价值之和。如果用 $Q_1, Q_2, \cdots, Q_n$ 代表各种最终产品的数量,用 $P_1, P_2, \cdots P_n$ 代表各种最终产品的价格,则支出法表示的国民生产总值为:

$$GNP = P_1Q_1 + P_2Q_2 + \cdots + Q_n \cdot P_n \tag{9-1}$$

在统计上,用于购买最终产品的全部支出可分为个人消费、投资、政府购买、净出口四项。

个人消费支出包括购买耐用品、非耐用品,劳务支出(如医疗、旅游等),但建筑住宅的支出不包括在内,而归入固定资产投资中。

投资支出是指增加或替换资本资产的支出。如厂房和住宅建筑、机器设备以及存货。投资包括固定资产投资和存货投资两大类。固定资本投资是指新厂房、新设备、新商业用房以及新住宅的增加。存货投资是企业掌握的存货价值的增加(或减少)。存货投资可能是正值,也可能是负值,因为年末存货价值可能大于也可能小于年初存货。

政府购买支出是指政府对商品和服务的购买支出,包括政府对国内生产的产品和服务、国外生产的产品和服务的购买。政府购买支出仅仅是政府支出的一部分,政府支出的另一部分为政府转移支付。在国民收入核算中,政府转移支付不计入国民生产总值,原因是政府转移支付只是收入的转移,而没有发生相应的产品和劳务的交换。

净出口是指劳务和货物进出口差额。用 X 表示出口,M 表示进口,净出口就是 $X-M$。如果用 C 表示个人消费支出,I 表示投资支出,G 表示政府购买支出,$X-M$ 表示净出口,则用支出法计算的国民生产值为:

$$GNP = C + I + G + (X - M) \tag{9-2}$$

(二)收入法

计算 GNP 的第二种方法被称为收入法,即通过把所有生产要素在生产中所得到的收入相加来计算 GNP 的方法。这些收入有:劳动所得的工资、土地所得的地租、资本所得的利

息,以及企业所得的正常利润和政府的税收等。用收入法核算国民生产总值应包括以下项目:

1. 工资、利息和租金。从广义上讲,工资包括所有工作的酬金、补助和福利费(含必须缴纳的所得税和社会保险)。利息,指人们储蓄的货币资金在本期的净利息收入。它不包括个人间因借贷关系而发生的利息和政府公债利息。租金,主要指个人在出租土地等资产时的租金收入。

2. 业主收入。这里的业主是指不受人雇佣的独立生产者,如医生、律师、农民等。他们的工资、利息、地租和利润往往混在一起作为业主收入。

3. 公司税前利润。包括公司所得税、社会保障税、股东红利以及公司未分配利润。

4. 企业转移支付和企业间接税。企业转移支付指公司企业对非营利组织的慈善捐款和消费者赊账。企业间接税指企业缴纳的货物税、销售税、周转税等。

5. 资本折旧。折旧虽不是生产要素收入。但它会冲减其他收入项目,所以也应将其计入国民生产总值内。将上述前三个项目加总(即工资、利息和租金 + 业主收入 + 公司税前利润),即可获得狭义国民收入(National Income)指标;在此基础上,再加上企业转移支付和企业间接税,即获得国民生产净值(Net National Product)指标;最后,将上述五项加总,即为 GDP。

(三)部门法

部门法又称生产法,它是按生产物质产品和提供服务的所有部门的产值来计算国内生产总值的方法,反映出国民收入的来源。国民经济活动各个部门存在着错综复杂、纵横交错的投入和产出关系,要避免重复计算,像支出法一样,各部门应该把使用的中间产品价格扣除,只计算新增加的价值。物质生产部门、商业、服务业都要按增值法计算,同时,按西方核算体系,卫生、教育、行政等部门也创造国民收入,把其获得的工资收入加总计入国内生产总值。

用生产法计算国内生产总值时,各部门都应该扣除使用的中间产品的价值,只计算本部门的附加值,也就是本部门销售产品所得的收益减去从其他部门购买的商品和劳务的价值后的余额作为其国内生产总值,这样就避免了部门间的重复计算。

用公式表示如下:

$$\text{增加值} = \text{总产出} - \text{中间消耗}$$

$$GDP = \text{各行业增加值总和} \tag{9-3}$$

(四)支出法与收入法的一致

1. 产出等于支出。这是因为最终产品的销售收入,就是最终产品购买者的支出。例如,生产了一件上衣卖 60 美元,就是购买上衣的消费者支出了 60 美元。这 60 美元就是生产和经营上衣的五阶段厂商(棉农、纱厂、织厂、制衣厂及售衣商)创造的价值即产出。上衣是这样，千千万万最终产品生产都是这样。因此，从社会看，总产出就总等于购买最终产品的总支出。然而，假定社会某年生产了2万亿美元最终产品，只卖掉1.8万亿美元，总产出又怎么说等于总支出呢？在西方国民收入核算中，这部分未卖掉的0.2万亿美元仍然被看作是本企业在存货方面的投资支出，作为存货投资。由于企业把存货变化也看作是自己购买自己产品的投资支出，因此，上面所说的总支出就不是1.8万亿美元，而是2万亿美元。

2.产出等于收入。假定厂商生产一件衣服价值600美元，因为产品的价值实际上是生产该产品所投入的生产要素共同创造的，因而要转化为这些要素的报酬，即工资、利息、地租和利润。假定工资是300美元，利息是100美元，地租是100美元，则剩余的100美元就是利润（再次我们将剩余的报酬都算作利润）。衣服如此，千千万万的最终产品也是如此。正由于我们将剩余的报酬都算作利润，因此，从整个经济来看，总产出总等于总收入。具体地说，总产出＝工资＋利息＋地租＋利润。

综上所述，GDP可用支出法和收入法两种不同的方法来核算，它们所得的结果是一致的。我们可从图9－1中理解（为说明GDP统计的不同方法，不妨先假定一个简化的经济社会，不存在政府和外贸部门，也没有投资）。在环形图上部，人民支出货币购买最终产品，其花费的货币流量加总即是以支出法计算出的GDP；在环形图下部，产出成本的流量加总即是以收入法计算出的GDP。因此，从理论上来说，两种方法衡量的GDP必然相等。但在实际核算中经常会出现误差，因而在实际核算时要加上一个统计误差。

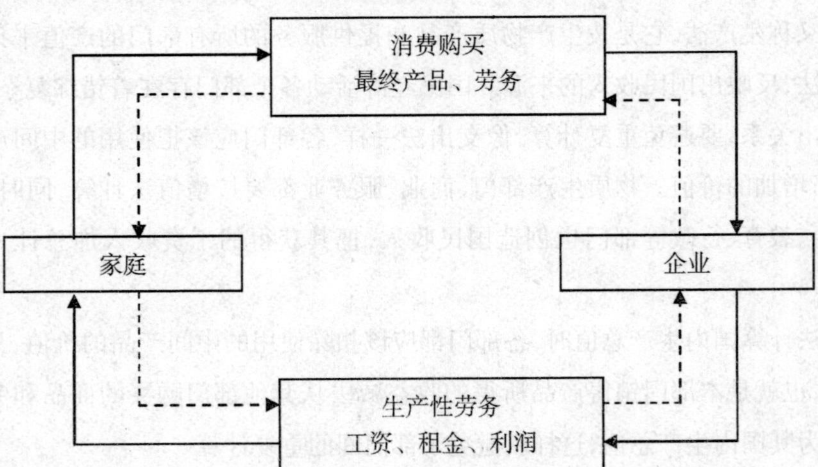

图9－1　宏观经济环形图

（实线代表货币的流动，虚线代表商品和劳务的流动）

知识链接

我国GDP的计算

GDP是英文gross domestic product的缩写，意为国内生产总值，指的是一国（或地区）一年以内在其境内生产出的全部最终产品和劳务的市场价值总和。作为衡量一个国家（或地区)综合实力的重要指标,GDP是怎么计算出来的呢?

要问一个国家(或地区)的经济生活水平是提高了,还是降低了,自然就是要计算这个国家(或地区)所取得的产品与服务的数量。为了使我们能够把所有的产品与服务的数量用一个数字来表达,经济学家想到了各种产品和服务的价格这一数字。因为所有的商品或服务都有价格,可以用价格来叠加。比如说,一杯饮料是5元钱,理一次发是10元钱,等等。不过,同一商品或服务的价格会变化。比如,一台21英寸彩电的市价,两年前也许是3000元,现在可能只要1500元。如果单从货币数量来看是减少了一半,但从实物的效果来看,仍然还是一台21英寸彩电。所以,我们在利用商品的价格来计算其数量的变化时,还必须考虑到价格变化的因素即物价变化水平,并做出相应的调整。按照这个原理,如果我们要比较一个人今年的经济生活水平相对去年的变化情况,一个简单的方法就是计算出他去年全年收入多少(假定为2万元),然后,计算他今年全年收入是多少(比如是2.4万元),再计算出今年物价水平比去年变化了多少(假定上涨了5%)。这样剩下的就是简单的算术问题了:今年的2.4万元,扣除物价因素的话,相当于去年的2.29万元(2.4÷1.05),再以这一数字除以去年的2万元,就可以知道此人实际的生活水平,今年比去年是提高了14.5%。

将同样的计算方法运用到计算一个国家(或地区)的经济生活水平上,就可以得出GDP数字。我国是从1985年开始计算国内生产总值的。在具体的核算过程中,基本上是按国际通行的核算原则,即对各种类型资料来源进行加工计算得出的。主要资料来源包括三部分:第一部分是统计资料、国务院有关部门的统计资料等;第二部分是行政管理资料,包括财政决算资料、工商管理资料等;第三部分是会计决算资料,包括银行、保险、航空运输、铁路运输、邮电通信系统的会计决算资料等。近年来,统计资料在越来越多的领域是采用抽样调查方法和为避免中间层次干扰的超级汇总法来获得的。

可能有人会问,我国不同时期发布的同一年的国内生产总值数据往往是不一样的,这是为什么呢?因为GDP的计算需要经过以下三个过程:初步估计过程、初步核实过程和最终核实过程。在初步估计过程中,某年的国内生产总值是在次年的年初,依据统计快报进行初步估计得出的。统计快报比较及时,但范围不全,准确性不很强。初步估计数一般于次年2月底发表。其次是在次年第二季度,利用统计年报数据对国内生产总值数据重新进行核实。年报比快报统计范围全,准确度也高,采用这类资料计算得到的国内生产总值数据是初步核实数。但工作并没有就此结束。因为核算除了大量统计资料外,还要利用诸如财政决算资料、会计决算资料等大量其他资料,这些资料一般来得比较晚,大约在第二年10月左右才能得到,所以在第二年年底的时候,根据这些资料再做一次核实,叫最终核实。最终核实数在隔一年的《中国统计年鉴》上发布。三次数据发布后,如果发现新的更准确的资料来源,或者基本概念、计算方法发生变化,为了保持历史数据的准确性和可比性,还需要对历史数据进行调整。正因为如此,才会出现GDP数字的不断变化。

GDP 统计本身也有一定的缺陷和偏差,主要表现在,使 GDP 增长的原因主要来自两个方面:一是正面因素,即社会的进步,科技发展,生产要素投入的增加,促进了生产的发展,使 GDP 增长;二是为消除负面影响而进行的生产活动,也可以促进 GDP 的增加,例如不清洁生产造成环境污染、水土流失,而治理环境污染的生产活动又形成新的 GDP。GDP 没有将正面的建设性和负面的破坏性活动区别开来,忽略了自然资源方面出现的稀缺,而这已经危及经济可持续发展所需维持的生产力水平。GDP 也没有明确考虑主要由污染而导致的环境质量下降,以及随之而来的对人类健康和财富的影响,甚至把对自然资源的掠夺性利用作为生产的增加来加以核算。为克服这种种弊端,才有学者提倡以"绿色 GDP"作为更为全面的经济指标来衡量经济发展水平。

中国的 GDP 的核算方法主要是生产法(production approach)。国家统计局的解释是用生产法核算 GDP 更符合中国国情。但是统计局在统计年鉴上也会公布支出法(expenditure approach)核算的 GDP,以及收入法(income approach)核算的地区 GDP。支出法和生产法核算出来的 GDP 会有一些差异。近些年来,每次国家统计局公布按生产法核算的季度 GDP 的数字时,也会公布最终消费,资本形成以及净出口对 GDP 的贡献率,这些都是支出法的核算项目。

任务二　国民收入核算中的其他总量

一、国民收入核算的五个总量

除了上面讨论的宏观经济学中极为重要的指标:国民生产总值(GNP)之外,国民收入核算的总量指标还包括国民生产净值(NNP)、国民收入(NI)、个人收入(PI)和个人可支配收入(PDI)。

(一)国民生产净值(Net Domestic Product, NDP)

NDP 是指一个国家在一定时期内(通常是一年)新增加的价值,等于国内生产总值中扣除当年消耗掉的资本(折旧)后的价值余额,任何产品的价值中不但包含消费掉的原材料、燃料等的价值,还包含使用的资本设备的折旧。只有扣除了资本折旧,才是真正的新增价值。GDP 与 NDP 的区别体现在总投资额与净投资额的差额,可表示为

$$国内生产净值 = 国内生产总值 - 折旧 \tag{9-4}$$

(二)国民收入(National Income, NI)

NI 是指一国生产要素在一定时期内提供服务所获得的报酬总和,即工资、利息、租金和利润的总和。如果说 GNP 和 NNP 是从生产的角度来表示一国在一定时期内所提供的最终产品和劳务的价值总和,那么 NI 就是从分配的角度表示一国在一定时期内从这些产品和劳务中所得的。以要素成本计算的收入总和。国民收入的核算用公式表示为

$$国民收入 = 国民生产净值 - 企业间接税 + 政府津贴 + 来自国外净收入 = 工资 + 租金 + 利润 + 利息 + 津贴 + 国外净收入 \tag{9-5}$$

（三）个人收入（Personal Income，PI）

个人收入是指一国在一定时期内个人所得的收入的总和。个人收入与国民收入是两个不同的指标。首先，国民收入中有三个主要项目即公司未分配利润、公司所得税和社会保险税不会成为个人收入。其次，个人所获得的实际收入中有一部分不是要素收入，没有被列在国民收入指标中，如转移支付，政府对个人支付的失业保险金、退休金和公债利息等；利息调整，即不包括在上述利息净额之中的个人利息收入。公式表示为

个人收入 = 国民收入 -（公司未分配利润 + 公司所得税 + 公司和个人缴纳的社会保险费）+（政府对个人的转移支付 + 企业对个人的转移支付 + 政府对个人支付的利息）= 工资和薪金 + 企业主收入 + 个人租金收入 + 个人利息收入 + 政府和企业对个人的转移支付 - 公司和个人缴纳的社会保险费　(9-6)

（四）个人可支配收入（Disposable Personal Income，DPI）

DPI 是指一国在一定时期内（通常是一年）个人可支配的全部收入。它是个人收入减去个人所得税和其他非税收性支付的余额。核算公式为：

个人可支配收入 = 个人收入 -（个人所得税 + 非税支付）= 个人消费支出 + 个人储蓄　(9-7)

上述国民收入核算中的指标，与国民生产总值一起构成五大总量指标，它们的关系如下：

$NDP = GNP$ - 折旧

$NI = NDP$ - 间接税

$PI = NI$ - 公司未分配利润 - 企业所得税 + 政府转移支付 + 政府向居民所支付的利息

$PDI = PI$ - 个人所得税

我们可以将上述内容用图 9-2 形象地表示出来。

二、实际国民生产总值与名义国民生产总值

国民生产总值是一个价值指标，它的变动必然会受到产量和价格两方面的影响。为了准确地反映国民生产总值的变化情况，特别是产量与价格各自变动对国民生产总值的影响，一般分别按现价和不变价格计算国民生产总值。于是就产生了名义国民生产总值和实际国民生产总值指标。按现价（当年价格）计算的国民生产总值称为名义国民生产总值；按不变价格计算的国民生产总值称为实际国民生产总值。二者关系为：

名义国民生产总值 = 实际国民生产总值 × 物价指数

名义国民生产总值既反映了实际产量（最终产品数量）的变动，又反映了价格的变动。实际国民生产总值只反映产量的变动。为准确反映国民经济的实际增长情况，通常根据实际国民生产总值进行计算。

举例说明：美国在 1929 年名义 GDP 为 1040 亿美元，1933 年名义 GDP 降至 560 亿美元，

下降了 46%;但若以 1929 年为基期,1933 的物价指数(又称 GDP 紧缩指数)为 0.77,名义 GDP 的大幅度下降部分是价格变动造成的错觉。

拓展阅读

2011 年美国 GDP 初值 150877 亿美元 同比增长 1.7%

美国商务部经济分析局发布了 2011 年四季度暨全年国内生产总值初次估算数据。

数据显示:2011 年全年,美国国内生产总值按可比价格计算,比上年增长 1.7%,增幅比 2010 年回落 1.3 个百分点。2011 年全年,美国名义 GDP 初次估值为 150 877 亿美元,同比增长 3.9%。这比 2010 年净增 5612 亿美元,净增量仅为中国的 41.0%。实际 GDP 初次估值为 133 134 亿美元,同比增长 1.7%。2011 年,美国年中总人口为 31 204.0 万人。人均名义可支配收入为 37 035 美元,同比名义增长 3.4%;扣除价格因素后,实际增长 0.9%;人均名义 GDP 为 48 352 美元。

从主要产品类型来看,2011 年,美国国内产品最终销售额为 150 405 亿美元,私人存货增加 472 亿美元。

其中,商品最终销售额 42 088 亿美元,服务销售额 98 118 亿美元,建设资本 10 200 亿美元。

在商品最终销售额中,耐用品销售 21 536 亿美元,存货增加 323 亿美元;非耐用销售 20 552亿美元,存货增加 149 亿美元。全年美国机动车产出为 3749 亿美元,电脑及其配件最终销售额 934 亿美元。

从主要部门增加值来看,2011 年,美国商业部门增加值 113 818 亿美元,其中非农部门增加值 112 304 亿美元,农业部门增加值 1514 亿美元;住户部门和非营利独立机构增加值 18 675 亿美元,其中住户部门增加值 10 373 亿美元,为住户服务的非营利独立机构增加值 8301 亿美元;一般政府部门增加值 18 385 亿美元,其中联邦政府 6086 亿美元,州和地方政府 12 300 亿美元。全年住宅增加值总额 13 303 亿美元。

从支出法国内生产总值来看,2011 年,美国个人消费支出 107 226 亿美元,其中商品消费支出 36 452 亿美元,服务消费支出 70 774 亿美元;私人国内资本形成总额 19 136 亿美元,其中固定资本形成总额 18 664 亿美元,私人存货增加 472 亿美元;货物和服务净出口 -5782 亿美元,其中货物和服务出口 20 876 亿美元(货物出口 14 744 亿美元,服务出口 6 132 亿美元),货物和服务进口 26 658 亿美元(货物进口 22 395 亿美元,服务进口 4262 亿美元);一般政府消费和投资总额 30 297 亿美元,其中联邦政府 12 327 亿美元,州和地方政府 17 970 亿美元。

从支出法国内生产总值构成来看:

2011 年,美国最终消费支出为 132 701 亿美元,最终消费率为 88.0%,其中个人消费率 71.1%。

资本形成总额23 959亿美元,资本形成率15.9%,其中私人资本形成率12.7%。

货物和服务净出口-5782亿美元,净出口率-3.8%。

2011年,美国固定资本形成总额18 664亿美元,固定资本形成率12.4%。

其中,非住宅投资15 292亿美元,住宅投资3372亿美元。

在非住宅投资中,建设投资4078亿美元,设备和软件投资11 214亿美元。在设备和软件投资中,信息处理设备和软件投资5667亿美元,工业设备投资1959亿美元,运输设备投资1568亿美元,其他设备投资2020亿美元。

资料来源:百度文库(专业资料)2011年美国GDP(国内生产总值)统计数据。

本章小结

宏观经济学研究的是国家整体的经济运行,而对经济活动水平的测算又是通过一系列国民收入总量指标完成的。在国民经济账户体系中,最为重要的是国民生产总值(GNP)指标和国内生产总值(GDP)指标,两指标都是通过对一国国民经济在某一特定时期所生产的所有最终产品和服务的价值进行加总而获得的,差别仅体现在国外要素支付净额这一项上。测算国民收入可以用两种方式:(1)收入法,或称要素收入法。即加总所有生产要素的所得收入。(2)支出法,即四种类型的支出(消费C、投资I、政府购买G和净出口NX)总和。这两种方法是对经济运行从不同角度进行的测算,其所得的GNP总值从理论上来说是一致的。除了GNP、GDP指标外,国民收入总量指标还包括:国民生产净值、国民收入、个人收入及个人可支配收入。从GNP中减去一些不同项,即可获得NPD、NI、PI和DPI,考虑物价变动因素,以名义GNP除以物价指数,又可获得实际GNP。

复习思考题

一、名词解释

国民生产总值　国内生产总值　国民生产净值　国民收入　个人收入　个人可支配收入　国民收入核算体系

二、分析讨论题

1. 说明核算国民生产总值的方法并解释为什么这两种方式所得GNP是一致的?

2. 说明国民生产总值、国民生产净值、国民收入、个人收入和个人可支配收入五个总量之间的相互关系。

三、计算题

假定某国有下列国民收入统计资料:

试计算:(1)国民生产净值;(2)净出口;(3)政府税收减去政府转移支付后的收入;(4)个人可支配收入;(5)个人储蓄。

实训项目

通过查询我国统计网,收集我国近5年GDP、NI、NDP、PI等相关数据,与美国、日本、英国等国相关数据进行比较,并列表和分析说明。

拓展阅读

约翰·梅纳德·凯恩斯(1883－1946),现代西方经济学最有影响的经济学家之一。1906－1908年在英国财政部印度事物部工作,1908年任剑桥大学皇家学院的经济学讲师,1909年创立政治经济学俱乐部并因其最初著作《指数编制方法》而获"亚当·斯密奖"。1911－1944年任《经济学杂志》主编,1913－1914年任皇家印度通货与财政委员会委员,兼任皇家经济学会秘书,1919年任财政部巴黎和会代表,1929－1933年主持英国财政经济顾问委员会工作,1942年被进封为勋爵,1944年出席布雷顿森林联合国货币金融会议,并担任了国际货币基金组织和国际复兴开发银行的董事。1946年猝死于心脏病,时年63岁。凯恩斯一生对经济学作出了极大的贡献,一度被誉为资本主义的"救星""战后繁荣之父"等美称。凯恩斯出生于萨伊法则被奉为神灵的时代,认同借助于市场供求力量自动地达到充分就业的状态就能维持资本主义的观点,因此他一直致力于研究货币理论。

项目十　国民收入决定理论

开篇案例

2001年"9·11"恐怖袭击事件发生后,美国的许多重要人士纷纷发表演说,呼吁收到攻击的国家应该表现出坚强——继续购买消费品。当时的美国总统布什向公众提出建议说:把你的生意做到全国去。请乘飞机去欣赏美国各处引人入胜的景点吧!美国前总统克林顿也说:"购物去!"

这类言辞比1940年面对纳粹对英国迫在眉睫的侵略,英国前首相丘吉尔所作的著名演说中的用词还要强烈得多。两党政治家号召人们去花钱而不是去牺牲是有充分理由的。经济已经在衰退,主要是由于实际投资支出下降14%所致。消费支出如果出现大幅度下降会进一步加剧衰退。幸运的是这一切并没有发生,美国消费者对航空旅行之类的最终产品和服务的需求减少了,但是其他商品的购买却增加了。为什么在一国的安全和经济受到危机的时刻,政府不主要节约、不主张储蓄,反而主张消费呢?这个是我们下面将集中讨论的问题。

知识目标

1. 理解消费函数和消费倾向递减规律
2. 理解储蓄函数以及和消费函数之间的关系
3. 理解两部门和三部门经济的均衡收入如何决定
4. 掌握乘数的含义及计算

能力目标

能运用消费函数、储蓄函数和各种乘数分析国民经济政策

任务一　凯恩斯的理论:消费函数与储蓄函数

任务介绍

中美边际消费倾向之比较

中美边际消费倾向之比较据估算,美国的边际消费倾向现在约为0.68,中国的边际消费倾向约为0.48。也许这种估算不一定十分准确,但是一个不争的事实是,中国的边际消费倾向低于美国。为什么中美边际消费倾向有这种差别呢?

一些人认为,这种差别在于中美两国的消费观念不同,美国人崇尚享受,今天敢花明天的钱,中国人有节俭的传统,一分钱要掰成两半花。但在经济学家看来,这并不是最重要的。

消费观念属于伦理道德范畴，由经济基础决定，不同的消费观来自不同的经济基础。

还要用经济与制度因素来解释中美边际消费倾向的这种差别。美国是一个成熟的市场经济国家，经济总体上是稳定的；美国的社会保障体系较为完善，覆盖面广而且水平较高。而我国正在从计划经济转向市场经济，社会保障体系还没有完全建立起来。从这个案例当中你可以得出什么结论？如果要提高我国的边际消费倾向，我们应该从哪几个方面入手？

知识引入

上一章讨论国民收入如何核算，这一章起将讨论国民收入是如何决定的，即经济社会的生产或收入水平是怎样决定的。现代西方经济学的奠基人凯恩斯学说的中心内容就是国民收入决定理论。凯恩斯认为，在短期中决定宏观经济状况的关键因素是总需求。总需求表示在一定的收入水平、价格水平等条件下，消费者、企业、政府和外国想要购买的本国生产的最终产品和劳务的总和。所以，它由消费、投资、政府支出和净出口四部分构成。当不考虑总供给这一因素时，均衡的国民收入是由总需求决定的。在简单的国民收入决定理论中，社会总需求就是对消费品需求和对投资品需求的总和，即消费家投资。分了分析简化，假定投资是一个与收入无关的常数，仅考虑消费变动对总需求的影响。这样就先要了解消费函数，以及相关的储蓄函数。

一、消费函数

(一)消费函数

消费量由什么决定？在现实生活中，影响消费的因素很多，如收入水平、商品价格水平、利率水平、收入分配状况、消费者偏好、消费信贷状况、消费者年龄构成以及风俗习惯等等。凯恩斯认为，这些因素中有决定意义的就是收入水平。为此，可从诸多因素中抽出这一因素单独分析。

消费函数反应的就是消费支出水平与可支配收入水平之间的关系。关于收入和消费的关系，凯恩斯认为，存在着一条基本心理规律，即在其他条件不变的情况下，随着收入的增加，消费也会增加，但消费的增加不及收入增加的多，消费和收入，即消费与收入并不一定按同一比例变动。这种关系称做消费函数或消费倾向，用公式表示为

$$c = c(y) \tag{10-1}$$

消费与收入之间的关系，可以用平均消费倾向和边际消费倾向来说明。消费在收入中所占的比例为平均消费倾向，以 APC 表示，则

$$APC = \frac{C}{Y} \tag{10-2}$$

增加的消费在增加的收入中所占的比例为边际消费倾向，以 MPC 表示，则

$$MPC = \frac{\Delta C}{\Delta Y} \tag{10-3}$$

边际消费倾向 MPC 是大于 0 小于 1 的。

假定某家庭的消费和收入之间有表 10－1 所示的关系。表 10－1 的数据表明：当收入是 9000 美元时，消费为 9100 美元，入不敷出；当收入为 10 000 美元时，消费为 10 000 美元，收支平衡。当收入依次增至 11 000 美元、12 000 美元、13 000 美元、14 000 美元和 15 000 美元时，消费依次到 10 850 美元、11 600 美元、12 240 美元、12 830 美元和 13 360 美元。这就是说，收入增加时，消费随着增加，但增加得越来越少。在表中，收入依次增加 1000 美元时，消费依次增加 890 美元、850 美元、750 美元、640 美元、590 美元和 530 美元。

表 10－1　某家庭消费和收入之间的关系　　单位：美元

	收入 y	消费 c	边际消费倾向 MPC	平均消费倾向 APC
A	9000	9110		1.01
			0.89	
B	10 000	10 000		1.00
			0.85	
C	11 000	10 850		0.99
			0.75	
D	12 000	11 600		0.97
			0.64	
E	13 000	12 240		0.94
			0.59	
F	14 000	12 830		0.92
			0.53	
G	15 000	13 360		0.89

根据表 10－1 可给出消费曲线如图 10－1。图中，横轴表示收入 y，纵轴表示消费 c，45°线上任一点到纵轴、横轴的垂直距离都相等，表示收入全部用于消费。$C = C(y)$ 曲线是消费曲线，表示消费与收入之间的函数关系。B 点是消费曲线和 45°线的交点，表示这时候消费支出和收入相等。B 点左方，表示消费大于收入；B 点右方，表示消费小于收入。随着消费曲线向右延伸，这条曲线和 45°线的距离越来越大，表示消费随着收入增加而增加，但增加的幅度越来越小于收入增加的幅度。消费曲线上任一点的斜率，都是这一点相对应的边际消费倾向，而消费曲线上任一点与原点相连而成的射线的斜率，则是这一点相对应的平均消费倾向。从图 10－1 上的消费曲线的形状可以想象到，随着这条曲线向右延伸，曲线上各点的斜率越来越小，说明边际消费倾向递减，同时曲线上各点与原点的连线的斜率也越来越小，说明平均消费倾向也递减，但平均消费倾向始终大于边际消费倾向，因此边际消费倾向总是大于零而小于 1，但平均消费倾向则可能大于、等于或小于 1，因为消费可能大于、等于或小于收入。

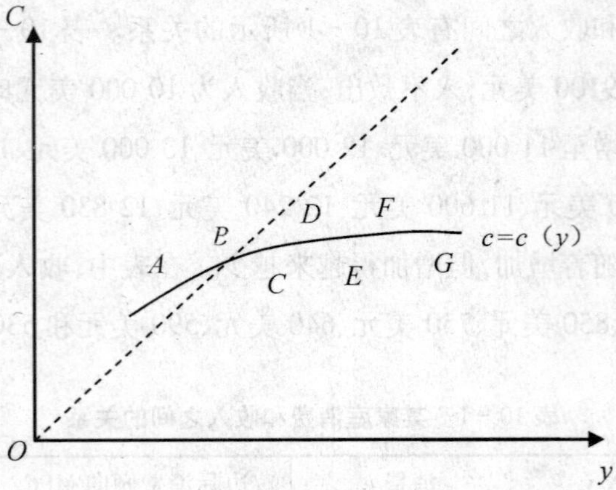

图 10－1　消费曲线

表 10－1 所表示的是边际消费倾向递减的情况。如果消费和收入之间存在线性关系，则边际消费倾向为一常数，这时消费函数可表示为：

$$c = \alpha + \beta y \quad (10-4)$$

这里 C 代表实际消费支出，y 代表实际收入(可支配收入)。α 和 β 都是大于零的常数，叫做参数。α 代表收入 y 等于零时的消费，叫做自发消费。β 为边际消费倾向。βy 是随着收入变化而变化的消费，叫做引致消费。因此，$C = \alpha + \beta y$ 的经济含义是：消费等于自发消费与引致消费之和。例如，若已知 $\alpha = 300$，$\beta = 0.75$，则 $C = 300 + 0.75y$。这就是说，若收入增加 1 单位，其中就有 75% 用于增加消费，只要 y 为已知，就可算出全部消费支出量。

当消费和收入之间呈线性关系时，消费函数就是一条向右上方倾斜的直线，消费函数每一点的斜率都相等，并且大于 0 而小于 1，如图 10－2 所示。

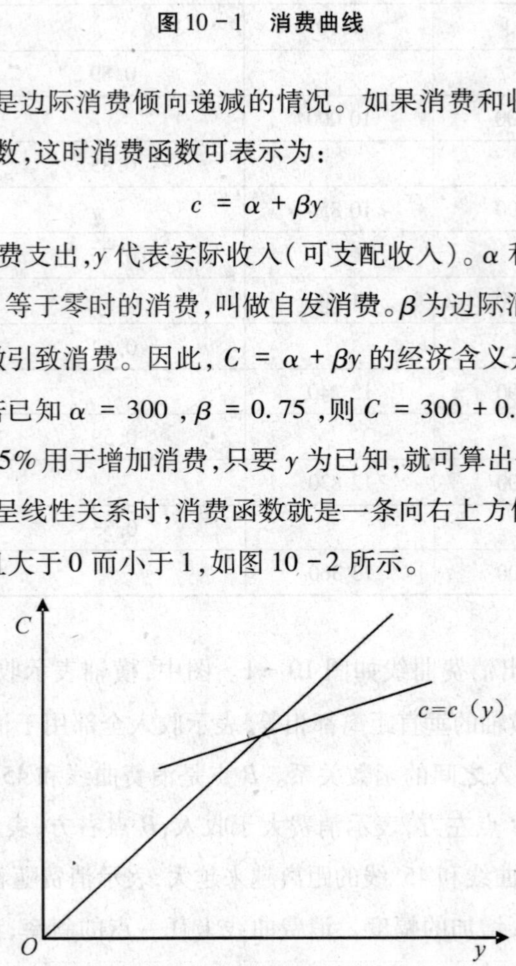

图 10－2　线性消费函数

(二)边际消费倾向递减规律

在其他不变的情况下，随着人们收入的不断增长和消费者满足程度不断提高，用于消费支出在总收入在所占的比重呈下降趋势。凯恩斯对边际消费倾向规律的宏观经济学有如下见解。

1. 在人们收入增加的时候，消费也随之增加，但消费增加的比例不如收入增加的比例大。在收入减少的时候，消费也随之减少，但也不如收入减少的那么厉害。富人的边际消费倾向通常低于穷人的边际消费倾向。这是因为穷人的消费是最基本的消费，穷人之所以穷，是因为在穷人的收入中基本生活资料占了相当大的比重，而富人之所以富，在于富人早已超越了基本需求层次，基本生活资料在其收入中所占比例不大。

2. 边际消费倾向取决于收入的性质。消费者很大程度上都着眼于长期收入前景来选择他们的消费水平。长期前景被称为永久性收入或生命周期收入，它指的是个人在好的或坏的年景下平均得到的收入水平。如果收入的变动是暂时的，那么，收入增加的相当部分就会被储藏起来。收入不稳定的个人通常具有较低的边际消费倾向。

3. 人们对未来收入的预期对边际消费倾向影响甚大。边际消费倾向的降低，使得萧条更为萧条。

知识链接

关于消费函数的其他理论

1. 绝对收入假说

凯恩斯在《通论》中提出，消费支出和收入之间有稳定的函数关系，消费函数若假设为 $C=a+bY$，其中 $a>0$，$0<b<1$，C、Y 分别是当期消费和收入，b 为边际消费倾向。但凯恩斯提出，边际消费倾向随收入 Y 的增加而递减。平均消费倾向 也随着收入的增加而有递减趋势。

2. 相对收入假说

相对收入假说是美国经济学家杜森贝里（J. S. Duesenberry）在《收入、储蓄的消费行为理论》中提出来的。在指出凯恩斯的错误假设的基础上，杜森贝里提出消费并不取决于现期绝对收入水平，而是取决于相对收入水平，即相对于其他人的收入水平和相对于本人历史上最高的收入水平。根据相对收入假设，杜森贝里认为：①人们的消费会相互影响，有攀比倾向，即“示范效应”，人们的消费不决定于其绝对收入水平，而决定于同别人相比的相对收入水平；②消费有习惯性，某期消费不仅受当期收入的影响，而且受过去所达到的最高收入和最高消费的影响，消费具有不可逆性，即所谓“棘轮效应”。

3. 生命周期假说

由莫迪里安尼（F. Modiglian）提出，认为人的一生可分为两个阶段，第一阶段参加工作，第二阶段纯消费而无收入，用第一阶段的储蓄来弥补第二阶段的消费。这样，个人可支配收入和财富的边际消费倾向取决于该消费者的年龄。它表明当收入相对于一生平均收入高（低）时，储蓄是高（低）的；它同时指出总储蓄取决于经济增长率及人口的年龄分布变量。

4. 永久收入假说

该理论由弗里德曼（M. Friedman）提出，认为消费者的消费支出主要不是由他的现期收入决定,而是由他的永久收入决定。所谓永久收入是指消费者可以预计到的长期收入。永久收入大致可以根据观察到的若干年收入的数值之加权平均数计得,距现在的时间越近,权数越大;反之,则越小。根据这种理论,政府想通过增减税收来影响总需求的政策是不能奏效的,因为人们减税而增加的收入,并不会立即用来增加消费。

二、储蓄函数

当代西方经济学认为,人们在获得一定收入后,由于种种原因,总是要延缓目前的消费而用于储蓄。按照凯恩斯的说法,从个人来讲,人们进行储蓄的动机主要有:为了防备不测、自己养老、子女教育、扶养亲属等长远考虑;为了获取利息和投资收益;为了日后生活逐渐得到改善;为了维持个人的独立感和有所作为感;为了积累本钱以进行投资或发展事业;为了给后人留下遗产;为了节俭习惯。对于厂商来说,之所以要储蓄,其动机在于:为了减少借债而理性的增加投资;为了应付经济萧条和企业的意外事故;为了使企业逐步改善经营管理,增加收入;为了保证及时清偿债务,使企业得以稳健发展。

可见,在储蓄与消费的关系上,虽然个人与企业在储蓄动机上有所不同,但都是对现期消费的抑制。因而,储蓄与消费明显存在着彼此对立、互为消长的关系。

既然消费随收入的增加而增加的比例是递减的,则可知储蓄随收入增加而增加的比例是递增的。储蓄与收入的这种关系就是储蓄函数,其公式为

$$s = s(y) \tag{10-5}$$

根据表 10-1 的数据可列出某家庭储蓄的相关数据,如表 10-2 所示。

表 10-2　某家庭收入与储蓄之间的关系　　单位:美元

	收入 y	消费 c	储蓄 s	边际储蓄倾向 MPS	平均储蓄倾向 APS
A	9000	9110	-110		-0.01
				0.11	
B	10 000	10 000	0		0
				0.15	
C	11 000	10 850	150		0.01
				0.25	
D	12 000	11 600	400		0.03
				0.36	
E	13 000	12 240	760		0.06
				0.41	
F	14 000	12 830	1170		0.08
				0.47	
G	15 000	13 360	1640		0.11

根据上表,可画出储蓄曲线如图 10-3 所示。图中,$s = s(y)$ 曲线表示储蓄和收入之间的函数关系。*B* 点所示储蓄曲线和横轴的交点,表示这是消费和收入相等即收支平衡,*B* 点

以右有正储蓄,B 点以左有负储蓄。随着储蓄曲线向右延伸,它和横轴的距离越来越大,表示储蓄随收入而增加,且增加的幅度越来越大。

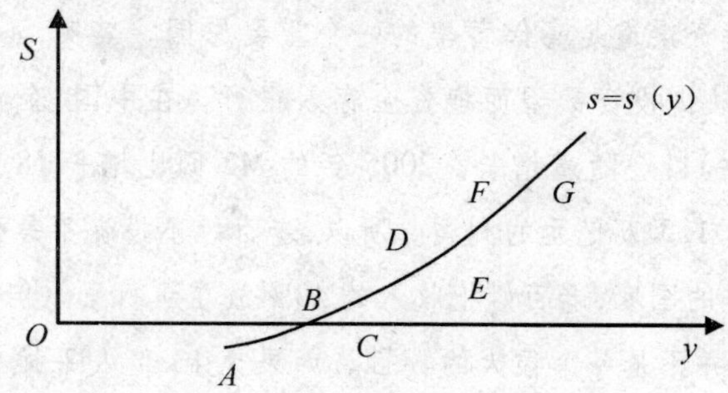

图 10－3　储蓄曲线

储蓄曲线上任一点与原点相连而成射线的斜率,则是平均储蓄倾向(APS)。平均储蓄倾向是指任一收入水平上储蓄在收入中所占的比率,其公式是:

$$APS = \frac{S}{Y} \tag{10-5}$$

储蓄曲线上任一点的斜率是边际储蓄倾向(MPS),它是该点上的储蓄增量对收入增量的比率,其公式是:

$$MPS = \frac{\Delta S}{\Delta Y} \tag{10-6}$$

表 10－2 和图 10－3 表示的储蓄和收入的关系是非线性的,如果二者呈线性关系,即消费曲线和储蓄曲线为一直线的话,则由于 $s = y - c$,且 $c = \alpha + \beta y$,因此:

$$s = y - c - y - (\alpha + \beta y) = - \alpha + (1 - \beta) y \tag{10-7}$$

上式是线性储蓄函数的方程式,线性储蓄函数的图形如图 10－4 所示。

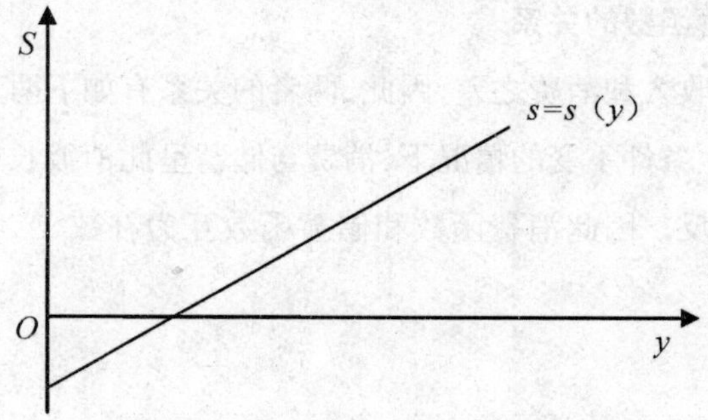

图 10－4　线性储蓄函数

拓展阅读

老百姓为什么喜爱储蓄?

高储蓄率往往是高 GDP 增长的后果。道理很简单,普通老百姓收入增长后,会小心地“奖励”一下自己,但不愿大量花钱。日本在 20 世纪 70 年代 GDP 增长很快,在那个时期的储蓄存款率也是很高的。到了90年代,日本经济增长变缓,储蓄存款率也随着下降了。中国目前还是处在高GDP增长期间,较高的储蓄存款率其实是正常的。

缺少有吸引力的投资渠道是高储蓄率的一个重要原因。其实,不光老百姓缺少投资渠道,近来很多企业也因缺少投资欲望而把资金存入银行。在中国,企业存款增加后,广义货币M2(定活期存款为主)就会随着增长。2005年的M2同比增长18.3%,很多人推测这个增长主要来自企业高达1.2万亿元的利润。所以,老百姓不投资不是孤立的现象。

中国是个高储蓄率的国家,老百姓把收入的40%放在银行里。但是,对中国这么一个大国来说,15万亿元存款并不是一个很大的数目。如果让13亿人平摊存款余额,人均不过只有一万多元。假定那些存款都来自5亿城镇居民,人均不过三万元。一个典型的城镇三口之家,也就是大约10万元存款。这个平均家庭存款数,购买房子不足,供养车不够,不断上涨的医疗费和教育费也让普通家庭不敢轻易花费银行存款。与发达国家相比,中国的高储蓄率是在平均收入水平较低的基础上形成的。

老百姓储蓄多是对养老风险和医疗风险没有信心。美国的经历证明了这一点。20世纪70年代,美国经济不景气,美国人储蓄较多。随着经济改善和各种社会保险机制的建立,大多数美国人对未来的担忧没有了。2005年,美国人的储蓄率是负数,说明他们不光不存钱,而且开始花过去的存款。不过,美国人并没有过度担心。储蓄是个复杂的现象,需要把居民存款余额放到更大的图像里去看。美国的老百姓只想花费,不愿储蓄,而中国的情况稍稍不同,老百姓感到银行里有储蓄,心里才能获得一些安全感。

目前我国百分之八十以上的劳动者没有基本养老保险,百分之八十五以上的城乡居民没有医疗保险,而培养一个孩子上到大学需要19.1万元。在这种情况下,人们有钱不敢花就不难解了。消费低并不是"节约的习惯",而是未来要花钱的地方实在太多。

三、消费函数与储蓄函数的关系

由于储蓄被定义为收入和消费之差,因此,两者的关系有如下两点所述。

第一,在收入和其他条件不变的情况下,消费与储蓄呈此消彼长的关系,即消费增加,储蓄就减少;反之,结果相反。因此消费函数和储蓄函数互为补数,二者之和总等于收入。从公式看:

$$\because\ c = \alpha + \beta y$$

$$s = -\alpha + (1-\beta)y$$

$$\therefore\ c + s = \alpha + \beta y - \alpha + (1-\beta)y = y$$

消费和储蓄的关系可在图10-5上得到体现。

图中,当收入为y_0时,即消费支出等于收入,储蓄为零。在A点左方,消费曲线c位于45°线之上,表明消费大于收入,因此,储蓄曲线s位于横轴下方;在A点右方,消费曲线c位于45°线之下,因此,储蓄曲线s位于横轴上方。

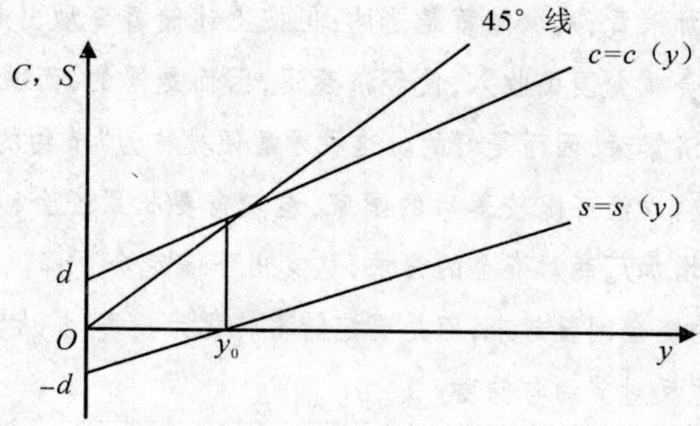

图 10－5　消费曲线和储蓄曲线的关系

第二,*APC* 和 *MPC* 之和恒等于 1,*MPC* 和 *MPS* 之和也恒等于 1。可证明如下:

$\because\ y = c + s$

$\therefore\ \dfrac{y}{y} = \dfrac{c}{y} + \dfrac{s}{y}$

即 $APC + APS = 1$　　(10－8)

由此可知:$1 - APC = APS$, $1 - APS = APC$

再看 *MPC* 和 *MPS* 的情况:

$\because\ \Delta y = \Delta c + \Delta s$

$\therefore\ \dfrac{\Delta y}{\Delta y} = \dfrac{\Delta c}{\Delta y} + \dfrac{\Delta s}{\Delta y}$

即 $MPC + MPS = 1$　　(10－9)

由此可知:$1 - MPC = MPS$, $1 - MPS = MPC$

根据以上性质,消费函数和储蓄函数中只要有一个确立,另外一个就随之确立。当消费函数已知时,就可求得储蓄函数,当储蓄函数已知时,就可求得消费函数。

知识链接

节约的悖论

1936 年凯恩斯在《就业、利息和货币通论》中提出了着名的节约悖论,他引用了一则古老的寓言。有一窝蜜蜂原本十分繁荣兴隆,每只蜜蜂都整天大吃大喝。后来一个哲人教导它们说,不能如此挥霍浪费,应该厉行节约。蜜蜂们听了哲人的话,觉得很有道理,于是迅速贯彻落实,个个争当节约模范。但结果出乎预料,整个蜂群从此迅速衰败下去,一蹶不振了。

在消费与储蓄关系的分析中,我们已看到了消费与储蓄之间存在着互为消长的关系,即:消费增加,储蓄减少;消费减少,储蓄增加。由于消费是总需求存在的一个重要组成部分,储蓄的增加必然会使消费减少,从而使总需求减少,进而降低国民收入水平;反之,就会提高国民收入水平。节约悖论的基本含义是:按传统观念,节约本来是一种美德,增加储蓄、减少消费是好的,而增加消费、减少储蓄是恶的;但按上述储蓄变动引起收入水平反方向变动的理论,增加储蓄却会减少国民收入,使经济衰退,因而是恶的,而减少储蓄、增加消费就会增加国民收入,使经济繁荣,因而是好的。这种矛盾便被称为“节约的悖论”。

对于生产力水平较低、经济比较落后的国家,迫切需要积累资金,应该提倡节约 ,鼓励储蓄,通过降低利率而增加厂商对资金的需求,总支出不一定会下降。要解决“节约悖论”,关键在于不要让储蓄的资金闲置起来,而是要把储蓄转化为投资,扩大和提高生产能力。所以这一概念并不是单纯反对节约与储蓄。

在此应注意的是:增加储蓄会使国民收入减少,减少储蓄会使国民收入增加,这一结论仅仅适用于各种资源尚未得到充分利用,从而总供给可以无限增加的情况。在各种资源已得到充分利用,从而总供给的增加会受到限制时,这一结论就不再适用了。

拓展阅读

日本增长“奇迹”结束的原因

20 世纪 80 年代,日本开始出现替代美国成为世界经济领头羊的迹象。其汽车、电视机、摩托车、电子设备的产量已经超过美国。与美国 4% 的储蓄率相比,日本的储蓄率高达 15%,这使得大量资源从消费转向投资。日本经济快速增长的同时,失业率非常低,这简直就是一个奇迹。但是 20 世纪 90 年代,日本快速增长的步伐开始放慢到停滞不前的地步,并且陷入二战后最严重的衰退时期。

这是为什么呢? 虽然原因是多方面的,但主要原因仍然在于其高储蓄率。虽然日本战后的高储蓄率促进了长期的经济增长,但也带来了短期问题。由于房地产价格暴跌、金融体制的失灵和欧美投资机会的大量涌现,日本无法继续保持其吸收大量储蓄所需的高水平国内投资。因此,总支出不足以使经济实现充分就业,意味着日本经济出现了衰退。

出处 http://www.docin.com/p-476064870.html 其中案例分析六可以找到原文

任务二　简单国民收入的决定

一、两部门经济中国民收入的决定

为了说明一个国家的生产或收入是如何决定的,要从分析最简单的经济关系开始,即先讨论两部门经济国民收入决定问题。为此,有必要先做些假设。

(一)两部门经济收入流量循环模型

1. 假设经济社会中不存在政府,也不存在对外贸易,只有居民部门(消费者)和企业部门(厂商),消费行为和储蓄行为都发生在居民部门,生产和投资都发生在企业部门。还假定企业投资是自主的,即不随利率和产量而变动。这样简单的经济关系被称为两部门经济。

这时国民经济的收入流量循环模型如图 10-6 所示。图中箭头代表国民经济循环流动中的货币流向。

(1)消费者向企业提供各种生产要素,同时从企业那里得到相应的货币收入。

(2)消费者向企业购买消费品,相应地用于消费的货币支出流向企业。

(3)消费者如果不把所有的收入都用于消费,那么就会发生储蓄。储蓄流入金融市场,企业则从金融市场得到贷款,进行投资。与货币投资相应的实物形态的产品流动则发生在企业与企业之间。

以上三方面的流动,形成一个完整的收入流量循环。可见,国内收入最终可以转化为消费、储蓄和投资三个因素。

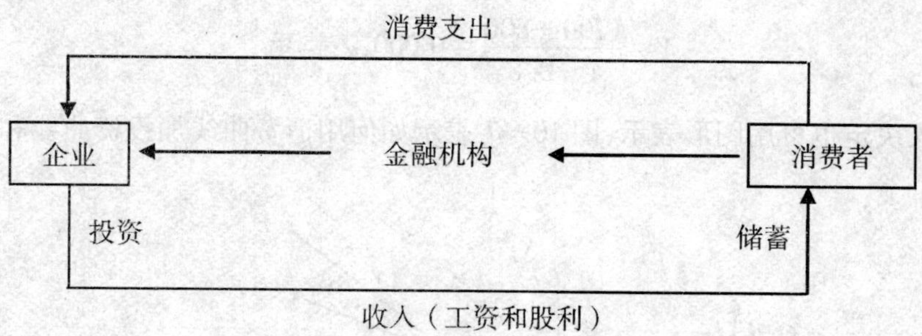

图 10-6　两部门收入流量循环图

2. 假设不论需求量多少,经济社会均能以不变的价格提供相应的供给量。这就是说,社会总需求变动时,只会引起产量变动,不会引起价格变动。这在西方经济学中有时被称为凯恩斯定律。凯恩斯认为,在经济萧条时期,存在大量失业,资源大量闲置,因而社会总需求的增加只会使闲置资源得到利用和生产增加,而不会引起资源和要素价格的上升,从而不会引起产品成本和价格的上升。因此,凯恩斯的基本理论是,短期内,社会总供给不变,均衡的国民收入决定于总需求,即均衡的国民收入等于总需求,由于总需求又可以用总支出来表示,所以,均衡的国民收入是指与总支出相等的收入。

3. 此外,还假定折旧和公司未分配利润为零。

(二)两部门国民收入的决定——使用消费函数决定国民收入

下面运用消费函数来说明均衡国民收入的决定。

当社会处于均衡状态时,一个国家一年里所生产出来的全部产品(即总供给)一定会被该社会的经济单位全部购买(即总需求),要做到这一点,必须使总支出等于总收入。

在两部门经济中,总支出由两部分构成——消费与投资,即 $Y=C+I$;总收入有两种用途——消费和储蓄,即 $Y=C+S$。在两部门经济中,国民收入的均衡条件是总支出等于总收入,即:

$$C+I=C+S \tag{10-10}$$

两边同时消去 C,即得 $I=S$

这就是储蓄—投资恒等式。这种恒等关系就是两部门经济中的总需求($C+I$)和总供给

$(C+S)$的恒等关系。

若将 $y = c + i$ 和 $c = \alpha + \beta y$ 相结合起来可得均衡收入公式:

联立方程求得:

$$y = \frac{\alpha + i}{1 - \beta} \tag{10.11}$$

可见,如果知道了消费函数和投资量,就可得均衡的国民收入。例如,假定消费函数 $C = 1200 + 0.8Y$,自发的投资始终为 800(单位:亿美元),则均衡收入:

$$Y = \frac{1200 + 800}{1 - 0.8} = 10000 \text{ 亿美元}$$

均衡收入决定也可用图形表示,图 10-7 表示如何用消费曲线加投资曲线和 45°线相交决定收入。

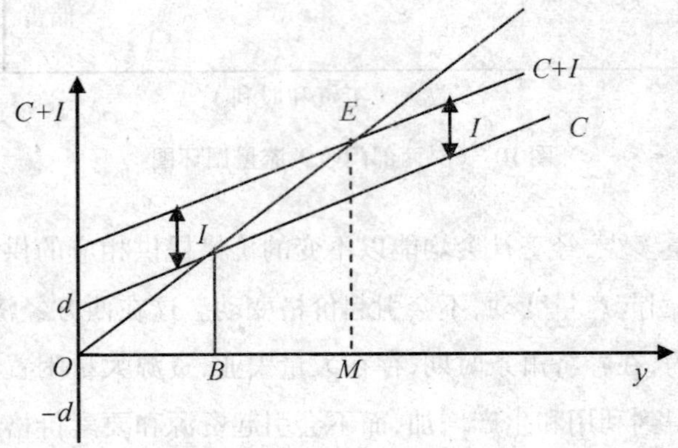

图 10-7 两部门经济的国民收入决定

图中横轴表示国民收入,纵轴表示消费加投资,在消费曲线 C 上加投资曲线 I 得到消费加投资曲线 $C+I$,这条曲线就是总支出曲线。由于投资被假定为始终等于 800 亿美元的自发投资,因此,消费曲线加投资曲线所形成的总支出曲线与消费曲线相平行,其间的垂直距离即 800 亿美元投资。总支出线和 45°线相交于 E 点,E 点决定的国民收入水平是均衡的国民收入 10000 亿美元,这时,居民户想要有的消费支出与厂商想要有的投资支出的总和正好等于国民收入即产量。如果经济离开了这个均衡点,厂商部门的销售量就会大于或小于它们的产量,从而被迫进行存货投资或存货负投资,出现意外的存货增加或减少,引起生产的扩大或收缩,国民收入出现非均衡,但厂商部门的存货调整最终会使国民收入回到均衡点。具体来说,在均衡点 E 之左,收入小于均衡的国民收入,总支出(或总需求)大于总供给,这意味着厂商销售出去的产量大于它生产出来的产量,厂商存货出现意外减少,合意存货不足,此时扩大生产是有利可图的。于是厂商为使存货达到合意存货水平,就会增雇工人,增加投资,增加产量,从而引起国民收入的扩张,并最终达到均衡的国民收入水平。如果在均衡点 E 之右,收入大于均衡的国民收入,总支出(或总需求)小于总供给,这意味着厂商生产出来的产量大于它销售出去的产量，厂商存货出现意外增加，非合意存货增加，此时厂商为使存货达到合意存货水平，就会减少产量，从而引起国民收入的收缩，并最终达到均衡的国民收入水平。只有在 E 点，收入达到均衡的国民收入水平时，则既没有非计划的存货投资（存货意外地增加），也没有非计划的存货负投资（存货意外地减少），厂商的产量正好等于其销售量，厂商存货保持在合意水平，此时厂商既不会增加产量，也不会减少产量，国民收入维持在相对稳定的均衡状态。

（三）两部门国民收入的决定——使用储蓄函数决定国民收入

上面说明使用总支出等于总收入的方法决定均衡收入，下面再用计划投资等于储蓄即投资－储蓄恒等式求得均衡收入。计划投资等于计划储蓄即：

$$I = S$$

$$i = s = y - c$$

$$s = -\alpha + (1-\beta)y$$

将两式联立可求得均衡的收入

$$y = \frac{\alpha + i}{1 - \beta}$$

上例中，当 $C = 1200 + 0.8Y$ 时，$s = -1200 + (1-0.8)y = -1200 + 0.2y$，自发的投资始终为 800，即 $i = 800$，令 $i = s$，即 $800 = -1200 + 0.2y$。得 $y = 10\,000$ 亿美元。

用计划投资等于计划储蓄的方法决定收入，也可用图 10－8 表示。

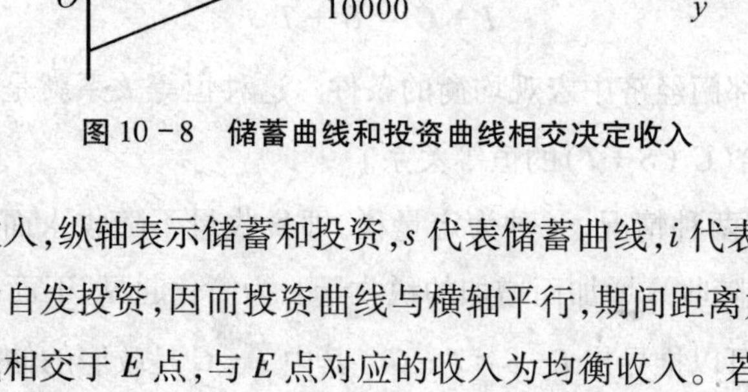

图 10－8　储蓄曲线和投资曲线相交决定收入

图中横轴表示收入，纵轴表示储蓄和投资，s 代表储蓄曲线，i 代表投资曲线。由于投资是不随收入而变化的自发投资，因而投资曲线与横轴平行，期间距离始终等于 800 亿美元。投资曲线与储蓄曲线相交于 E 点，与 E 点对应的收入为均衡收入。若实际产量小于均衡收入水平，表明投资大于储蓄，社会生产供不应求，企业存货意外地减少，企业就会扩大生产，使收入水平向右移动，直到均衡收入为止。相反，若实际生产大于均衡收入，表明投资小于储蓄，社会上生产供过于求，企业存货意外地增加，企业就会减少生产，使收入水平向左移动，直到均衡收入为止。只有在均衡收入水平上，企业生产才会稳定下来。

以上两种方法,其实是从同一关系中引申出来的,因为储蓄函数本来就是从消费函数中派生出来的。因此,无论使用消费函数,还是使用储蓄函数,求得的均衡收入都一样。

二、三部门经济中国民收入的决定

(一)三部门经济收入流量循环模型

三部门是在两部门经济的基础上加上政府部门。政府是一个非盈利的社会管理部门。三部门经济中的收入流量循环模型如图 10－9 所示。政府要向企业和消费者征税,同时也向企业购买产品,向居民购买劳动。因而政府与企业、政府与消费者之间的货币流动是双向的。

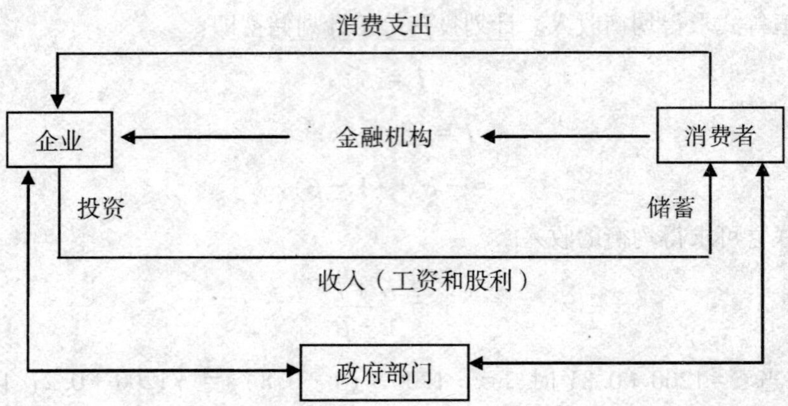

图 10－9　三部门收入流量循环图

从总需求来看,总产品(Y)＝消费需求＋投资需求＋政府需求＝消费(C)＋投资(I)＋政府购买(G)。

从总供给来看,总产品(Y)＝要素收入总和＝工资＋利息＋地租＋税收＝消费(C)＋储蓄(S)＋税收(T)。

由于 $Y=C+I+G$,$Y=C+S+T$, 所以 $C+I+G=C+S+T$。即

$$I+G=S+T \tag{10-12}$$

式(10－13)是三部门经济中宏观均衡的条件。这种恒等关系就是两部门经济中的总需求($C+I+G$)和总供给($C+S+T$)的恒等关系。

在这里,税收可有两种情况,一种为定量税,即税收量不随收入而变动,用 t 来表示;另一种为比例所得税,即随收入增加而增加的税收量。为简化起见,下面只讨论定量税。

根据式(10－13)可以推导出 $I-S=T-G$。其中 $T-G$ 是政府的储蓄。当 $T>G$ 时,差额为预算盈余;当 $T<G$ 时,差额为预算赤字。

(二)三部门经济的国民收入决定

假设消费函数为 $c-1600+0.75y_d$,其中 y_d 表示可支配收入,定量税收为 $t=800$,投资为 $i=1000$,政府购买性支出为 $g=2000$(单位均为亿美元)。根据这些条件,求均衡收入时

要先求得可支配收入 $y_d=y-t=y-800$。然后可根据消费函数求得储蓄函数 $s=y_d-c=-1600+0.25(y-800)=0.25y-1800$，最后将 i,g,s 和 t 代入经济均衡的公式：$i+g=s+t$，得到 $1000+2000=0.25y-1800+800$

求得 $y=16\,000$，即均衡收入为 16 000 亿美元。

这一情况可用图 10－10 表示。

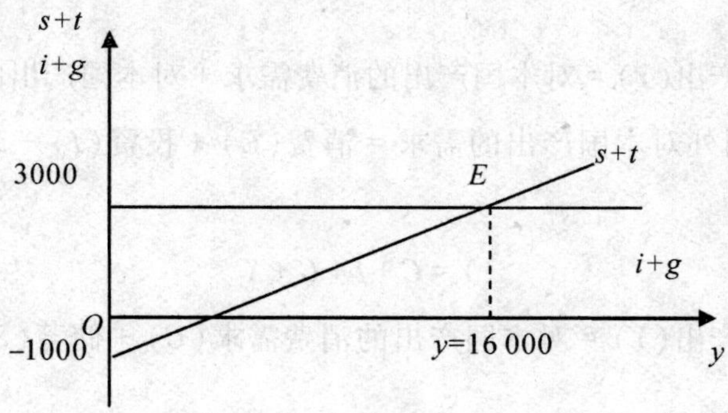

图 10－10　三部门经济收入的决定

知识链接

四部门经济中国民收入的决定

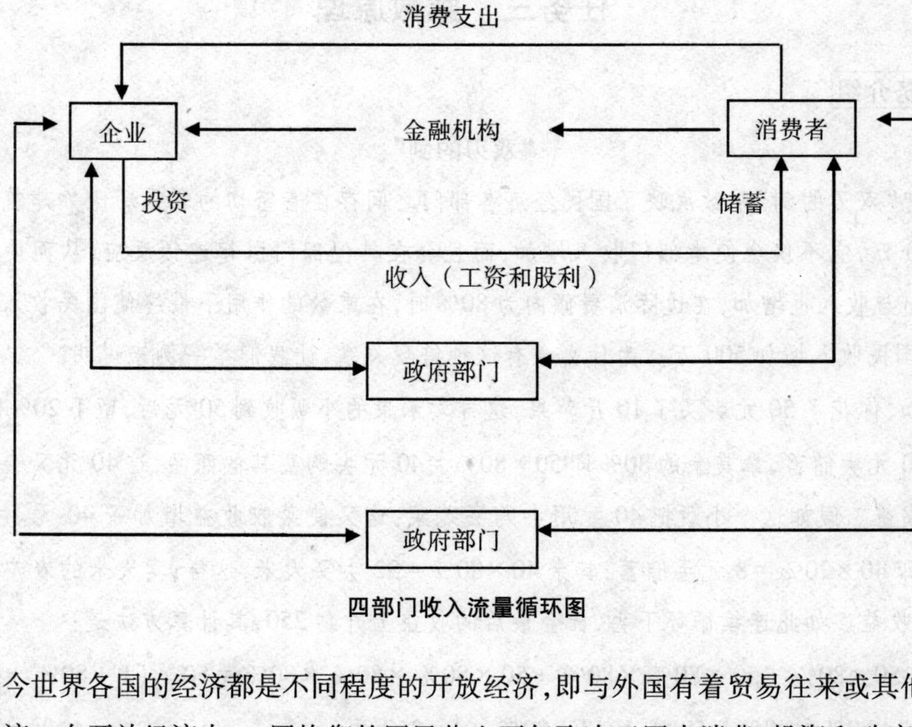

四部门收入流量循环图

当今世界各国的经济都是不同程度的开放经济，即与外国有着贸易往来或其他经济往来的经济。在开放经济中，一国均衡的国民收入不仅取决于国内消费、投资和政府支出，还取决于净出口，即：

$$Y=C+I+G+NX$$

式中，NX 代表进出口，为出口与进口的差额，即 $NX=X-M$，当 $X>M$，即 $NX>0$ 时，贸易为贸易盈余；当 $X<M$，即 $NX<0$ 时，贸易为贸易赤字。

国外部门向国内厂商购买产品，这是本国的出口，它会增加对本国产出的需求。本国政府、厂商和居民向国外购买产品，这是本国的进口，它会减少对本国产出的需求。此外，政府还可能征收关税。

从总需求看，总产出(Y) = 对本国产出的消费需求 + 对本国产出的投资需求 + 整个对本国产出的需求 + 国外对本国产出的需求 = 消费(C) + 投资(I) + 政府购买(G) + 出口(X)，即

$$Y=C+I+G+X$$

从总供给看，总产出(Y) = 对本国产出的消费需求(C) + 储蓄(S) + 税收(T) + 进口(M)，即

$$Y=C+S+T+M$$

于是就有：$C+I+G+X=C+S+T+M$，即

$$I+G+X=S+T+M$$

这就是四部门经济均衡的条件。

任务三　乘数原理

任务介绍

"双刃的剑"

一把"双刃的剑"乘数反映了国民经济各部门之间存在着密切的联系。比如建筑业增加投资 100 万，它不仅会使本部门收入增加，而且会在其他部门引起连锁反应，从而使这些部门的支出与收入也增加，在边际消费倾向为 80% 时，在乘数的作用下最终使国民收入的增加 5 倍，使国民收入增加 500 万。为什么会有这种倍数关系，让我们举一例来说明。

例如，你花了 50 元去买了 10 斤苹果，这样卖水果的小贩收到 50 元后，留下 20% 即 50 × 20% = 10 元去储蓄，拿其余的 80% 即 50 × 80% = 40 元去购买其他商品，这 40 元又会成为其他人的收益。假如这个小贩把 40 元用去购买蔬菜，这又使菜农收益增加了 40 元。菜农再用 20% 即 40 × 20% = 8 元去储蓄，其余 40 × 80% = 32 去买大米，这样，卖大米的农户又会增加 32 的收益。如此连续循环下去，社会最后的收益上升到 250，其计算方法是：

50 + 50 × 80% + 50 × 80% × 80% + 50 × 80% × 80% × 80% = 50 × (1 + 80% + 80% × 80%80% + 80% × 80% = 50 × [1/(1 − 80%)] = 250 元。

250 元是最初需求增加量 50 元的 5 倍，这就是乘数效应的结果。但乘数的作用是双重

的,如果上述例子的相反会使国民收入减少 250 元。即当自发总需求增加时,所引起的国民收入的增加要大于最初自发总需求的增加;当自发总需求减少时,所引起的国民收入的减少也要大于最初自发总需求的减少。所以,经济学家形象地把乘数称为一把“双刃的剑。”

知识引入

一、乘数原理概述

(一)乘数原理的基本含义

凯恩斯在消费倾向的基础上,建立了一个乘数原理。乘数是指自发总需求的增加所引起的国民收入增加的倍数,或者说是国民收入增加量与引起这种增加量的自发总需求增加量之间的比率。

凯恩斯认为,经济活动中之所以会产生乘数效应,是因为各个经济部门在经济活动中是互相关联的。某一经济部门的一笔投资不仅会增加本部门的收入,而且会在国民经济的各个部门中引起连带反应,从而增加其他部门的收入,最终使国民收入总量成倍地增加。由此可见,某一行业的发展必然会促进一系列同该行业相关的间接部门的生产,从而带动整个国民经济的协调发展。打个比方:你我是一群穷光蛋,突然有人给了我五块钱(别人投资),那我就可以去消费,买了你(生产)的东西,这样你也有五快钱了,你又去买别人的东西,这样不就穷光但们都有过并花过五块钱了吗,加起来就是 5n 块钱了,这就是联动效应。当然人们并不会把钱都用光,所以花到后面钱就没了(极限),再比如说,我花费 1000 元购买了一套衣服,服装加工者和布料生产者因此增加了 1000 元收入。如果他们的边际消费倾向均为 0.75(或者说边际储蓄倾向为 0.25)他们会支出 750 元购买他们需要的消费品。这些消费品的生产者也会增加 750 元的收入,如果他们的边际消费倾向也是 0.75,他们又会支出 750 * 0.75 = 625.50 元。如此继续下去,每一轮新支出都是上一轮收入的 3/4(即 0.75)。这样,最初的 1000 元消费就导致了一系列次一轮的再消费支出。尽管这一系列的再支出永无止境,但其数值却一次比一次减少。最终的总和是一个有限的量。即:

$1000*(1+c+c2+c3+......+cn)=1000*(1/s)=1000*(1/0.25)=4000$

4000 元是最初需求增加量 1000 元的 4 倍,这就是乘数效应的结果。

根据均衡国民收入决定的公式,增加的总需求与增加的国民收入相等,即

$$\Delta Y = \Delta AD$$

$$\Delta Y = \Delta\bar{A} + \beta \times \Delta Y$$

$$\frac{\Delta Y}{\Delta\bar{A}} = \frac{1}{1-\beta}$$

增加的国民收入 ΔY 与引起这种增加的自发总需求 $\Delta\bar{A}$ 之比 $\frac{1}{1-\beta}$ 就是乘数。如果以 k 表示乘数,则有

$$k = \frac{1}{1-\beta} \tag{10-13}$$

乘数公式表明了乘数的大小取决于边际消费倾向。边际消费倾向越高,乘数越大;边际消费倾向越低,乘数越小。这是因为边际消费倾向越大,增加的收入就有更多的部门用于消费,从而使总支出和国内生产总值增加得更多。

从乘数公式还可以看出,因为边际消费倾向是小于1的,所以乘数一定是大于1的。这也反映了国民经济各部门之间存在着密切的联系。某一部门自发总需求增加,不仅会使本部门收入增加,而且会在其他部门引起连锁反应,从而使这些部门的支出与收入也增加,最终使国民收入增加数倍于最初自发总需求的增加。

但必须知道乘数效应的发挥是有条件的。国民收入的增加也大于最初自发总需求的增加,只有社会上各种资源没有得到充分利用时,总需求的增加才会使各种资源得到利用,产生乘数作用;如果社会上各种资源已经得到了充分利用,或者某些关键部门(如能源、原料或交通)存在着制约其他资源利用的瓶颈状态,乘数则无法发挥作用。此外,还必须了解乘数的作用是双重的,当自发总需求增加时,所引起的国民收入的增加要大于最初自发总需求的增加;当自发总需求减少时,所引起的国民收入的减少也要大于最初自发总需求的减少。所以,经济学家形象地把乘数称为一把"双刃的剑"。

知识链接

国家助学贷款的乘数效应

国家助学贷款作为面向贫困生的一种信用贷款,通过信贷方式预支远期消费能力,来刺激或满足个人即期消费需求,进而实现经济增长、财政收入、居民收入三者的同步增长。因此,它是消费拉动经济增长、促进生产发展的重要手段。同样,国家助学贷款将经济困难学生的日后收人转化为巨大的精神财富,随着社会主义市场经济的建立,消费的继续流转,在乘数作用下的投资拉动中,GDP数量还将继续增长。

从实际效果来看,全面贯彻国家助学贷款新政策、新机制比其他增收措施,如加薪、减税、建社保障更好;同时,由于贷款资金主要用于学生缴纳在校期间的学费和住宿费,花费较快;而学校的学生,收入一般也在当年用完。所以,助学贷款的消费见效快、时滞短,扩张性政策效果好。同时,国家助学贷款还具有边际消费倾向高、无挤出效应的消费特点。所以,发放国家助学贷款不但不会挤占其他项目的资金需要,还有利于确保资金的安全,提高了资金使用效益。因此,与推出的住房商品化、教育产业化、高考扩招等政策相比,国家助学贷款带动了改革开放以来我国GDP增长均为净增长,不会产生人们所担心的"挤出效应"。与扩大出口和引进外国直接投资的好处相比,发展国家助学贷款不但成为拉动经济增长的主要力量,而且有利于提升增长质量,从而使大区域乃至整个国民经济得以健康、快速发展。

(二)乘数的类型

由于乘数是社会再生产过程中经济变量之间的一种函数关系,是国民收入变动量和引起这种变动量的最初注入量之间的比例关系。如用 ΔY 代表国民收入变动量,用 ΔX 代表最初注入变动量,则乘数 K 可用下式表示:

$$K = \Delta Y / \Delta X$$

现实经济生活表明,这种引起国民收入变动的最初注入量 ΔX 可为投资、税收、政府购买支出、转移支付和进出口等,各种不同的最初注入量引起国民收入变动。如果是总需求中投资增加便有投资乘数;如果是总需求中政府购买支出增加,便有政府购买支出乘数;如果是总需求中税收增加,便有税收乘数;如果是总需求中出口增加,便有对外贸易乘数。此外,还有转移支付乘数、平衡预算乘数和货币乘数。

二、投资乘数

(一)投资乘数的基本含义

在一个宏观经济中,投资的增加可以扩大收入和就业范围,投资的减少则会缩小收入和就业范围。投资的增加一般对宏观经济引起连锁反应,从而使相当于投资增量的一定倍数的国民收入得以产生。这种收入增量对投资增量的一定倍数称为投资乘数。

投资乘数与边际消费倾向密切相关。因为,在增加的收入中,用于消费的比例越大,投资所引起的连锁反应就越强烈,从而使新增加的收入也就越多。假定边际消费倾向为 0.75,那么新增加一百元投资,就会因为购买物品或使用劳务而使别人获得一百元收入,获得这一百元收入的人将用 75 元去购买消费品,而剩下的 25 元则用于储蓄。他的支出给消费品生产带来 75 元收入,新增加收入用于消费,其数额是 $100 \times 0.75 \times 0.75 = 56$ 元,剩下的用于储蓄。这个支出又创造出他人 56 元收入,这个过程上去,其总和为 400 元。由此可见,新增加一百元投资,最终得到 400 元新增加的国民收入,投资乘数即为 4。

若以 ki 表示投资乘数,则

$$k_{i} = \frac{\Delta y}{\Delta i} = \frac{1}{1-\beta} \qquad (10-14)$$

上式中,β 为边际消费倾向。可见,投资乘数的大小与边际消费倾向有关,边际消费倾向越大,投资乘数越小;边际消费倾向越小,投资乘数越大。

因为根据公式(10-10),边际消费倾向 b 和边际储蓄倾向 s 之和恒等于 1,即 $1-b=s$,所以投资乘数

$$k_{i} = \frac{1}{s} \qquad (10-15)$$

即投资乘数 k_i 等于边际储蓄倾向 s 的倒数。

假定投资增量为 1000 元,边际消费倾向 β 为 0.75,则边际储蓄倾向 $s=1-b=1-0.75=0.25$,则收入增量:

$$\Delta Y = \Delta I \times k_{i} = 1000 \times 4 = 4000 \text{ 元}$$

（二）均衡收入决定和投资乘数效应

在弄清楚投资乘数概念的基础上，还必须考察投资乘数对均衡收入的效应。为此，需要做如下假定：一国经济是在未充分就业的条件下运行的；投资决定和储蓄决定互为独立；货币供给能适应其需求的变化；不考虑对外交易和政府财政收支的作用；消费和储蓄的增量由收入水平决定；投资增量与收入水平及资本存量的规模无关，即当给出增量看待。

在这些假定下，如果设投资 I 为 100 亿元，储蓄 S 为 100 亿元，消费 C 为 300 亿元，均衡收入 Y 为 400 亿元，边际消费倾向 β 为 0.5，包括新增投资 ΔI 在内的全部投资 $(I+\Delta I)$ 为 150 亿元，那么新的均衡收入 $(Y+\Delta Y)'$ 为多少呢？先求增量：$\Delta Y=k_i\times\Delta I=2\times 50=100$，就其构成而言，

$$\Delta C=\beta\times\Delta Y=0.5\times 100=50$$

$$\Delta S=\Delta Y-\Delta C=100-50=50$$

新的均衡收入为：

$(Y+\Delta Y)'=400+100=500$，就其构成而言，

$$C+\Delta C=300+50=350$$

$$S+\Delta S=100+50=150$$

由此可见，当投资由 100 亿元增加至 150 亿元时，均衡收入由 400 亿元增至 500 亿元。这就是投资乘数 $k_i=\frac{1}{0.5}=2$ 的情形。如果投资乘数 $k_i=\frac{1}{0.2}=5$，并假定其他数据不变，那么均衡收入就会由 400 亿元增加至 650 亿元，投资乘数对增加均衡收入的效应就更加明显。反之，投资减少，或投资乘数下降，则都会使均衡收入比投资减少更多，这无疑是与投资乘数大于 1 的特性分不开的。

（三）投资乘数效应的条件

西方经济学认为，投资乘数虽有按一定倍数增加或减少均衡收入的效用，但它本身受许多前提条件制约，其制约条件有如下几点。

1. 如果在一国经济中不存在过剩的生产能力，那么投资的增加以及由此引起的消费支出的增加，就不会刺激产量和收入的增加，只会引起物价上涨。在发展中国家，主要问题是资本不足，生产设备缺乏。如果进行大量投资，生产设备就很快达到充分使用的地步。如果商品供应量赶不上获取收入上升的速度，就会引起物价上涨。如果用引进外资的方法进行投资，则会发生偿还外债问题。所以，投资乘数起作用的首要前提，是资源未得到充分利用，存在大量闲置的生产能力。

2. 投资乘数作用的发挥还取决于边际消费倾向和边际储蓄倾向的稳定。如果储蓄决定不独立于投资决定，实际投资乘数作用就会降低。

3. 货币供应量的大小对投资乘数作用也产生影响。假如在货币供应量不足以适应投资

和消费支出的增加时,投资和消费的增加就会使货币需求上升和利率提高。而利率提高又会对以后的投资意愿产生抑制作用,从而影响投资乘数的作用。

4. 政府的税收和支出对投资乘数的作用也产生较大影响。比如,政府支出的增加类似于投资的增加,对消费支出产生连锁影响,使国民收入成倍增加。而政府税收的增加则类同于负投资的增加,会使国民收入成倍减少。

此外,进出口贸易、原材料和消费品的大量库存、生产和消费的时滞等也会对投资乘数作用有所影响。

知识链接

破窗经济

一个小流氓打破了商店的一块玻璃,逃跑了。店主无奈只好花 1000 元买一块玻璃换上。玻璃店老板得到这 1000 元收入。假设他支出其中的 80%,即 800 元用于买衣服,衣服店老板得到 800 元收入。再假设衣服店老板用这笔收入的 80%,即 640 元用于买食物,食品店老板得到 640 元收入。他又把这 640 元中的 80% 用于支出……。如此一直下去,你会发现,最初是商店老板支出 1000 元,但经过不同行业老板的收入与支出行为之后,总收入增加了 5000 元。其原因何在呢? 乘数原理回答了这一问题。

投资乘数是指最初投资增加所引起的国民收入增加的倍数。在我们的例子中,最初的投资就是玻璃店老板购买玻璃的 1000 元。这种投资的增加引起的衣服店、食品店等等部门收入增加之和为 5000 元。所以乘数就是 5。一笔投资增加所引起的国民收入成倍增加就是宏观经济学中的乘数效应。

经济中为什么会有乘数效应呢? 我们知道,国民经济中各部门之间是相互关联的,一个部门的支出就是另一个部门的收入。当一个部门(如商店)支出时,另一个部门(如衣服店)收入增加,支出增加。这个部门(衣服店)的支出又变成第三个部门(食品店)的收入。第三个部门收入增加又引起支出增加。如此循环下去,一个部门支出的增加就会引起国民经济各部门收入与支出增加。最终使收入的增加是最初支出增加的倍数。

细心的读者会想到,在破窗经济中,乘数是 5。为什么乘数是 5 而不是其他数呢? 我们看到,这是因为得到收入的各部门(衣服店和食品店)都是把收入中的 80% 用于支出。增加的支出与增加的收入之比(如果增加的支出是消费支出,增加的消费支出与增加的收入之比称为边际消费倾向)。乘数效应的大小取决于边际支出倾向的大小。在我们所举的例子中,当边际支出倾向为 0.8 时,乘数是 5,如果你把边际支出倾向改为 0.5,乘数就变为 2。从这个事实中你可以看出,边际支出倾向越大,乘数越大。

我们所举的破窗经济只是个例子。如果把这个例子换为财政支出增加你就可以看出乘数效应多么重要了。假定政府支出 100 亿用于基础设施建设。这种支出会带动建筑、水泥、钢铁、消费品等各部门收入与支出的增加,所以,最后国民收入的增加一定大于 100 亿元。

大于 100 亿的多少倍则取决于边际支出倾向。如果这个经济的边际支出倾向是 0.75,乘数为 4,则财政支出增加 100 亿元就可以带动整个经济的国民收入增加 400 亿元。近年来,我国政府加大基础设施投资支出,带动整个经济走向好转,正是乘数在发挥作用。

三、政府购买支出乘数

政府购买支出乘数是指政府购买支出变动引起的国民收入增加的倍数。在这里,可以把政府的支出看成是政府投资,即 $G=I$, k_g 表示政府支出乘数,b 为边际消费倾向,则:

$$k_g = \frac{\Delta y}{\Delta g} = \frac{1}{1-\beta} \tag{10-16}$$

可见,政府购买支出乘数和投资乘数相等。

若其他条件不变,只有政府支出 g 变动,则从 g_0 变为 g_1 时的收入分别为:

$$y_0 = \frac{\alpha_0 + i_0 + g_0 - \beta t_0}{1-\beta}$$

$$y_1 = \frac{\alpha_0 + i_0 + g_1 - \beta t_0}{1-\beta}$$

$$y_1 - y_0 = \Delta y = \frac{g_1 - g_0}{1-\beta} = \frac{\Delta g}{1-\beta}$$

$$\therefore \frac{\Delta y}{\Delta g} = k_g = \frac{1}{1-\beta}$$

四、税收乘数

税收乘数是指政府增加或减少税收所引起的国民收入变动的程度。由于税收增加,国民收入减少;税收减少,国民收入增加,所以税收乘数是负值。以 k_t 表示税收收入, Δt 表示税收变动额,则:

$$k_t = \frac{\Delta y}{\Delta t}$$

又因为投资乘数 $k_i = \frac{\Delta y}{\Delta i} = \frac{\Delta y}{\Delta c} = \frac{1}{1-\beta}$,即消费支出 C 可看出投资 I,可得到: $\Delta y = \frac{\Delta c}{1-\beta}$

根据消费增量与税收增量的关系,征税变动后的消费变动额的绝对值应为征税变动额乘以边际消费倾向,即:

$$\Delta c = -\beta \times \Delta t$$

$$\Delta t = -\frac{\Delta c}{\beta}$$

这样, $k_t = \frac{\Delta y}{\Delta t} = \left[\frac{\Delta c}{(1-\beta)}\right] \times \left(-\frac{\beta}{\Delta c}\right) = \frac{-\beta}{1-\beta}$

即
$$k_t = -\frac{\beta}{1-\beta} \tag{10-17}$$

五、对外贸易乘数

凯恩斯学派把乘数原理运用到对外贸易领域,论证了保护贸易的好处。对外贸易乘数表示一国对外贸易变动引起国民收入增加的倍数。如果用 k_X 表示对外贸易乘数, ΔX 表示净出口, ΔY 表示净出口引起的国民收入增加额,则

$$k_X = \frac{\Delta Y}{\Delta X} = \frac{1}{1-\beta} \tag{10-18}$$

变形可得 $\Delta Y = k_x \times \Delta X$

该式表明,假定其他条件不变,一国国民收入的增加额与该国的净出口成反比, ΔX 越大, ΔY 越大,反之则相反。这说明,一国应该尽量扩大出口,同时减少进口,以增加 ΔX 值,这样 ΔY 增加得更多。为此,一国应采取保护贸易的政策措施限制进口,同时积极扩大出口,这样做对本国将是最有利的政策选择。显然,对外贸易乘数理论是主张保护贸易的。

理论应用

乘数理论在货币政策中的应用

调整存款准备金率作为一种面向广大消费者的货币政策,通过降低或提高存款准备金率来实现国民经济收入的健康快速发展。降低存款准备金,可以促进居民减少投资,鼓励国民消费,在一定程度上能抑制消费低迷状态;提高存款准备金率,能够有效地吸收存款,抑制国民消费,从而增加国民收入。

从短期来看,我们可以通过增大乘数来实现国民收入增加,也就是增大边际消费倾向,减小边际储蓄倾向。日前,我国储蓄额持续增加,到 2003 年已经达到 10. 5 万亿元,消费潜力巨大。刺激消费途径很多,我主要从降低银行存款利率来进一步说明。

本章小结

总需求与总供给相等时的国民收入是均衡的国民收入,当不考虑总供给这一因素时,均衡的国民收入是由总需求决定的。消费函数是消费与国民收入之间的依存关系,储蓄函数是储蓄与国民收入之间的依存关系。在既定收入中,消费与储蓄是呈反方向变动的。增加消费国民收入增加,增加储蓄国民收入减少。两部门国民收入决定的恒等式是储蓄—投资恒等式,即 $I=S$。三部门国民收入决定的恒等式是 $I+G=S+T$。乘数理论是指自发的总需求增加引起国民收入增加的倍数。乘数大小取决于边际消费倾向,边际消费倾向越大,乘数越大,从而使总需求和国民收入增加得就越多。乘数发生的作用是有条件的,此外,乘数作用是双重的。

复习思考题

一、名词解释

总需求　消费函数　平均消费倾向　边际消费倾向　储蓄函数　平均储蓄倾向　边际储蓄倾向　乘数　投资乘数　政府购买支出乘数　税收乘数　对外贸易乘数

二、选择题

1. 国民收入均衡是指:(　　)。

A. 价格等于边际成本　　B. 边际成本等于边际收入

C. 总供给等于总需求　　D. 总供给等于国民产出

2. 在两部门经济中,均衡发生于(　　)之时。

A. 实际储蓄等于实际投资

B. 实际的消费加实际的投资等于产出值

C. 计划储蓄等于计划投资

D. 总支出等于企业部门的收入

3. "国民收入等于国民产出"是(　　)的一个例子。

A. 均衡关系　　B. 恒等式　　C. 行为关系　　D. 假设

4. 引致消费取决于:(　　)。

A. 自发消费　　B. 边际储蓄倾向

C. 收入和边际消费倾向　　D. 收入

5. 边际消费倾向和边际储蓄倾向之和:(　　)。

A. 等于1　　B. 大于1　　C. 小于1　　D. 等于0

6. 在两部门经济中,当投资增加100万元时,国民收入增加了1000万元,那么此时的边际消费倾向为:(　　)。

A. 100%　　B. 10%　　C. 90%　　D. 20%

7. 在以下三种情况下,乘数最大的是:(　　)。

A. 边际消费倾向是0.2;　　B. 边际储蓄倾向是0.2;

C. 边际消费倾向是0.4;　　D. 边际储蓄倾向是0.4

8. 在基本消费为正数的线形消费函数中,平均消费倾向(　　)。

A. 大于边际消费倾向　　B. 边际消费倾向

C. 等于边际消费倾向　　D. 等于零

9. 下列哪一项不是恒等式(　　)。

A. $Y=C+I+G$　　B. $C+I=C+S$　　C. $S+T=I+G$　　D. $S=F(Y)$

10. 如果消费函数为 $C=100+0.8(Y-T)$,那么政府支出乘数是:(　　)。

A. 0.8　　B. 1.25　　C. 4　　D. 5

三、分析讨论题

1. 能否说边际消费倾向和平均消费倾向都是大于零而小于1?

2. 一些西方经济学家常断言,将一部分国民收入从富者转给贫者,将会提高总收入水平,你认为他们的理由是什么?

3. 假定有两个老人都有购房行为,其中一个老太说,我攒了一辈子钱,昨天总算买了一套房,住了一夜就来到了天堂;另一位老太说,我也很辛苦,住了一辈子的房,直到昨天才还清买房的贷款,今天就来到天堂。如果真有这样两位老太,你认为哪位老太聪明些?为什么?

实训项目

计算题

假设某经济社会的消费函数为 $c=100+0.8y$,投资为50(单位:10 亿美元)。

(1)求均衡收入、消费和储蓄;

(2)如果当时实际产出(即收入)为800,试求企业非自愿存货积累为多少?

(3)若投资增至100,试求增加的收入;

(4)若消费函数变为 $c=100+0.9y$,投资仍为50,收入和储蓄各为多少?投资增至100时收入增加多少?

(5)消费函数变动后,乘数有何变化?

拓展阅读

蜜蜂的寓言启发了凯恩斯

凯恩斯认为,在短期中决定经济状况的是总需求而不是总供给。这就是说,由劳动、资本和技术所决定的总供给,在短期中是既定的,这样,决定经济的就是总需求。总需求决定了短期中国民收入的水平。总需求增加,国民收入增加;总需求减少,国民收入减少。

18 世纪初,一个名叫孟迪维尔的英国医生写了一首题为《蜜蜂的寓言》的讽喻诗。这首诗叙述了一个蜂群的兴衰史。最初,蜜蜂们追求奢侈的生活,大肆挥霍浪费,整个蜂群兴旺发达。后来它们改变了原有的习惯,崇尚节俭,结果蜂群凋敝,终于被敌手打败而逃散。这首诗所宣扬的"浪费有功"在当时受到指责。英国中塞克斯郡大陪审团委员们就曾宣判它为"有碍公众视听的败类作品"。但在200 多年之后,这部当时声名狼藉的作品却启发凯恩斯发动了一场经济学上的"凯恩斯革命",建立了现代宏观经济学和总需求决定理论。

在20 世纪30 年代之前,经济学家信奉的是萨伊定理。萨伊是18 世纪法国经济学家,他提出供给决定需求,有供给就必然创造出需求,所以,不会存在生产过剩性经济危机。这种观点被称为萨伊定理。但20 世纪20 年代英国经济停滞和30 年代全世界普遍的生产过剩和严重失业打破了萨伊定理的神话。凯恩斯在批判萨伊定理中建立了以总需求分析为中心的宏观经济学。

凯恩斯认为,在短期中决定经济状况的是总需求而不是总供给。这就是说,由劳动、资本和技术所决定的总供给,在短期中是既定的,这样,决定经济的就是总需求。总需求决定了短期中国民收入的水平。总需求增加,国民收入增加;总需求减少,国民收入减少。引起30年代大危机的正是总需求不足,或者用凯恩斯的话来说是有效需求不足。凯恩斯把有效需求不足归咎于边际消费倾向下降引起的消费需求不足和资本边际效率(预期利润率)下降与利率下降有限度引起的投资需求不足。解决的方法则是政府用经济政策刺激总需求。包括增加政府支出的财政政策和降低利率的货币政策,凯恩斯强调的是财政政策。

在凯恩斯主义经济学中,总需求分析是中心。总需求包括消费、投资、政府购买和净出口(出口减进口)。短期中,国民收入水平由总需求决定。通货膨胀、失业、经济周期都是由总需求的变动所引起的。当总需求不足时就出现失业与衰退。当总需求过大时就出现通货膨胀与扩张。从这种理论中得出的政策主张称为需求管理,其政策工具是财政政策与货币政策。当总需求不足时,采用扩张性财政政策(增加政府各种支出和减税)与货币政策(增加货币供给量降低利率)来刺激总需求。当总需求过大时,采用紧缩性财政政策(减少政府各种支出和增税)与货币政策(减少货币量提高利率)来抑制总需求。这样就可以实现既无通货膨胀又无失业的经济稳定。

总需求理论的提出在经济学中被称为一场"革命"(凯恩斯革命)。它改变了人们的传统观念。例如,如何看待节俭。在传统观念中,节俭是一种美德。但根据总需求理论,节俭就是减少消费。消费是总需求的一个重要组成部分,消费减少就是总需求减少。总需求减少则使国民收入减少,经济衰退。由此看来,对个人是美德的节俭,对社会却是恶行。这就是经济学家经常说的"节约的悖论"。"蜜蜂的寓言"所讲的也是这个道理。

凯恩斯重视消费的增加。1933年当英国经济处于萧条时,凯恩斯曾在英国BBC电台号召家庭主妇多购物,称她们此举是在"拯救英国"。在《通论》中他甚至还开玩笑地建议,如果实在没有支出的方法,可以把钱埋入废弃的矿井中,然后让人去挖出来。已故的北京大学经济系教授陈岱孙曾说过,凯恩斯只是用幽默的方式鼓励人们多消费,并非真的让你这样做。但增加需求支出以刺激经济则是凯恩斯本人和凯恩斯主义者的一贯思想。

那么,这种对传统节俭思想的否定正确与否呢?还是要具体问题具体分析。生产的目的是消费,消费对生产有促进作用,这是人人都承认的。凯恩斯主义的总需求分析是针对短期内总需求不足的情况。在这种情况下刺激总需求当然是正确的。一味提倡节俭,穿衣服都"新三年旧三年缝缝补补又三年",纺织工业还有活路吗?这些年当我国经济面临需求不足时政府也在努力寻求新的消费热点,说明这种理论不无道理。

当然,这种刺激总需求的理论与政策并不是普遍真理。起码在两种情况下,这种理论并不适用。其一是短期中当总供给已等于甚至大于总需求时再增加总需求会引发需求拉动的通货膨胀。其二是在长期中,资本积累是经济增长的基本条件,资本来自储蓄,要储蓄就要减少消费,并把储蓄变为另一种需求—投资需求。这时提倡节俭就有意义了。

凯恩斯主义总需求理论的另一个意义是打破了市场机制调节完善的神话,肯定了政府干预在稳定经济中的重要作用。战后各国政府在对经济的宏观调控中尽管犯过一些错误,但总体上还是起到了稳定经济的作用。战后经济周期性波动程度比战前小,而且没有出现30年代那样的大萧条就充分证明了这一点。

世界上没有什么放之四海而皆准的真理。一切真理都是具体的、相对的、有条件的。只有从这个角度去认识凯恩斯主义的总需求理论才能得出正确的结论。其实就连"蜜蜂的寓言"这样看似荒唐的故事中不也包含了真理的成分吗?

2013年4月23日圣才学习网

项目十一　货币市场的均衡

教学目的和要求

本章介绍了货币的需求与供给,中央银行的宏观调控及货币政策的工具。通过本章的学习,使学生掌握货币及货币市场的概念、层次划分,凯恩斯主义的货币需求理论以及货币市场的均衡机制与传导机制。学生应从实用角度,对中央银行的调控机制有一个较深的了解,掌握货币政策的工具及其应用。

在上一章的分析中,我们一直假设投资需求为常数,将其视为外生变量,只是探讨产品市场上总需求与总供给相等时国民收入的决定问题,并没有考察货币市场对国民收入的影响,因此,称其为简单的凯恩斯模型或简单的国民收入决定模型。但在现实经济生活中,投资作为总需求的重要组成部分,不可能为常数,而是取决于预期的利润率(即资本边际效率)和银行的利息率,当一定时期内预期利润率不变时,通常把投资看作是利息率的函数,与利息率呈反方向变化。在市场经济中,一国的利息率水平通常由货币的需求和货币的供给共同决定,因此,本章主要探讨如下问题:货币、货币需求、货币供给、均衡利率的决定、中央银行及其货币政策。

第一节　货币的基本知识

一、货币

在现代西方经济学中,货币是指人们普遍接受的、充当交换媒介的东西。美国经济学家弗里德曼(M. Friedman)曾说过,货币是"一个共同的、普遍接受的交换媒介"。

西方经济学家认为,货币的使用是由最初的物物交换发展的结果。开始时,人们是以物易物,这种简单的交换的发生比起自给自足的状态显然是一个进步,因为它在一定程度上促进了经济的发展。但同时简单的物物交换又带来很大不便,除非在双方的需要巧合的情况下,否则很难成交。由于直接的物物交换的低效率,使得间接的物物交易取而代之成为可能,间接的物物交易的发展使得货币出现。货币出现后,人们就能够先把某物转化为货币,然后用货币购买他们所需要的各种物品和劳务,所以,说货币的使用使经济生活简单化了,并促进了专业化的生产。

在历史上,货币的发展经历了足值的商品货币、足值的代用货币和信用货币等发展阶段。如果货币作为商品自身的价值不能与它作为货币的价值完全相等,并且不能用以兑现商品货币,就称为信用货币。货币史的一般趋势是信用货币相对于足值货币越来越多。

二、货币的职能

在西方经济学中,货币是在商品和劳务的交换及其债务清偿中,作为交换媒介和支付工具被普遍接受。因此货币执行交换媒介和价值尺度两项基本职能,后又派生出延期支付、贮藏手段和世界货币三种职能。

1. 交换媒介:货币可以充当商品和劳务的交换中介,用来购买商品,清偿债务,支付租金和工资等。在没有货币的经济中,商品交换以物物交换(barter)的直接方式进行,交换的完成有赖于供求双方的巧合。只要有一方不需要对方提供的商品,交易就无法实现。使用货币作为交换的媒介,情况就不同了。人们可以将不同形式的商品先转化为货币的价格形式,然后再与其他商品进行交换。由于货币是普遍乐于接受的媒介,所以一切商品和劳务都可以通过它顺利地完成交换。但在现代经济社会中,人们需要货币,并不是需要货币本身,而是因为用它能够交换各种商品和劳务,所以货币本身是可以没有价值的。

2. 价值尺度:简单地说,货币的这一职能就是我们用货币作为比较和表示商品和劳务的价值的工具,用货币来衡量并表示商品和劳务的价值,使得经济社会可以用共同的标准来表示价值的大小,从而便利了交换。

3. 延期支付手段:即货币可以用作将来付款的手段。在经济社会里,人们需要签订各种契约和合同,它们都用货币作为计算单位,一旦期满,将按契约或合同用货币来进行支付。但是,货币在执行这一职能时,其购买力必须保持相对稳定,否则,债权人或债务人将遭受损失。延期支付的契约行为,成倍地扩大了经济活动的自由度。

4. 贮藏手段:以实物保存财富,不仅受到时空限制,而且有变质的危险,财富难以积累。由于货币被人们广泛接受,因而代表一般的购买力,所以它也是一种方便的贮藏手段。人们可以把货币留在手中,在需要的时候才使用它。但是人们贮藏货币要承担机会成本:一是把它贷放出去将得到的利息收入;二是若价格水平上涨它会减少的实际购买力。

5. 世界货币:世界货币是指货币在世界市场上作为一般等价物发挥作用的职能。世界货币的作用主要是作为国际间的支付手段,以平衡国际贸易的差额,或者是作为国际间财富的一般转移手段。

三、货币的种类

货币从具体的物品逐步演变为抽象的符号,先是按重量交易的贵金属,经由贵金属加工而成的铸币,到可兑换铸币的纸币,再到不可兑换的纸币,最后变为现代以信用工具为主的货币形式。

1. 商品货币。最早出现的货币,以商品作为币材,称为商品货币(Commodity Money)。为了克服物物交换中的困难,人们愿意以自己的商品先去换取大家乐于接受的商品,再用这种换来的商品去换取自己所需要的商品。随着交换的发展,这种大家乐于接受的商品便逐步从一般商品中分离出来,成为一般等价物。起初,用作货币的商品有牛、羊、骨头等,后来多为贵金属,如金、银、铜、铁等。最典型的商品货币是铸造的金币、银元。金银铸币的特点是,货币的价值与币材的价值相等,它既可用作货币媒介交易,也可用作商品在市场出售。

2. 代用货币。代用货币(Representative Money)是货币面值与币材价值不等但可以兑换的货币。由于金银货币不便携带,近代多用可兑纸币作为金银的代表物,它本身价值虽然很小,但代表着足值的金银,可以随时兑换。为此,发行纸币的政府和银行必须储备足够的金银。与金银铸币相比,代用货币的优点是发行成本低,避免损耗,保管和运输也比较方便。

3. 信用货币。凡货币面值高于其币材价值且不能兑换的货币,称为信用货币(Credit Money)。1930 年以来的现代国家,几乎都用这种信用货币,它具有完全的流通性,能够直接作为支付手段,而且名义价值不变。它又可分为以下几类:

铸币:这是为了便利小额支付和找零而铸造的硬币,其面值超过币材的价值。这种硬币在现金中的比重在美国约占 14%,在英国约占 7%;

纸币:它是由政府法令规定了其地位,由各国中央银行(或国家批准的私营银行)发行的不兑换纸币,具有法定地位;

以上两种货币总称为通货或现金。通货是国家规定的国家货币。

存款货币:又叫支票存款,可以使用支票周转的银行活期存款。在西方国家里,人们得到收入以后往往向银行存入活期存款,然后以这笔活期存款为基础开出由该行承兑的支票,把这种支票作为流通工具。因为人们随时都可以用支票动用他们在商业银行的活期存款,而且人们还可以随时把活期存款转换成现金,所以,银行的活期存款和通货没有区别,它也是一种货币。

近似货币:若干以贮藏为目的金融资产,也比较容易货币化,转为支付手段,因而具有一定的流动性,称为近似货币或准货币。例如,定期存款和储蓄存款虽有确定的期限,但也可以在扣除不足期的利息后,提前领取,变为现金。政府的短期公债,具有现金价值的保险单、信誉高的商业票据等有价证券,也可随时在金融市场上脱手变现。

第二节 货币的需求

一、货币需求的动机

货币同任何其他商品一样,也有需求和供给的关系。所谓货币需求(Demand for Money)是指社会各部门在既定的收入或财富范围内能够而且愿意以货币形式持有的货币数量。对货币的需求又称“流动性偏好”,是指人们愿意以货币形式保存一部分财富的心理倾向,这一概念是由凯恩斯提出的。凯恩斯认为,人们持有货币而不把货币换成能生息的资本保存起来是出于三类不同的动机:交易动机、预防动机和投机动机。

1. 交易动机(Transaction motive)

货币交易动机是指人们为了应付日常的商品交易而需要持有货币的动机。凯恩斯把交易动机又分为所得动机和业务动机二种。所得动机主要是指对个人和家庭而言,一般是定期取得收入,经常需要支出,因而要持有一定数量的货币;业务动机主要是指对企业而言,他们取得贷款后,为应付日常成本开支也需要持有一定数量的货币。基于所得动机与业务动机而产生的货币需求,称之为货币的交易需求(Transaction demand)。可见,交易需求的产生,是由于人们收入和支出间的非同步性。

按照凯恩斯的说法,出于交易动机的货币需求主要决定于收入,并随着收入的增加而增加。收入越高,交易数量越大,所交换的商品和劳务的价格越高,从而为应付日常开支所需的货币量就越大。我们用 L_t 表示货币的交易需求量,Y 表示国民收入,则 $L_t = L(Y)$,且 $dL_t/dY>0$,表示货币的交易需求量是收入的增函数。

货币的交易需求量同时也是利息率 R 的函数。由于保存现款会牺牲用货币购买生息资产所取得的利息,所以个人、家庭、企业都具有节省货币交易需求的动机,尽量使持有货币的机会成本降至最低点。利息率越高,持有货币的机会成本就越高,从而影响人们缩减现金持有额,二者是减函数关系,即 $dL_t/dR<0$。将收入和利息合起来考虑,则 $L_t = L(Y,R)$。

2. 预防动机 (Precautionary motive)

货币的预防动机又称"谨慎动机",是指人们为了防止意外情况发生而愿意持有货币的动机,因此而产生对货币的需求称为货币的预防需求 (Precautionary demand)。如个人和企业为应付事故、失业、疾病等意外事件而需要事先持有一定数量的货币。

货币的预防需求与人们的收入变化成正比,与利息率成反比。我们用 L_p 表示货币预防需求,Y 表示国民收入,R 表示利息率,则 $L_p = L(Y,R)$。$dL_p/dY>0$ 表示收入高的人为预防而持有的货币数额多些,收入低的人一般无多大财力可以应付意外事件。$dL_p/dR<0$,表示当利息高时,会诱使人们将这种货币的一部分变成生息资产以增加利息收入,从而使预防性货币数额变小。

这里需要指出的是,尽管货币的交易需求和预防需求都与利率有一定的关系,但人们为交易需求和预防需求而持有的货币量中,能够调剂出来的闲置货币是十分有限的。为使分析简化,一般假定这两种需求对利率变化的反应是不敏感的,即对利率完全无弹性。因此在下面的分析中,我们假定货币的交易需求与货币的预防需求都只是收入的一元函数,即货币的交易需求 $L_t = L(Y)$,货币的预防需求 $L_p = L(Y)$。

3. 投机动机 (Speculative motive)

货币投机动机是指人们根据对市场利率变化的预测,需要持有货币以便满足从中投机获利的动机。例如,人们为了把握购买有价证券(如购买股票和其他证券)的有利机会而愿意持有一定数量的货币。由于未来利息率的不确定性,人们为避免资本损失或增加资本收益,必须及时调整资产结构,因此而产生的对货币的需求即货币的投机性需求(Speculative demand)。上述交易需求和预防需求强调的是货币作为交易媒介的作用,而投机性货币需求则强调货币作为价值贮存的作用。

货币的投机性需求(用 L_S 表示)完全取决于利息率的高低,二者呈反方向变化。即 $L_S = L(R)$,$dL_S/dR < 0$。为了弄清这一点必须对利息率和债券价格之间的关系作一简单的考察。

凯恩斯认为,个人和企业支付所需的财富,可以用货币形式保存在身边,也可以买进生息资产(如债券、股票),需用现款时再卖出它们。人们是否放弃货币而持有债券,不仅取决于债券发行时利率的高低,而且取决于人们对未来市场利率变化的预期。以下给出债券价格公式:

$$债券的价格 = \frac{债券的年收益}{利息率} \tag{11-1}$$

从式(11-1)看出债券价格和利息率呈反方向变化的关系。例如,有一张债券,每年可得10美元债息,若存款利息率为10%,则该债券的市场价格便为100美元;若利息率调高至20%,则该债券的市场价格下降为50美元。由于债券的市场价格是经常波动的,凡预计债券价格将上涨(即利息率将下降)的人,就会用现款买进债券以备日后以更高的价格卖出;反之,凡预计债券价格将下跌(即预计利息率将上升)的人,就会卖出债券保存货币以备日后价格下跌时再买进。为了从事这种牟利活动,人们需要在手头保存一笔货币。这就是对货币的投机需求。可见,债券未来价格的不确定性是货币投机需求的必要前提。

由此可见,投机需求和利率呈反方向变化。当现行利率过高(债券价格过低)时,人们预计利息率会下降,即未来债券价格会上升,于是人们就会放弃货币,买进债券,即低买高卖原则,以待日后债券价格上升后卖出获利。由此导致人们对货币的投机需求下降。反之,利息率越低,人们对货币的投机需求就越大。

二、流动偏好陷阱

以上分析说明,对利率的预期是人们调节货币和债券配置比例的重要依据。利率越高,货币需求量越小。而当利率极高时,对货币的需求量为零。这个时候,人们认为利率不可能再上升,或者说有价证券的价格不可能下降,就会将所有的货币全部购买有价证券。反之,当利率极低时,人们则认为这时利率不可能再下降,有价证券的价格不可能再上升只会跌落,人们就会卖出所有的有价证券,换成货币。此时即使人们再获得了货币也不会去购买有价证券,以避免证券价格下降时造成损失,从而把货币保持在手中。人们不管有多少货币都愿意持有手中,我们把这种情形称为"凯恩斯陷阱"或称"流动偏好陷阱(Liquidity Trap)"。

知识链接

流动性偏好陷阱在实体经济中的表现是国内需求开始下滑。在中国GDP的支出构成中,投资和消费占比一直在95%以上,其中,投资需求占比即资本形成率具有典型的顺周期特征,而消费占比自上个世纪80年代以来一直处于下降态势。在1990年至2000年的经济周期中，资本形成率自1990年的35.2%一路上升到1993年的43.5%，并在1994和1995年维持在40%以上的水平，此后即一路下降到2000年的36.4%。如果进一步考虑石油价格和其他原材料、生产资料价格的大幅度攀升，实际投资增长率更是要低得多。

三、货币需求函数

对货币的总需求是人们对货币的交易需求、预防需求和投机需求的总和。

货币的交易需求和预防需求主要决定于国民收入，二者合称为“广义的货币交易需求”，因此，我们可以把货币的交易需求和预防需求合在一起，用 L_1 表示，则：

$$L_1 = L_t + L_p = L(Y) = K \cdot Y \tag{11-2}$$

式（11－2）中 L_t 表示交易需求，L_p 表示预防需求，Y 表示名义收入，K 表示收入增加时货币需求增加多少，或者说，货币需求量在收入中占有的份额。

货币的投机需求决定于利率，与利率呈反方向变化。在现实生活中，利息率有好多种。这里所说的利息率是指特定时间内市场上各种不同利息率的平均数，利率对货币投机需求的影响公式可表示如下：

$$L_2 = L(R) = -hR \tag{11-3}$$

这里，h 表示货币需求对利率变化的敏感程度。

如果用 L 表示对货币的总需求，这里 L 表示对货币的名义需求量，则凯恩斯的货币需求公式表示为：

$$L = L_1(Y) + L_2(R) = KY - hR \tag{11-4}$$

式（11－4）表明，L_1 决定于 Y，与 R 无关，L_2 与 R 成反比例关系。由于在一定时期内，Y 是稳定的，因此 L 的大小与 R 有关，即 L 与 R 成反比例关系。如果我们把货币需求函数画在一个 L 与 R 的二维平面图上，则货币的需求函数如图11－1所示。

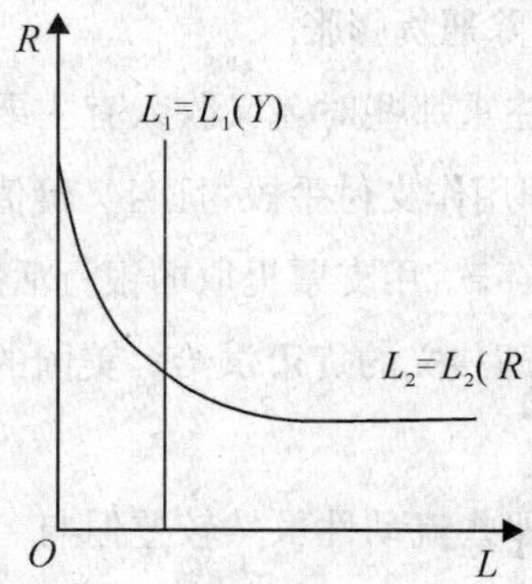

图11－1（a）

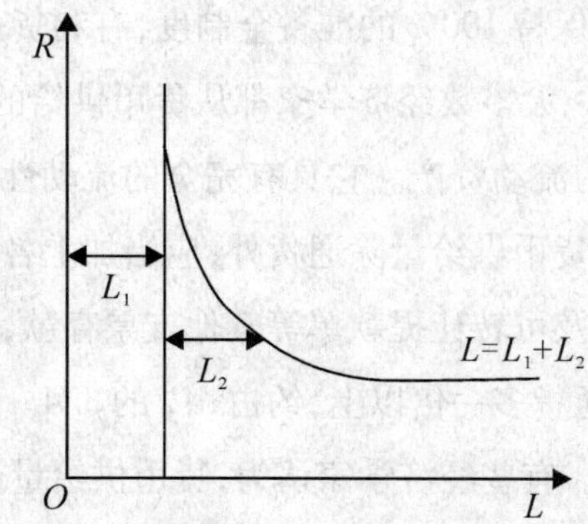

图11－1（b）

在图11－1（a）中，垂线 L_1 代表为满足交易动机和预防动机的货币需求曲线，因与 R 无关，所以垂直于横轴。L_2 代表为满足投机动机的货币需求曲线，L_2 曲线开始从左上方向右下方倾向，最后为水平状态，其水平线段就是“凯恩斯陷阱”。

在图 11 - 1 (b)中,L 是 L_1、L_2 相加的全部货币需求曲线,曲线向右下方倾斜,表示在一定收入水平上货币需求量和利率呈反向关系。

那么,货币需求量和收入水平的正向关系如何表现出来呢？需要通过同一坐标图上若干条货币需求曲线来表示,如图 11 - 2 所示。L_1、L_2、L_3 分别代表利率为 R_1,收入分别为 Y_1、Y_2、Y_3,且 $Y_1 < Y_2 < Y_3$ 时的三条不同收入水平的货币需求曲线。

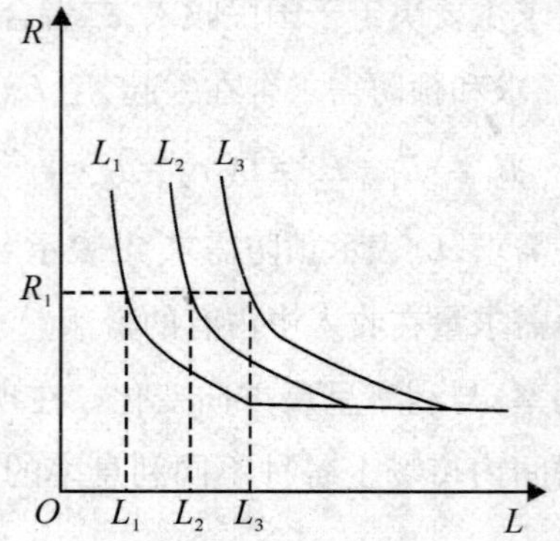

图 11 - 2　不同收入的货币需求曲线

第三节　货币的供给

一、货币供给量

货币供给量是指一个经济社会中货币的总存量。如何定义货币存量,目前有许多不同看法。按照货币的流动性即变现能力可以划分为以下五个层次。

1. M_0。传统的货币数量说,注重货币的支付功能,因此货币供给量就是指通货(铸币 + 纸币)。这是在信用不发达的时代长期流行的观点,但现代货币主义者也主张以通货作为货币供给量,保持 100% 的准备金制度,有利货币管理,消除通货膨胀。

2. M_1。大多数经济学家都从货币供给的意义上,注重那些对名义收入有主要影响且能加以控制的流动资产。它具有完全的流动性,可以立即用作支付手段,且名义价值不变。按这种定义,货币供给量除通货外,应当加上各种交易性存款:用支票提取的银行活期存款、旅行支票,以及可转让提款单等其他支票存款,通称 M_1,即狭义的货币供给。美国的交易性存款一般比通货多一倍以上,约占 M_1 的 3/4。

3. M_2。有些经济学家认为,货币供给量还应包括那些流动性虽然较差但与名义收入关系更为密切的信用工具,如小额定期存款、储蓄存款、货币市场存款账户、公众持有的货币市场互助基金、隔夜回购协议等。这些信用工具不能立即用来作为支付工具,但也不难变为支付工具,而且在更大的程度上反映了名义收入。M_2 通称广义货币。美国的广义货币往往比狭义货币大 4 倍以上。

4. M_3。M_3 比 M_2 的范围扩大一些,包括大额定期存款、超过隔夜的回购协议、金融机构和团体持有的货币市场互助基金等。与 M_2 相比，它们的流动性更差一些，不能随时取出，但可以在二级市场上流通、转让或出售。

5. L。L 是范围最广的货币供给量，从具有完全流动性的通货到具有一定流动性的票据。其中，很多都是近似货币，如政府短期公债、商业票据、银行承兑汇票等。

需要说明的是，经济学中所研究的货币供给量一般指狭义货币，即 M_1。

知识链接

M_1 反映着经济中的现实购买力；M_2 不仅反映现实的购买力，还反映潜在的购买力。若 M_1 增速较快，则消费和终端市场活跃；若 M_2 增速较快，则投资和中间市场活跃。表 11－1 列出了我国 1990－2006 年各层次的货币供给量。

表 11－1　中国各层次货币供应量（年底余额），1990－2006 年，单位：亿元

年份	流通中的现金（M_0）	货币（M_1）	货币和准货币（M_2）
1990	2644.4	6950.7	15 293.4
1991	3177.8	8633.3	19 349.9
1992	4336.0	11 731.5	25 402.2
1993	5864.7	16 280.4	34 879.8
1994	7288.6	20 540.7	46 923.5
1995	7885.3	23 987.1	60 750.5
1996	8802.0	28 514.8	76 094.9
1997	10 177.6	34 826.3	90 995.3
1998	11 204.2	38 953.7	104 498.5
1999	13 455.5	45 837.3	119 897.9
2000	14 652.7	53 147.2	134 610.4
2001	15 688.8	59 871.6	158 301.9
2002	17 278.0	70 881.8	185 007
2003	19 746.0	84 118.6	221 222.8
2004	21 468.3	95 969.7	254 107.0
2005	24 031.7	107 278.7	298 755.7
2006	27 072.6	126 028.1	345 577.91

注：2001 年 6 月起，已将证券公司客户保证金计入货币供应量（M_2），含在其他存款项内。

资料来源：1990－2005 年的数据来源于国家统计局：《中国统计年鉴（2006）》，北京，中国统计出版社，2006；2006 年的数据来源于中国人民银行网站，www.pbc.gov.cn

二、货币的创造

所谓货币创造（供给）过程是指银行主体通过其货币经营活动而创造出货币的过程，它包括商业银行通过派生存款机制供给货币的过程和中央银行通过调节基础货币量而影响货币供给(Money supply)的过程。由于占货币存量 M_1 主要部分的交易性存款是由银行创造的,因此,我们需要了解银行创造存款货币的过程。

1. 银行存款的准备金率。商业银行办理存款和放款等业务,而商业银行的自有资本额是有限的,故放款的主要来源是它所吸收的存款。但商业银行不能把吸收来的全部存款都放出去,而必须经常保持一定数量的现金作为随时支付的准备,以应付存款人随时提取他们的存款。这种经常保留的以供支付存款提取用的一定货币数额,称为存款准备金。在现代银行制度中,这种准备金在存款中应占的比率是由中央银行规定的,称为法定准备金率(Legal Reserve Ratio)。

2. 银行贷款转化为客户活期存款。在银行比较发达的国家里,大部分交易不是用现金而是用支票进行的。人们通常把现款放入商业银行,开立活期存款户头,需要支付款项时开出支票付给收款人。由于支票成为交换媒介和支付工具在市场上流通,因此,企业在得到商业银行的贷款之后,一般并不取出现金,而是把这笔贷款作为活期存款存入银行。这样,银行贷款的增加就意味着活期存款的增加。

3. 存款货币的创造过程。西方经济学认为,整个银行体系能够使银行存款多倍扩大,这就是所谓银行存款的创造。整个银行体系扩大或缩小活期存款有两种方式:一是向个人或企业发放和收回贷款;二是向个人或企业买进或卖出证券。第一种方式简单明白,第二种方式我们举例说明。

假定中央银行为增加货币供给量而买进政府债券,某企业或个人卖出政府债券 100 万元,这些债券是中央银行用新发行的现钞买进的,这样,货币供给量便增加了 100 万元。

如果政府和个人将出卖政府债券得到的这 100 万元存入 A 银行,法定准备金率 $R=20\%$,则 A 银行必须把 20 万元作为准备金,可以放款 80 万元。而得到这 80 万元的贷款的企业或个人把它作为活期存款存入 B 银行,以便随时开支票动用。B 银行吸收 80 万元存款后,又留下 20% 作为准备金,可放款 64 万元。得到这 64 万元的企业或个人又把它存入 C 银行,C 银行又留下 $20\% \times 64 = 12.8$ 万元作为准备金,放款 51.2 万元……这样,每一笔新存款创造出该存款的 80% 的新贷款,这笔新贷款又形成一笔同量的新存款,如此继续下去,可以得到所有银行的新存款总和为 500 万元。这就是说,整个银行系统创造了 5 倍于新增加的 100 万元的活期存款。如果以 ΔM 表示增加的存款总额,ΔD 表示最初增加的存款,R 表示法定存款准备金率,则:

$$\Delta M = \Delta D + \Delta D(1-R) + \Delta D(1-R)^2 + \cdots = \Delta D \times \frac{1}{1-(1-R)} = \frac{\Delta D}{R}$$

整理得,

$$\frac{\Delta M}{\Delta D} = \frac{1}{R} = K_D \tag{11-5}$$

式(11－5)中，$\frac{\Delta M}{\Delta D}$表示存款扩大的倍数$K_D$，则银行存款的扩大倍数$K_D=1/R$，我们把$K_D$称为存款乘数。可见，存款乘数从理论上讲等于法定存款准备金率的倒数。所以，中央银行可以通过法定准备金率的调整影响商业银行创造存款货币的能力，从而影响货币供给量。

4. 修正的存款乘数。上述存款乘数是假定法定准备金是原始存款的唯一漏出。实际上，可能的漏出远不止此。

第一是超额准备。一般来讲，为了保险，商业银行不是把法定准备金以外的存款全部贷出，而是往往保存一部分超额准备。这样，就单个银行来说，创造的存款货币就达不到最大限度。整个银行体系创造的存款货币也将小于$1/R$。

第二是现金外流。并不是每个企业和个人接受贷款后都全部以活期存款的形式存入银行，他们往往提取一部分现金用于支出。不再存入银行，这也将影响到存款货币创造的倍数。

第三是转为定期存款。随着活期存款的不断增加，其中有一部分会逐步转为非个人的短期定期存款。但这种定期存款具有一定流动性，也需要保持少量准备金。

鉴于上述存款的漏出，存款乘数的公式必须修正。设E为超额准备所占活期存款的比例，C为现金外流占活期存款的比例，这两项与法定准备金一样，都不会转为银行系统中的下一个银行的活期存款，不再参与银行存款的创造过程，因而可以与法定准备率一样，作为货币乘数的分母。但短期定期存款仍在银行系统之内，仍需一定准备，为此，应将转为短期定期存款的比例t乘以其法定准备率R再列入存款乘数的分母。所以，修正的存款乘数K_D为：

$$K_D=\frac{1}{R+E+C+tR}$$

$$\Delta M=K_D\times\Delta D=\frac{1}{R+E+C+tR}\times\Delta D \qquad (11-6)$$

5. 货币乘数。我们讨论存款乘数，主要是为了研究货币乘数。所谓货币乘数(Money multiplier)，是指一定量的基础货币发挥作用的倍数，或者说是货币扩张或收缩的倍数。通常我们将银行法定存款准备金和公众持有的通货之和，叫货币基础(Money Base)或基础货币(Base Money)。设C为公众持有的通货，A为银行法定准备金，B为基础货币，$B=A+C$。货币供给量M_1与基础货币B的比值叫作货币乘数(用K_M表示)，则$K_M=M_1/B$。在一般情况下，基础货币是相对稳定的。

从经济含义上说，基础货币B是货币供给M_1的基础，它通过银行存款准备金创造了货币，因此M_1总是B的某个倍数。美国定期公布M_1和B，比较容易求得货币乘数K_M。从长期情况来看，货币乘数K_M的值经常介于2－3之间，小于存款乘数，也小于修正的存款乘数。

货币创造乘数同投资乘数一样,也可以从两方面起作用:使银行存款既可以多倍扩大,又能多倍收缩。因此,中央银行控制准备金或法定准备率对货币供给会产生重大影响。

知识链接

我国货币乘数的变化存在两个突出问题:一是货币乘数不稳定,不易控制;二是货币乘数和基础货币存在反向运行,表现为当央行增加(减少)基础货币时,货币乘数下降(上升),使得相对于增加的基础货币,货币供应量的增加(减少)并不明显。

自2008年9月国际金融危机爆发以来,我国采取了适度宽松的货币政策,货币和信贷快速增长,经济呈V型复苏。影响货币和信贷增加的一个重要因素是货币乘数,它反映了基础货币的扩张能力,也反映了经济活跃程度,货币乘数的变化对每月新增货币和贷款起着重要的影响。中央银行可以通过公开市场业务控制流动性投放,控制基础货币投放,但是货币供应量和银行信贷增加还要依赖于货币乘数。2008年11、12月份,尽管基础货币上升,但是货币乘数是连续下降的,分别为3.84和3.68。2009年初,中国货币乘数开始反弹,1月份的货币乘数上升到3.83,2月至6月的货币乘数进一步上升,分别为4.04、4.2697、4.3493、4.4654和4.5906,货币乘数持续上升,货币乘数的放大作用成为2009年货币供应量和信贷增加的主要推动力。

三、均衡利息率的决定

前面我们曾提到,商业银行具有创造存款的能力,而中央银行由于能够操纵准备金和货币发行,成为实际上的货币最初供给者。因此,习惯上总把货币供给作为一个由中央银行决定的外生变量。货币需求是利率的减函数,利率越高,货币需求越小;反之,利率越低,货币需求越大。货币的需求和供给,决定了均衡的利率,如图11-3所示。

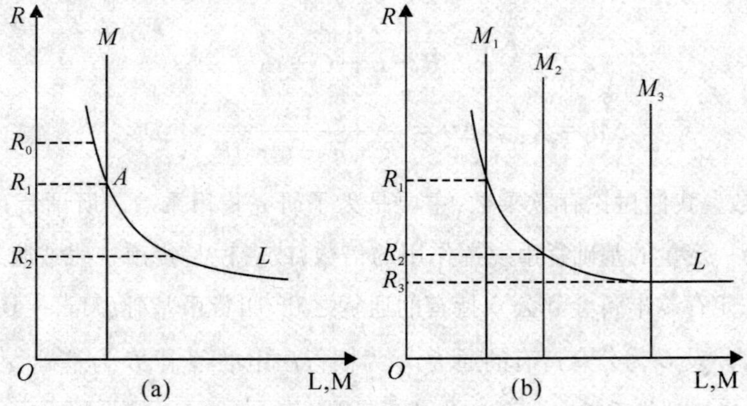

图11-3

在图11-3(a)中,纵轴表示利率R,横轴表示货币量M。L线表示货币需求曲线,它说明货币的需求量与利率呈反方向变化,因此是一条向右下方倾斜的曲线。垂直于横轴的M是货币的供给曲线,由中央银行决定,与利率无关,货币的供给曲线M和需求曲线L相交于

A 点，决定 R_1 为均衡利率，在这样的利率水平上，人们对货币的需求正好等于货币的供给。如果此时市场利率高于 R_1，例如为 R_0，就会出现货币供应过量的情况。反之，如果利率过低到 R_2，又会出现货币的过量需求。

假设中央银行增加了货币供给，货币供给曲线由 M_1 移向 M_2，结果均衡利率从 R_1 下降为 R_2，如图 11－3(b) 所示，人们对货币需求增加到 M_2，正好和货币供给相等。所以，在货币需求函数确定的情况下，市场均衡利率与中央银行的货币供给量呈反方向变化关系，由此，中央银行可以通过货币供给，来控制利率水平。

在图 11－3(b) 中，随着货币供给量增加，利率不断下降，当利率降至一个很低水平比如 R_3 时，货币的需求曲线几乎与横轴平行，进入"凯恩斯陷阱区"。这时货币当局无论怎样增大货币供给量，这些增加的货币量都会保存在公众手中，利率不会再下降。这一点很重要，它说明此时政府的货币政策不再起作用。

第四节　中央银行与货币政策

货币政策（Monetary policy）是根据政府确定的目标，通过中央银行对货币供给管理来调节信贷和利息率，以影响宏观经济活动水平的经济政策。要了解货币政策的作用过程，首先要了解现代银行体系。

一、银行体系

现代银行体系主要由中央银行、商业银行和其他非银行金融机构组成。中央银行体系结构及其主要业务可以由图 11－4 表示。

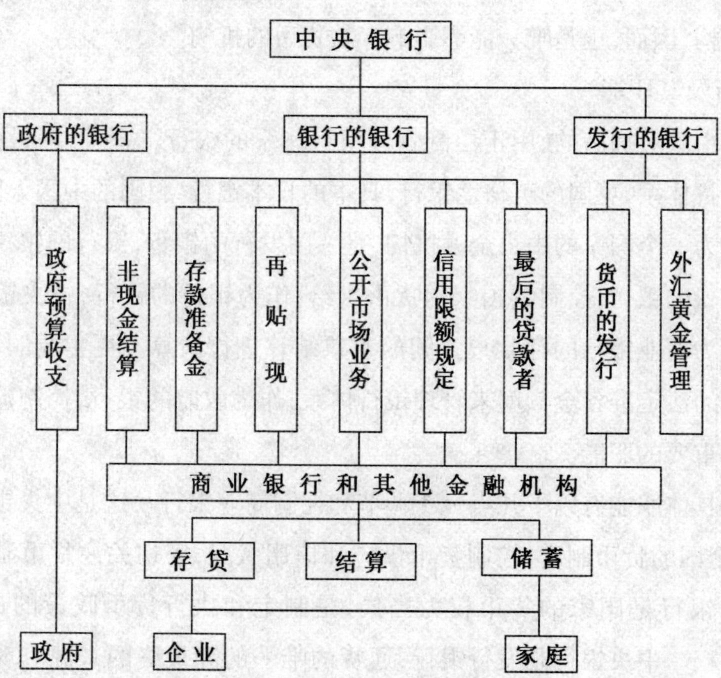

图 11－4　银行体系及其主要业务

1. 商业银行及其职能

商业银行是银行体系的基本单位,是一种属于私人所有追求利润的金融机构。在西方国家里,商业银行体系主要有两种形式:一种由为数不多的几家大银行组成,但每一家大银行都有许多分行;另一种是由许许多多独立的银行组成,其中有的银行有数百个分行,有的银行只有一个办事处。英国的商业银行体系属于第一种形式,而美国商业银行体系则属于第二种形式。

商业银行执行下述几项职能。

(1)存款

这是商业银行吸收外来资金的负债业务,包括以下几种类别:①活期存款。这是商业银行存款的主要业务。②信用卡。③定期存款和储蓄存款。④可转让存款单。⑤回购协议。

(2)放款

这是商业银行运用资金提供短期信用以取得利润的资金业务,主要有以下几种形式:①票据贴现。②抵押放款。③通知放款。④证券投资。

(3)委托业务

这是商业银行接受客户的要求,办理各种委托事项以取得手续费的中介业务,主要有以下几种:①办理汇兑和承兑业务。②办理收款和付款业务。③代买代卖有价证券、贵金属等业务。④代管财产,如有价证券、贵金属等业务。

在西方国家里,商业银行不是唯一的金融机构。除了商业银行外,还有互助储蓄银行、储蓄信贷协会、货币市场互助基金、投资机构等。但是,商业银行是唯一接受活期存款和提供支票服务的机构,因而,也是唯一能够影响存款货币的机构。

2. 中央银行及其职能

中央银行是由政府拥有的、用于控制管理银行体系的银行,这是一国最高的金融机构。如美国的联邦储备体系,英国的英格兰银行,日本的日本银行,我国的中国人民银行。

中央银行作为一个国家的中央金融机构,是一国发行的银行,银行的银行,政府的银行。作为一国货币发行的银行,控制着国家的货币供给;作为银行的银行,中央银行可通过自己的划拨清算系统为商业银行的存款户之间的支票结算进行清算。更主要的,中央银行通过规定各商业银行的法定准备金额度来管理银行体系;作为政府的银行,控制流通中的货币量是中央银行的最重要的职能。

中央银行的具体职能有以下几点。①调节和控制商业银行。这是中央银行的最重要的职能,包括管理全国的货币制度,控制货币供应和信用状况,密切关注货币制度能否按经济目标运行。中央银行是国家的货币权力当局,是制定和执行货币政策的最高主管机构。②拥有货币发行权。中央银行是发行银行,通货的唯一的和最终的来源。现在纸币发行同黄金量无关,而是以国库券、公债等政府债券作为根据。③发行和买卖政府债券。中央银行是政府的银行(即国家的银行),代理政府发行和买卖政府债券是其主要职能之一。中央银行为政府管账记账,政府收入存入中央银行;出现赤字,财政部向中央银行借款。政府是中央银行最重要的客户。④对商业银行存放款。中央银行是银行的银行,接受商业银行的存款,作为商业银行的储备金,向商业银行发放贷款,支持商业银行的业务活动。商业银行作为中央银行第二类最重要的客户,要听取中央银行关于金融问题和货币政策方面的意见。

3. 其他金融机构

在现代金融体系中,还有许多非金融机构,如保险公司、信托投资公司、邮政储蓄机构等。

知识链接

中国的中央银行体系

1. 中国中央银行体系的沿革和建立

建国很长一段时期内,我国基本上是一家银行,即中国人民银行。它既执行中央银行职能,掌握金融政策,发行货币,代理国库等,又办理一般银行的存款、贷款、汇兑等业务。随着经济体制的改革,我国银行开始了向中央银行体系的过渡。

(1)逐步分设专业银行,为中央银行体系的建立打下了基础。1978 年 2 月,党的十一届三中全会原则通过的《中共中央关于加快农业发展若干问题的决定(草案)》中规定恢复中国农业银行。1979 年 2 月,国务院批准人民银行《关于改革中国银行体制的请示报告》,确定扩大中国银行的权限,并从中国银行总管理处成为中国银行总行,同时成立国家外汇管理局总局。1982 年 8 月,国家外汇管理总局改为国家外汇管理局。1983 年,中国人民保险公司成为直属国务院的经济实体。1981 年 12 月,中国投资银行成立,它是国家指定向国外筹集资金,办理投资信贷的专业银行。1985 年 11 月,经国务院批准,建设银行的信贷计划纳入中国人民银行的信贷体系。

(2)分设中国工商银行,形成中央银行体系。在陆续分设专业银行的同时,中国人民银行仍然保持以前国家银行的特点,一方面执行中央银行的任务,另一方面又办理工商信贷和城镇储蓄业务。针对这种情况,国务院 1983 年 9 月 11 日决定,由中国人民银行专门执行中央银行的职能,另设中国工商银行办理工商信贷和城镇储蓄业务。1984 年,中国工商银行正式设立,标志着中国中央银行体系基本形成。

2. 第十届全国人民代表大会常务委员会第六次会议于 2003 年 12 月 27 日通过《中国人民银行法》,在总则中规定了中国人民银行的地位、目标和职责。

第一条　为了确立中国人民银行的地位,明确其职责,保证国家货币政策的正确制定和执行,建立和完善中央银行宏观调控体系,维护金融稳定,制定本法。

第二条　中国人民银行是中华人民共和国的中央银行。

中国人民银行在国务院领导下,制定和执行货币政策,防范和化解金融风险,维护金融稳定。

第三条 货币政策目标是保持货币币值的稳定,并以此促进经济增长。

第四条 中国人民银行履行下列职责:

(一)发布与履行其职责有关的命令和规章;

(二)依法制定和执行货币政策;

(三)发行人民币,管理人民币流通;

(四)监督管理银行间同业拆借市场和银行间债券市场;

(五)实施外汇管理,监督管理银行间外汇市场;

(六)监督管理黄金市场;

(七)持有、管理、经营国家外汇储备、黄金储备;

(八)经理国库;

(九)维护支付、清算系统的正常运行;

(十)指导、部署金融业反洗钱工作,负责反洗钱的资金监测;

(十一)负责金融业的统计、调查、分析和预测;

(十二)作为国家的中央银行,从事有关的国际金融活动;

(十三)国务院规定的其他职责。

中国人民银行为执行货币政策,可以依照本法第四章的有关规定从事金融业务活动。

3. 中央银行的管理体制

1998 年 11 月 15 日,党中央、国务院决定,对中国人民银行管理体制实行改革,撤销省级分行,跨省(自治区、直辖市)设置九家分行。其目的是,“使我国货币政策决策和实施进一步统一,从而进一步增加金融宏观调控的有效性。同时,有利于保证中央银行依法独立、公正地履行其金融监管职责,有利于在跨省范围内统一调度监管力量,有利于摆脱各方面的干预,严肃查处违规的金融机构和责任人,从而提高金融监管的效率。”

二、中央银行的货币政策

1. 货币政策及其作用机制

所谓货币政策(Monetary Policy)就是一国的货币当局(即中央银行)有意识地行使它的权力,诱导货币供给的扩张或收缩,从而影响国民收入。

货币政策之所以能够调节经济,影响国民收入,作用机理在于投资作为总需求的重要组成部分,能够在很大程度上影响国民收入水平,而投资又主要取决于货币市场上由货币需求和货币供给共同决定的均衡利息率,因此,中央银行可以通过其政策工具来控制货币供给量,从而影响利息率、投资、总需求,最终引起国民收入的变化。这一过程如图 11－5 所示。

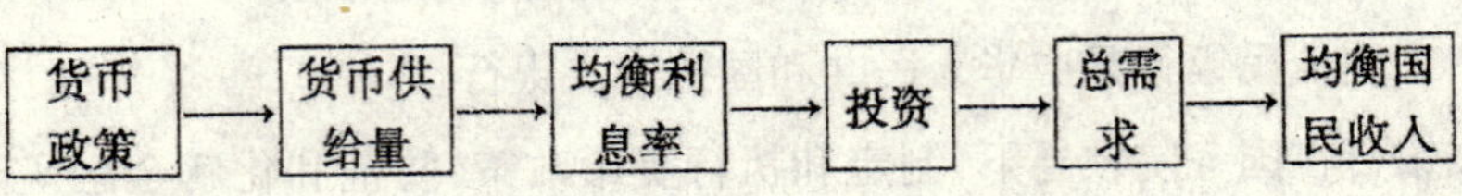

图 11－5

具体来讲，当总需求不足导致经济萧条时，中央银行实行扩张性货币政策，即通过其手中的货币政策工具来增加货币供给量，从而降低均衡利息率、刺激投资、增加总需求，进而增加均衡国民收入；当总需求过度膨胀而导致经济过度高涨时，中央银行通过其手中的货币政策工具来减少货币供给量，从而提高均衡利息率、抑制投资、抑制总需求，进而减少均衡国民收入。

从货币政策的作用机制及作用过程可以看出，货币政策对经济的调节政策存在时滞性。对于货币政策的效果在后面章节还要论述，这里我们重点考察货币政策工具。

2. 中央银行的货币政策工具

中央银行通常运用以下工具来变动货币供应量。

(1)公开市场业务(Open Market Operations)

公开市场业务又称公开市场活动，是指中央银行在金融市场上买进或卖出政府债券，以增加或减少银行准备金的一种政策手段。西方经济学认为这是中央银行稳定经济最重要、最灵活的政策手段。在经济萧条时期，中央银行买进政策债券，把货币投放市场。这样，一方面出卖债券的企业和家庭得到货币，把它存入商业银行，增加银行存款，通过货币创造乘数作用使存款货币成倍增加，引起利息率降低；另一方面，中央银行买进政府债券，还会导致债券价格提高，引起利息率下降。利息率下降会引起投资增加，从而又引起收入、价格和就业的上升。反之，在通货膨胀时期，采取相反操作会抑制与消除通货膨胀。

(2)再贴现率政策(Discount Rate Policy)

贴现是银行放贷的办法之一，一般是持有票据人把商业票据卖给银行，得到现金。现在通常把中央银行向商业银行贷款叫贴现，其贷款利率叫贴现率。商业银行经过贴现得到的票据，可向中央银行再贴现，这样中央银行就能够通过调整再贴现率来调节金融市场。这种措施又叫中央银行的利息率政策或贴现率政策或再贴现率政策。贴现值的计算是复利的逆运算，公式为：

$$\text{贴现值} = \text{到期票据值(未到期票据额折算值)} \times \frac{1}{(1+\text{贴现率})^n} \qquad (11-7)$$

其中 n 表示时间或次数。

中央银行调整贴现率，也是“逆对经济风向”行事。在经济衰退时，中央银行采用降低贴现率措施，可促使商业银行向中央银行贴现，鼓励商业银行扩大贷款，刺激投资需求。反之，在通货膨胀时，中央银行要提高贴现率，限制或收缩给商业银行借款，使商业银行减少贷款，于是货币供给减少，利息率提高，抑制投资以及总需求，消除通货膨胀。

(3)调整法定准备率(Changing Reserve Rate)

中央银行有权决定和改变商业银行以及其他金融机构存于中央银行的法定准备率。准备率的高低对不同的银行类型、存款种类、存款期限和数量有差别，法定准备率有最低限和最高限。调整法定准备率是一种强有力的手段,不经常使用。

银行的货币创造同法定准备率成反比。法定准备率高,银行能够创造的货币少;法定准备率低,银行能够创造的货币多。因此,调整法定准备率会影响货币供给与利息率。

具体做法是:在经济衰退时期,降低法定准备率,使银行可以创造更多的货币,增加货币供给量,降低利息率,刺激总需求的扩大。从而,收入、就业和价格都提高。在通货膨胀时期,提高法定准备率,使银行减少可创造的货币,减少货币供给量,提高利息率,压缩总需求,使得收入、就业和价格都降低。

以上三项政策是央行货币政策的三大工具,可以单独运用,又可以配合使用。通常情况下,中央银行通过公开市场业务和贴现率的相互配合来调节宏观经济活动水平。只有在特殊情况下,才使用准备金率政策。

知识链接

中央银行对商业银行的货币控制还包括其他措施,如道义上的劝告、借款垫头规定、指令性贷款指标控制等。所谓道义上的劝告,就是中央银行运用其威信,指导商业银行的行动。借款垫头规定,就是人们在购买证券时,必须自行垫付一部分比例的货币现金,不能百分之百地用借款购买,以此来遏制借款人的借款数量。垫头比例越大,借款数量就越小。指令性贷款指标是中央银行下达给各商业银行的贷款额度,以把握全国的信贷规模,及时地扩大、维护或收缩货币供应量。

本章小结

本章的基本内容是阐述凯恩斯主义的货币理论,货币理论也是凯恩斯国民收入决定理论中的重要组成部分。其基本思路是:货币供给和货币需求共同决定货币的利率,而利率影响着投资,投资又影响着国民收入的变化。货币的需求包括交易需求、预防需求和投机需求,货币的需求曲线是一条货币需求与利率成反向变化关系的灵活偏好曲线。由此决定货币供给与利率成反向变化关系,利率又与投资呈反向变化关系,投资又作为注入因素与国民收入变化呈同向变化关系。因此,中央银行所调控的货币供给与国民收入变化呈同向变化关系。这种作用机制正是凯恩斯主义的"逆风行事"货币政策的基本依据。同时,凯恩斯主义的货币灵活偏好曲线也表明,在利息率低到一定程度时,货币供给的改变不再改变货币市场的利率,因而货币政策也随之失效。这也是凯恩斯偏爱财政政策的重要原因。

然而,凯恩斯主义的货币理论也受到了其他一些理论的挑战,在现实面前出现了一些困惑,这些困惑主要集中在以下两个方面。一方面是货币需求和收入之间的关系。凯恩斯主义的货币理论暗示,人们的收入越高,他们想持有的货币越多,于是货币需求量和人们收入水平之间存在一个简单的同向变化关系。但从实际来看,货币需求量的增加部分很重要的是用于人们进行金融资产交易方面,这些交易量的大小却和国民经济可能发生的变化相联系。当经济中存在更大的不确定性变化时,随着人们对未来情形持有的不同看法,以及每个人所处环境的迅速变化,更容易引起金融交易量的迅速变化,从而对货币需求产生更大的影响。另一方面是货币需求与利率之间的关系。凯恩斯主义的货币理论认为利率与货币需求之间存在反向关系。该理论的前提之一是活期存款无利息,人们持有货币的机会成本影响人们的货币需求。但当今现实社会中,活期存款已有利息,且持有货币的机会成本与持有政府债券的收益之间的差额已很小,因而,有关货币需求随利率变化的理论基础与现实产生了一定的差距。另外,凯恩斯主义的货币理论结论(即货币政策通过利率的变化起作用)也受到了质疑。大多数投资者关心的是实际利率,而中央银行控制的是名义利率,名义利率与实际利率的关系可能很弱。只有当名义利率的变化对通货膨胀预期不造成影响的时候,名义利率的变化才能直接转化为实际利率的变化,但这种情况不大可能发生。除此之外,在现实中也得不到实际利息率变化与投资之间的反方向变化关系,这就意味着在大多数时候利率不是货币政策发挥作用的唯一或主要机制。正是由于以上的原因,人们在社会实践中进一步深究和探讨货币在经济中的作用。同时,对凯恩斯货币理论的质疑也促进了其他经济学派的货币理论的产生和发展。.

复习思考题

一、解释下列概念

货币　通货　活期存款　基础货币　法定准备金　货币乘数　存款乘数　凯恩斯陷阱

二、分析讨论题

1. 货币有哪些职能?
2. 人们为什么需要货币?
3. 商业银行如何创造活期存款?

三、计算题

假定法定准备金率是0.12,没有超额准备,对现金的需求是10000亿美元,试求:

①假定总准备金为400亿美元,货币供给是多少?

②假定中央银行把准备金率提高到0.2,货币供给为多少?

与①相比货币供给变化多少?

③中央银行买进10亿美元政府债券(存款准备金率是0.12),货币供给变动如何?

能力项目训练

案例分析

货币的需求动机

骆明和小欣是一对感情不错的情侣,今年同时从一所名牌大学毕业。骆明应聘到某国家机关工作,待遇很可观,每个月可以拿2000元左右工资,可惜遇到住房政策的改革,不能分到房子了,这是美中不足。而小欣应聘到一家国际贸易公司,做对外贸易工作,它的工资和奖金加在一起,每个月大概有4000元。看来这对情侣的前途一片光明。不过前几天,他们为了将来存钱的问题着实大吵了一架。

骆明认为现在他们刚刚大学毕业,虽然单位都不错,工资也不低,但将来用钱的地方还很多,所以要从毕业开始,除了留下平常必需的花费以及预防发生意外事件的钱外,剩下的钱要定期存入银行,不能动用,这样可以获得稳定的利息收入,又没有损失的风险。小欣可能是受外企工作环境的影响,她觉得上学苦了这么多年,一直过着很节俭的日子,现在终于自己挣钱了,考虑那么多将来干什么,更何况银行利率那么低。她说发下工资以后,先要买几件名贵服装,再美美地吃上几顿,然后她还想留下一部分钱用来炒股票,等着股市形势一好,立即进入。大学时看着别人炒股票她一直很羡慕,这次自己也要试试。但骆明却认为中国股市行情太不稳定,运行不规范,所以最好不进入股市,如果一定要做,那也只能投入很少的钱。

问题:

(1)根据上面两个人的争论,说明有哪些货币需求动机。

(2)分析上述货币动机导致的货币需求的决定因素,并给出货币的总需求函数。

拓展阅读

基础货币与货币乘数交相影响信贷变动

货币供应量是由基础货币和货币乘数共同所决定的,基础货币或货币乘数的上升都会导致货币供应量的增加。基础货币上升,货币供应量会否同时扩张呢?这要取决于货币乘数。2008年9月国际金融危机爆发以后我国央行四次有区别地下调存款准备金率,有利于提高货币乘数,但如果银行没有把资金贷出去,资金仍然停留在准备金账户上,超额准备金率会上升,信贷并不能够得到有效扩张。也就是说,虽然基础货币增加了,但是货币乘数可能下降,市场流动性并没有得到大幅度上升。如果商业银行把资金贷放出去,货币乘数上升,货币信贷将得到有效扩张。值得指出的是,货币信贷的增加要么是由于基础货币和货币乘数同时上升导致的,要么是其中之一上升的缘故,基础货币是中央银行可以直接控制的,如通过公开市场业务自由投放或回笼资金,但是货币乘数并不完全是由中央银行控制,中央银行只能够部分控制。下面我们将从基础货币和货币乘数的角度分析国际金融危机爆发以来我国货币信贷的变化趋势。

1.2008年底货币信贷上升——主要是基础货币上升所致

由于国际金融危机爆发,2008年9月份开始,我国货币政策由“从紧”转向“适度宽松”,经过了短暂的调整后,11月份和12月份新增贷款开始增长。2008年底银行信贷增加主要是由于我国基础货币迅速增加导致的。根据央行公布的数据,2008年11月份我国广义货币供应量比10月份增加5512.34亿元,人民币贷款新增4769亿元;12月份广义货币供应量增加16 521.94亿元,人民币贷款增加7400亿元,货币供应量和新增贷款呈现大幅度回升的态势。从货币乘数变化来看,2008 年 10 月份我国的广义货币供应量货币乘数为 3.92,11 月份、12 月份分别下降为 3.84 和 3.68,11、12 月份基础货币分别增加为 3617.41 亿元和 9889.62亿元,因此 2008 年年底的货币信贷增加主要是由于基础货币增加所导致的。货币乘数下降反映了商业银行超额准备金较高,货币信贷没有得到有效扩张。

2.2009 年上半年货币信贷增加——主要是由于货币乘数上升导致的

进入 2009 年,我国银行信贷增长迅速,但 2009 年上半年,我国基础货币并没有大幅度增加,1 月份我国基础货币为 129 653.44 亿元,只比 2008 年 12 月份多增加 431.11 亿元,2 月份基础货币为 125 446.91 亿元,反而比 1 月份下降了 4206.53 亿元,3 月份基础货币比 2 月份下降了 1170.25 亿元,4 月份比 3 月份下降 10.28 亿元,5 月份比 4 月份下降 1488.47 亿元,2009 年前几个月我国基础货币一直是下降的。2009 年 1 月、2 月份、3 月份、4 月份和 5 月份广义货币供应量增加分别为 20 968.7 亿元、10 572.76 亿元、23 918.64 亿元、9854.5 亿元和 7782.3 亿元;新增贷款增加分别为 1.62 万亿元、1.07 万亿元、1.89 万亿元、5918 亿元和 6645 亿元,货币供应量和银行信贷迅速增加,因此在我国基础货币下降的情况下,导致 2009 前 5 个月货币供应量和信贷激增的主要因素是货币乘数。2009 年初,我国货币乘数开始反弹,1 月份的货币乘数上升到 3.83,2、3、4、5 月份的货币乘数进一步上升,分别为 4.04、4.2697、4.3493、4.4654,货币乘数一直持续上升。因此前几个月货币乘数的放大作用是货币供应量和信贷增加的主要推动力,货币乘数上升反映了市场信心恢复,金融机构愿意增加贷款,投资者也愿意借款。

从我国 2009 年 6 月份的数据来看,我国金融机构人民币各项贷款较上月新增 15 304 亿元,货币供应量上升了 20 652.69 亿元,上升幅度较大。从 6 月份的央行资产负债表来看,货币供应量和新增存贷款的大幅度上升主要是由于基础货币和货币乘数上升共同作用的结果。6 月份我国基础货币是 123 929.74 亿元,比 5 月份增加了 1151.83 亿元,广义货币乘数为 4.5906,比 5 月份上升了 0.1252。因此与上半年前几个月不同的是,6 月份货币供应量和新增贷款的激增是由于基础货币和货币乘数同时上升的结果。

3.2009 年下半年:货币与信贷过度扩张得到有效遏制

2009 年 7、8、9 月份新增贷款分别为 3359 亿元、4104 亿元和 5167 亿元,基础货币增加分别为:816.12 亿元、-209.79 亿元和 8870.57 亿元。7 月份基础货币增加幅度较小,8 月份基础货币下降,9 月份基础货币增加较大。7、8 月份货币和信贷的增加主要是由于货币乘数上升的缘故。从 7 月份的数据来看,货币乘数为 4.5941,比 6 月份略有上升,8 月份货币乘数继续上升,达到 4.6308。9 月底我国银行体系的超额准备金率是 2.06%,比 2 季度末有所上升,货币乘数有所下降,2009 年 9 月份货币乘数为 4.3881,但 9 月份货币和信贷的增长主要依赖于基础货币的变动,9 月份基础货币比 8 月份增加了 8870.57 亿元,银行体系流动性上升,上升幅度较大,有利于信贷的扩张。

2009年10月份货币乘数又有所上升,为4.56,11、12月份,货币乘数下降,为4.45和4.24,10、11、12月份的新增贷款分别为2530亿元、2948亿元和3798亿元,基础货币的增加分别为:-4630.31亿元、4898.13亿元和10310.54亿元。因此10月份基础货币下降,货币信贷增加主要是由于货币乘数上升导致的,11、12月份货币和信贷增加主要是由于基础货币上升导致的。又根据央行货币政策报告,2009年12月底我国银行体系的超额准备金率是3.13%,比3季度末有所上升,因此12月份货币乘数会下降,货币的扩张能力下降。

从2009年下半年的数据来看,基础货币和货币乘数出现了交替变化的状况,说明货币和信贷过度扩张的状况得到了有效遏制,货币信贷变化波动幅度有所收窄。

总之,基础货币和货币乘数变动影响货币供应量,货币供应量增加必然会反映到银行信贷的增加上,控制基础货币和货币乘数是央行调控的两种主要途径,央行能够通过货币政策的工具调控基础货币,但超额准备金率主要是由商业银行控制的,不是央行完全能够控制的,但通过对基础货币和货币乘数的调控,央行可以调节货币和银行信贷的变动。

资料来源:摘引自《中国证券报》,陆前进,2010年9月16日。

项目十二 国民收入决定理论(二):扩展的凯恩斯模型

教学目的和要求

通过本章的学习,要求学生掌握 IS - LM 模型的含义、形成过程及变化,运用该模型解释宏观财政政策与货币政策的效果,分析财政政策的挤出效应。

在简单的凯恩斯国民收入决定模型中,只考察了产品市场的均衡问题,没有把产品市场的均衡和货币市场的均衡结合起来分析。英国经济学家希克斯(J. Hicks)和美国经济学家汉森(A. Hansen)对凯恩斯的收入决定理论进行了补充和修正,提出了著名的“汉森 - 希克斯模型”,也称为“*IS - LM* 模型”,对产品市场和货币市场的同时均衡问题作出了分析,揭示了财政政策及货币政策的有效性及宏观经济政策的协调。本章首先分别介绍 *IS* 曲线和 *LM* 曲线,*IS - LM* 模型及其政策意义,最后对这一模型进行简单评价。

第一节 产品市场的均衡——*IS* 曲线

一、产品市场的均衡

根据简单的国民收入决定模型,在两部门经济中,产品市场达到均衡的条件是总需求等于总供给,即投资等于储蓄。在简单的国民收入决定模型中,由于没有考虑货币利率因素,投资只是作为一个既定的由模型之外的力量所决定的外生变量参与总需求与国民收入的决定。现代货币理论表明投资是利息率的函数,它随着利息率的上升而减少。而储蓄是国民收入的函数,它随着国民收入的增加而增加。如果把产品市场需求与供给的关系用函数式表示出来,可得到下列三个方程式:

$$I = e - dR \tag{12-1}$$

$$S = -\alpha + (1 - \beta)Y \tag{12-2}$$

$$I = S \tag{12-3}$$

式(12 - 1)为投资函数,这里 e 和 d 为常数,e 表示利率 $R=0$ 时也有的投资;d 表示利率上升时投资下降的程度,即投资的利率弹性。该式表明投资是利息率的递减函数,即投资随利息率的降低而增加。式(12 - 2)为储蓄函数,表示储蓄随国民收入的增加而增加。根据两部门经济产品市场的均衡条件,如(12 - 3)所示,当总需求等于总供给时产品市场实现均衡。

将式(12 - 1)、式(12 - 2)、式(12 - 3)联立,可得:

$$Y = \frac{\alpha + e + dR}{1 - \beta} \tag{12-4}$$

式(12 - 4)为产品市场供求均衡的方程式,它表示产品市场达到均衡时国民收入(Y)与利率(R)的各种数量组合,或者说收入与利息率之间必须维持(12－4)式的数量组合关系,才能使投资等于储蓄,从而使产品市场实现均衡。

二、IS 曲线

1. IS 曲线的含义及推导

IS 曲线表示国民收入与利率应该怎样配合,才能保证投资与储蓄始终相等,从而使产品市场实现均衡。如果以横轴表示国民收入,以纵轴表示利息率,IS 曲线将是向右下方倾斜的一条曲线,如图 12－1 所示。应该指出,IS 曲线的意义并不是表明国民收入与利息率存在着这样一种严格的函数关系,也不意味着国民收入是利息率变化的原因,或者利息率是国民收入变化的原因,它只表明当利息率与国民收入存在着这样一种数量组合关系时,投资与储蓄保持相等,产品市场能够实现均衡。

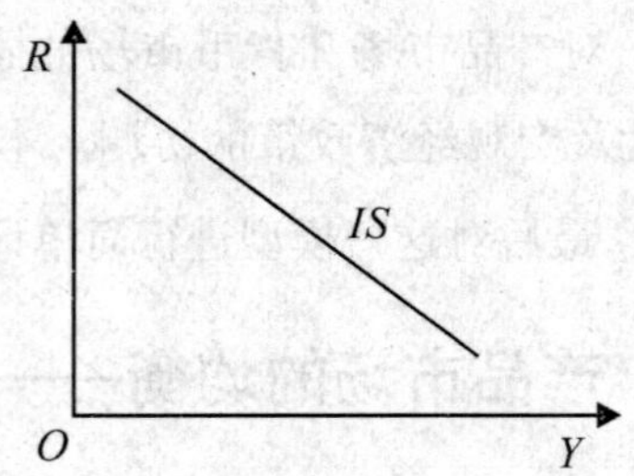

图 12－1

根据式(12－4),如果已知投资函数和储蓄函数,便可求出国民收入与利息率的各组均衡值,并且在坐标图上得到一条 IS 曲线。IS 曲线的形成,还可用图 12－2 来说明。

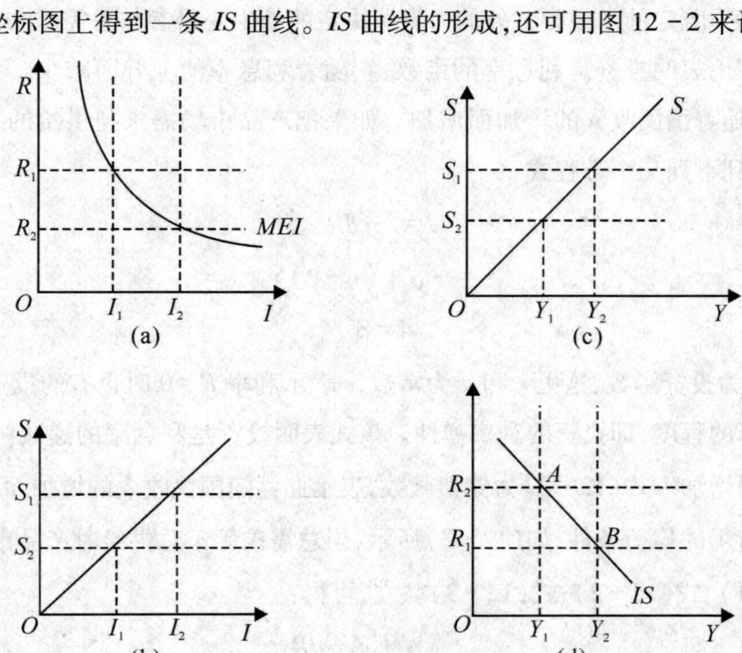

图 12－2

在图 12－2 中,图(a)是投资边际效率曲线;图(b)是 45°线,因为坐标系的横轴表示投资,纵轴表示储蓄,所以在 45°线上,投资和储蓄总是相等;图(c)是储蓄曲线;图(d)用于说明 *IS* 曲线是怎样形成的。图中,图(a)和图(b)的横轴,图(b)和图(c)的纵轴,图(c)和图(d)的横轴,图(d)和图(a)的纵轴,都表示同样的变量,而且它们的单位都分别相同。

在图 12－2(a)中可以看到,投资和利率反方向变化,投资是利率的减函数,利率越高,投资越少;利率越低,投资越多。假定利息率为 R_1,按照投资边际效率曲线,相应的投资是 I_1。从 45°线可以看到,与投资相等的储蓄是 S_1。根据图 12－2(c)的储蓄曲线,使储蓄达到 S_1 的国民收入是 Y_1。这说明,在利息率为 R_1 时,保证储蓄等于投资的国民收入是 Y_1,因而,在图 12－2(d)中可以得到利息率和国民收入的对应点 *A*。

现在假定利息率发生了变化,从 R_1 下降到 R_2,投资将从 I_1 增加到 I_2。如果国民收入还保持在原来的水平 Y_1 上,投资大于储蓄,国民收入趋于增加。而随着国民收入的增加,储蓄也在增加,当国民收入从 Y_1 增加到 Y_2 时,储蓄从 S_1 增加到 S_2,与投资 I_2 相等,这时,国民收入不再发生变化,在 Y_2 上形成均衡。这样,在图 12－2(d)上又得到利息率和国民收入的另一个对应点 *B*。用同样的方法,可以得到利息率和国民收入一系列的对应点。把这些点连接起来,便得到 *IS* 曲线。显然,在 *IS* 曲线上任何一点利息率和国民收入的组合都能使投资等于储蓄。

IS 曲线表示的是使投资等于储蓄的收入和利率的各种组合,并不是说经济社会的每一时期的收入和利率的实际组合必定位于 *IS* 曲线之上,实际上可能存在产品市场的不平衡状况。例如图 12－3 中的 *C* 点就是一个非均衡点,这时产品市场处于非均衡状态。因为现在实际利率高于使产品市场实现均衡的利率,就会使实际的投资小于均衡状态下的投资,也就是小于均衡状态下的储蓄。因此,*C* 点是一个投资小于储蓄的非均衡点。*D* 点也是一个非均衡点,这时,实际利率低于均衡状态下的利率,使实际的投资大于均衡状态下的投资,也就是大于均衡状态下的储蓄。因此,*D* 点是一个投资大于储蓄的非均衡点。

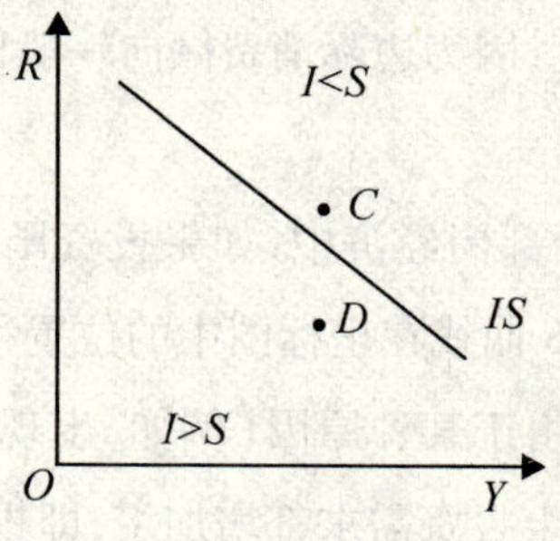

图 12－3

一般地说,位于 *IS* 曲线右方的收入和利率的组合,都是投资小于储蓄的非均衡组合;位于 *IS* 曲线左方的收入和利率的组合,都是投资大于储蓄的非均衡组合;只有位于 *IS* 曲线上的收入和利率的组合,才是投资等于储蓄的均衡组合,如图 12－3 所示。

2. *IS* 曲线的斜率

IS 曲线斜率的大小反映了利率变动与国民收入变动之间的数量关系，即利率的一定变动会引起国民收入多大的反应。从图 12－2 可以看出 *IS* 曲线的斜率的大小，或者说倾斜程度，取决于投资曲线和储蓄曲线的斜率，这从 *IS* 曲线的代数表达式中也可以看出。

式(12－4)是两部门经济中 *IS* 曲线的代数表达式，此式可转化为：

$$R = \frac{\alpha - e}{d} + \frac{1 - \beta}{d} \cdot Y \tag{12-5}$$

在式(12－5)中，Y 前面的系数 $\frac{1-\beta}{d}$ 就是 *IS* 曲线的斜率，显然，*IS* 曲线的斜率由 d 和 β 决定。d 是投资需求对利率变动的反应程度，即投资的利率弹性。d 值越大，表示投资对于利率变化越敏感，*IS* 曲线的斜率绝对值就越小，*IS* 曲线越平缓。这是因为，投资对利率较敏感时，利率的较小变动就会引起投资的较大的变化，进而引起收入的较大变化，反映在 *IS* 曲线上，就是利率较小变动要求有收入较大变动与之相配合，才能使产品市场均衡。反之，d 值越小，*IS* 曲线的斜率绝对值就越大，*IS* 曲线越陡峭。边际消费倾向 β 越大，*IS* 曲线的斜率绝对值会越小。这是因为，β 较大，意味着支出乘数较大，当利率变动引起投资变动时，收入会以较大幅度变动，因而 *IS* 曲线比较平缓。如图 12－2 所示。

上述关于 *IS* 曲线的推导及其斜率的分析，只是考虑两部门经济中产品市场的均衡情况。在三部门经济中，*IS* 曲线是根据产品市场的均衡条件 $I + G = S + T$ 推导出来的，*IS* 曲线的代数表达式为 $R = \frac{\alpha + e + G - \beta t}{d} + \frac{\beta(1 - t)}{d} \cdot Y$，于是 *IS* 曲线的斜率就要相应地变为 $\frac{1 - \beta(1 - t)}{d}$，在这种情况下，*IS* 曲线的斜率除了和 d 及 β 有关外，还和税率 t 的大小有关。当 d 和 β 一定时，税率 t 越小，*IS* 曲线越平缓；税率 t 越大，*IS* 曲线越陡峭。这是因为，在边际消费倾向一定时，税率越小，乘数会越大；税率越大，乘数会越小。但是，影响 *IS* 曲线斜率大小的，主要是投资对利率的敏感度，因为边际消费倾向一般比较稳定，税率也不会轻易变动。

3. *IS* 曲线的移动

从图 12－2 中可以看出，在两部门经济中，如果投资函数或储蓄函数变动，即投资曲线或储蓄曲线发生移动，都会引起 *IS* 曲线在坐标图中的位置移动。

先看投资函数的变动。如果由于某种原因(例如，出现了技术革新，或企业家对经济前景预期乐观等)，在每一利率水平上投资需求都增加了，即投资曲线向右移动，*IS* 曲线也会向右移动。反之，若在每一利率水平上投资需求都减少了，即投资曲线向左移动，则 *IS* 曲线也会向左移动。

再看储蓄函数的变动。假若人们的储蓄意愿增强了，在每一收入水平上人们都增加了储蓄，储蓄曲线会向上移动，如果投资函数不变，*IS* 曲线就会向下移动。反之，若储蓄曲线向下移动,IS 曲线就会向上移动。

在三部门经济中,由于存在政府支出和政府税收,因而,投资、储蓄、政府购买、政府税收中任何一个变量的变动,都会引起 IS 曲线的移动。增加政府购买性支出,会使 IS 曲线向右移动;反之,减少政府支出,则会使 IS 曲线左移。政府税收增加,会使 IS 曲线向左移动;政府税收减少,则会使 IS 曲线右移。增加政府支出和减税,属于增加总需求的扩张性财政政策,而减少政府支出和增税,属于降低总需求的紧缩性财政政策。因此,政府实行扩张性财政政策,会使 IS 曲线向右移动,实行紧缩性财政政策,使 IS 曲线向左移动。IS 曲线的移动反映了宏观财政政策对经济的调节作用,体现了财政政策的有效性。

第二节　货币市场的均衡——LM 曲线

一、货币市场的均衡

在货币市场上,货币的供给量是由货币当局调控的,在短期内不会随着人们对货币需求的变动而变动。在货币供给量既定情况下,货币市场的均衡只能通过调节对货币的需求来实现。

现代货币原理表明,货币需求是收入与利息率的函数,如果把货币市场对货币的需求与供给关系用公式表示,可得到下面几个公式:

$$L = L_t + L_s = L(Y) + L(R) = KY - hR \tag{12-6}$$

$$m = \frac{M}{P} \tag{12-7}$$

$$m = L = L_t + L_s = KY - hR \tag{12-8}$$

式(12－6)是货币需求函数,表示人们对货币的需求由交易需求 L_t 和投机需求 L_s 构成,它们随收入与利率的变动而变动。式(12－7)是货币供给函数,m 代表实际货币供给量,M 代表名义货币供给量,P 为一般价格水平。在式(12－8)中,当货币市场实现均衡时,即货币需求等于货币供给,$L=m$。由式(12－8)可以得出:

$$R = \frac{K \cdot Y}{h} - \frac{m}{h} \tag{12-9}$$

式(12－9)表示货币市场实现均衡时的收入与利率的关系,或者说,收入与利息率之间必须维持式(12－9)的关系,才能使货币需求等于货币供给,从而使货币市场实现均衡。

二、LM 曲线

1. LM 曲线的含义及推导

与 IS 曲线相似,LM 曲线表示要使货币需求等于货币供给量,国民收入和利息率必须具备的数量组合的轨迹。或者说,它表示国民收入和利息率应该怎样配合,才能使货币市场实现均衡。如果以国民收入为横轴,以利息率为纵轴,LM 曲线是一条向右上方倾斜的曲线,如

图 12 -4 所示。同样应该注意,LM 曲线并不表示利息率与国民收入存在着严格的函数关系,也不意味着两者存在因果关系,它只表明,当利息率与国民收入存在这样一种数量关系时,货币需求量与货币供给量相等,货币市场能够实现均衡。

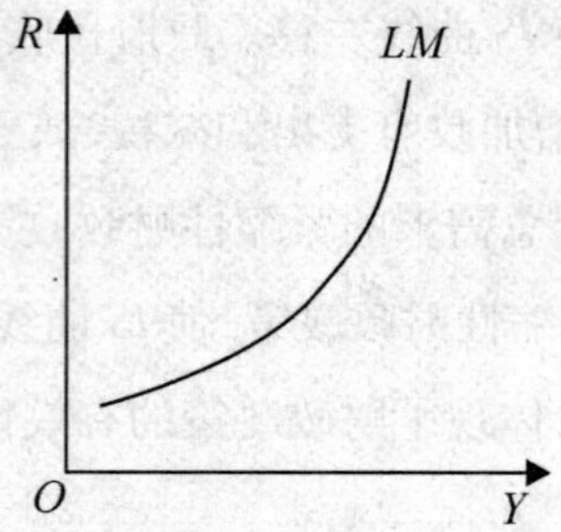

图 12 -4

式(12 -9)实际上是 LM 曲线的代数表达式,根据该式,如果已知货币供给量和货币需求函数,便可求出能够使得货币需求等于货币供给的国民收入与利息率的各组数量组合,并在坐标图上得到一条 LM 曲线。LM 曲线的形成还可用图 12 -5 来说明。

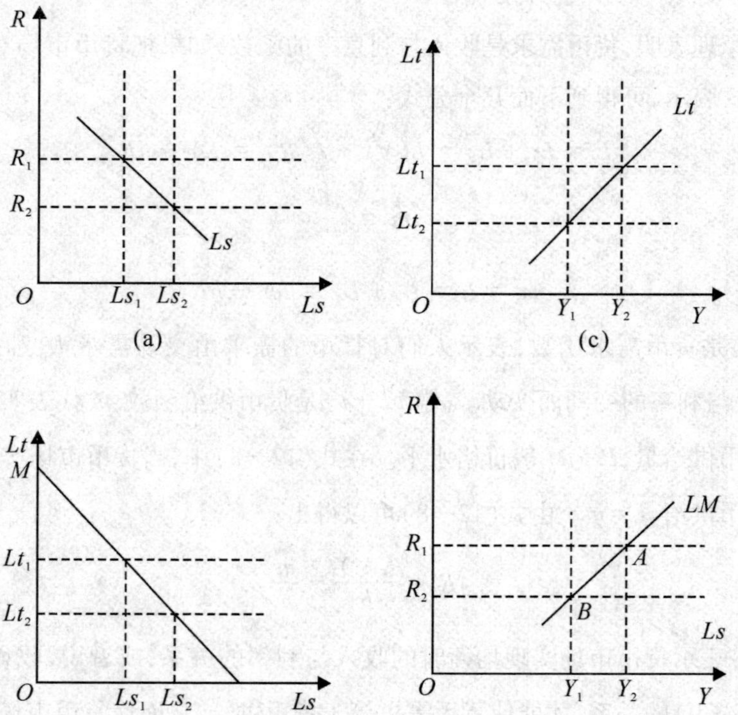

图 12 -5

在图 12 -5 中,图(a)表示投机需求 $L_S = L(R)$,投机需求与利息率按反方向变化,投机需求随利率的下降而增大。图(b)中的斜线是斜率为 45°的直线,它表示在货币供给量不变的条件下,要保持货币需求量与供给量相等,L_S 增加多少,L_t 就要减少多少,即 L_s 与 L_t 互为补数。图(c)表示交易需求 $L=L_t(Y)$,交易需求与国民收入按同方向变化。图(d)用于说明 *LM* 曲线是怎样形成的。在图中,(a)与(b)的横轴,(b)与(c)的纵轴,(c)与(d)的横轴,(a)与(d)的纵轴分别表示同一个变量并使用同样的单位。现在从图(a)开始,假若利息率为 R_1,按照 L_S 曲线,相应的投机需求是 L_{S1},从图(b)可以看到,当货币供给量为 *OM* 时,要使货币需求等于货币供给,交易需求必然等于 L_{t1}。根据图(c)L_t 曲线,当交易需求为 L_{t1} 时,国民收入水平为 Y_1。因此,当利息率为 R_1 时,使货币需求量与货币供给量相等的国民收入是 Y_1,利息率和国民收入的对应点是图(d)中的 *A*。

在货币供给量既定不变的条件下,假定利息率从 R_1 下降到 R_2,投机需求相应地从 L_{S1} 增加到 L_{S2},交易需求必然从 L_{t1} 减少到 L_{t2}。要使交易需求减少到 L_{t2},国民收入必须从 Y_1 下降到 Y_2。这样,在图(d)中又得到利息率和国民收入的对应点 *B*。用同样的方法还可以得到其他对应点。把这些点连接起来就可以得到 *LM* 曲线。显然,*LM* 曲线上的任何一点都表示能使货币需求等于货币供给的国民收入与利息率的数量组合。

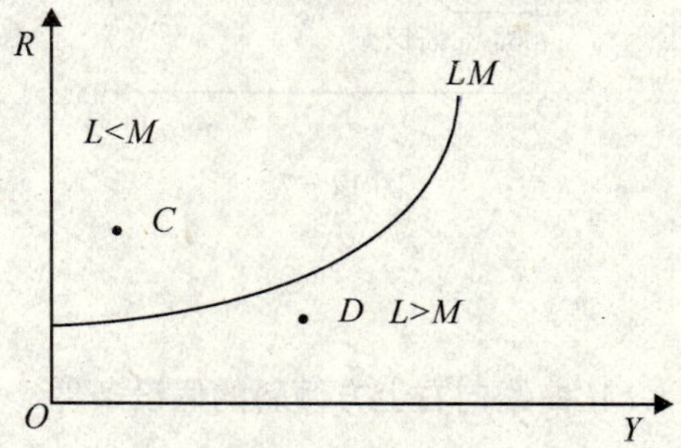

图 12-6

LM 曲线上的任何一点都是使货币供求相等的利息率与收入的一种组合。但是,经济社会的每一时的收入和利率的实际组合并不是一定位于 *LM* 曲线之上,而是可能存在货币市场的不均衡。图 12-6 中位于 *LM* 曲线右方的 *D* 点就是一个非均衡点,这时实际的利率低于均衡状态下的利率,使得实际的投机需求大于均衡状态下的投机需求,也就是大于均衡状态下的货币供给,因此,*D* 点是一个货币需求大于货币供给的非均衡点;相反,如果实际利率高于均衡状态下的利率,就会使实际的投机需求小于均衡状态下的投机需求,也就是小于均衡状态下的货币供给,如图 12-6 中的 *C* 点,就是一个货币需求小于货币供给的非均衡点。

一般地说,位于 *LM* 曲线右方的收入和利率的组合,都是货币需求大于货币供给的非均衡组合;位于 *LM* 曲线左方的收入和利率的组合,都是货币需求小于货币供给的非均衡组合;只有位于 *LM* 线上的收入和利率的组合,才是货币需求等于货币供给的均衡组合。

2. *LM* 曲线的斜率

LM 曲线斜率的大小反映了利率变动与国民收入变动之间的数量关系。从图 12-5 可以看出 *LM* 曲线的斜率取决于货币的投机需求曲线和交易需求曲线的斜率,也就是取决于

式(12 -9)中 h 与 k 之值。当 k 为定值时,h 越大,即货币需求对利率的敏感度越高,货币投机需求曲线越平缓,则 k/h 就越小,LM 曲线越平缓。当 h 为定值时,k 越大,即货币需求对收入变动的敏感度越高,货币交易需求曲线越陡峭,则 k/h 就越大,LM 曲线越陡峭。

LM 曲线总的来说是向右上方倾斜的,包括水平区域、倾斜区域、数值区域三个部分。如图 12 -7 所示,当利率降得很低时,货币的投机需求无限,货币投机需求的利率弹性无穷大,此时,LM 曲线呈水平状态。相反,如果利率上升到很高水平,货币的投机需求量将等于零,货币投机需求的利率弹性等于零,此时 LM 曲线呈竖直状态。LM 曲线呈水平状这个区域一般称为“凯恩斯区域”,LM 曲线呈竖直状态的区域则被称为“古典区域”,介于两者之间的是“中间区域”。LM 曲线的斜率在古典区域为无穷大,在凯恩斯区域为零,在中间区域则为正值。

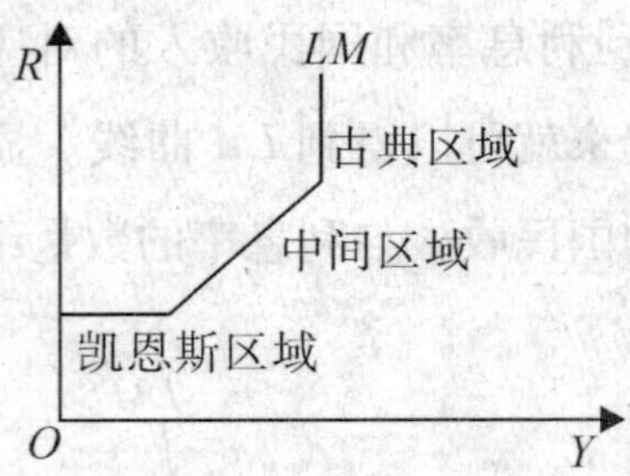

图 12 -7

知识链接

LM 曲线向右上方倾斜的假设条件

LM 曲线向右上倾斜的假定条件是货币需求随利率上升而减少,随收入上升而增加。如果这些条件成立,则当货币供给既定时,若利率上升,货币投机需求量减少(即人们认为债券价格下降时,购买债券从投机角度看风险变小,因而愿买进债券而少需要持币),为保持货币市场上供求平衡,货币交易需求量必须相应增加,而货币交易需求又只有在收入增加时才会增加。于是,较高的利率必须和较高的收入相结合,才能使货币市场均衡。如果这些条件不成立,则 LM 曲线不可能向右上倾斜。例如,古典学派认为,人们需要货币,只是为了交易,并不存在投机需求,即货币投机需求为零,在这样情况下,LM 曲线就是一条垂直线。反之,凯恩斯认为,当利率下降到足够低的水平时,人们的货币投机需求将是无限的(即认为这时债券价格太高,只会下降,不会再升,从而买债券风险大大,因而人们手头不管有多少货币,都再不愿去买债券),从而进入流动性陷阱,使 LM 曲线呈水平状。由于西方学者认为,人们对货币的投机需求一般既不可能是零,也不可能是无限大,是介于零和无限大之间,因此,LM 曲线一般是向右上倾斜的。

3. LM 曲线的移动

通过前面的学习我们知道,货币投机需求、交易需求和货币供给量的变化,都会使 LM 曲线发生相应的变动。

第一,货币投机需求曲线移动,会使 LM 曲线发生反方向的移动,即如果投机需求曲线右移(即投机需求增加),而其他情况不变会使 LM 曲线左移,原因是同样利率水平上现在投机需求量增加了,交易需求量必减少,从而要求的国民收入水平下降。

第二,货币交易需求曲线移动,会使 LM 曲线发生同方向的移动,即如果交易需求曲线下移(即交易需求减少)而其他情况不变,则会使 LM 曲线也下移。

第三,货币供给量变动将使 LM 曲线发生同方向变动,即货币供给量增加,LM 曲线右移;货币供给量减少,LM 曲线左移。

第三节　产品市场与货币市场的同时均衡——IS—LM 模型

一、产品市场与货币市场的同时均衡

产品市场均衡的条件是 $I=S$(即投资等于储蓄),货币市场均衡的条件是 $L=m$(即货币需求等于货币供给)。在前面的分析中已经明确,只有在 IS 曲线上的国民收入和利率的组合才能使投资等于储蓄,只有在 LM 曲线上的国民收入和利率的组合才能使货币需求等于货币供给。因此,产品市场与货币市场同时均衡的国民收入与利率组合应由 IS 曲线与 LM 曲线的交点确定,即

$$Y=\frac{\alpha+e+-dR}{1-\beta} \tag{12-10}$$

$$Y=\frac{m}{K}+\frac{h}{K}\cdot R \tag{12-11}$$

均衡收入与均衡利息率被同时决定,如图 12-8 所示。

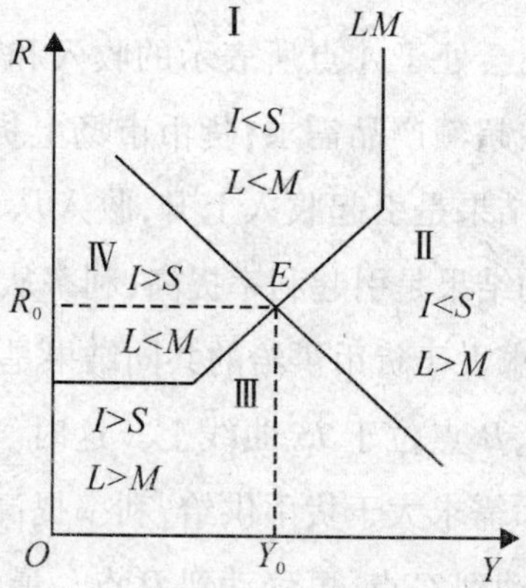

图 12-8

图 12-8 表明,当 IS 曲线和 LM 曲线相交于均衡点 E,这个交点决定了均衡收入和均衡利率组合 $E(R_0, Y_0)$。交点 E 即为产品市场和货币市场的均衡点,此时,产品的供给和需求以及货币的供给和需求全都相等。

从图 12-8 可以看到,IS 曲线和 LM 曲线把坐标平面分成了 4 个区域:Ⅰ、Ⅱ、Ⅲ、Ⅳ。从

产品市场看,区域Ⅰ、Ⅱ位于 *IS* 曲线的右方,投资小于储蓄,这意味着消费支出加投资支出之和小于收入;Ⅲ、Ⅳ位于 *IS* 曲线的左方,投资大于储蓄,这意味着消费支出加投资支出之和大于收入。从货币市场看,区域Ⅱ、Ⅲ位于 *LM* 曲线的右方,货币需求大于货币供给;区域Ⅰ、Ⅳ位于 *LM* 曲线的左方,货币需求小于货币供给。

由于只有在 *IS* 曲线上的收入与利息率的组合才能使产品市场达到均衡,只有在 *LM* 曲线上的收入与利息率的组合才能使货币市场达到均衡,故只有既在 *IS* 曲线上又在 *LM* 曲线上的收入与利息率的组合,才能使产品市场和货币市场同时达到均衡。或者说,只有 *IS* 曲线与 *LM* 曲线的交点,才会产生均衡收入和均衡利息率。如收入和利息率的组合不在 *IS* 曲线与 *IM* 曲线的交点,则国民收入和利息率便没有处于均衡水平。然而,产品市场的不均衡会使收入发生变动:投资大于储蓄会导致收入上升;投资小于储蓄会导致收入下降。货币市场不均衡会导致利率变动:货币需求大于货币供给会导致利率上升;货币需求小于货币供给会导致利率下降。由此,可以描绘出收入和利率由不均衡到均衡的调整过程,如图 12－9 所示。

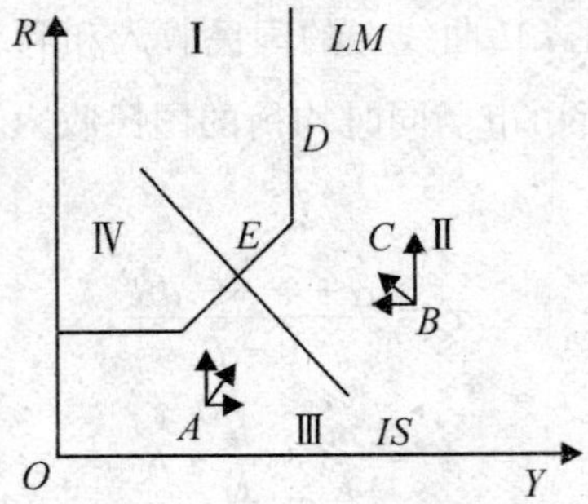

图 12－9

在图 12－9 中,假定经济社会处于 *A* 点所表示的收入和利率组合的不均衡状态。这时产品市场上投资大于储蓄,存在超额产品需求;货币市场上货币需求大于货币供给,存在超额货币需求。投资大于储蓄的结果是引起收入上升,收入从 *A* 点沿平行于横轴的箭头向右移动;货币需求大于货币供给的结果是引起利率提高,利率从 *A* 点沿平行于纵轴的箭头向上移动。投资大于储蓄和货币需求大于货币供给的共同结果是引起收入和利率的组合沿对角线的箭头向右上方移动到 *B* 点,*B* 点位于 *IS* 曲线上。这时。产品市场虽然达到均衡,但货币市场仍不均衡。在 *B* 点,货币需求大于货币供给,利率提高,收入和利率的组合又从 *B* 点沿着平行于纵轴的箭头向上移动到 *C* 点,再移动到 *D* 点。最后,收入和利率的组合移动到 *E* 点,即 *IS* 曲线和 *LM* 曲线的交点,表明 *E* 点对应的收入和利率的组合是产品市场和货币市场同时达到均衡的唯一组合。从 *A* 点到 *E* 点的过程,就是产品市场和货币市场从不均衡到均衡的调整过程。如果经济处于其他区域,根据上述方法,也可以说明,经济由不均衡最终实现一般均衡的过程。

知识链接

IS－LM 模型是凯恩斯主义宏观经济学的核心

"IS－LM"模型,是由英国现代著名的经济学家约翰·希克斯(John Richard Hicks)和美国凯恩斯学派的创始人汉森(AlvinHansen),在凯恩斯宏观经济理论基础上概括出的一个经济分析模式,即"希克斯－汉森模型",也称"希克斯－汉森综合"或"希克斯－汉森图形"。IS－LM 模型是凯恩斯主义宏观经济学的核心。凯恩斯理论的核心是有效需求原理,认为国民收入决定于有效需求,而有效需求原理的支柱又是边际消费倾向递减、资本边际效率递减以及心理上的流动偏好这三个心理规律的作用。这三个心理规律涉及四个变量:边际消费倾向、资本边际效率,货币需求和货币供给。在这里,凯恩斯通过利率把货币经济和实物经济联系起来,打破了新古典学派把实物经济和货币经济分开的两分法,认为货币不是中性的,货币市场上的均衡利率要影响投资和收入,而产品市场上的均衡收入又会影响货币需求和利率,这就是产品市场和货币市场的相互联系和作用。但凯恩斯本人并没有用一种模型把上述四个变量联系在一起。汉森、希克斯这两位经济学家则用 IS－LM 模型把这四个变量放在一起,构成一个产品市场和货币市场之间相互作用共同决定国民收入与利率的理论框架,从而使凯恩斯的有效需求理论得到了较为完善的表述。不仅如此,凯恩斯主义的经济政策即财政政策和货币政策的分析,也是围绕 IS－LM 模型展开的。因此,IS－LM 模型是凯恩斯主义宏观经济学的核心。

二、均衡的变动

IS 曲线和 LM 曲线的交点所确定的产品市场与货币市场同时获得均衡的国民收入和利率的组合不是固定不变的,将随产品市场和货币市场的变化而变化,即随着 IS 曲线和 LM 曲线的变化而变化。

1. IS 曲线的移动

投资的变动是影响两个市场中收入和利率的均衡组合变动的重要因素之一。投资增加,会使 IS 曲线向右移动;投资减少,会使 IS 曲线向左移动。在 LM 曲线不变的情况下,向右移动的 IS_1 曲线同 LM 曲线在较高的位置上相交,这个较高的均衡点 E_1 表示一个较高收入和较高利率的均衡组合;向左移动的 IS_2 曲线同 LM 曲线在较低的位置上相交,这个较低的均衡点 E_2 表示一个较低收入和较低利率的均衡组合,如图 12－10 所示。

在图 12－10 中,IS_0 与 LM 的交点 E_0 表示收入为 Y_0、利率为 R_0 的均衡组合。由于投资增加,IS_0 向右移动到 IS_1,IS_1 与 LM 的交点 E_1 表示收入为 Y_1 利率为 R_1 的均衡组合。在简单的凯恩斯模型中,由于乘数的作用,投资的增加会引起收入按某一倍数增加,即从 Y_0 增加到 Y_3。但是在 IS－LM 模型中,由于存在货币市场,乘数的作用受到限制,投资增加时,收入不是按某一倍数增加;而是按小于某一倍数的比例增加。这是因为,在货币供给不变的情况

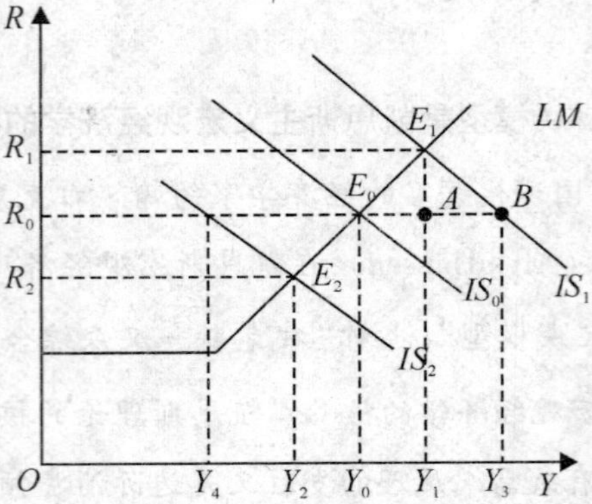

图 12－10

下，投资增加在引起收入增加的同时，又引起利率的提高，而利率的提高会阻碍投资的增加，因而会阻碍收入的增加。在这种场合，均衡国民收入只能由 Y_0 增加到 Y_1，图中 AB 即为财政政策的"挤出效应。"

相反，由于投资减少。IS_0 向左移动到 IS_2，IS_2 与 LM 的交点 E_2 表示收入为 Y_2、利率为 R_2 的均衡组合。在简单的凯恩斯模型中，由于乘数的作用，投资的减少会引起收入按某一倍数减少，即由 Y_0 减少到 Y_4。但在 IS－LM 模型中，乘数的作用因货币市场的存在而受到限制，投资减少时，收入不是按某一倍数而是按小于某一倍数减少，在这种场合，均衡国民收入只是由 Y_0 减少到 Y_2。

2. LM 曲线的移动

货币供给的变动也是影响两个市场中收入和利率的均衡组合变动的重要因素之一。货币供给增加，会使 LM 曲线向右移动，货币供给减少，会使 LM 曲线向左移动。在 IS 曲线不变的情况下，向右移动的 LM 曲线同 IS 曲线在较低的位置相交，这个较低的均衡点表示一个较高收入和较低利率的均衡组合；向左移动的 LM 曲线同 IS 曲线在较高的位置相交，这个较高的均衡点表示一个较低收入和较高利率的均衡组合，如图 12－11 所示。

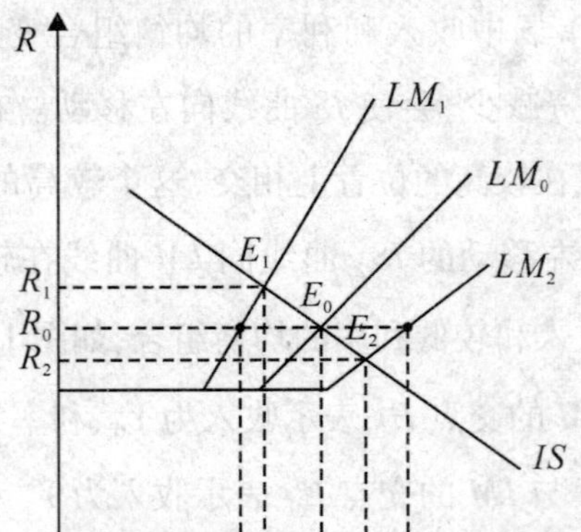

图 12－11

在图 12－11 中，LM_0 和 IS 的交点 E_0 表示收入为 Y_0、利率为 R_0 的均衡组合。由于货币供给的增加,LM_0 向右移动到 LM_2。LM_2 和 IS 的交点 E_2 表示收入为 Y_2、利率为 R_2 的均衡组合。货币供给的增加通过投资的增加引起收入的增加。在货币需求不变的情况下,货币供给的增加引起利率下降,利率下降引起投资增加,投资增加引起收入增加,收入增加引起交易需求增加。但是,货币供给的增加在引起收入和交易需求增加的同时又有限制收入和交易需求增加的因素。这是因为,货币供给的增加引起利率下降,利率下降引起投机需求增加,而在货币供给已定时,投机需求增加限制了交易需求的增加。这样,收入只能从 Y_0 增加到 Y_2,而不是 Y_4。

相反,由于货币供给的减少,LM_0 向左移动到 LM_1,LM_1 和 IS 的交点 E_1 表示收入为 Y_1、利率为 R_1,的均衡组合。货币供给的减少通过投资的减少引起收入的减少,但是,货币供给的减少在引起收入减少的同时,又有限制收入减少的因素。这是因为,货币供给的减少引起利率上升,利率上升引起投机需求减少,从而使收入只减少到 Y_1,而不是 Y_3。

知识链接

利用 $IS-LM$ 曲线模型分析下述情况对总需求的影响。

(1)大量公司破产引起悲观情绪;(2)货币供给量增加;(3)与本国贸易关系密切的国家经济发生衰退。

解析:(1)大量公司破产引起人们悲观情绪会使得人们减少现期的投资和消费,从而 IS 曲线向左移动,总需求下降,收入和利率下降。(2)货币供给量增加会使得 LM 曲线向右移动,从而利率下降,投资增加,总需求增加。(3)与本国贸易关系密切的国家经济衰退会使本国出口减少,IS 曲线向左移动,总需求下降。

3. *IS* 曲线和 *LM* 曲线的同时移动

当 IS 曲线和 LM 曲线同时移动时,如果两条曲线同时向左或向右移动,则收入减少或增加,但利率变化不确定。图 12-12 表示的是 IS 曲线和 LM 曲线同时向右移动,收入增加,而利率不变的情况。

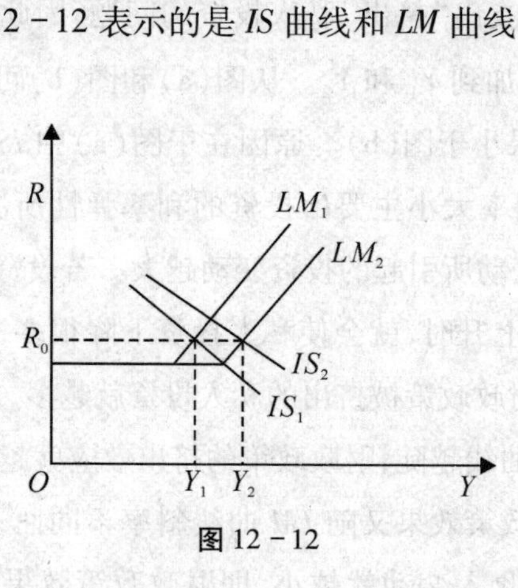

图 12-12

第四节　宏观经济政策的有效性及政策协调

虽然宏观财政政策和货币政策都能起到调控经济的效果,但从 $IS-LM$ 模型可以看出,政策效果的大小却因 *IS* 和 *LM* 曲线的斜率不同而大有差别。

一、财政政策的有效性

财政政策的有效性指政府收支变化使 *IS* 曲线移动对国民收入变动的影响。显然,这种影响的大小,随 *IS* 曲线和 *LM* 曲线的斜率不同而有所区别。

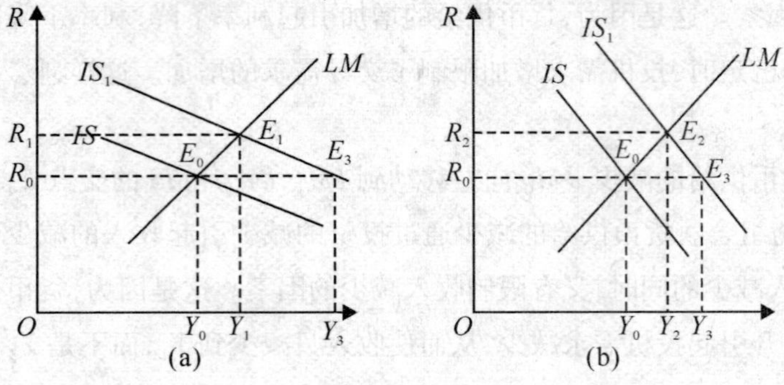

图 12 - 13

在 *LM* 曲线不变时,*IS* 曲线斜率的绝对值越大,即 *IS* 曲线越陡峭,则移动 *IS* 曲线时收入变化就越大,即财政政策效果越大。反之 *IS* 曲线越平坦,则 *IS* 曲线移动时收入变化就越小,即财政政策效果越小,如图 12 - 13 所示。

图 12 - 13(a)和(b)中,假定 *LM* 曲线即货币市场均衡情况完全相同,并且起初的均衡收入和均衡利率也完全相同。现假定政府实行一项扩张性财政政策(增加政府支出或减少税收),增加同样一笔支出,使 *IS* 曲线右移到 IS_1,右移的距离都是 E_0E_3。假若利率不上升,则两种情况下国民收入都会从 Y_0 增加到 Y_3,但是,在政府支出增加使 *IS* 曲线右移而货币供给量不变(*LM* 未变)时,利率不可能不上升。利率的上升会抑制私人投资,这就是所谓的"挤出效应"。由于存在政府支出"挤出"私人投资的问题,因此,新的均衡点只能分别处于 E_1 和 E_2,收入分别也只能增加到 Y_1 和 Y_2。从图(a)和图(b)可见,$Y_0Y_1(a) < Y_0Y_2(b)$,亦即图(a)表示的财政政策效果小于图(b)。原因在于图(a)中 *IS* 曲线比较平坦,而图(b)中 *IS* 曲线较陡峭。而 *IS* 曲线斜率大小主要由投资的利率弹性所决定,*B* 曲线越平坦,表示投资的利率弹性越大,即利率变动所引起的投资变动越大。若投资对利率变动的反应较敏感,一项扩张性财政政策使利率上升时,就会使私人投资下降很多,亦即挤出效应较大。因此,*IS* 曲线越平坦,实行扩张性财政政策被挤出的私人投资就越多,从而使国民收入增加得就越少,即政策效果越小。而 *IS* 曲线越陡,财政政策的挤出效应就越小,因而政策效果就越大。

在 *IS* 曲线不变时,财政政策效果又随 *LM* 曲线斜率不同而不同。*LM* 曲线斜率越大,即 *LM* 曲线越陡,则移动曲线时收入变动就越小,即财政政策效果就越小;反之,*LM* 曲线越平坦,则财政政策效果就越大,如图 12 - 14 所示。

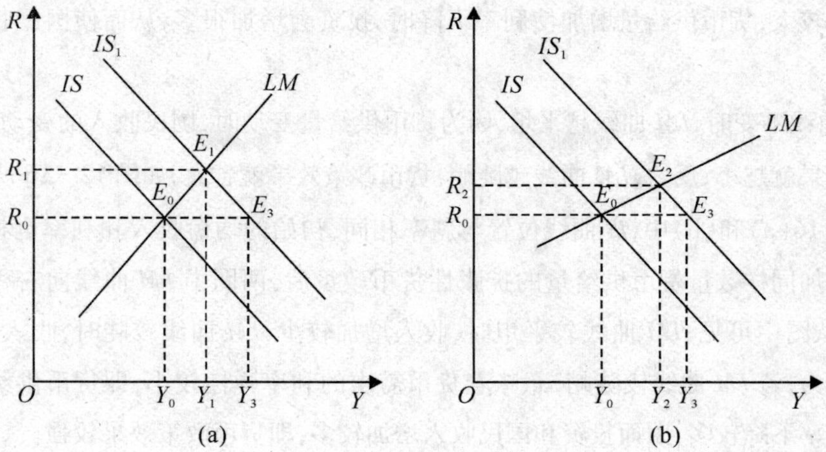

图 12－14　生产要素价格的决定

在图 12－14 中,假定 *IS* 曲线斜率相同,最初的均衡收入和利率也都相同,但 *LM* 曲线的斜率不同,在这样的情况下,政府实行一项扩张性财政政策使 *IS* 曲线右移到 IS_1,右移的距离都是 E_0E_3,但由于"挤出效应"的不同,国民收入分别增加 Y_0Y_1 和 Y_0Y_2。显然,图(a)表示的政策效果小于图(b)。

二、货币政策的有效性

变动货币供给量的政策对总需求的影响从而对国民收入的影响,即货币政策的有效性,同样取决于 *IS* 曲线和 *LM* 曲线的斜率。

在 *LM* 曲线斜率不变时,*IS* 曲线越平坦,*LM* 曲线移动对国民收入变动的影响就越大;反之 *IS* 曲线越陡峭,*LM* 曲线移动对国民收入变动就越小,如图 12－15 所示。

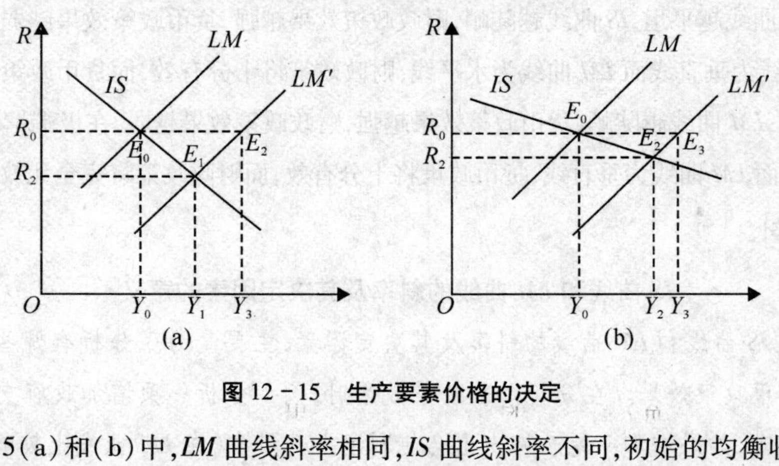

图 12－15　生产要素价格的决定

图 12－15(a)和(b)中,*LM* 曲线斜率相同,*IS* 曲线斜率不同,初始的均衡收入和利率相同。中央银行实行增加同样数量货币供给量的扩张性货币政策,*LM* 曲线右移相同距离 E_0E_3,从图中可见,*IS* 曲线较陡时,收入增加较少,*IS* 曲线较平缓时,收入增加较多。这是因为 *IS* 曲线较陡,投资的利率弹性较小,当 *LM* 曲线由于货币供给量增加而向右移动使利率下降时,投资不会增加很多,从而国民收入水平也不会有较大增加。反之,*IS* 曲线较平坦时,投

资利率弹性较大,货币供给量增加使利率下降时,投资会增加很多,从而使国民收入水平有较大增加。

在 *IS* 曲线不变时,*LM* 曲线越平坦,因为货币供给量变动时,国民收入的变动就越小,即货币政策效果就越小,反之,*LM* 曲线越陡峭,货币政策效果就越大,如图 12 - 16 所示。

图 12 - 16(a)和(b)中,*IS* 曲线位置与斜率相同,初始的均衡收入和利率也相同。中央银行实行增加同样数量货币供给量的扩张性货币政策后,两图中 *LM* 曲线向右移动相同距离 E_0E_3。从图中可见,*LM* 曲线较平坦时,收入增加较少,*LM* 曲线较陡时,收入增加较多。这主要是因为,若 *LM* 曲线较陡峭,意味着货币需求的利率弹性较小,即货币供给量稍有增加就会使利率下降较多,因而投资和国民收入增加较多,即货币政策效果较强。

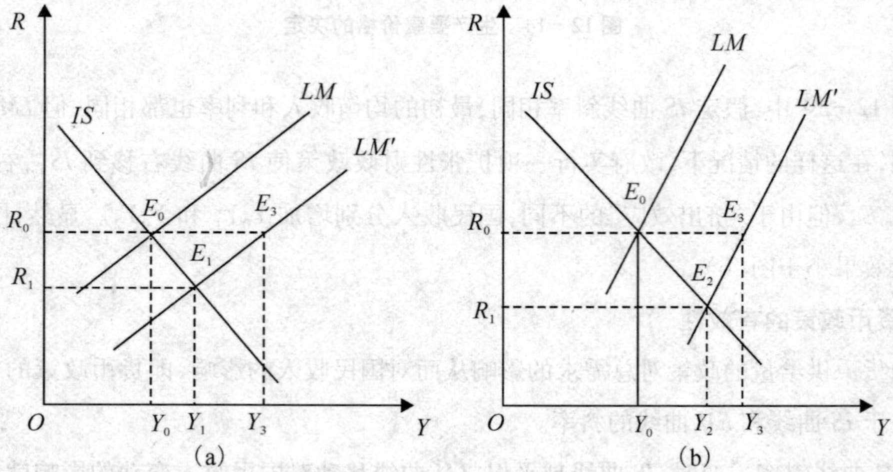

图 12 - 16

总之,*LM* 曲线越平坦,*IS* 曲线越陡峭,财政政策效果越强,货币政策效果越弱,在极端情况下,如果 *IS* 曲线为垂直线而 *LM* 曲线为水平线,财政政策将十分有效,而货币政策将完全无效。*IS* 曲线越平坦,*LM* 曲线越陡峭,货币政策效果越强,财政政策效果越弱,在极端情况下,如果 *IS* 曲线为水平线而 *LM* 曲线为垂直线,货币政策将十分有效,而财政政策将完全无效。

知识链接

IS 曲线和 *LM* 曲线的斜率及其决定因素的意义

分析研究 *IS* 曲线和 *LM* 曲线的斜率及其决定因素,主要是为了分析有哪些因素会影响财政政策和货币政策效果。在分析财政政策效果时,例如分析一项增加政府支出的扩张性财政政策效果时,如果增加一笔政府支出会使利率上升很多(在 *LM* 曲线比较陡峭时就会这样),或利率每上升一定幅度会使私人部门投资下降很多(在 *IS* 曲线比较平坦时就会是这样),则政府支出 *IS* - *LM* 模型的"挤出效应"就大,从而扩张性财政政策效果较小,反之亦然。可见,通过分析 *IS* 和 *LM* 曲线的斜率以及它们的决定因素就可以比较直观地了解财政政策效果的决定因素:使 *IS* 曲线斜率较小的因素(如投资对利率较敏感,边际消费倾向较大从而支出乘数较大,边际税率较小从而也使支出乘数较大),以及使 *LM* 曲线斜率较大的因素(如货币需求对利率较不敏感以及货币需求对收入较为敏感),都是使财政政策效果较小的因素。在分析货币政策效果时,例如分析一项增加货币供给的扩张性货币政策效果时,如果增加一笔货币供给会使利率下降很多(这在 *LM* 曲线陡峭时就会是这样),或利率上升一定幅度会使私人部门投资增加很多(这在 *IS* 曲线比较平坦时就会是这样),则货币政策效果就会很明显,反之亦然。可见,通过分析 *IS* 和 *LM* 曲线的斜率以及它们的决定因素就可以比较直观地了解货币政策效果的决定因素:使 *IS* 曲线斜率较小的因素以及使 *LM* 曲线斜率较大的因素,都是使货币政策效果较大的因素。

三、宏观经济政策的协调

从 *IS - LM* 模型的分析中可以看出,一般来说,尽管宏观经济政策都可以起到调控经济的作用,但要使经济政策更好地达到预期的效果,最好还是把财政政策与货币政策配合起来协调使用。

财政政策与货币政策可以有多种配合形式,其政策效应,有的是事先可预计的,有的则必须根据财政政策和货币政策何者更强有力而定,因而是不确定的。一般来说,当经济严重萧条时,可以将扩张性财政政策与扩张性货币政策配合使用,从而更有力地刺激经济。因为扩张性财政政策使总需求增加,但也会提高利率水平,这时,采用扩张性货币政策就可以抑制利率的上升,以消除或减少扩张性财政政策的挤出效应,使总需求大幅度增加,从而迅速摆脱萧条。例如,20 世纪 60 年代初美国经济萧条,为克服衰退,美国政府一方面减税,同时采用"适应性的"货币政策,使产量增加时利率基本保持不变,政策效果相当显著。

当经济过度繁荣,通货膨胀严重时,也可以把紧缩性财政政策与紧缩性货币政策配合使用。因为,紧缩性财政政策尽管可以使总需求减少,但同时会使利率下降,而紧缩性货币政策又会使利率上升,从而不使利率的下降起到刺激总需求的作用。在 20 世纪 60 年代末 70 年代初,美国经济生活中通货膨胀率过高而失业率较低,为控制通货膨胀,美国政府实行了紧缩财政与紧缩货币相结合的政策。

经济萧条但又不太严重时,政府可以用扩张性财政政策刺激总需求,同时又用紧缩性货币政策控制通货膨胀。而当经济中出现通货膨胀但又不太严重时,可以用紧缩性财政政策压缩总需求,同时采用扩张性货币政策降低利率以免总需求过度紧缩而引起衰退。70 年代末 80 年代初,美国政府曾经采用紧缩性货币政策来控制较为严重的通货膨胀,同时又运用减税、投资补贴等扩张性财政政策来刺激总需求,以摆脱经济萧条。

最后需要注意的是,在考虑如何协调使用两种政策时,不仅要看当时的经济形势,还要考虑政治上的需要。因为不同的经济政策影响的是总需求中不同的部分,也就是影响不同的经济部门,从而影响不同的人,所以,政府在作出混合使用各种政策的选择时,必须考虑各行业、各阶层的人群的利益如何协调的问题。例如,同样是扩张性财政政策,如果增加政府军事购买则有利于军工部门,若减少个人所得税则有利于一般公众,若增加转移支付则有利于低收入阶层,而投资补贴则有利于资本家。因此,经济政策的选择涉及到了诸多复杂的社会政治等问题。

本章小结

在现代西方经济学中,讨论产品市场和货币市场共同均衡的 *IS - LM* 模型,被称为扩展的凯恩斯模型。*IS* 曲线是表示能使储蓄等于投资的国民收入与利率的组合,其斜率主要取决于投资需求的利率弹性。投资增加和政府支出增加以及储蓄和税收的减少会导致 *IS* 曲线右移,反之,投资和政府支出的减少以及储蓄和税收的增加会导致 *IS* 曲线左移。*LM* 曲线是表示能够使货币需求等于货币供给的国民收入和利率的组合,其斜率决定于货币需求的利率弹性和收入弹性。货币供给量增加会导致 *LM* 曲线右移,货币供给量减少则导致 *LM* 曲线左移。产品市场与货币市场的同时均衡决定于 *IS* 曲线与 *LM* 曲线的交点,此时均衡收入与均衡利率被同时决定。*IS - LM* 分析也使得有关宏观财政与货币政策的讨论比使用简单的工具所可能进行的讨论更加丰富。宏观财政与货币政策有效性取决于 *IS* 曲线和 *LM* 曲线的确切形状。因此,政府要使宏观经济政策发挥充分影响,需要灵活组合财政与货币政策。

复习思考题

一、解释下列概念

IS 曲线　*LM* 曲线　*IS - LM* 模型　"挤出效应"

二、分析讨论题

1. *IS* 曲线和 *LM* 曲线是怎样形成的?

2. 为什么产品市场与货币市场在 *IS* 曲线和 *LM* 曲线相交时同时均衡?

3. 根据 *IS - LM* 分析,政府支出和货币供给量的变动怎样对均衡利息率和国民收入产生影响?

4. 根据 *IS - LM* 分析,试说明宏观财政与货币政策的有效性。

三、计算题

1. 在一个只有居民和厂商的两部门经济中,消费 $C=100+0.8Y$,投资 $I=150-6R$,货币供给 $m=150$,货币需求 $L=0.2Y-4R$。(单位:亿美元)

(1)求 *IS* 曲线和 *LM* 曲线的代数表达式;

(2)求产品市场与货币市场同时均衡时的利率和收入;

(3)若上述两部门经济变为三部门经济,其中税收 $T=0.25Y$ 政府支出 $G=100$,货币需求为 $L=0.20Y-2R$,实际货币供给 $m=150$,求 *IS* 曲线、*LM* 曲线及均衡利率和收入?

2. 假设一个经济体系的消费函数 $C=500+0.5Y$,投资函数 $I=1250-250R$,货币需求函数 $M_D/p=1\,000+0.5Y-250R$,价格水平 $P=1$,货币供给 $M_S=1250$,没有政府活动及进出口,试求均衡收入和利率(单位:亿美元)。

能力项目训练

案例分析

从1965年初到1966年末,美国驻东南亚某国军队由不足2.5万人剧增到35万人以上,卷入越南战争的程度急剧加深。军队的增加使得军费开支扶摇直上,从1965年到1966年,美国政府支出增加了550亿美元。利用*IS*-*LM*模型进行预测,这将对产出和利率发生什么样的影响呢?如图12-17所示,政府支出增加使*IS*曲线由IS_1右移至IS_2,而*LM*曲线不变。因为,以不变价格计算,货币供给量M_1几乎没有变动:1965年为5910亿美元,1966年为5 850亿美元,这样,*IS*-*LM*模型预测经济从点E_1移至E_2,GDP增加,利率上升。这也正是1965年至1966年的实际情况:GDP从24 710亿美元增至26 160亿美元;增加了1450亿美元(是政府支出增加额550亿美元的数倍)。3个月期国库券利率从3.95%升至4.88%。

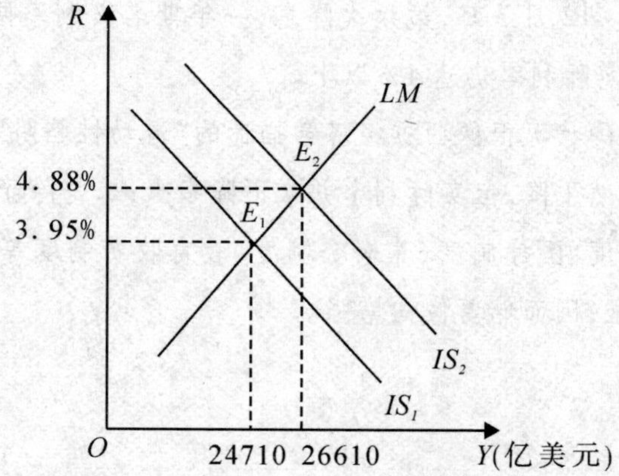

图12-17 政府支出增加对产出和利率的影响

当时经济学家们都认为,应提高税收以免经济过热,并使*IS*曲线重新向左移动以降低利率。但不幸的是,约翰逊总统认为,通过提高税收来支撑越来越不受人们欢迎的战争,在政治上是行不通的。因此,直到1968年仍未提高税收。而到那时,过热的经济已经造成了通货膨胀和前所未有的高利率。

问题:你认为要解决案例中所面临的经济过热问题,应该采取何种措施?

拓展阅读

中国储蓄水平对利率的反应程度

20世纪90年代前半期,因为中国存在着通货膨胀,人民币的名义利率被确定在较高的水平上。而且为应对通货膨胀,在名义利率之外,政府还确定了一个鼓励居民储蓄的保值贴补率。到了1996年4月,鉴于通货膨胀明显回落,又有3万多亿的巨额储蓄存款躺在银行里,中央银行宣布停办保值储蓄业务,拉开此后一系列降息大戏的序幕。

1996 年 5 月 1 日，中央银行第一次降息，存款利率平均下调 0.98 个百分点，同时取消了 1982 年开始的 8 年期储蓄存款。但降息后储户并不为所动，中央银行于 8 月 23 日第二次降息，存款利率平均下调 1.5 个百分点。

1997 年前 9 个月，由于通货膨胀压力继续缓解，一年期存款实际利率达到 1990 年以来的最高水平。10 月 23 日，中央银行第三次降息，存款利率平均下调 1.1 个百分点。但这一年，全国城乡居民储蓄存款仍比上年净增两成，储蓄余额达 46 000 亿元。

1998 年前两个月，物价在上年仅 0.8% 的涨幅的基础上继续下跌。3 月 25 日，中央银行第四次小幅降低利率。由于 2 月 20 日发行的国债利率较同期储蓄利率高得多，降息当日，很多储蓄所的国库券被抢购。

1998 年 7 月 1 日，第五次降息，存款利率平均下调 0.49 个百分点。此时活期与 3 个月定期存款利率已创建国以来最低，但实际利率仍然超过 8%，远高于实际平均水平。与两年前首次降息相比，中长期定期储蓄利率实际上已减少了一半以上，但当月末，居民存款余额却顽强冲到 50 000 亿元。12 月 7 日，第六次降息，一年期名义利率降到 3.78%。由于全年通货膨胀率为负 1.5%，实际利率仍达 4% 以上。

利率下降、存款猛增的状况很像西方经济学描述的"流动性陷阱"现象。之所以如此，原因有三：一是名义利率虽然下降，但实际利率并未下降多少；二是除了储蓄之外，其他投资渠道有限；三是中国住房制度、医疗制度、养老金制度、教育收费制度等同时面临改革，人们对未来预期的不确定性增强，因而储蓄倾向增强。

项目十三　总需求—总供给模型

教学目的和要求

通过本章的学习，要求学生明确总需求——总供给模型的含义，理解总需求、总供给的推导过程，掌握总需求、总供给与一般价格水平的关系以及总需求、总供给的变动对均衡的影响。

在前面的宏观经济分析中，总是假定一般价格水平是固定不变的，把一般价格水平作为一个外生变量来对待。前几章考察了一般价格水平和利率不变时均衡国民收入的决定和一般价格水平不变、利率可以变动时，均衡国民收入和均衡利率的决定。此时，利率被视为内生变量。本章的总需求——总供给模型假定一般价格水平是可以变动的，把一般价格水平看做内生变量，来考察价格水平和均衡国民收入的决定，并以此为基础研究不同宏观经济政策和政策组合对均衡国民收入和均衡价格水平的影响。

第一节　总需求函数

一、总需求函数的含义

总需求(Aggregate Demand，简称 AD)是经济社会对产品和劳务的需求总水平，由消费需求、投资需求、政府需求和国外需求构成。总需求函数(Aggregate Demand Function)是产品市场和货币市场同时达到均衡时的物价水平 P 与国民收入 Y 之间的依存关系。总需求函数可以表示为：

$$Y=f(P) \tag{13-1}$$

在其他条件不变的情况下，当物价水平 P 提高时，均衡国民收入 Y 减少；当物价水平 P 下降时，均衡国民收入 Y 增加，二者的变动方向相反。

总需求曲线(The Aggregate Demand Curve)是表明产品市场与货币市场同时达到均衡时总需求与价格水平之间关系的曲线。如图 13－1 所示，在横轴表示产出、纵轴表示价格水平的坐标图中，总需求曲线是一条向右下方倾斜的曲线。

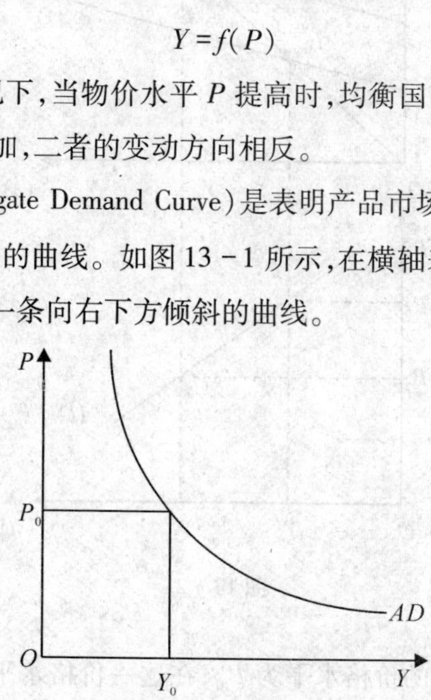

图 13－1　总需求曲线

显然,总需求函数与简单国民收入决定模型中的总支出函数是不同的。总支出是指消费支出、投资支出、政府支出和净出口的总和,它实际上也是对社会产品的总需求。但是,总支出函数是表示总支出量或总需求与国民收入的关系,总需求函数则表示总需求和价格水平的关系。

知识链接

2008 年 11 月 5 日,国务院常务会议召开,确定了进一步扩大内需、促进经济增长的 10 项措施和 40 000 亿元投资。这是在国际金融危机背景下,中国主动应对、多方筹资,重拳救市的重大方案之一。如此巨额的投资在未来两三年对经济的拉动作用将十分明显。以钢铁业为例,40 000 亿元投资不仅有助于缓解市场恐慌情绪、提升行业信心,也直接增加了钢材的需求量,加大基础设施投资的举措更是扩展了市场对钢铁的需求空间。巨资将对钢铁业产生积极的连锁传导效应。例如高速公路网络建设将刺激汽车业需求,铁路建设将带动工程机械设备需求。据报道 2007 年我国粗钢产量约为 4.8 亿吨,相对应的固定资产投资为 140 000 亿元。依此比例计算,40 000 亿元投资至少可拉动 1 亿吨的钢材需求。

二、总需求曲线的导出

收入—支出分析图是我们用以导出总需求曲线以及理解它的形状的基本工具。图13-2 说明了总需求曲线的形成过程。坐标图 13-2 (a)是收入—支出分析图。图 13-2 (b)的横轴表示产出 Y,纵轴表示一般价格水平 P,它用来表示从图(a)推导出来的总需求曲线。

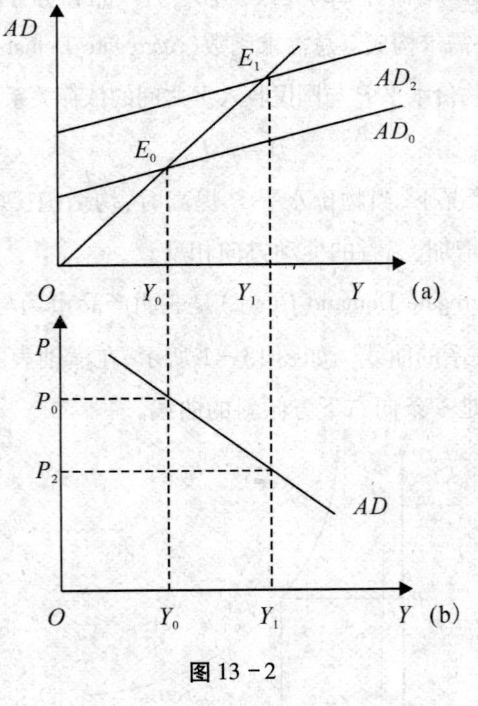

图 13-2

在图 13-2 中,假定原来的价格水平为 P_0,在这一价格水平上,总支出线 AD_0 与 45°线相交于 E_0 点,决定了均衡产出为 Y_0,这意味着在价格水平 P_0 上,社会对商品的需求总量为

Y_0。现在假设价格由 P_0 下降到 P_1，由于价格水平的下降，总支出曲线上移至 AD_1 的位置，它与45°线相交于 E_1 点，从而决定了新的均衡产出为 Y_1。这意味着在价格水平 P_1 上，社会对商品的需求总量为 Y_1。用同样方法，对一系列连续价格水平运用收入—支出分析图可以得到相应的产出，即得到价格水平与需求总量的其他对应点。把它们连结起来，便得到了图(b)中的总需求曲线 AD。

价格水平的下降为什么会引起总支出曲线上移从而引起社会商品需求总量的增加呢？这是因为，价格下降会引起消费函数、投资函数、净出口函数即总支出的各构成部分增加。决定个人消费支出的重要因素之一是实际财富。在收入的任一既定水平上，实际财富水平越高，消费水平也就越高。当价格下降时，人们所持有的货币的实际价值升高，人们会变得较为富有，这一增加了的财富将使人们增加消费，消费曲线上移，从而引起总支出曲线也同样上移。价格下降也可能通过利率的下降导致资本投资的增加，还可能使得出口增加，进口减少，从而净出口增加，总支出曲线上移。需要注意的是，价格水平下降虽使总支出曲线上移，但仅仅是略微上移，因而，总需求曲线一般是相对无弹性的或者说是相当陡峭的。

总需求曲线也可以根据 $IS-LM$ 模型图导出，图13－3(a)是 $IS-LM$ 模型图，(b)的横轴表示产出 Y，纵轴表示价格水平 P，用以表示从(a)推导出来的总需求曲线 AD。

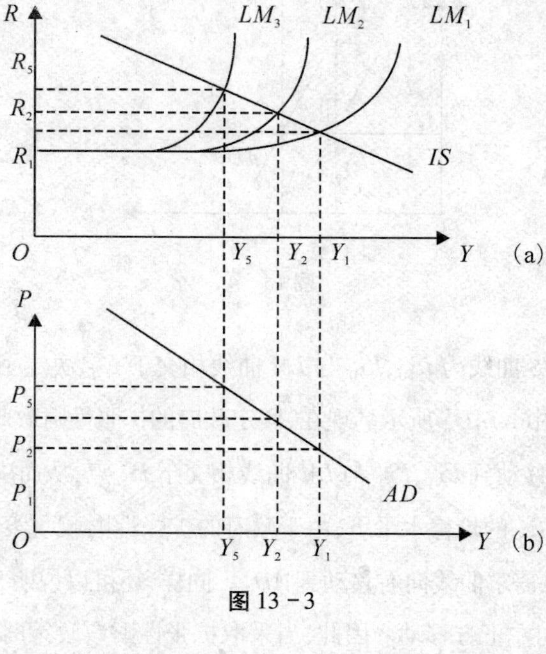

图13－3

在图13－3(a)中，当价格水平为 P_1 时，LM 曲线为 LM_1，它与 IS 曲线的交点决定了均衡的国民收入为 Y_1，这意味着在价格水平为 P_1 时，社会对商品的需求总量为 Y_1。现在，假定价格水平从 P_1 上升到 P_2，在名义货币供给量不变的情况下，价格水平上升将使实际货币供给量减少，LM 曲线从 LM_1 向左移动到 LM_2，它与 IS 曲线的交点决定了均衡的国民收入为 Y_2，这意味着在价格水平 P_2 上，社会对商品的需求总量为 Y_2。用同样的方法，在图(b)中还可以得到价格水平和需求总量的其他对应点，把它们连结起来，便得到了总需求曲线 AD。

三、总需求曲线的移动

根据总需求曲线的导出，我们可以发现，在给定的价格水平上，任何使得总支出曲线向上或向下移动的因素也将使得总需求曲线向上或向下移动，任何使 IS 曲线或 LM 曲线移动的因素也会改变总需求曲线的位置。我们知道，宏观财政政策的变动会改变 IS 曲线的位置，宏观货币政策的变化会改变 LM 曲线的位置。在这里我们主要说明宏观财政政策与货币政策如何决定总需求曲线的位置。

宏观财政政策并不直接影响货币市场的均衡，也就不影响 LM 曲线的位置。但财政政策影响产品市场的均衡，也就要影响 IS 曲线的位置。这样，宏观财政政策主要通过对 IS 曲线位置的影响而影响总需求曲线的位置。我们以扩张性财政政策为例，用图 13－4 来说明财政政策如何影响总需求曲线的位置。

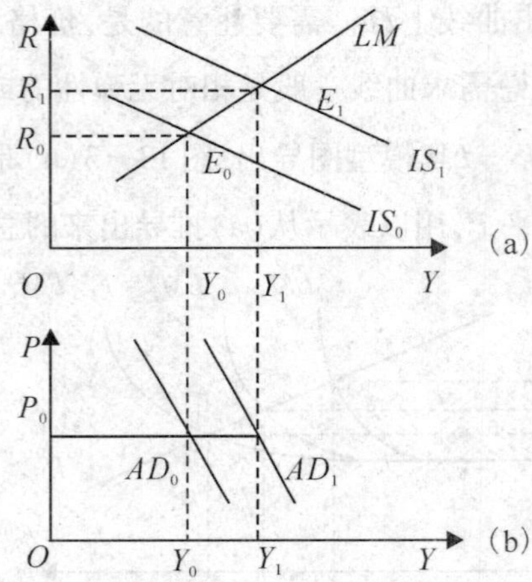

图 13－4

在图 13－4(a)中，IS 曲线为 IS_0，IS_0 与 LM 曲线相交于 E_0，决定了利率为 R_0，国民收入为 Y_0，此时总需求曲线如图(b)AD_0 所示。现在，假定政府的扩张性财政政策(增加支出或减少税收)使 IS 曲线向右上方移动到 IS_1，IS_1 与 LM 曲线相交于 E_1 点，从而决定了利率为 R_1，国民收入为 Y_1。这意味着，在 P_0 的价格水平下，由于政府的扩张性财政政策使社会对商品的需求总量从 Y_0 增加到 Y_1，即总需求曲线向右移动到 AD_1。同样，还可以说明，当政府采取紧缩性财政政策时，总需求曲线会向左下方移动。因此，当采取扩张性财政政策时，在每一价格水平上，总需求量都增加了；当采取紧缩性财政政策时，在每一价格水平上，总需求量都减少了。

宏观货币政策并不直接影响产品市场的均衡，从而也就不影响 IS 曲线的位置。但货币政策影响货币市场的均衡，从而也就要影响 LM 曲线的位置。这样，货币政策主要通过对 LM 曲线位置的影响而影响总需求曲线位置。下面，我们以扩张性货币政策为例，用图 13－5 来说明，货币政策如何影响总需求曲线的位置。

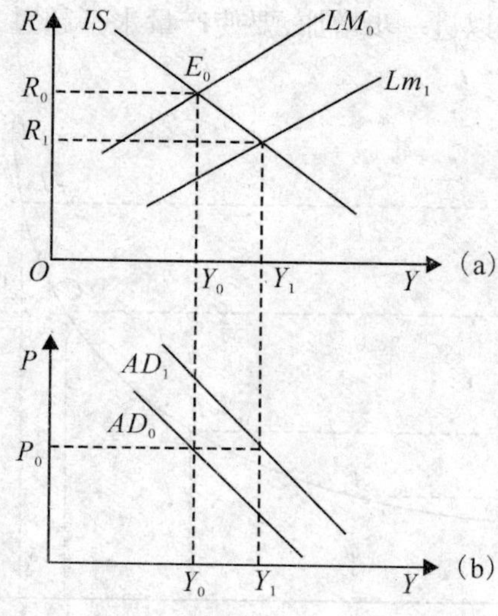

图 13－5

在图 13－5(a)中，*LM* 曲线为 LM_0，LM_0 与 *IS* 曲线相交于 E_0 点，决定了利率和国民收入分别为 R_0 和 Y_0，此时总需求曲线 AD_0 如图(b)所示。现在，假定扩张性的货币政策使 *LM* 曲线向右下方移动到 LM_1，LM_1 与 *IS* 曲线相交于 E_1 点，决定了利率和国民收入分别为 R_1 和 Y_1。这意味着，在 P_0 的价格水平上，由于扩张性的货币政策，社会对商品的需求总量由 Y_0 增加到 Y_1，总需求曲线由 AD_0 右移至 AD_1。同样，也可以说明，紧缩性的货币政策将使总需求曲线向左下方移动。因此，当采取紧缩性货币政策时，在每一价格水平上，总需求都减少了；当采取扩张性货币政策时，在每一价格水平上，总需求都增加了。

第二节　总供给函数

一、总供给函数的含义

总供给(Aggregate Supply，简称 AS)是经济社会的总产出水平，它描述了经济社会的基本资源用于生产时可能有的产出水平。一般而言，总供给主要是由生产性投入(最重要的是劳动与资本)的数量和这些投入组合的效率(即社会的技术)决定的。总供给函数(Aggregate Supply Function)表示总产量和一般价格水平之间的关系，总供给函数的几何表示即为总供给曲线。总供给曲线的典型形状如图 13－6 所示。在低产量水平处，总供给曲线相对平坦(或富有弹性)，而在高产量水平，它是相对陡峭的(或无弹性)。理由如下：在低产量水平处，比如在 *A* 点，经济中存在过剩的生产能力，工人与机器的利用率不足，因此，价格水平的略微上升，例如从 P_0 上升到 P_1，将引起非常大的产量增加，即从 Y_0 到 Y_1；在很高的产量水平处，如在 *C* 点，机器与工人都以接近于各自最大生产能力工作，很难再生产出更多的产品，多生产一单位产品的边际成本可能非常之大，相应地，这就需要价格水平上升很大，比如从 P_2 到 P_3，才能取得产量的少量增加，即从 Y_2 到 Y_3，在充分就业产量 Y_f 处，经济已经达到了其最大生产能力,产出已难以进一步增加,要使产量水平超过 Y_f,需要更多的劳动力或更多的资本设备。

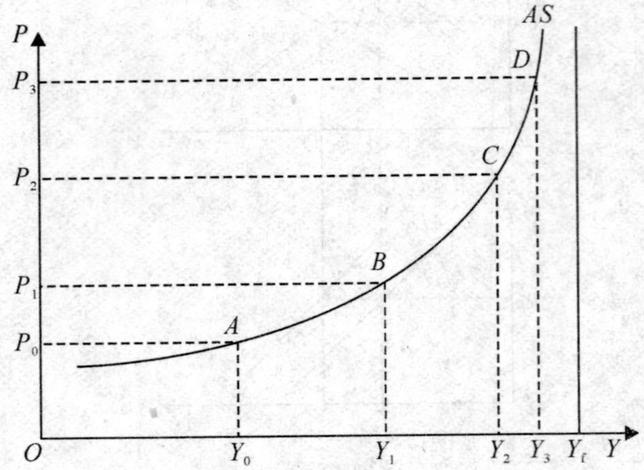

图 13 - 6

二、总供给曲线的导出

与相对复杂的总需求曲线的建立不同,总供给曲线的建立是微观经济学所做分析的直接推广,市场供给图 13 - 7 曲线被解释为一个行业中所有单个厂商供给曲线的总和。

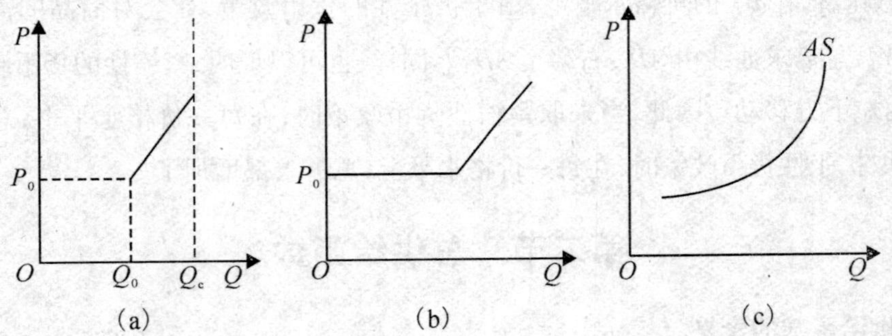

图 13 - 7

一个典型厂商的供给曲线包括两个部分。①如果价格太低,生产就不值得,退出该行业更好。图 13 - 7(a)以 P_0 代表这一价格。②当价格超过 P_0 时,价格越高,厂商就会生产得越多,直到达到某个生产能力水平(图中 Q_c)。不论价格是多少,厂商都不能生产超过该生产能力水平的产量。既然大多数厂商都是按一个特定生产能力设计的,价格 P_0 以上的厂商供给曲线是相对缺乏弹性的。市场供给曲线是通过将每一价格水平上每个厂商愿意供给的数量加总形成的,如图 13 - 7(b)所示。如果所有厂商都具有相同的供给曲线,那么市场供给曲线也将包括两部分:在 P_0 的水平部分和 P_0 以上的上升部分。在 P_0 处,产量的提高只能通过出现越来越多的厂商得到。经济社会的总供给曲线是通过将每一价格水平上所有不同行业产出加总形成的,如图 13 - 7(c)所示。由于现实中并非所有厂商都是同样的,亦即他们并不恰好在同一价格水平上退出生产,因此,总供给曲线的下端不是完全水平的。但是，与经济在满负荷状态运行时相比较，当经济在有大量超额生产能力状态运行时，价格的略微上升便可能带来产量的较大增加，因而，总供给曲线的形状也反映出市场供给曲线的形状：有超额生产能力时的平缓部分和接近全部生产能力时的垂直部分。

图13－7(a)所示为一个典型厂商的供给曲线，P_0为临界价格，低于此价格时，厂商将不生产，在该价格上，有一个最小规模Q_0，厂商可在此规模上有效经营。在较高的价格上，产出增加值到达到厂商的生产能力Q_c，当产出接近Q_c时，厂商的供给曲线变得垂直。图(b)所示为市场供给曲线，通过将行业中所有厂商的供给曲线加总得到。在P_0处曲线是平缓的，通过增加经营厂商的数量来增加产出，当所有厂商都在经营中时，进一步的产出增加就要求价格的上升，价格越高，供给量越多，直到达到行业的生产能力。图(c)所示为经济社会的总供给曲线，其典型形状包括两部分：有超额生产能力的平缓部分和接近全部生产能力的垂直部分。

需要注意的是，上述分析中有两点假设。第一，上述总供给曲线是在假设工资以及未来价格工资预期固定的情况下得出的。在稍后，我们会看到长期供给曲线如何允许未来价格和工资的预期进行调整。第二，总供给曲线的上述分析假设产品市场是完全竞争的，但是，不完全竞争条件下的总供给曲线也具有非常相似的形状。

三、总供给曲线的移动

总供给曲线的位置也是变动的，这种变动说明了在既定价格水平之下，总供给量的变动。其原因主要有以下几点。

1. 技术变动

引起总供给曲线移动的一个重要原因是技术的变化。如果任一给定投入组合能够生产的产出数量提高，总供给曲线将右移；反之，总供给曲线将左移。因为技术几乎总是改进的，所以技术变动的影响一般是使总供给曲线向右移动。但是，在研究经济的下降趋势时，经济学家们感兴趣的是总供给曲线向左的移动。

2. 生产要素价格的变化

厂商愿意生产的数量依赖于相对为生产必须支付的成本。因此，生产要素的价格的下降将使总供给曲线右移，生产要素的价格上升将使总供给曲线左移。1973年，世界石油价格戏剧性地上涨，实际涨幅达45%；1979年又再一次上涨51%；而在1985年，又以同样具有戏剧性的方式下跌。石油价格的每一次变化都引起了美国等发达国家总供给曲线的移动。

3. 承担风险意愿的变化

生产总是伴随着风险的，当经济进入衰退期时，风险增加，而厂商承担风险的意愿和能力却下降。因为经营者不清楚衰退将持续多久，也不知道经济的复苏是否能恢复对他们生产的特定产品的需求，如果衰退是未预期到的或者比预期中的要长，那么。厂商将会有超额的存货。由于这些危险，经济的不确定性的上升会使厂商更加谨慎。谨慎经营的一种方式是削减产量和存货，亦即减少厂商在每一价格水平上愿意供给的数量，从而导致总供给曲线左移。这意味着,以总需求曲线的左移开始的经济下降趋势,可能导致总供给曲线的左移。如图 13-8 中,供给曲线 AS_1 向左移动到 AS_2。

此外,总供给曲线的移动还产生于自然的或人为的灾祸等原因。地震或战争期间的轰炸会极大地减少经济社会中资本的数量,结果导致任一数量的劳动能够生产的产出数量都减少,从而引起总供给曲线的左移。

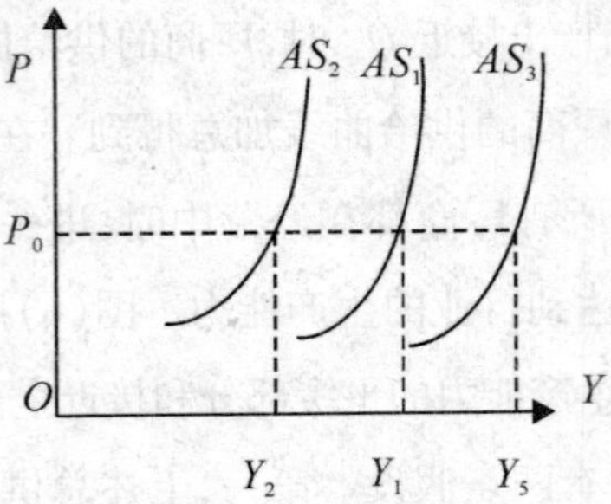

图 13-8

四、长期总供给曲线

向右上倾斜的短期总供给曲线是在当前工资及预期的工资和价格都固定的假设下得到的。如果个人和厂商预期到未来的工资和价格不同于当前的工资和价格,这种预期可能会影响在当前价格的任一给定水平上他们愿意供给的数量。如果工人们能正确预见将来的价格,那么工资将随价格变动而变动,例如,他们如果预期明年价格将上涨10%,他们为明年的工资进行的讨价还价就会反映出这一点。我们把那条不仅考虑当前的工资随当前价格变动,而且也考虑到未来的工资和价格随当前价格变动的总供给曲线称为长期总供给曲线。

如果名义工资与价格前后相随地变动,那么厂商面对的实际工资将保持不变,如果其所卖产品的价格和生产成本一同上升,厂商就没有改变生产水平的动力,只有当价格比成本上升得快时,他们才会增加供给。因此,如果价格水平的每一变化都伴随工资水平一个恰好抵消的变化,那么在每一价格水平上的产出水平都将保持不变。因而,在考虑到工资和价格预期的新假设下,长期总供给曲线将是垂直的,如图 13-9 所示。

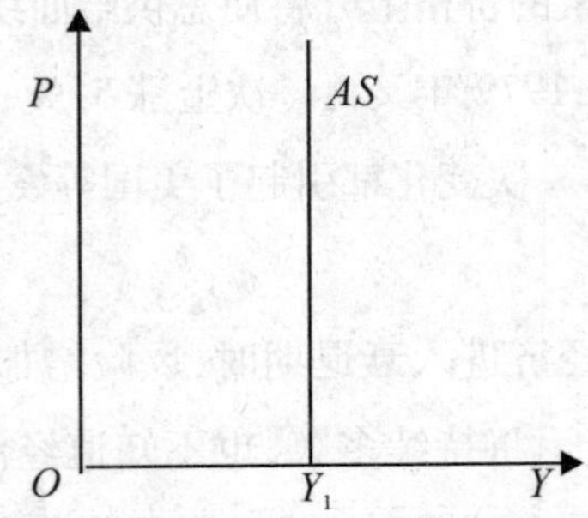

图 13-9

知识链接

20世纪90年代美国经济的增长——长期总供给曲线右移

20世纪90年代是美国战后维持时间最长的持续经济增长。引起这种增长的根本原因是技术进步引起的长期总供给曲线向右移动,即美国经济潜力的提高。20世纪90年代,由于技术进步,美国经济潜力提高,在这一过程中技术进步引起投资增加、消费增加。这个事例告诉我们,经济潜力提高,长期总供给曲线向右移动,可以实现更高水平的充分就业均衡而不引起通货膨胀。这说明从长期来看,提高经济潜力,使长期总供给曲线向右移动是至关重要的。

第三节　国民收入和价格水平的均衡

前面我们分析了总需求曲线和总供给曲线。现在我们把总需求曲线与总供给曲线结合起来用总需求—总供给模型来说明均衡国民收入与价格水平的决定。

一、均衡的决定

在图13-10中,总需求曲线*AD*与总供给曲线*AS*相交于*E*,这时就决定了均衡的国民收入水平为Y_0,均衡的价格水平为P_0。

从图13-10可知,总供求均衡点*E*决定均衡国民收入和均衡价格总水平,均衡点的位置又取决于*AD*线和*AS*线的位置,*AD*线和*AS*线的任何移动都将导致均衡点的变动,而凡是价格总水平以外的其他因素所引起的总供求的变动都会引起*AD*线或*AS*线的移动,从而导致均衡国民收入的变动。

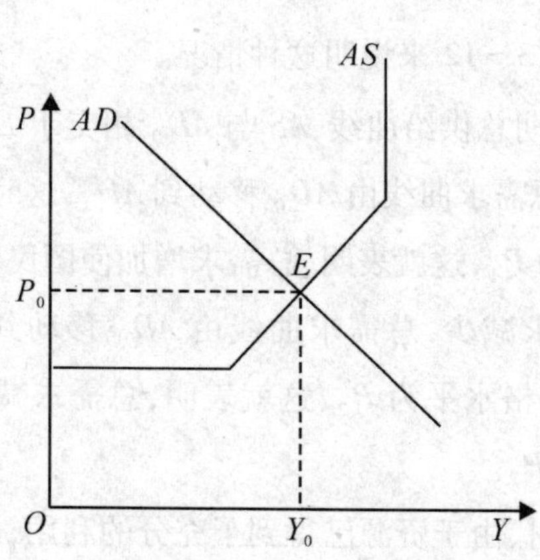

图13-10

二、总需求变动对国民收入与价格水平的影响

在总需求—总供给模型中,假定总供给曲线*AS*不变,总需求变动对国民收入与价格水平的影响根据总供给曲线的不同情况而不同。

在总供给曲线平坦(有弹性)的部分,经济中存在过剩的生产能力,总需求的增加会使国民收入增加，而价格水平不变，总需求的减少会使国民收入减少，而价格水平也不变，即总需求的减少不会引起价格水平的变动，只会引起国民收入的同方向变动。可用图 13 - 11 来说明这种情况。

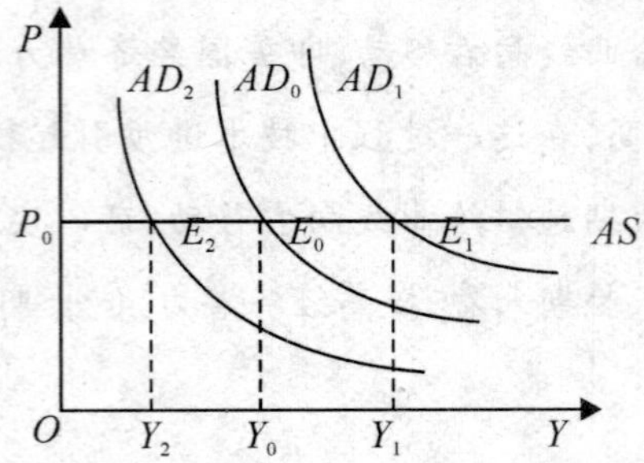

图 13 - 11

在图 13 - 11 中，AS 为总供给曲线。这时总供给曲线是一条与横轴平行的线，表明在价格水平不变的情况下总供给可以增加。AS 与 AD_0 相交于 E_0，决定了国民收入为 Y_0，价格水平为 P_0，总需求增加，总需求曲线由 AD_0 移动到 AD_1，这时 AD_1 与 AS 相交于 E_1，决定了国民收入为 Y_1，价格水平仍为 P_0，这就说明了总需求增加使国民收入由 Y_0 增加到 Y_1，而价格水平未变。相反，总需求减少，总需求曲线由 AD_0 移动到 AD_2，这时 AD_2 与 AS 相交于 E_2，决定了国民收入为 Y_2，价格水平仍为 P_0，这就表明了总需求减少使国民收入由 Y_0 减少到了 Y_2，而价格水平未变。

在总供给曲线向右上方倾斜时，总需求的增加会使国民收入增加，价格水平也上升；总需求的减少会使国民收入减少，价格水平也会下降，即总需求的变动会引起国民收入与价格水平的同方向变动。可用图 13 - 12 来说明这种情况。

在图 13 - 12 中，AS 为短期总供给曲线，AS 与 AD_0 相交于 E_0，决定了国民收入为 Y_0，价格水平为 P_0。总需求增加，总需求曲线由 AD_0 移动到 AD_1，这时 AD_1 与 AS 相交于 E_1，决定了国民收入为 Y_1，价格水平为 P_1，这就表明，总需求增加使国民收入由 Y_0 增加到 Y_1，使价格水平由 P_0 上升为 P_1。总需求减少，总需求曲线由 AD_0 移动到 AD_2，这时 AD_2 与 AS 相交 E_2，决定了国民收入为 Y_2，价格水平为 P_2，这就表明，总需求减少使国民收入由 Y_0 减少到 Y_2，使价格水平由 P_0 下降到 P_2。

在总供给曲线竖直区域时，由于资源已得到了充分的利用，所以总需求的增加只会使价格水平上升，而国民收入不会变动；同样，总需求的减少也只会使价格水平下降，而国民收入也不会变动，即总需求的变动会引起价格水平的同方向变动，而不会引起国民收入的变动。可用图 13 - 13 来说明这种情况。

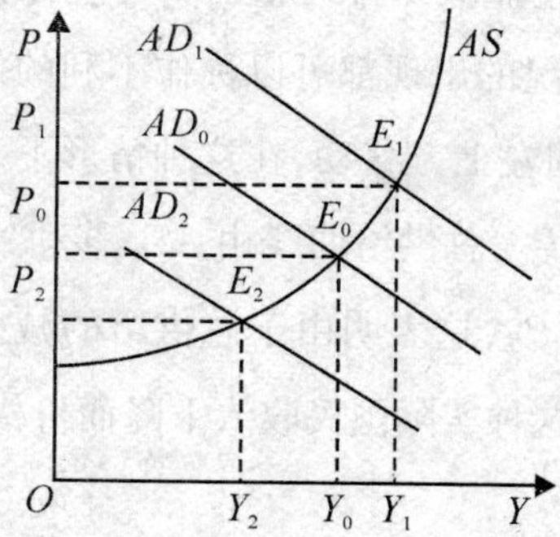

图 13 - 12

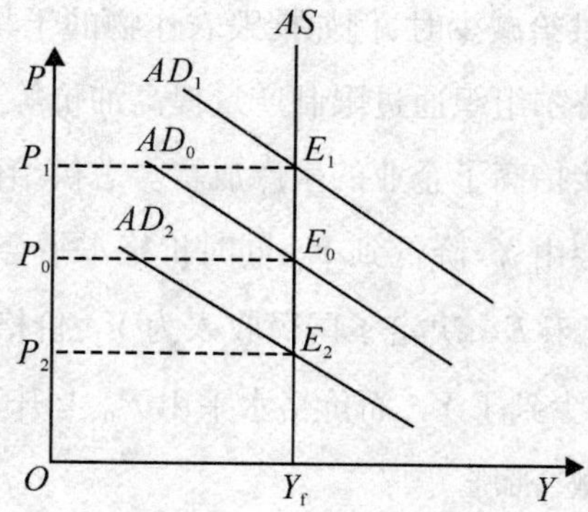

图 13 - 13

在图 13 - 13 中,AS 为长期总供给曲线,AS 与 AD_0 相交于 E_0,决定了充分就业的国民收入水平为 Y_f,价格水平为 P_0。总需求增加,总需求曲线由 AD_0 移动到 AD_1,这时 AD_1 与 AS 相交于 E_1,决定了充分就业的国民收入水平仍为 Y_f,价格水平为 P_1,这就表明,总需求增加使价格水平由 P_0 上升为 P_1,而国民收入仍为 Y_f。总需求减少,总需求曲线由 AD_0 移动到 AD_2,这时 AD_2 与 AS 相交于 E_2,决定了国民收入仍为 Y_f,价格水平为 P_2,这就表明,总需求减少使价格水平由 P_0 下降为 P_2,而国民收入仍为 Y_f。

知识链接

人民币不贬值对宏观经济的影响及调节方法——总需求曲线的移动

1997 年亚洲金融危机时,东南亚各国货币纷纷大幅度贬值,而中国坚持不贬值。当其他国家货币贬值(汇率下降)而一国不贬值时,就意味着该国货币相对于其他国家升值了(汇率上升)。中国和许多东南亚国家出口产品结构与出口对象相同。人民币相对升值,使国内价格未变的商品在国际市场上价格上升。这样中国的出口就减少了。出口是总需求的一部分,出口减少引起总需求的减少。这对中国的宏观经济状况有什么影响呢?我们可以运用总需求—总供给模型来分析这一问题。这个例子说明总需求变动对宏观经济的影响,从这里可以归纳出:总需求增加,均衡的国内生产总值增加,物价水平上升;总需求减少,均衡的国内生产总值减少,物价水平下降。当总需求减少引起均衡的国内生产总值减少(衰退)和物价水平下降(通货紧缩)时,只有增加总需求才能恢复充分就业均衡。

三、总供给变动对国民收入与价格水平的影响

短期总供给是会变动的,这种变动同样会影响国民收入与价格水平。在总需求不变时,总供给的增加及产量的增加会使国民收入增加,价格水平下降;而总供给的减少,即产量的减少会使国民收入减少,价格水平上升。可用图 13 - 14 来说明这种情况。

在图 13 - 14 中,AS_0 与 AD 相交于 E_0,决定了国民收入水平为 Y_0,价格水平为 P_0。当总供给增加时,供给曲线由 AS_0 移动到 AS_1,AS_1 与 AD 相交于 E_1,决定了国民收入为 Y_1,价格水平为 P_1,这表明由于总供给的增加,国民收入由 Y_0 增加到了 Y_1,而价格水平由 P_0 下降为

P_1。当总供给减少时，例如摧毁农作物的干旱，要求企业减少排污量的新环境保护法规，国际石油卡特尔组织通过限制产量提高油价等，这些状况的出现都可以称作不利的供给冲击，因为它直接抬高了企业的生产成本。总供给曲线会向左上方移动，在这种情形下，我们会发现产出量会由 Y_1 降低到 Y_2，同时价格水平会上升到 P_2，总供给曲线由 AS_0 移动到 AS_2，AS_2 与 AD 相交于 E_2，决定了国民收入为 Y_2，价格水平为 P_2，这表明由于总供给的减少，国民收入由 Y_0 减少到了 Y_2，而价格水平由 P_0 上升为 P_2。这种实际国民收入下降而价格水平上升的现象叫做“滞涨”。

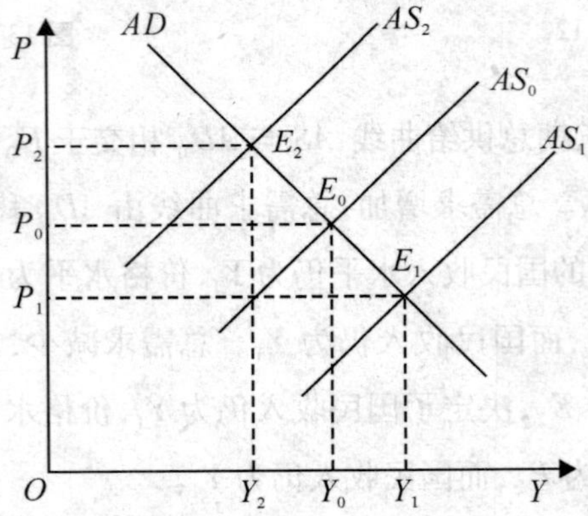

图 13-14

知识链接

20 世纪 70 年代美国的滞胀——短期总供给曲线的移动

20 世纪 70 年代初，石油输出国大幅度提高石油价格，西方国家受到冲击。美国石油主要依靠进口，受到的冲击最大，出现了历史上从未有过的高通货膨胀与高失业率并存的“滞胀”。我们可以用总需求—总供给模型来分析滞涨的产生。20 世纪 70 年代初石油大幅度上升，石油是成本中重要的一部分，石油价格上升使成本增加，短期总供给曲线向上移动。石油价格上升只影响短期总供给，并不影响总需求和长期总供给，这两条曲线没有移动。均衡的国内生产总值为小于充分就业的国内生产总值，存在失业。这时决定的物价水平为高于充分就业的物价水平，存在通货膨胀，这就出现了“滞胀”。这个事例告诉我们，在短期中，短期总供给曲线的移动影响均衡的国内生产总值与物价水平。短期总供给曲线向上移动，均衡的国生产总值减少，物价水平上升；短期总供给曲线向下移动，均衡的国内生产总值增加，物价水平下降。

总需求—总供给模型是分析宏观经济情况与政策的一种很有用的工具。

国民经济均衡可以分为以下三种情况。

(1)低水平的均衡。这种均衡状态表现为社会产出水平低、生产能力利用不足，失业人数众多，国民经济很不景气，这种不均衡状态为总需求不足所造成。

(2)高水平的均衡。高水平均衡状态表现为产出水平高、生产能力得到充分利用,失业问题基本解决,国名经济结构比较合理,呈现经济繁荣但不过度的局面。

(3)超能力的均衡。这种均衡状态仅仅表现为货币的均衡,实际上是货币供给过多,可供给物资太少,此时总需求与总供给的均衡是通过物价的上涨来实现的,所以通货膨胀严重。

一国应当争取实现第二种均衡,尽量避免第一种和第三种均衡。因为第一种均衡是国民经济萎缩的均衡;第三种均衡是总供给小于总需求,国民经济过度膨胀的均衡。

本章小结

总需求是指整个经济社会在每一个价格水平下对产品和劳务的需求总量,它由消费需求、投资需求、政府支出和国外需求构成。总需求函数是产品市场和货币市场同时达到均衡时的物价水平 P 与国民收入 Y 之间的依存关系。描述这一函数的曲线称为总需求曲线,它是一条向右下方倾斜的曲线。扩张性的财政政策或货币政策会使总需求曲线向右移动,反之,则向左移动。

总供给是指经济社会在每一个价格水平上提供的商品和劳务的总量。总供给函数表示总产出量与一般价格水平之间的依存关系。描述这种关系的曲线称为总供给曲线。总供给曲线是根据生产函数和劳动力市场的均衡推导而得的。影响总供给的因素有就业量、技术进步、资本积累等。总供给曲线的斜率取决于劳动力市场对货币工资变动能作何反应的假定。当实际产出量不受价格影响时,总供给曲线是一条位于充分就业产出水平的垂直线。当名义工资具有向下的刚性时,总供给曲线是一条向右上方倾斜的曲线。

总需求与总供给均衡点决定均衡国民收入和均衡价格总水平, *AD* 线和 *AS* 线的任何移动都将导致均衡点的变动,从而导致均衡国民收入的变动。总供给不变,总需求变化时,在总供给曲线平坦的部分,国民收入与总需求同方向变化,价格水平不变;在总供给曲线竖直区域,总需求的变动会引起价格水平的同方向变动,而不会引起国民收入的变动;在总供给曲线向右上方倾斜部分,总需求的变动会引起国民收入与价格水平的同方向变动。在总需求不变时,总供给的增加及产量的增加会使国民收入增加,价格水平下降;而总供给的减少,即产量的减少会使国民收入减少,价格水平上升。

复习思考题

一、解释下列概念

总需求曲线　总供给曲线　需求约束均衡　供给约束均衡

二、分析讨论题

1. 收入—支出分析如何被用来导出总需求曲线?

2. 什么因素可以使总需求曲线移动?什么因素可以使总供给曲线移动?

3. 为什么总供给曲线在长期中可能是垂直的?

4. 在什么情况下，总需求曲线的移动对产出具有决定性影响？在什么情况下，总供给曲线的移动对产出具有决定性影响？

5. 试说明如何用总需求—总供给分析解释经济的“滞胀”状态。

三、计算题

1. 如果总供给曲线为 $Y_s=500$，总需求曲线为 $Y_d=600-50P$，试求：

(1) 供求均衡点；

(2) 总需求上升10%之后新的供求均衡点。

2. 假定某经济社会的总需求函数为 $P=80-2y/3$；总供给函数为古典学派总供给曲线形式，即可表示为 $y=yf=60$，试求：

(1) 经济均衡时的价格水平；

(2) 如果保持价格水平不变，而总需求函数变动为 $P=100—2y/3$，将会产生什么后果？

能力项目训练

案例分析

战争与经济

“大炮一响，黄金万两。”震惊世界的“9·11”事件之后，美国对阿富汗发动了军事打击。战争对经济产生了一些积极影响：不少人希望美国军火商能得到大量的坦克和飞机订单，通过军事支出的增加，引起总需求的增加，就业情况也会因许多人应征上前线而得到缓解，美国股市乃至经济借此一扫晦气。

专家分析认为，此次战争对美国经济的影响与“海湾战争”不同。20世纪60年代末期，联邦政府的巨额国防开支和非国防开支，使本来已很强劲的私营部门总需求进一步增强，并积聚了很大的通货膨胀压力，这种压力在整个20世纪70年代也未能得到充分缓解。此后一直到80年代末期，大部分经济决策的主要任务就是抑制通货膨胀。相反，海湾战争却引发了一次经济衰退，这是“沙漠盾牌行动”初期消费者信心急剧下降所导致的结果。但由于当时军队所需的大部分物资并不是依靠投资在未来实现的，所以并没有产生通货膨胀。

但阿富汗战争同以往迥异。首先，不太可能像海湾战争那样动用大规模的地面部队。更重要的是，这场战争将主要通过非常规手段进行，与此相关的国防资源大多是军备库存中所没有的，需要新的开支计划，这对经济中的总需求产生积极的影响。

问题：

(1)解释一国的总需求主要是由哪几部分构成的？

(2)军费支出的增加对总需求会产生什么影响？影响总需求变动的因素主要有哪些？

拓展阅读

AD-AS 模型的运用

总供给和总需求的分析，反映了凯恩斯主义因无法解释和解决资本主义世界在20世纪60年代末和70年代初所发生的停滞膨胀而陷入困境以后，在理论上作出的重大修改，该模型试图综合凯恩斯主义、古典主义、货币主义、供给学派、理性预期学派等，从而作为理解价格和国民收入的总体变动的核心方法，解释所有重大经济问题。总需求—总供给模型是分析宏观经济状况的重要工具，我们可以用这个模型来分析各种宏观经济问题，说明总需求和总供给对宏观经济的影响及调节。下面以美国经济史发生的几个重要事件为例，说明总需求和总供给分析的应用。

1963年，美国的失业率高达55%，属于凯恩斯主义学派的肯尼迪总统的经济顾问们相信，削减个人所得税可以促使家庭更多地消费，这将引起总需求曲线向右移动，总需求曲线的移动将导致产量的增加而价格并不上升。这是因为他们相信经济具有过剩的生产能力，生产性工人和机器处于闲置状态，亦即他们认为当时的均衡点处在总供给曲线相对平坦的部位，所以总需求的增加将主要地转换为产量的增加，而价格水平并不提高。事实证明，肯尼迪顾问们的预测是正确的。失业率在1965年下降到44%。在20世纪60年代其余各年中则保持在低于4%的水平。另外，从1964年到1966年，实际的GDP以另人注目的55%的平均速度增长。肯尼迪减税的政策的成功通常被认为是凯恩斯主义经济学的伟大成就之一。1965年，美国经济在接近于其生产能力的状态下运行，表现在图形上，经济的均衡点处在总供给曲线的垂直部分。而约翰逊总统面临着这样一个问题：他想在越南开战，但是他又不想让美国人知道一场战争要耗费多少钱。结果是他决定不提高税收，至少不完全用提高税收来支付战争费用。另外，他提出了向贫困开战的计划，该计划包括许多费用极高的新的社会方案。结果，政府支出的增加使总需求曲线向右移动，价格水平迅速攀升。到1970年通货膨胀率高达6%，从此开始了美国在半个世纪以来最为严重的通货膨胀时期。

当20世纪70年代初期美国用于越战的开支降低时，经济又受到了一次供给冲击。主要由中东国家组织组成的石油输出国组织，在1973年决定对输出到包括美国在内的某些西方国家的石油数量加以限制；导致石油价格迅速上升。石油价格的提高使许多高度依赖于石油的行业的生产成本提高，结果导致总供给曲线向左上方移动。总供给曲线的移动使通货膨胀的压力增加。因此，发端于总需求曲线向右移动的通货膨胀事件，由于总供给曲线向左上方移动而得到进一步的推动。

当里根总统于1981年入主白宫时，通货膨胀已经很高并且正在继续上升，人们普遍认为应该采取措施制止通货膨胀。为此，可以采取下面两种形式政策中的一种：设计政策影响总供给曲线使其向右下移动或者使总需求曲线向左移动。里根总统集中于总供给曲线的移动，并通过边际税率的削减刺激总供给曲线右移，从而导致了均衡价格水平的降低。

尽管总需求—总供给分析已成为西方主流经济学家重要的理论工具,利用它似乎可以随心所欲地解释宏观经济的一切波动。然而,由于这一表达方式不过是原有理论的组合,所以,和其他理论框架一样,总需求—总供给分析也把现代资本主义宏观经济问题只是看作流通领域的问题,它丝毫没有触及到生产领域,所以它也并不能彻底解决西方世界的经济问题。但是,在理解资本主义的各种矛盾的前提下,从社会总资本再生产和流通的角度看,研究总供给和总需求的关系是有一定的实际意义的。

项目十四　失业与通货膨胀

教学目的与要求

通过本章的学习,使学生明确失业的含义、衡量与分类;理解充分就业的含义;了解失业的经济损失;明确通货膨胀的含义;熟悉通货膨胀的类别。重点掌握失业与通货膨胀的形成原因及其相互关系。

失业与通货膨胀是当今社会面临的两大难题,也是宏观经济学研究的主要问题。失业与通货膨胀理论实际上是西方学者对这两个问题提出的一系列观点和看法。这些理论基本上都是运用国民收入决定理论,分析失业与通货膨胀的原因及相互关系,并力图为政府经济政策的制定提供一定的理论基础。

第一节　失业理论

一、失业与充分就业的含义

(一)失业的定义及衡量

失业(Unemployment)这一概念是指有劳动能力并且想工作的人找不到工作的情况,即指劳动的完全闲置状态。在美国,失业者是指那些失去工作,而且属于以下三种情况之一者:第一,寻找工作达四周的人;第二,暂时被解雇正在等待恢复工作的人;第三,正等待在四周之内到新工作岗位报到的人。

最常用的失业状况衡量标准是失业率(Unemployment rate),其计算公式为:

$$\text{失业率} = \frac{\text{失业人数}}{\text{劳动力总人数}} \times 100\% \qquad (14-1)$$

知识链接

各国估算失业率的方法也不相同。在美国是由劳工统计局采用抽样调查的方法,通过与55 000户居民进行详谈而估计出失业数字,并在每个月的第一个星期五发表前一个月的失业率估计数字。

(二)失业的种类

一般来说,失业按其形成的原因大体可以分为以下几种类型。

1. 自愿失业

自愿失业(Voluntary Unemployment)是指劳动者不愿意接受现行货币工资和现行工作条件而引起的失业。

在西方国家,造成自愿失业的原因有以下几种情况:①立法方面的原因;②社会风俗习惯;③工资福利方面进行的集体谈判不能达成协议;④工人的个性执拗;⑤为失业者支付的失业救济金过高,有的甚至比他们在职时获得的纳税后收入还要多,致使一些人宁愿失业,靠救济金生活;⑥人们过分挑选工作种类和工作条件;⑦准备升学以便将来得到更优越的工作;⑧贪图闲暇与安逸,等等。

我国的自愿失业现象:近几年在我国大中城市也出现了一些青年自愿失业者,表现在以下几方面。有些行业和职业招工难,同时城镇每年有200多万青年失业。这部分青年失业,不能用劳动力供过于求、就业机会不足来解释,也不能用结构性失业来解释。这种现象是由于超前就业意识,使城市青年自愿失业。他们不惜延长失业持续时间,加大就业机会成本,在一般就业和理想就业之间进行苛刻选择。

2. 摩擦性失业

摩擦性失业(Frictional unemployment)是指因劳动力市场运行机制不完善或因经济变动过程中工作转换而产生的失业。

自愿失业与摩擦性失业在任何时期都存在,并将随着经济结构变化而有增大的趋势,但西方经济学家认为,自愿失业与摩擦失业的存在与充分就业不矛盾。

3. 季节性失业

季节性失业(Seasonal unemployment)是指因某些行业的生产具有受季节变化影响的特点而引起的失业,比如农业工人在收获期充分就业,但一年中却有几个月无事可做。其他如建筑业、捕鱼业、农产品加工业等等也都如此。季节性失业的存在与充分就业也不矛盾。

4. 周期性失业

周期性失业(cyclical unemployment)指经济周期中的衰退或萧条阶段因需求下降而造成的失业。在经济衰退时期,产品的生产和需求下降,因有效需求不足而使部分工人失业,这种失业是和经济的周期变化联系在一起的,它对各行业的影响是不同的。一般来说,需求的收入弹性越大的行业,周期性失业的影响越严重,即人们收入下降,产品需求大幅度下降的行业,周期性失业情况较严重。

5. 非自愿失业或需求不足型失业

非自愿失业(Involuntary unemployment)的概念是凯恩斯提出来的,它是指劳动者愿意接受现行货币工资与现行的工作条件但仍然找不到工作。这主要是因为一个社会的有效需求太低,不能为每一个想工作的人提供就业机会,即想就业的人数超过了以现行工资率为基础的职位空缺,由此而产生的失业即为非自愿失业或需求不足型失业。它包括两种类型:一是经济循环型失业,即因为经济周期运行在衰退与萧条阶段因社会总需求不足而引起的失业;二是增长不足型失业,是指因为需求的增长速度慢于劳动的增长速度和劳动生产率的提高速度而产生的失业。

6. 技术性失业

技术性失业(technical unemployment)指由于技术进步,或采用了节约劳动的机器而引起的失业。这种失业是由于资本代替了劳动,从而造成工人失业。比如火车头改为电力机车后,原有的火车司机不再需要了,他们原有的劳动技艺要转移到其他行业是很困难的,因此造成失业。这种失业是为经济进步而必须付出的代价。

7. 结构性失业

结构性失业(Structual unemployment)是指劳动者不适应经济的技术结构和经济结构的变化、产业兴衰转移而产生的失业,就是说在社会上有效需求并非不足,而是由于劳动者的工种、技术熟练程度不适合对劳动者的需要以及某些地区限制等而造成的失业。

经济产业的每次变动都要求劳动力供应能迅速适应变动,但劳动力市场的结构特征却与社会对劳动力需求不吻合。结构性失业造成就业低下是指大批熟练工人必须从事低于本身能力的工作。大批非熟练工人必须从事报酬低于贫困线的工作,大批受过教育的劳动者必须从事几乎无须受教育的工作。

(三)充分就业和自然失业率

充分就业本意是指所有的人力、物力、财力都已得到充分利用的一种经济状态。但西方经济学家特别强调人力资源的作用,他们认为任何经济活动都是人和其他各种生产要素相互结合,共同发生作用的结果,因此他们推论只要人有了工作,也就意味着其他各种生产要素得到了充分利用。从这个意义上说充分就业(Full employment)是指想要工作的劳动者,都没有多大困难地找到按现行货币工资率付酬的工作的一种经济状况。西方经济学家认为,充分就业概念必须排除摩擦失业、自愿失业和季节性失业。因为这些因素在某种程度上总是存在的。因此,充分就业并不是指百分之百的就业。在美国4%的失业率一般是作为临时性失业的正常比率,也是对充分就业来说可以容忍的最高失业水平。

充分就业水平上的失业率,通常称为自然失业率(Natural rate of unemployment),这一概念最早是由货币主义的主要代表人物弗里德曼提出来的。他认为自然失业率是指在没有货币因素干扰的情况下,让劳工(劳动力)市场和商品市场的自发供求力量发挥作用时所应有的处于均衡状态的失业率。在弗里德曼看来只要对劳工市场的工作加以改进,比如使劳动力有较大的流动性,减少寻找工作的时间,提供职位空缺的信息,以及排除劳工和产品市场的垄断,那么一切有工作技能而且愿意工作的人,迟早都会得到就业机会,而一切缺乏就业技能而不被雇主所需要的人,不管生产量如何变动,他们也不会得到就业机会。由此可见,弗里德曼的"自然失业率"概念是指摩擦失业和自愿失业。

二、失业理论

(一)传统经济学的失业理论

传统经济学认为,资本主义制度可以通过市场机制的自动调节解决各种矛盾,因此经济社会中不存在失业,充分就业是一个始终存在的倾向。

传统经济学认为,与充分就业有关的另一个问题是工资的决定。他们认为工资取决于两个原则。第一,工资等于劳动的边际产量;第二,单位时间工资的边际效用等于闲暇的边际效用。按照前者,工人劳动的边际产量是递减的,因此,随着就业人数的增加,工资减少而利润增加。这样企业家为了获得更多的利润而愿意增雇工人直至充分就业为止。按照后者,当劳动的供给增加从而工资下降,工资的边际效用小于闲暇的边际效用,劳动的供给与需求才达到均衡,因此工资的变动也必然使劳动的供求达到均衡,充分就业是一种始终存在的倾向。

知识链接

萨伊定律与传统经济学的失业理论

法国经济学家萨伊认为商品的买卖,实际上只是商品与商品的交换,货币只是在瞬间起到媒介作用。因此产品总是用产品来购买的,买者同时也就是卖者,买就是卖,卖就是买,买卖是完全统一的。商品的供给会为自己制造需求,社会上的总供给与总需求必然是相等的。这样,资本主义社会就不会出现生产过剩的经济危机,这就是著名的"萨伊定律"。萨伊定律是假定人们出售商品后,立即购买商品,如果人们出售商品后并不立即把全部收入消费掉,而是将其中的一部分储蓄起来。在这种情况下供给与需求的均衡可以通过利息率的调整来实现。他们认为储蓄代表货币资本的供给,投资代表对资本的需求,利息率的调节作用使储蓄全部转化为投资,所以储蓄永远等于投资。具体来说,当货币资本的供给(储蓄)大于对货币资本的需求(投资)时,利息率会下降;反之,当货币资本的供给小于对货币资本的需求时,利息率就会上升。利息率的这种自动调节作用最终使储蓄等于投资,从而失业不会发生。

自从英国1825年发生第一次经济危机之后,西方社会经常存在大量失业的现象,传统经济学又如何解释呢?庇古认为这些失业属于摩擦失业和自愿失业的范畴,而不是真正的失业,只是生产过程中局部的、暂时的失调,而不是真正的对劳动力需求的不足,因而这些失业的存在并不能否认社会常态是充分就业。

(二)凯恩斯的失业理论

凯恩斯的失业理论称为有效需求不足失业论,它在现代西方经济学中占统治地位。凯恩斯经济学的基础是有效需求理论。他用有效需求不足理论来说明失业,并在此基础上提出解决失业问题的方法,以达到社会的"充分就业"。

所谓有效需求(Effective demand),是指商品的总供给价格与总需求价格达到均衡状态时的总需求。总供给价格是指全体厂商雇用一定量工人进行生产时所要求得到的产品总量的最低限度卖价。总需求价格是全体厂商雇用一定量工人进行生产时预期社会对产品愿意支付的总价格。当总需求价格大于总供给价格时,厂商就会扩大生产,增雇工人;相反,当总需求价格小于总供给价格时,厂商就会缩减生产,解雇工人;只有在总需求价格等于总供给价格时,厂商才会既不扩大生产又不缩小生产,既不增雇工人又不解雇工人。这时总需求就是有效需求，它决定了就业工人的人数，即决定了整个社会的总就业量。

凯恩斯认为，有效需求是由消费需求与投资需求构成的。由于资本主义社会存在三大基本心理规律，即心理上的边际消费倾向、心理上的灵活偏好、心理上对资本未来收益之预期，导致经济存在消费需求不足和投资需求不足，从而形成失业。

既然有效需求不足是失业产生的根源，因此，凯恩斯认为，只要国家积极干预经济，设法刺激"有效需求"，就可能消除失业，实现充分就业。他提出的主要措施有：第一，刺激私人投资，为个人消费的扩大创造条件；第二，促进国家投资，主张国家调节利息率和实行"可控制的通货膨胀"，以刺激私人投资，增加流通中的货币量以促进生产的扩大和商品供给的增加；还强调扩大军事开支对增加国家投资、减少失业所起的积极作用。

（三）20 世纪 80 年代以后的失业理论

按照古典经济学的劳动供求理论，失业率的变化将对实际工资率发生影响。然而，从美国 20 世纪 80 年代以来的失业率与实际工资率的统计来看，失业率的波动较大，而实际工资率的变化较小。在劳动市场上，劳动供给曲线比较稳定，虽然劳动需求曲线发生了移动，但实际工资率并不发生相应的变化。

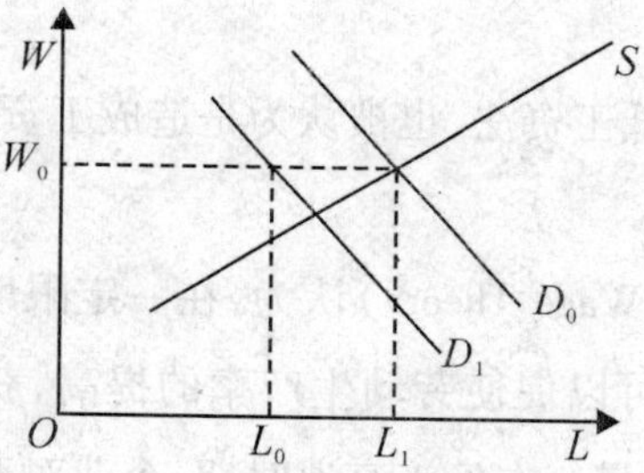

图 14－1

如图 14－1 所示，劳动需求曲线从 D_0 移动到 D_1，就业量从 L_1 下降到 L_0，工资率 W_0 却保持不变。就业量两者间差距 L_1-L_0 为失业，而且是非自愿失业。这一结论即使在劳动供给曲线或工资率略有变化情形下仍然成立。那么，为什么在劳动需求曲线发生移动情况下，实际工资率并不随之降低？经济学者提出了各种理论加以解释，其中工资刚性理论和效率工资理论影响较大。

1．工资刚性理论

工资刚性理论（Wage rigidity Theory）认为，工资率具有向下刚性或黏性的特征，失业率并不会随劳动需求的变动作出充分调整。对工资刚性存在的原因，有三种主要解释。

（1）劳动工资合同阻止了工资率降低。在一些行业中，由于工会的力量，往往可能签订较有利的工资合同。这些合同通常附加工资随生活费上涨而增加的条款，于是在经济衰退时期工资率并不随之削减。尽管宏观上看合同签订是彼此错开的，每个月都会有新的合同产生，但相对固定的合同期的确减缓了工资率调整的进程。虽然工会合同说法不能完全解释工资刚性,不过在一些行业中仍可看做是使工资率相对稳定的重要因素。

(2)隐含合同论(Implicit Contract)。这种理论认为,除正式合同外,雇主与雇员之间可能达成工资率相对固定,不随经济波动调整的默契。这种默契被称为隐含合同,有别于正式合同。据说,工人一般是回避风险的,愿意为一个可支付稳定工资的厂商工作。隐含合同意味着工资率将不随劳动市场供求波动而变化。在经济不景气时,厂商可能支付给工人高于市场一般水平的工资。作为回报,在经济高涨时,工人也只能留在该企业,接受低于其他厂商的工资率。

(3)"局内人—局外人"理论(Insider—outsider Theory)。所谓"局内人"是指那些在特定企业工作的人,而"局外人"是那些想到该企业工作的人。这种理论认为,每个企业都需要一支受过特殊培训的劳动力队伍,而对新雇员(局外人)的培训通常是由在职工人(局内人)来完成的。在职工人担心培训了新工人,他们与企业讨价还价时地位就降低了,因而并不愿意与企业持合作态度。另一方面,如果企业对新雇员实行低工资、经培训后的雇员就可能被出高工资的企业"挖走"。因此,企业只能通过向新老雇员支付相同的报酬来解决这一矛盾。由此,"局内人—局外人"理论就解释了为什么存在较高失业率情形下,仍然存在企业给新雇员支付较高工资的现象。

此外,政府普遍制定的最低工资法,也被认为是造成工资向下刚性的原因。

2. 效率工资理论

效率工资理论(Efficiency Wage Theory)认为,在一定限度内,企业通过支付给工人比劳动市场出清时更高的工资率,可以促使劳动生产率的提高,获得更多的利润。首先,较高的工资率可以保障劳动队伍的质量。在经济衰退时期,企业对劳动的需求降低,若削减工资水平,最有可能离去的往往是最好的雇员。较高的工资率是维持高质量劳动队伍稳定的重要条件。其次,工资率会影响劳动者的努力程度。雇主通常并不可能完全监督工人行为,工资就构成了工人偷懒被发现因而被解雇的机会成本。由于工资率越高,机会成本也越高。因此,较高的工资有利于减少偷懒的倾向。再次,工资影响劳动流动率。雇员离职的比率,称为劳动流动率(Labor Turnover Rate)。降低工资率会使工人辞职的比率增加。特别是熟练工辞职率的上升。企业发现,尽管在经济衰退期削减工资会减少直接劳动成本,但这些节省并不足以抵消培训费用或雇用新熟练工成本的增加。

知识链接

企业间的效率工资可能是不一样的。一般来说,效率工资取决于两个因素。其他企业支付的工资与失业率水平。如果其他企业支付的工资较低,该企业也不需要支付过高的工资。因为对工人来说,被开除的成本增加了,这将使工人在不太高的工资下努力工作。同样,如果社会失业率增加,企业也不会以过高的工资诱使人们工作。换个角度说,效率工资理论表明,社会上没有哪个企业愿意率先降低工资,这样做只会降低士气,最好的雇员被其他企业吸引走。因此。社会工资的调整过程是缓慢的。

三、失业的影响

失业会给社会和个人都带来损失，这就是社会和个人为失业而付出的代价。

1. 对宏观经济的影响

美国经济学家奥肯（Arthur Okun）在20世纪60年代为美国总统经济顾问委员会工作期间提出了一条经验规律，用以说明失业率与实际国民收入增长率之间的关系。奥肯发现，随着经济从萧条中逐渐恢复，产出增加的比例大于就业增加的比例。这种失业与国民收入之间的关系，后来被称为"奥肯定理"（Okun's law）。奥肯定理的含义是失业率与实际国民生产总值之间存在的一种高度负相关关系。其主要内容：失业率如果超过充分就业的界限（通常以4%的失业率为标准）时，失业率每降低1%，实际国民生产总值则增加3%。反之，失业率每增加1%，实际国民生产总值则减少3%。

知识链接

美国在1930－1939年的大萧条时期，平均失业率为18.2%，GDP损失24 200亿美元，占该时期GDP的27.6%，在1975－1985年的石油危机和通货膨胀时期，平均失业率为7.7%，GDP损失14800亿美元，占该时期GDP的3.0%；在1985－1999年的新经济时期，平均失业率为5.7，GDP损失2 400亿美元，占该时期GDP的0.3%。高失业时期的经济损失是现代经济中有据可查的最大损失，它们比微观经济中由于垄断而引起的效率损失或关税配额所引起的效率损失都要大许多倍。

2. 对个人与家庭的影响

失业对个人及家庭来说，意味着收入减少，生活水平下降，甚至失去生活保障，同时加大了心理上的痛苦和精神上的压力。

知识链接

美国在1990－1992年的3年时间里，被裁减的工人达125万人，同时在这3年内有31%的人工资减少了25%或25%以上，32%的人的工资减少了1%～25%。由于失业者失去了生活的经济保障，难以过上体面的生活，会受到社会的歧视，自尊心受挫，从而承受经济与心理的双重压力，并可能导致家庭分裂。

3. 对社会的影响

如果社会的失业率过高，则将提高犯罪率，加大社会的不稳定因素，严重时甚至威胁到一国政权的稳定。

第二节　通货膨胀

一、通货膨胀的含义及分类

(一)通货膨胀的含义及衡量

通货膨胀(Inflation)是指一国或地区在一定时期内物价水平普遍持续快速的上涨。通货膨胀的程度一般用通货膨胀率来衡量。通货膨胀率(Inflation Rate),是指从一个时期到另一个时期物价水平变动的百分比,其计算公式为:

$$通货膨胀率 = \frac{t\text{年的价格水平} - (t-1)\text{年的价格水平}}{(t-1)\text{年的价格水平}} \times 100\% \qquad (14-2)$$

式(14-2)中的物价水平指的是一般价格水平,常用商品价格指数来表示。价格指数是反映不同时期商品价格水平的变化方向、趋势和程度的经济指标。衡量通货膨胀率的价格指数一般有以下三种。

1. 消费价格指数

消费价格指数(Consumer Price Index,简称 CPI),又称生活费用指数,是指通过计算居民日常消费的生活用品和劳务的价格水平变动而得到的指数。其计算公式为:

$$一定时期的消费价格指数 = \frac{本期的价格指数}{基期的价格指数} \times 100\% \qquad (14-3)$$

知识链接

我国的 CPI 的构成与计算方法

我国编制消费价格指数的商品和服务项目,主要根据全国城乡 12 万户居民家庭消费支出构成资料和相关的资料确定。目前共包括食品、烟酒及用品、衣着、家庭设备用品及服务、医疗保健及个人用品、交通和通讯、娱乐教育文化用品及服务、居住八大类,263 个基本分类,约 700 个代表品种。国家统计局 从成千上万种商品和服务项目中选出 263 种基本分类,各省市自行确定代表规格品(用以采价的商品),结合各种商品和服务项目价格变动对总指数的影响程度,根据一系列固定公式计算出最终的 CPI。

2. 生产者价格指数

生产者价格指数(Producer price index ,简称 PPI),又称批发物价指数(Wholesale Price Index),指通过计算生产者在生产过程中所有阶段上所获得的产品的价格水平变动而得的指数。它衡量的是生产或批发环节的价格水平。计算 PPI 的固定权数是每种商品的净销售额。由于这种指数涵盖得很详细,在商业领域广为使用。这一指数的优点是能较灵敏地反映厂商生产成本的变化状况,缺点是没有将各种劳务包括在内。

3. 国内生产总值物价折算指数

国内生产总值物价折算指数(Gross domestic Product deflator),该指数是按现行价格计算的国内生产总值对按固定价格计算的国内生产总值的比率。GDP 物价折算指数的优点是其所包括的范围广，除消费品和劳务外，还包括资本品以及进出口商品等，因而它能较全面地反映一般物价水平的变动趋势。但编制 GDP 物价平减指数需要收集大量资料。

例如，某国 2010 年的 GDP 按当年的现行价格计算为 11 300 亿元，而按 1996 年固定价格（或基期价格）计算则为 6890 亿元，则 2010 年的 GDP 物价折算指数为 11 300/6890 × 100% =164%。也就是说，2010 年与 1996 年相比，物价上涨了 64%。

（二）通货膨胀的分类

按照不同的划分标准，西方经济学家把通货膨胀划分为不同的类别。

1. 按物价上涨的速度和趋势划分

（1）爬行通货膨胀。一般是物价上涨不超过 2% ~3%，同时不存在通货膨胀预期的状态。西方经济学认为爬行通货膨胀对经济发展和国民收入增加都有着积极的刺激作用，并且将它看做是实现充分就业的必要条件。

（2）温和通货膨胀。这是指一般价格水平的上涨幅度在 3% ~10% 之间。目前许多国家都存在着这种温和型的通货膨胀，它是一个危险信号，如不高度重视就有可能加速。

（3）奔腾式或加速式通货膨胀。这是两位数的通货膨胀，即一般价格水平上涨幅度为 10% 以上，100% 以下。对于这种通货膨胀，政府必须采取强有力政策措施加以控制，以免对一国经济和人民生活造成不利影响。

（4）恶性通货膨胀。又称超级通货膨胀，是指一般物价的年上涨率为 100% 以上的通货膨胀，发生这种通货膨胀时，物价持续飞涨，货币体系崩溃，正常经济秩序遭到破坏，经济濒于瓦解。这种类型的通货膨胀通常很少发生。

2. 按通货膨胀形成的原因划分

（1）需求拉上的通货膨胀。把通货膨胀看成由实际因素或货币因素造成的过度需求拉上的，这是需求拉上的通货膨胀。

（2）成本推进的通货膨胀。假如认为通货膨胀是由于特定集团，比如工会，行使其市场权力，而使工资率水平提高从而使总供给函数转移所引发的，这是成本推进的通货膨胀。

（3）结构性通货膨胀。如把通货膨胀的起因归于特定的经济制度、控制系统、信息系统和决策系统的结构因素或这些结构的变化，那么这属于结构性通货膨胀。

3. 按对价格影响的性质差别划分

（1）平衡的通货膨胀。这是指各种商品（包括生产要素）的价格以相同比例上升。

（2）非平衡的通货膨胀。这是指各种商品和生产要素的价格上涨幅度不相同。

4. 按人们对通货膨胀的预期程度分

（1）可预期的通常膨胀。又称为惯性通货膨胀，它是指一国政府、厂商和居民可以在一定程度上预期未来某时期将要发生的通货膨胀。

(2)不可预期的通货膨胀。是指物价上涨的速度超出人们的预料,或人们对未来时期的物价变化趋势无法预测。这种类型的通货膨胀在短期内对就业与产量有扩张效应。

5. 按经济运行的市场化程度或通货膨胀的表现形式划分

(1)公开性通货膨胀。又称开放性通货膨胀或物价型通货膨胀。它是指在市场机制充分运行条件下通货膨胀以物价上涨的形式公开表现出来。

(2)隐蔽性通货膨胀。又称抑制性通货膨胀或短缺性通货膨胀。这是指政府对价格进行某种形式的控制使得物价同市场供求脱离关系,过度需求不会引起物价水平的上涨或物价上涨有限而不足以反映过度需求的真实水平。在这种类型的通货膨胀中,通货膨胀不是以物价上涨,而是以商品短缺和供应紧张等形式表现出来。

6. 按与经济发展和经济增长的联系划分

(1)恢复性通货膨胀。它是指在通货紧缩后经济萧条、物价过低的情况下,为了促进经济的恢复和发展,人为地增加货币供应量,使物价回升到正常水平所呈现的一种情况。

(2)适应性通货膨胀。又称过渡性通货膨胀,是指与经济增长几乎同步的通货膨胀。

(3)停滞膨胀。又称滞胀(Stagflation),是指在经济增长停滞甚至衰退的同时所发生的一般物价水平上涨的情况。

二、通货膨胀的成因

西方经济学家始终从需求与供给这两方面出发来看待通货膨胀和物价上涨的原因,因此在西方经济学中主要的通货膨胀理论分为两大派:需求论与供给论,即通常所说的“需求拉上论”和“成本推动论”。后来又出现了用需求与供给同时解释通货膨胀产生原因的混合通货膨胀理论,以及结构性通货膨胀理论。

(一)需求拉上型通货膨胀论

需求拉上型通货膨胀(Demand Pull Inflation)是指商品和劳务的总需求量超过商品和劳务的总供给量所造成的过剩需求拉动了物价的普遍上升。需求拉上型的通货膨胀是一种最常见的通货膨胀。这种通货膨胀是由于货币供应过度增加以致需求过剩而产生的,是“太多的货币追逐太少的货物”的结果。

需求拉上型的通货膨胀可用图 14-2 加以说明:

在图 14-2 中,横轴代表总产出或国民收入(Y),纵轴代表物价水平(P)。社会总供给曲线 AS 可按社会的就业状况而分成三个阶段:水平、向右上方倾斜和垂直。

1. 总供给曲线呈近似水平状态,总供给曲线的弹性极大。这是因为这时社会上存在着大量的闲置资源或失业,故总供给的增加能力很大。在此情况下,即使货币量增加使总需求提高,生产也可以扩大,因而物价不会上涨。如图 14-2 所示,如果货币供应量增加使总需求由 AD_0 增至 AD_1,国民收入由 Y_0 增至 Y_1,但价格水平并不上涨,仍为 P_0。

2. 总供给曲线向右上方倾斜,表示社会逐渐接近充分就业,这意味着社会上闲置的资源已很少，故总供给的增加能力也较小，此时为扩大产量而增加的需求会促使产量和生产要素资源价格的上涨。如图 14－2 所示，当总需求进一步增至 AD_2、AD_3，国民收入相应增加至 Y_2 和 Y_3，而价格水平也相应提高至 P_2 和 P_3。此时国民收入虽也增加，但增加幅度减缓，同时物价开始较快上涨。这是因为，在经济扩张到了一定阶段，有些资源和技术变得稀少的情况下，此时生产扩大会使工资和边际成本增加，物价水平将会上涨。但由于这时生产仍然有所扩大，致使物价上涨幅度将小于货币数量增加的幅度。这时货币量的增加，将部分引起生产和就业的增加和物价上涨，常被称为“半通货膨胀”

3. 总供给曲线垂直，表示社会的生产资源已经达到充分就业的状态，即不存在任何闲置资源。如图 14－2 所示，Y_3 就是充分就业条件下的国民收入，这时的总供给曲线也就成为无弹性的曲线。在这种情况下，如果继续增加货币量使总需求增至 AD_4，导致价格水平上升至 P_4，而国民收入不再增加。当总需求从 AD_4 进一步提高时，只会导致物价的上涨，形成真正的通货膨胀。

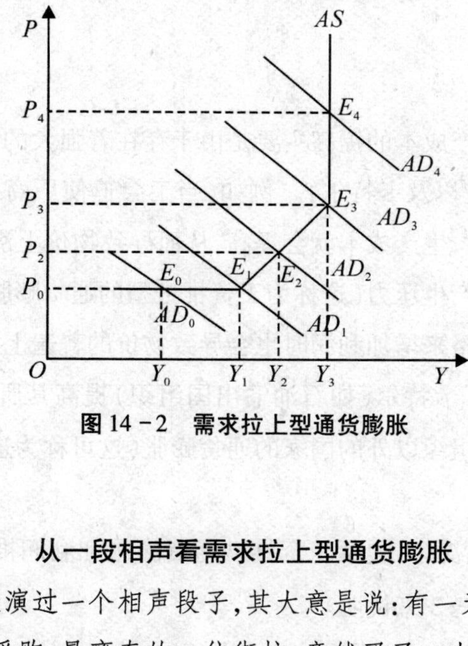

图 14－2　需求拉上型通货膨胀

知识链接

从一段相声看需求拉上型通货膨胀

著名相声演员姜昆表演过一个相声段子，其大意是说：有一天，老百姓突然听说商品要涨价，于是就有人囤积性采购，最离奇的一位街坊，竟然买了一大水桶酱油、一洗澡盆米醋、一抽屉味精和一屋子面粉。相声虽属虚构，但其中却暗含经济学原理。

如今人们预期会发生严重通货膨胀，为避免货币贬值，理性的应对措施就是实现购买很多商品，因为只要物品的存储成本低于未来物价上涨的幅度，实现囤积商品就能减少损失，当然预期是对未来的猜测，是有可能出错的，错误与其支配的行为，不仅不能减少损失，还有可能带来更大的损失。相声结尾，居委会大妈高喊一声：“不涨价啦！”那位囤积很多商品的街坊后悔不已。这段相声暗含的道理是：如果我们每个人都像那个街坊那样笃信物价将要上升，就会从银行取钱到市场上抢购商品，使商品市场需求在极短时间内急剧上升，生产供给难以立刻对需求变动做出充分反映，这就会引发需求拉动型通货膨胀。这一现象的实质是：人们由于预期物价上涨而抢购，物价由于人们抢购行为而上涨，结果导致通货膨胀预期自我实现。

（二）成本推进型通货膨胀论

成本推进型通货膨胀（Cost - Push Inflation）是指在总需求不变的情况下，由于生产要素价格（包括工资、租金、利润以及利息）上涨，致使生产成本上升，从而导致物价总水平持续上涨的现象。它又可分为工资推进通货膨胀论和利润推进通货膨胀论。

1. 工资推进通货膨胀论。这一理论认为，物价上涨的原因在于工资率的提高超过了劳动生产率的增长。西方经济学家认为，在不完全竞争的劳动市场上，由于存在着力量强大的工会，工会可以通过各种形式提高劳动市场的工资水平，并使工资的增长率超过生产的增长率。由于工资提高，引起产品成本增加，导致物价上涨，如此循环往复就造成了工资—物价"螺旋"上升。引起"成本推进"通货膨胀。

2. 利润推进通货膨胀论。这一理论认为通货膨胀产生的原因在于不完全竞争。在不完全竞争市场上，垄断企业利用它能操纵市场价格的能力，通过削减产量从而导致价格的上涨而形成通货膨胀。

知识链接

部分经济学家认为，生产成本的提高主要是由于存在着强大的、对市场价格具有操纵力量的团体（如工会、垄断企业以及卡特尔）。例如，当工会迫使厂商提高工资、并使工资的增长快于劳动生产率的增长时，生产成本就会提高，从而导致物价上涨，而物价上涨后，工会又会要求提高工资，对物价又产生压力（这称为工资推进型的通货膨胀）。又如，当垄断企业凭借其垄断地位，通过提高价格来增加利润时也会导致物价的普遍上涨（这又称为利润推进型的通货膨胀）。再如，当国际卡特尔（如石油输出国组织）提高其所控制的产品（如石油）价格时，也会导致国际卡特尔组织以外的国家的通货膨胀（这可称为进口成本推进型的通货膨胀）。

在总需求曲线不变的情况下，包括工资推动通货膨胀和利润推动通货膨胀在内的成本推动通货膨胀，可以用图 14 - 3 来说明。

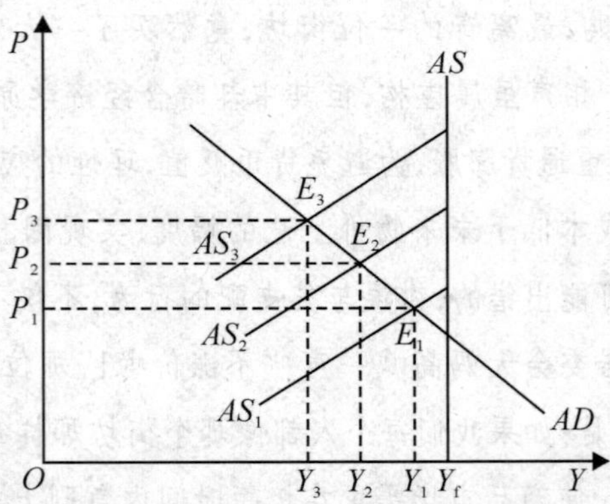

图 14 - 3　成本推进型通货膨胀

在图 14 - 3 中，总需求曲线 AD 是既定的，不发生变动，变动只出现在供给方面。当总供

给曲线为 AS_1 时，和总需求曲线 AD 相交于均衡点 E_1，决定的总产量为 Y_1，价格水平为 P_1；当总供给曲线由于成本提高而移到 AS_2 时，与总需求曲线 AD 相交于均衡点 E_2，决定的总产量为 Y_2，价格水平为 P_2。这时，总产量比以前下降，而价格水平比以前上涨。当总供给曲线由于成本进一步提高而移动到 AS_3 时，总供给曲线和总需求曲线的交点 E_3 决定的总产量为 Y_3，价格水平为 P_3，这时的总产量进一步下降，而价格水平进一步上涨。

（三）供求混合推进型通货膨胀

西方经济学家认为，在现实的经济生活中，纯粹由需求拉上或成本推进所引起的通货膨胀是不常见的。长期以来，现实的通货膨胀，大都是由需求与供给这两方面的因素共同起作用的结果，即所谓"拉中有推，推中有拉"。通货膨胀过程可能从一般的过度需求开始，过度需求引起物价上涨，从而促使工会要求提高工资率，这样成本推动力量就会发生作用，引起更大的通货膨胀。另一方面，通货膨胀也可以从成本推进开始，如在工会压力下提高工资或为了追逐利润而减少供给，但如果不存在需求和货币收入水平的增加，这种类型的通货膨胀将不会长久持续下去。因为在这种条件下，工资上升意味着产量减少和失业增加、终止成本推进的通货膨胀。因此，纯粹需求拉上的通货膨胀是不存在的，纯粹的成本推进也不可能产生持续的通货膨胀过程。在现实经济中大量存在的是需求与供给同时发生作用的混合型通货膨胀。

（四）结构性通货膨胀论

结构性通货膨胀（Structural Inflation）是指由于社会经济中各部门结构性因素变动导致各部门之间发展不平衡而引起的通货膨胀。具体地说这种类型的通货膨胀可以分为三种。

1. 需求转移型通货膨胀

在总需求不变的情况下，某个部门的一部分需求转移至其他部门，而劳动力及其他生产要素却不能及时转移，这时，需求增加了的部门的工资和产品价格上涨，而需求减少了的部门的产品价格却未必相应下降，结果导致物价总水平的上升。

2. 部门差异型通货膨胀

英国的萨尔沃教授用部门间的差异来解释结构型通货膨胀。一般来说，产业部门生产率的增长快于服务业部门，但两大部门的货币工资增长速度却相同，而且这种增长速度是由产业部门生产率的增长速度所决定的，结果，服务业部门货币工资的增长速度便超过其生产率的增长速度。这种部门间生产率增长速度的差异和货币工资的一致增长，就造成服务部门成本持续上升的压力，从而成为一般物价水平上涨的原因。

3. 输入型通货膨胀

所谓的输入型通货膨胀，也称斯堪的纳维亚小国型通货膨胀。对于北欧一些开放经济的小国来说，经济结构可以分为"开放部门"（生产出口产品）和"隐蔽部门"（不生产出口产品）两大部分。因为在国际贸易中，小国一般是国际市场价格的接受者，世界通货膨胀会通过一系列机制传递到小国的开放经济部门,首先引起开放部门的物价上涨,然后又引起隐蔽部门的物价上涨,进而导致全面通货膨胀。

三、通货膨胀的经济效应

通货膨胀的经济效应表现在两个方面:收入再分配效应和产出效应。

(一)通货膨胀的收入再分配效应(Redistributive effects of inflation)

通货膨胀具有以下几种逆向的再分配效应。

1. 通货膨胀不利于靠固定的货币收入维持生活的人。因为对于固定收入阶层来说,他们的收入是固定的货币数额,当通货膨胀发生时,固定的货币收入会发生贬值,每一单位收入的购买力将随价格水平的上升而下降,如工薪阶层和领取救济金的人。相反,那些靠变动收入维持生活的人,则会从通货膨胀中受益。

2. 通货膨胀可以在债务人和债权人之间发生收入再分配的作用。一般地,通货膨胀靠牺牲债权人的利益而使债务人获利。因为通货膨胀发生后,债务人可以用已经贬值了的货币偿还其所欠债务的本金和利息,从而减轻了债务负担。

3. 通货膨胀对储蓄者不利。因为随着价格上涨,存款的购买力就会降低,那些口袋中有闲置货币和在银行有存款的人将发生很大的损失。同样,像保险金、养老金以及其他固定价值的证券财产等,在通货膨胀中,其实际价值也会下降。

4. 在政府与公众之间,通货膨胀将有利于政府而不利于公众。首先,所得税是累进的,在通货膨胀期间,名义工资总会有所增加,达到纳税起征点的人增加了;同时,又有许多人进入了更高的纳税等级,公众纳税数额增加,这样就使得政府的税收增加,政府在这种通货膨胀中所得到的税收称为"通货膨胀税"。其次,现代经济中,政府都把发行公债作为筹集资金和调控经济的手段,从而使得在通货膨胀时政府作为债务人受益,居民作为债权人受损。

知识链接

假定你为购买一所房屋而借款 100 000 美元,每年偿还的固定利率的抵押贷款额是 10 000美元。倘若大幅度的通货膨胀突然将所有的工资和收入都翻了一番,虽然你需偿还的贷款名义上还是每年 10 000 美元,但是你的贷款的实际成本却只有原来的一半。你只需要付出过去一半的劳动来支付这 10 000 美元。这种大幅度的通货膨胀使你的抵押贷款的实际价值减少一半,从而增加了你的财产。对债权人来讲,如果他们把持有的固定利率的抵押贷款或长期债券作为资产,那么他们的处境就会完全相反。价格的突然上涨会使他们变得比以前更穷一些,因为债务人还给他们的贷款的实际价值比他们原来借出去的小。

(二)通货膨胀的产出效应(Output effects of inflation)

通货膨胀的产出效应可能出现如下三种情况。

第一种情况:随着通货膨胀的发生,产出增加。当发生温和的需求拉动的通货膨胀时,总需求增加刺激经济复苏,产品价格的上涨速度一般总是快于名义工资的提高速度,因此,企业的利润就会增加。而这又会刺激企业扩大投资,从而增加产出。这种情况产生的前提条件是有一定的资源闲置。

第二种情况:成本推进型通货膨胀引致失业,即通货膨胀会使收入或产出减少。这种情况产生的前提条件是经济体系已经实现了充分就业,在这种情况下,如果发生因成本推动导致的通货膨胀,则原来总需求所能购买的实际产品的数量将会减少,也就是说,既定的总需求只能在市场上支持一个较小的实际产出。所以,实际产出会下降,失业会上升。

第三种情况:极度通货膨胀(Hyper - inflation)导致经济崩溃。为防止货币贬值,人们会在价格上升前将手中的货币花掉,从而产生过度消费,导致储蓄和投资减少,产出水平下降。此外,企业在通货膨胀率上升时会增加存货,以便以后高价出售以增加利润,从而使得市场可供销售的货物可能减少,物价将进一步上升。最后,当出现严重恶性通货膨胀时,由于人们对货币完全丧失信心,致使货币不再具有交换手段和储藏手段的职能,市场经济机制也就无法再正常运行,从而大规模的经济混乱不可避免。

第三节　失业与通货膨胀的关系

凯恩斯主义的向上倾斜的总供给曲线的形态表明,在未达到充分就业,然而又接近充分就业时,存在一个"准通货膨胀"的区域,这时提高总需求水平,一方面会提高总产量和就业水平;另一方面也会使物价上升。然而,提高总需求水平究竟是对提高总产量和就业水平作用更大,还是对提高物价水平作用更大?物价水平上升与就业之间有无一种此消彼长的关系,这一部分理论,西方经济学是通过菲利普斯曲线来解释的。

菲利普斯曲线是一个十分重要的概念,它的发展大致经历了三个阶段。第一个阶段是菲利普斯和加拿大经济学家利普西发现通货膨胀率和失业率之间存在一种稳定的负相关后,提出了该曲线的原始模型。第二阶段是货币主义者弗里德曼和费尔普斯根据自然失业率假说,提出了附加预期的菲利普斯曲线模型,解释短期菲利普斯曲线与长期菲利普斯曲线之间的根本区别。第三阶段主要是理性预期学派经济学家对菲利普斯曲线的否定,提出失业率和通货膨胀率之间不存在有规律的替代关系。

一、原始的菲利普斯曲线

(一)原始的菲利普斯曲线的含义

1958 年,当时在英国伦敦经济学院工作的新西兰经济学家菲利普斯(A. W. Philips)通过整理英国 1861 - 1957 年的近一世纪的统计资料,发现在货币工资增长率和失业率之间存在一种负相关的关系,这种关系用公式表示为:

$$\Delta W_t = f(U_t) \tag{14-4}$$

式(14 - 4)中,ΔW_t 表示 t 时期的货币工资增长率,U_t 表示 t 时期的失业率。二者具有负相关的函数关系。

把这样一种关系用曲线的形式反映出来就是菲利普斯曲线(Phillips Curve)。如图 14－4 所示,横轴表示失业率,左面的纵轴表示通货膨胀率,右面的纵轴表示货币工资增长率,菲利普斯曲线自左上方向右下方倾斜,表明货币工资上涨率或通货膨胀率越低,失业率越高,反之亦然。

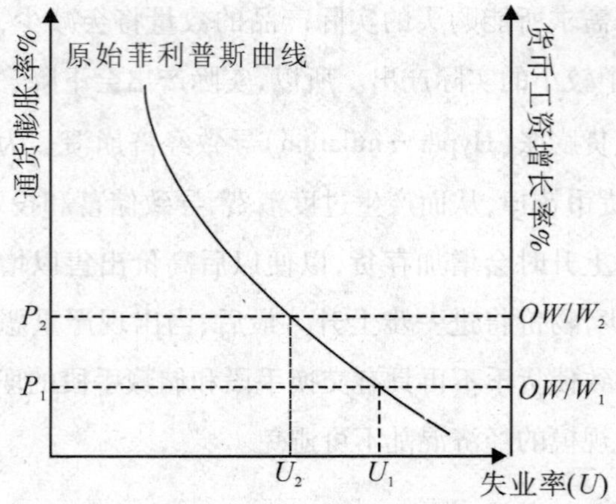

图 14－4　菲利普斯曲线

失业率之所以与货币工资上涨率成负相关,加拿大经济学家利普西(Lipsey)从理论上解释为:在于货币工资上涨率是劳动市场超额需求程度的函数,而失业率是劳动市场超额需求的一个负指数,对劳动的需求越是超过供给,失业率越低,由于存在超额需求,雇主之间的竞争会驱使货币工资率上升。反之,失业率越高,劳动市场上越是供过于求,货币工资率上涨就越少。

菲利普斯曲线本来只描述失业率与货币工资上涨率之间的关系,但西方经济学家认为,工资是成本的主要构成部分,从而也是产品价格的主要构成部分。因此他们把菲利普斯曲线描述的那种关系延伸为失业率与通货膨胀率的替代关系:失业率高时,通货膨胀率就低;反之亦然。当然,通货膨胀率与货币工资上涨率并不是同一的,两者的差额为劳动生产率的增长率。

知识链接

菲利普斯所提出的这种关系尽管从经验统计中得到了证实,并受到重视,但却缺乏一种理论来解释这种关系。加拿大经济学家利普西在 1960 年发表的《1862－1957 年英国失业和货币工资率变化率之间的关系:一种进一步分析》中提出了过度需求模型(Excess－demand Model),从单个劳动市场的供求关系中推导出菲利普斯曲线,给这一曲线以理论上的解释。这一模型的基本思想是:工资的增长可以用劳动市场上存在的过度需求来解释,而失业率则是衡量过度需求的一个指标。从而就把货币工资的变动率与失业率之间的变动联系起来。

萨缪尔森和索洛在 1960 年发表的《达到并维持稳定的价格水平问题:反通货膨胀政策

的分析》一文中对菲利普斯曲线做出了重要发展。首先,原来的菲利普斯曲线是表示失业率与货币工资率之间交替关系的。萨缪尔森和索洛的发展则用这条曲线来表示失业率与通货膨胀率之间的交替关系。

（二）菲利普斯曲线的作用

西方经济学家认为,当前各国经济发展面临的最主要的经济问题是失业与通货膨胀,这两个问题威胁着经济稳定甚至社会稳定。所以,各国经济政策的重点就放在如何对付这两个问题上。按照主流经济学家的观点,要彻底消除失业与通货膨胀是不可能的,关键在于把这两者控制在不妨碍社会稳定的范围内,也就是所谓的"社会可接受程度"之内。这个"社会可接受程度"又被称为"临界点",它在不同国家或不同时期可以有不同的规定。只要失业率与通货膨胀率没有超过这个范围,政府就不必采取什么政策措施。超出这个范围,政府才应该进行干预,以便把它们控制在社会可接受的范畴内。在这个过程中,菲利普斯曲线被认为是一个非常有用的工具,它可以帮助人们确定宏观调节的方向和程度。如图 14－5 所示。在图 14－5 中,假设政府认为失业率或通货膨胀率超过 4% 社会就无法接受,那么 4% 的失业率或通货膨胀率就成为一定时期内社会可接受的最大极限,被称为"临界点"。如图 14－5 中有斜线的区域就是临界点以内的区域,如果社会的失业率或通货膨胀率处于这个区域内,则政府就不必采取干预措施。

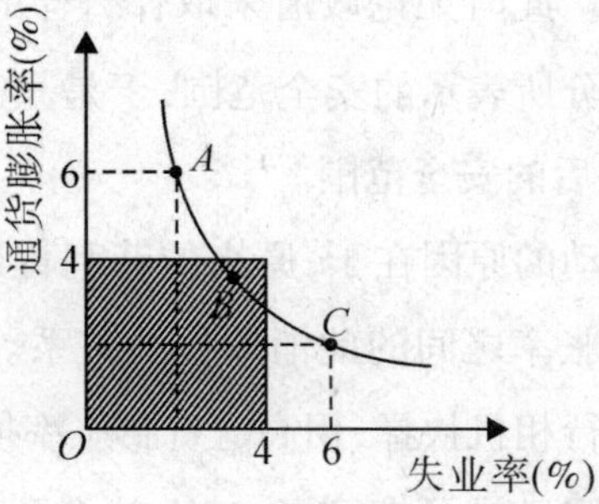

图 14－5

图 14－5 中的 A 点,尽管这时失业率较低,但通货膨胀率超过了社会可接受的程度。那么政府就可以通过紧缩性的政策,以提高失业率为代价,降价通货膨胀率,从而使失业率与通货膨胀率保持在社会可接受的临界区域内。同样道理,在图中的 C 点,政府则应采取扩张性财政政策与货币政策,用较高的通货膨胀率来换取较低的失业率。这就是西方经济学中经常运用的"相机抉择"的宏观经济政策(本书在第十五章中详细论述)。

二、货币主义的菲利普斯曲线

（一）附加预期的菲利普斯曲线

货币主义者认为,20 世纪 70 年代以来,菲利普斯曲线所描述的失业与通货膨胀的交替关系发生了新的变化,即菲利普斯曲线向右上方移动了,这种情况被称为"菲利普斯曲线恶化”。这就是说，现在必须用更高的通货货膨胀率才能使失业率维持在某一水平，或者说，必须用更高的失业率才能使通货膨胀率与失业率降到原先的“社会可接受程度”，即“临界点”之内。于是他们不得不提高“临界点”，以便在新的菲利普斯曲线下调节通货膨胀与失业的水平，如图 14－6 所示。

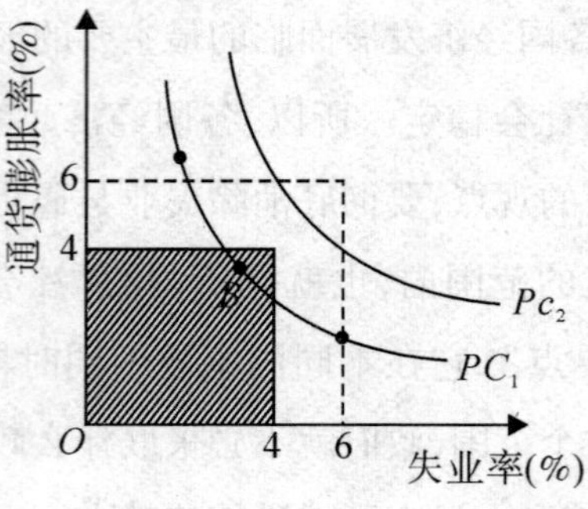

图 14－6

在图 14－6 中，原来的菲利普斯曲线 PC_1 通过社会可接受程度之安全范围，即位于图 14－6 中阴影部分为“临界点”以下的安全范围。但当菲利普斯曲线从 PC_1 移到 PC_2 以后，PC_2 这条菲利普斯曲线与上述临界点划出的区域已不能相交，这表明，现在无论怎样调控，都不能把失业率和通货膨胀率同时控制在 4% 之内。这条向右上方移动的菲利普斯曲线称为按预期扩大的菲利普斯曲线。此时无论政府采取什么样的政策措施，都不能将失业率与通货膨胀率下降到图上阴影部分所表示的安全范围，于是只得提高“临界点”。图 14－6 中的虚线框表示提高“临界点”以后的安全范围。

菲利普斯曲线向右上方移动的原因在于，原来的菲利普斯曲线 PC_1 反映的是通货膨胀预期为零时的失业率与通货膨胀率之间的此消彼长的关系。如果通货膨胀率连年上升，特别是政府利用菲利普斯曲线进行相机抉择，用高通货膨胀率换取低失业率的话，就会形成一种通货膨胀预期。如果通货膨胀已被预期到了，工人就会要求提高货币工资以避免生活水平受通货膨胀侵蚀。凯恩斯主义者认为，按预期扩大的菲利普斯曲线依然表现出失业和通货膨胀之间的交替关系，只不过现在的交替关系表现为用更高的通货膨胀率来换取一定失业率。

知识链接

从 20 世纪 60 年代后期开始，货币主义经济学家米尔顿·弗里德曼(Milton Friedman)和埃德蒙·费尔普斯(EdmundS Phelps)对菲利普斯曲线所表示的失业率与通货膨胀率之间的交替关系提出了疑问。这就是，第一，菲利普斯曲线是一条稳定的关系曲线吗？第二，在长期中失业与通货膨胀之间存在着菲利普斯曲线所表示的交替关系吗？他们批评菲利普斯曲线忽视了通货膨胀预期作用。这样，他们提出了附加预期的菲利普斯曲线，说明了短期菲利普斯曲线与长期。

(二)长期菲利普斯曲线

长期菲利普斯曲线表示在通货膨胀完全可以预期,失业率为自然失业率情况之下失业率与通货膨胀率的关系。弗里德曼认为菲利普斯曲线所描述的通货膨胀率与失业率之间的交替关系只是一种短期现象,长期中并不存在。长期内,菲利普斯曲线变为一条垂直线或正相关曲线。不论通货膨胀率上升多少都不能使失业率降下来。甚至失业率与通货膨胀率呈同方向变化。即通货膨胀率越高,失业率越高,如图 14-7 所示。

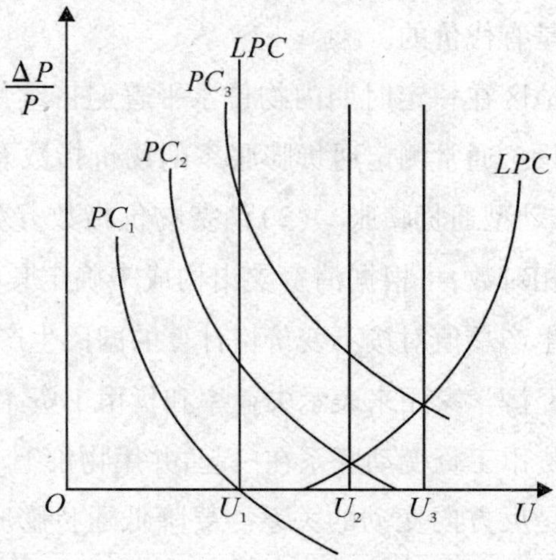

图 14-7

在图 14-7 中,U_1 为自然失业率,PC_1、PC_2、PC_3 为三条短期菲利普斯曲线,当自然失业率为一固定水平 U_1 时,长期菲利普斯曲线是一条经过 U_1 的垂直线。由于人为因素的干扰,使市场机制失灵,那么就会使自然失业率从 U_1 增长到 U_2、U_3 等等。各条长短期菲利普斯曲线的交点连接起来,就形成了一条向右上方倾斜的、具有正斜率的长期菲利普斯曲线,它反映了政府调节措施失灵的"滞胀"现象。

三、理性预期的菲利普斯曲线

理性预期学派认为自然失业率假设与适应性预期是不一致的。他们要把自然失业率的菲利普斯曲线和理性预期结合起来进行分析,他们认为,失业并不取决于通货膨胀而是取决于经济中的随机冲击,实际失业率围绕自然失业率的波动并不是由通货膨胀系统地引起的,而是由随机冲击所引起的。这样,失业与通货膨胀就不存在那种稳定的交替关系了,无论在短期还是长期中都是这样。因此,无论在短期或长期中,政府都不可能利用通货膨胀率与预期通货膨胀率的差异来系统地影响失业率。如果货币供给增长率的变动是规则的,公众可以完全预期到,那么,货币供给的增加将提高通货膨胀预期,同时推移菲利普斯曲线使实际通货膨胀率上升而不会降低失业率。如果货币供给增长率的变动是不规则的,公众无法完全预期到,那么,这就属于影响失业率变动的随机冲击之一。但在这种情况下,并不是失业与通货膨胀有稳定的交替关系,而是随机冲击的作用,其他随机冲击也会发生类似的作用。

即使在短期中,失业和通货膨胀也不存在稳定的交替关系,从而也就无法作为一种政策工具。

本章小结

失业是指有劳动能力并且想工作的人找不到工作的情况,即指劳动的完全闲置状态。失业的衡量一般是以失业率为主要指标来进行的。自然失业率是指在没有货币因素干扰的情况下,让劳工(劳动力)市场和商品市场的自发供求力量发挥作用时所应有的处于均衡状态的失业率。任何失业都是有代价的。

通货膨胀是指一国或地区在一定时期内物价水平普遍持续快速的上涨,通货膨胀的程度一般用通货膨胀率来衡量。通常测定通货膨胀率的物价指数有以下三种。(1)批发物价指数,一般用来衡量成本推动型通货膨胀。(2)消费物价指数,该指数反映一定阶层居民购买的商品劳务价格变动的相对数,可根据消费支出构成来确定其权数。(3)GDP 紧缩指数,即按现行价格计算的国民生产总值对按不变价格计算的国民生产总值的比率。

菲利普斯曲线是西方经济学家用来表示失业率和货币工资率之间替换关系的曲线。西方经济学家把物价上升同货币工资变动联系在一起,并用物价上涨率表示通货膨胀率;认为失业率与通货膨胀率之间是反方向变动的关系。要降低通货膨胀率,就会出现较高的失业率。反之,要减少失业率,就必须以高通货膨胀率为代价,但西方国家经济发展的现实已证明失业率与通货膨胀率之间并不存在交替关系,为此西方经济学者对菲利普斯曲线进行了修正。

复习思考题

一、名词解释

失业　自愿失业　摩擦失业　非自愿失业　自然失业率　充分就业　有效需求　通货膨胀　资本边际效率递减规律　临界点　需求拉上型通货膨胀　成本推进型通货膨胀　结构性通货膨胀　菲利普斯曲线

二、分析讨论题

1. 西方学者认为造成通货膨胀的原因有哪些？通货膨胀对经济有哪些影响？如何有效地解决通货膨胀?

2. 失业有哪些类型？如何最大限度地降低失业?

3. 资本主义社会失业的根源是什么?

4. 比较传统经济学失业理论与现代经济学失业理论的区别。

5. 简述通货膨胀的类型。

6. 如何衡量通货膨胀?

7. 简述需求拉上型通货膨胀。

8. 简述成本推进型通货膨胀。

9. 菲利普斯曲线的恶化说明了什么？

三、计算题

1. 假设2003年的GNP价格指数为100,2001年的GNP价格指数为300,则2003年的通货膨胀率是多少？

2. 假设2000年12月某国统计局宣布,在所有该国成年人中,就业人数为1.15亿,失业者为0.05亿,则该国的失业率是多少？

能力项目训练

实训项目

组织学生到近期召开的人才招聘会进行社会调查。了解一下近期企事业单位的用人需求及近期的热门岗位等信息,结合当地的就业信息讨论我国目前就业市场的现状。

拓展阅读

俄罗斯的失业与通货膨胀

在世界各国中,俄罗斯的失业状况显得比较严重。据俄罗斯《新消息报》报道,社会调查结果表明,在日常生活中,俄罗斯人最害怕高物价、低工资和失业。俄罗斯"罗米尔监察"社会公司调查表明,34%的居民担心失业,尤里内瓦达分析中心得出的调查数字是22%。这表明,现在有数百万俄罗斯人担心失业。由于国家对失业者的帮助非常小,再就业压力较大,许多人一旦失业,就很难再找到一份收入可观的能养家糊口的工作。同时大部分俄罗斯居民认为,政府推行的福利货币化改革根本不是在消灭贫穷,而是在对付穷人。尽管在许多方面,俄罗斯可以说已是一个成功的国家,2005年预算节余1.87亿卢布,石油收入大幅增加,稳定基金规模不断提高,但1500万医生、教师和3800万退休者却未能享受到国家收入增加带来的福利。同时,以前失业补助规模是根据具体地区最低生活保障标准和平均工资水平制定的,从2005年1月1日起,开始实行统一标准,无论是在莫斯科,还是在偏远山村,每月最低720卢布,最高2880卢布。俄联邦城市居民就业局失业社会支持处官员表示,从全国范围来看,失业补助勉强能保障失业者维持生活,但对在莫斯科和其他大城市生活的失业者来说,这些钱根本无法维持生计。为满足基本的衣食住用需求,许多失业者被迫在旧货市场淘金,如果幸运的话,能花40卢布买到一双好点的旧皮鞋,20卢布买到一双旧手套,100～200卢布买到前苏联时期生产的微波炉、电视机。同时,由于失业补助过低,迫使一些失业者暗中找活儿,补贴家用,不过都是些收入较低、工作辛苦的体力活,脏活累活。同时该官员还表示,在莫斯科,快到退休年龄的接受过高等教育的人最容易失业,女性从40岁开始,许多人45岁之后就失去了工作。再就业中心只有14.5万个就业机会,全是钳工、看门人,根本没有收入稍好一些的工作机会。许多年轻人不敢要孩子,特别是中小城市居民,一旦怀孕生产后,就会滑落到贫困线以下。俄青年和家庭政策中心的统计数据表明,俄罗斯69%的年轻家庭生活困难，仅能勉强维持生计。据俄罗斯卫生和社会发展部的数据显示，截至2009年4月1日，俄罗斯正式登记的失业人口超过219.8万人，而在2008年年中这数值为120万人，而俄罗斯副总理亚历山大·茹科夫在2009年11月11日对媒体说，俄罗斯2010年实际失业人数将接近2009年的水平，在580至600万人的范围。

于此同时，俄罗斯经济转轨后又经历了可怕的俄罗斯通胀。俄罗斯在近10年改革中，经历了4次大的通货膨胀，使本国国民的财富荡然无存，把所有中产阶级都变成了无产者，他们一生的积蓄在瞬间被通货膨胀蒸发了，凡是持有卢布的人财富都大大缩水。俄罗斯之所以经济能复苏，是因为地下蕴藏着大量的石油，占世界石油储量的20%。俄罗斯还有世界储量最多的天然气，他们可以靠卖石油和卖天然气来支撑。因为经历过多年通货膨胀，俄罗斯人吓得不敢把钱存在银行，他们把钱装进一个布袋。每天上班的时候拎上这个钱袋子，放在身边，然后开始工作，下班时再拿走。只要一听到通货膨胀的消息，第一件事就是冲进商场把东西买回家，买的都是吃的东西。到今天俄罗斯还是这个样子，可见通货膨胀给人造成的痛楚是多么深重，人们一生的劳动积蓄都会在通货膨胀中化为乌有。

项目十六　经济周期理论

开篇案例

发达国家与发展中国家的生活

当世界各地的人们每天清晨醒来面对新的一天的时候,他们所面临的境况是极不相同的。一些人居住在拥有众多房间的舒适寓所中,食物充足,衣着华贵,体魄强健,并具有足以维持这种生活的收入保障。其余那些在世界60亿人中超过3/4的人口,却远没有如此幸运。他们几乎没有栖身之处,食不果腹,健康不良,目不识丁,没有工作,他们改善自己生活的期望渺茫,充其量是不确定。下面我们对世界上不同国家间的生活做一下考察,各国的生活水平的差异便会显露出来。

首先我们看看北美一个一般水平的家庭,我们可能会发现一个年收入大约3万到4万美元之间,有四口人的"核心"家庭。他们或是居住在一套相当舒适的城市公寓里,或是生活于带有小花园的郊外住宅中。寓所处处洋溢着舒适的特征,包括两个孩子各自分开的卧房。房间中的消费品琳琅满目,到处是电器设备,其中许多都是产自北美以外的韩国、阿根廷和中国台湾等遥远的国度(和地区)。两个孩子都很健康,并在学校读书,他们有望在完成中等教育后进入大学深造,在各种职业中选择吸引自己的工作。他们的平均寿命都在72~76岁之间。

现在让我们再来考察亚洲农村中的一种典型的"扩展"型家庭。亚洲的家庭通常由10个或更多的家庭成员组成,包括父母亲,5~7名子女,祖父母及一些叔叔婶婶、姑姑舅舅。他们的年收入合在一起大约是250~300美元,其中既有货币形式的,也有"实物"形式的(例如他们消费一部分自己生产的粮食)。作为大农庄的佃户,所有的家庭成员都拥挤在一所只有一间房屋的陋室之中,而农庄则属于住在附近城市的地主所有。父亲、母亲、叔叔及年长一点的子女必须整体在田里劳作。成年人中没有人能读会写;五个达到学龄的孩子仅有一人能正规地入学,即使如此,最多也就能读到小学二四年级。他们一天只能吃上一顿饭,很少变换花样,更难解除孩子们经常忍受饥饿的痛苦。房间里没有电,没有卫生设施,也没有淡水供应。这里疾病丛生,而合格的医护人员却在遥远的城市中,只关注为哪些较富裕的家庭提供服务。

现在让我们去访问坐落于南美洲的一个美丽的海滨大城市。在这个随意蔓延的大都市中,不同地区间生活条件的鲜明对照即刻会给人留下深刻的印象。沿着波光粼粼的白色海滨,现代化的摩天大厦和宽阔的林荫大道蜿蜒伸展;然而,就在几百米以外陡峭的小山上和山背后,是许多拥挤不堪的肮脏简陋的小屋,歪歪斜斜地立在那里。如果考察有两个有代表性的家庭——一个出身于当地统治阶级的富裕家庭,另一个是世代务农的家庭——他们个人生活条件的巨大区别,无疑也会令我们大为惊异。富裕家庭居住在一座可以俯瞰大海的现代化大厦顶层的一套居室中。当他们周末进餐时,餐桌上摆放昂贵的进口瓷器、高质量的银餐具和精美的亚麻餐巾。家中的长子刚从北美的大学回来,另外两名在法国和瑞士的寄宿学校读书的子女正在家中度假。孩子们的父亲是为曾在美国留学的杰出外科医生,他的许多顾客都是国内外的达官显贵和富商。除了本身的职业,他在乡村还拥有一片相当大的土地。对于居住在高层公寓中的这户幸运人家来说,每年去国外度假、进口的豪华汽车以及享受锦衣玉食,都是即平常又令人愉快的事情。相形之下,那家农户则在那座海滨大厦背后小山上一个棚户区或是擅自占地的平民窟中一间临时搭就的小棚屋里。尽管他们也能眺望大海,但这里景色似乎并不优美,也难以令人轻松。露天的阴沟散发出恶臭,室内没有餐桌可放,而且连顿像样的晚餐都没有——只有一些已经不再新鲜的面包碎屑。7个不识字的孩子将他们大部分时间花费在沿街乞讨或为别人擦皮鞋上,偶尔企图去盗窃那些漫不经心地在林荫大道上散步的行人的钱包。几年前,他们的父亲从穷乡僻壤迁居到这座城市。其他家庭成员最近也跟了来。父亲没有固定的工作,成年只是打些零工,全家人的年收入达不到200美元。由于必须以力所能及的方式帮助家里挣钱,孩子们上学、退学已经好几次了。这两种生活方式的鲜明对比,很容易让人感慨万千。然而,环顾拉丁美洲、亚洲和非洲其他一些大城市,我们将会看到这种悬殊的差别比比皆是。

最后我们再看看非洲。设想现在你是置身于非洲的东部。在那片干枯贫瘠的土地上,棚屋茅舍的群落星罗棋布。每一个群落都是由若干个扩展型家庭组成,所有家庭的成员都在干枯的土地上分组劳作。这里没有货币收入,因为所有的食品、衣物、住所和财产都是由人们自己生产和消费的——这是一种生存经济。这里没有道路、学校、医院、电力和水的供应,生活在许多方面似乎和几千年前没什么两样。100千米以外,正在修建的一条公路将要从这个村庄的附近通过。无疑,这将通过医疗条件的改善给人们带来延长寿命的方法,然而,随着现代文明新发明的传播,有关外部世界的信息也将一道被带来。遍及全球的这种仅能维持生存的偏僻村庄,正在逐渐地然而又是不可抗拒地同现代文明连接起来。这一过程目前正在稳步进行,在即将来到的岁月里会变得更加剧烈。

摘自《发展经济学案例集》

任务一　美国经济尚未走出丛林:经济周期

本轮经济周期高点或在2019年

在2014年举办的“第五届中国经济前瞻论坛”上,第九、十届全国人大常委会副委员长成思危对未来经济形势进行了预测,他指出本轮经济周期高点在2019年。

成思危首先分析了经济大势,他指出,改革开放以后,中国的经济周期大概经历了三个,从 2013 年开始，现在进入第四个。第四个经济周期大概也是 10 年左右。这个周期强调质量平稳地中高速增长。

从经济周期的规律来看，成思危认为，2019 年会到本次周期的顶峰，原因有两个：一是十八届三中全会确定的改革措施在逐渐发挥效应，新一届的领导人逐步取得了更多的治国理政的经验；另一个是群众更加深入理解中央的发展政策……到 2019 年，会达到一个比较高峰。

来源：工人日报

一、经济周期的概述

（一）经济周期的定义

经济周期（Business cycle）：也称商业周期、景气循环，它是指经济运行中周期性出现的经济扩张与经济紧缩交替更迭、循环往复的一种现象。是国民总产出、总收入和总就业的波动，是国民收入或总体经济活动扩张与紧缩的交替或周期性波动变化。过去把它分为繁荣、衰退、萧条和复苏四个阶段，现在一般叫做衰退、谷底、扩张和顶峰四个阶段。

（二）经济周期的不同阶段及其特征

1. 两阶段法

经济周期发生在实际 GDP 相对于潜在 GDP 上升（扩张）或下降（收缩或衰退）的时候。一般从一次危机到下一次危机称为一个经济周期。每一个经济周期都可以分为上升和下降两个阶段。上升阶段也称为繁荣，最高点称为顶峰。然而，顶峰也是经济由盛转衰的转折点，此后经济就进入下降阶段，即衰退。衰退严重则经济进入萧条，衰退的最低点称为谷底。当然，谷底也是经济由衰转盛的一个转折点，此后经济进入上升阶段。

经济周期波动的上升阶段，是宏观经济环境和市场环境日益活跃的季节。这时，市场需求旺盛，订货饱满，商品畅销，生产趋升，资金周转灵便。企业的供、产、销和人、财、物都比较好安排。企业处于较为宽松有利的外部环境中。

经济周期波动的下降阶段，是宏观经济环境和市场环境日趋紧缩的季节。这时，市场需求疲软，订货不足，商品滞销，生产下降，资金周转不畅。企业在供、产、销和人、财、物方面都会遇到很多困难。企业处于较恶劣的外部环境中。经济的衰退既有破坏作用，又有“自动调节”作用。在经济衰退中，一些企业破产，退出商海；一些企业亏损，陷入困境，寻求新的出路；一些企业顶住恶劣的气候，在逆境中站稳了脚跟，并求得新的生存和发展。

随着时间的推移，经济进入恢复期，开始新一轮的循环。

2. 四阶段法

将经济周期分为四阶段：繁荣、衰退、萧条、复苏（图 11 - 1），$A-B$ 为衰退，$B-C$ 为萧条，$C-D$ 为复苏，$D-E$ 为繁荣。

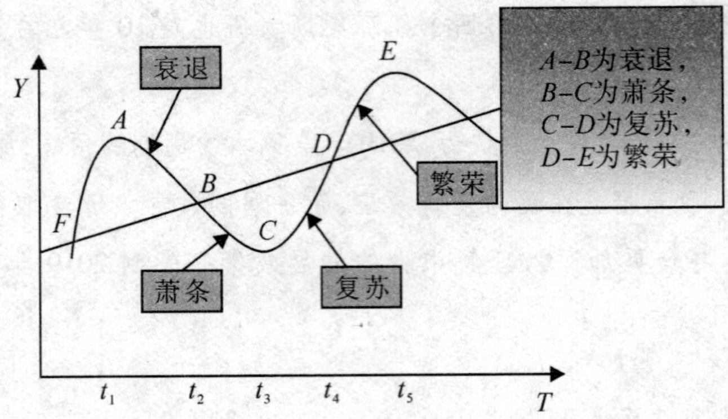

其中，繁荣和萧条是两个主要阶段，衰退和复苏是两个过渡阶段。从繁荣到萧条的过渡衰退；从萧条到繁荣的过渡是复苏。

二、经济周期的类型

自 19 世纪中叶以来，人们在探索经济周期问题时，根据经济周期的长短，提出了不同长度和类型的经济周期。

（一）基钦周期：短周期或短波

是 1923 年英国经济学家基钦提出的一种为期 3 －4 年的经济周期。基钦认为经济周期实际上有主要周期与次要周期 2 种。主要周期即中周期，次要周期为 3 ~4 年一次的短周期。这种短周期就称基钦周期。基钦周期又称"短波理论"。1923 年美国的约瑟夫 · 基钦从厂商生产过多时，就会形成存货，就会减少生产的现象出发，在 1923 发表的《经济因素中的周期与倾向》中把这种 2 到 4 年的短期调整称之为"存货"周期，人们亦称之为"基钦周期"。基钦根据美国和英国 1890 年到 1922 年的利率、物价、生产和就业等统计资料从厂商生产过多时就会形成存货、从而减少生产的现象出发，发现经济周期实际上有主要周期与次要周期两种。主要周期即中周期，次要周期为 3 到 4 年一次的短周期，所以短周期又称为"基钦周期"。A · 汉森根据统计资料计算出美国 1807 ~1937 年间共有 37 个这样的周期，其平均长度为 3. 51 年。经济学家熊彼特把这种短周期作为分析资本主义经济循环的一种方法，并用存货投资的周期变动和创新的小起伏，特别是能很快生产出来的设备的变化来说明基钦周期。他认为 3 个基钦周期构成一个朱格拉周期。18 个基钦周期构成一个康德拉季耶夫周期。有的学者认为，短周期很可能只是一些适应性的波动。

（二）朱格拉周期：中周期或中波

是 1860 年法国经济学家朱格拉提出的一种为期 9 ~10 年的经济周期。该周期是以国民收入、失业率和大多数经济部门的生产、利润和价格的波动为标志加以划分的。朱格拉在研究人口、结婚、出生、死亡等统计时开始注意到经济事物存在着有规则的波动现象。他认为，存在着危机或恐慌并不是一种独立的现象，而是社会经济运动三个阶段中的一个，这三个阶段是繁荣、危机与萧条。三个阶段的反复出现就形成了周期现象。他又指出，危机好像疾病一样,是已发达的工商业中的一种社会现象,在某种程度内这种周期波动是可以被预见或采取某种措施缓和的,但并非可以完全抑制的。他认为,政治、战争、农业欠收以及气候恶化等因素并非周期波动的主要根源,它们只能加重经济恶化的趋势。周期波动是经济自动发生的现象,与人民的行为、储蓄习惯以及他们对可利用的资本与信用的运用方式有直接联系。朱格拉周期一般从设备投资占 GDP 的比例看出。对设备投资占 GDP 的名义上的比例、以及 2 年后的投资收益先行指数(投资收益指总资本付息前利润率,简单地说就是从企业的收益率减掉有利息负债利息率或金融成本)进行比较,可以看出投资收益的走势预示着设备投资占 GDP 的比例。

(三)康德拉季耶夫周期:长周期或长波

是 1926 年俄国经济学家康德拉季耶夫在《经济生活中的长度》论文中提出的一种为期 50~60 年的经济周期。该周期理论认为,从 18 世纪末期以后,经历了三个长周期。第一个长周期从 1789 年到 1849 年,上升部分为 25 年,下降部分 35 年,共 60 年。第二个长周期从 1849 年到 1896 年,上升部分为 24 年,下降部分为 23 年,共 47 年。第三个长周期从 1896 年起,上升部分为 24 年,1920 年以后进入下降期。强调用资本主义经济的内在原因而非外来的偶发因素解释长波起因,将经济长波归因于主要固定资本产品的跟新换代引起得经济平衡的破坏与恢复。对长周期现象有不同的解释,有的经济学家认为这是一种长期积累的变动;有的经济学家认为是由战争引起的,与政府在繁荣时期的大量军费开支有关;也有的经济学家认为,长周期仅仅是是一种价格现象,而不是产量现象。现在有许多经济学家仍重视对长周期的研究,称之为长波理论。

(四)库兹涅茨周期:另一种长周期

是 1930 年美国经济学家库涅茨在《生产和价格的长期运动》中提出的一种为期 15-25 年,平均长度为 20 年左右的经济周期。由于该周期主要是以建筑业的兴旺和衰落这一周期性波动现象为标志加以划分的,所以也被称为“建筑周期”。库兹涅茨主要研究了美国、英国、德国、法国、比利时等国从 19 世纪初叶或中叶到 20 世纪初叶 60 种工、农业主要产品的产量和 35 种工、农业主要产品的价格变动的长期时间数列资料。他剔除了其间短周期与中周期的变动,着重分析了有关数列资料中反映出的长期消长过程,提出在主要工业国家存在着长度从 15 年到 25 年不等,平均长度为 20 年的长周期。这种周期与人口增长而引起的建筑业增长与衰退相关,是由建筑业的周期性变动引起的。而且,在工业国家中产量增长呈现出渐减的趋势。库兹涅茨提出的长周期受到了经济学界的重视。

(五)熊彼特周期:一种综合

1936 年,伟大的经济学家熊彼特以他的“创新理论”为基础,在 1939 年出版的两大卷《经济周期》第一卷中对各种周期理论进行了综合分析后提出的熊彼特周期。熊彼特认为,每一个长周期包括 6 个中周期,每一个中周期包括三个短周期。短周期约为 40 个月,中周期约为9~10年,长周期为48~60年。他以重大的创新为标志,划分了三个长周期。第一个长周期从18世纪80年代到1842年,是“产业革命时期”;第二个长周期从1842年到1897年,是“蒸汽和钢铁时期”;第三个长周期从1897年以后,是“电气、化学和汽车时期”。在每个长周期中仍有中等创新所引起的波动,这就形成若干个中周期。在每个中周期中还有小创新所引起的波动,形成若干个短周期。

三、经济周期的原因

学术界对经济周期的成因研究由来已久,并形成了很多较为完整的经济周期理论体系和相对成熟的研究方法。

(一)外因论与内因论

关于经济周期原因的研究,西方经济学者提出了众多的经济周期理论,综合概括为两类,即外因论和内因论。外因论认为,经济周期的根源在于市场经济体制之外的某些事物的波动。如战争、革命、选择;石油价格、发现金矿、移民;科学突破和技术创新;甚至太阳黑子和天气,等等。内因论则是从市场经济体制本身的某些因素之间的相互制约、相互促进的运行机制来解释导致社会经济周期性循环往复地上下波动的原因。这些因素包括投资、消费、储蓄、货币供给量和利率等等。

(二)几种主要理论

自19世纪以来,经济学家提出的经济周期理论非常多,比较有代表性的有以下几种。

1. 货币周期理论

货币周期理论认为经济周期性的波动完全是由于银行体系交替地扩大和紧缩信用所造成的。由于货币的乘数作用,当银行体系降低利率、信用扩大时,商人就会向银行增加贷款,从而引起生产扩张和收入的增加,而收入的年增加又会引起对商品需求的增加和物价的上升,于是经济活动水平上升,经济进入繁荣阶段。然而,银行扩大信用的能力并不是无限的。当银行体系被迫停止信用扩张,转而紧缩信用时,贷款减少,订货减少,由此出现生产过剩性危机,经济进入萧条阶段。萧条时期,资金逐渐向银行集中,银行采取措施扩大信用,这又会促进经济复苏。这种理论属于内生经济周期理论。

2. 投资过度理论

该理论强调经济周期的根源在于生产资料的投资过多。这种理论认为投资的增加引起经济繁荣。这种繁荣首先表现在对投资品(即生产资料)需求的增加以及投资品价格的上升上。这就更加刺激了对资本品的投资。资本品的生产过度发展引起了消费品生产的减少,从而形成经济结构的失衡。资本品生产过多必将引起资本品过剩,于是出现生产过剩危机,经济进入萧条。这种理论属于内生经济周期理论。

3. 心理周期理论

这种周期理论强调心理预期对经济周期各个阶段形成的决定作用。这种理论认为,预期对人们的经济行为有决定性的影响,乐观与悲观预期的交替引起了经济周期中繁荣与萧条的交替。当人们对前途抱乐观态度时,投资、生产和消费增加,经济走向繁荣;当人们对前途抱悲观态度时,投资、生产和消费下降,经济走向萧条。这种理论属于内生经济周期理论。

4. 消费不足理论

消费不足理论把经济周期和经济危机归结为人们消费不足。这种理论的早期代表人物是英国经济学家马尔萨斯和法国经济学家西斯蒙第,近期代表人物是英国经济学家霍布森。这种理论认为,经济中出现萧条与危机是因为社会对消费品的需求赶不上消费品的增长,而消费品需求不足又引起对资本品需求不足,进而使整个经济出现生产过剩性危机。这种理论属于内生经济周期理论。

5. 创新理论

该理论由熊彼特提出,是一种用技术创新解释经济周期的理论。创新是指对生产要素的重新组合,例如,采用新技术、新材料、新能源、新市场组合等等。这一切的创新会给创新者带来巨大盈利,使其他企业竞相仿效,形成创新浪潮。创新浪潮使银行信用扩大,对资本品的需求增加,引起经济繁荣。随着创新的普及,盈利机会逐渐消失,银行信用紧缩,对资本品的需求减少,引起经济衰退。这种理论属于外生经济周期理论。

6. 太阳黑子理论

这种理论用太阳黑子来解释经济周期。英国经济学家杰文斯于 19 世纪中后期提出该理论。认为,太阳黑子的活动对农业生产影响很大,而农业的生产状况又会影响工业及整个经济。太阳黑子的周期性决定了经济的周期性。具体老说,太阳黑子活动频繁则使农业生产减产,农业减产可影响到工业、商业、工资、购买力、投资等方面,从而引起整个经济繁荣。他们用长期中太阳黑子活动周期与经济周期基本吻合的资料证明这种理论。这种理论把经济周期的根本原因归结为太阳黑子的活动,是经典的外生经济周期理论。

除了以上理论对经济周期成因做出了不同的解释外,还有诸如政治周期理论、均衡经济周期理论等等其他经济周期理论。在此不一一加以介绍。

四、乘数与加速原理

乘数与加速原理相互作用理论是凯恩斯主义者提出的。凯恩斯主义认为引起经济周期的因素是总需求,在总需求中起决定作用的是投资。这种理论正是把乘数原理和加速原理结合起来说明投资如何自发地引起周期性经济波动。是把投资水平和国民收入变化率联系起来解释国民收入周期波动的一种理论。

经济学家认为,经济中之所以会发生周期性波动其根源正在于乘数原理与加速原理的相互作用。具体来说,乘数与加速原理所说明的是以下几点。

第一,在经济中投资、国内生产总值、消费相互影响,相互调节。如果政府支出为既定的(即政府不干预经济),只靠经济本身的力量自发调节,那么,就会形成经济周期。经济周期中各阶段的出现,正是乘数与加速原理相互作用的结果。而在这种自发调节中,投资是关键的,经济周期主要是投资引起的。

第二,乘数与加速原理相互作用引起经济周期的具体过程是,投资增加通过乘数效应引起国内生产总值的更大增加,国内生产总值的更大增加又通过加速效应引起投资的更大增加,这样,经济就会出现繁荣。然而,国内生产总值达到一定水平后由于社会需求与资源的限制无法再增加,这时就会由于加速原理的作用使投资减少,投资的减少又会由于乘数的作用使国内生产总值继续减少。这两者的共同作用又使经济进入衰退。衰退持续一定时期后由于固定资产更新,即大规模的机器设备更新又使投资增加,国内生产总值再增加,从而经济进入另一次繁荣。正是由于乘数与加速原理的共同作用,经济中就形成了由繁荣到衰退,又由衰退到繁荣的周期性运动。

第三,政府可以通过干预经济的政策来减轻、甚至消除经济周期的波动。乘数－加速原理表明国内生产总值的变化会通过加速数对投资产生加速作用,而投资的变化又会通过投资乘数使国内生产总值成倍变化,加速数和投资乘数的这种交织作用便导致国内生产总值周而复始地上下波动。

(1)在经济中投资、国民收入、消费相互影响,相互调节。如果政府支出为既定(即政府不干预经济),只靠经济本身的力量自发调节,那么就会形成经济周期。周期中各阶段的出现,正是乘数与加速原理相互作用的结果。而在这种自发调节中,投资是关键的,经济周期主要是投资引起的。

(2)乘数与加速原理相互作用引起经济周期的具体过程是:投资增加引起产量的更大增加,产量的更大增加又引起投资的更大增加,这样,经济就会出现繁荣。然而,产量达到一定水平后由于社会需求与资源的限制无法再增加,这时就会由于加速原理的作用使投资减少,投资的减少又会由于乘数的全球经济萧条

作用使产量继续减少,这两者的共同作用又会使经济进入萧条。萧条持续一定时期后由于产量回升又使投资增加、产量再增加,从而经济进入另一次繁荣。正是由于乘数与加速原理的共同作用,经济中就形成了由繁荣到萧条,又由萧条到繁荣的周期性运动过程。

(3)政府可以通过干预经济的政策来影响经济周期的波动。即利用政府的干预(比如政府投资变动)就可以影响减轻经济周期的破坏性,甚至消除周期,实现国民经济持续稳定的增长。

乘数—加速模型就是把这两种原理结合起来,以说明经济周期的原因。这一模型的表述为这样一个公式:

$$Yt = Ct + It + Gt \qquad (16-1)$$

上式中 Yt 为现期收入,Ct 为现期消费,It 为现期投资,Gt 为现期政府支出。这个公式说明了,根据凯恩斯主义的国民收入决定理论,现期收入等于现期消费、现期投资与现期政府

支出之和(不考虑开放经济中的净出口)。

现期消费取决于边际消费倾向 c 和前期收入 $Yt-1$；

$$Ct = cYt - 1 \quad (16-2)$$

现期投资取决于加速系数(a)和消费的变动($Ct - Ct - 1$)；

$$It = a(Ct - Ct - 1) = a(cYt - 1 - cYt - 2) = ac(Yt - 1 - Yt - 2) \quad (16-3)$$

式(16－3)说明了在考虑消费时，投资最终仍取决于收入的变动，即加速原理说明的关系。

设现期政府支出为即定的，即：$Ct = Gt$ (16－4)

把式(16－2)、(16－3)、(16－4)代入式(16－1)则得出：

$$Yt = cYt - 1 + ac(Yt - 1 - Yt - 2) + Gt \quad (16-5)$$

可以通过对 c, a, Gt，进行设值计算据此可得到乘数—加速模型的完整含义。

任务二　经济周期的熨平

别奢望"熨平"经济周期

道家"治国"讲究无为而治，发挥社会自身组织的功能。老子认为，"为无为，则无不治"，无为当然不是无所作为，而是反对人们狂妄自大做出与自然规律相违背的事，人为对抗自然规律与社会发展规律，主观妄想"熨平"经济周期。因此，道家"宏观政策"的重心是充分尊重自然规律、价值规律，充分尊重群体，充分调动群众，发挥市场自身组织的力量。老子因此强调调动群众，发动群众自我致富的本能："绝圣弃智，民利百倍"。

追溯起来，道家的思想来源于中国古人的"天人合一"，即人间的制度、规范、政策要与天地运行的基本规律相适应。所谓顺应天道，就是尊重客观规律、按价值规律办事。自从凯恩斯主义产生以来，崇尚"看不见的手"的自由主义经济理论，开始变异出国家干预主义即用"看得见的手"干预市场。自由主义经济理论表面上看类似于"无为而治"，但它只相信人类的私欲追求可以实现社会福利最大化的一面，对于人性的缺陷即无限追求私利导致的道德法律约束无效而形成的危机的一面却没有充分考虑。在自由主义经济理论下，机构资本追求自身利益而不顾居民资本利益的行为，最终导致机构资本对资本自我增值的无限追求与居民资本因相对收入下降形成的购买力不足间的矛盾，结果是周期性地导致经济危机。凯恩斯的本意，是想通过政府财政和货币政策的干预，弥补机构资本对公共产品投资不足，从而提高总需求、填补经济运行中供求不平衡的困境。凯恩斯主义国家政策对市场干预，其本身的作用有好有坏，不能做道德评判。如果政策干预市场是按价值规律进行的，就可能弥补人性的缺陷，宏观政策力量就会与市场力量形成共振效应，政策效果就大；如果政策力量逆市场规律而行，市场就会将政策力量消弭于无形或政策作用的方向或目标与政策效果之间会存在巨大差异。

因为经济周期是自然周期在人间的表现形式之一，其本身又是多种周期的集合。所有经济周期都离不开人类生存的基本要素的生产经营，因此，农业生产周期构成了经济周期的基本底线。农业生产周期的繁荣或危机、衰退或复苏，都会引发粮价的周期性波动。粮价是一切消费品价格的基数或杠杆，粮价的周期波动，会引发居民消费品价格指数(CPI)的周期波动；居民消费品价格指数的周期波动，又导致了货币价格(利率)的周期变化，货币价格的周期变化，导致了生产资料和资本品价格的波动。同时，居民消费品价格指数的周期波动，直接构成了劳动力生产成本的周期波动，从而引起劳动企业成本的周期性变化。

所以，在由价格组合而形成的经济周期过程中，政策只能在一定程度上或一定时间内"调整"经济周期的波幅，但不可能"熨平"波幅，因为这种价格的组合体背后是国际资本、国家资本、机构资本和居民资本的博弈结果。政策企图代替经济周期，完全"熨平"经济波动，不仅无效，而且可能会加剧经济波动幅度或频率。因为在经济运行过程中，不仅有国家资本的作用力量，还有国际资本、机构资本和居民资本参与博弈。国际资本掌控着国际货币的供应，对国际货币和大宗商品具有"定价权"，决定了一国资产估值水平。国家资本掌握着国家核心资源、机构资本决定生产资料与消费品市场的供求关系，居民资本的集合体决定着国内劳动力的供应、最终需求和国内储蓄的丰与歉。

在不同的经济周期下，国际资本、国家资本、机构资本和居民资本的作用力及其效果是不同的。因此，判断经济周期位置，是宏观政策科学化和投资科学化的基本前提。笔者认为，判断周期，弄清当下宏观经济、行业处于什么周期区间，是政策或投资的起步。具体操作分如下六步：

第一步判断周期，不仅要考察总供给与总需求，还得考察经济运行和市场关系中的四大力量的博弈情况，再通过商品—货币—资本和劳动力价格线的关系，最后综合判断当下经济周期的确切位置；第二步选择行业，通过四方比较，在当下周期中确定估值最低又最有可能受益的行业，并以此为行业组合的重点；第三步筛选公司，通过六维(资源、政策、管理、技术、产品、市场)分析，在重点行业中确定最可能受益的公司，以此作为公司组合的起点。第四步确定股票，选中估值最低、业绩增长潜力大、价值回归可能性最大的公司，确定股票组合；第五步财务验证，确定了好公司好股票后，通过六维分析，找出财务上出现业绩奇迹或回避业绩漏洞的公司；第六步等待时机，如果业绩增长潜力大、价值低估、财务正常，则要通过经济周期、市场周期、行业周期、业绩周期与人气周期的交集点，确定入市时机。

资料来源：李国旺(作者系中山证券首席经济学家)上海证券报 2012 年 07 月 20 日

一、经济周期的熨平

无论经济周期的成因如何，它都不会是无限扩张或无限收缩的。经济本身自发力量的牵制与调节使经济周期具有上限和下限。经济周期的上限是产量扩张时不能超越的最高界限，这一界限取决于社会生产技术水平和经济资源可利用的程度。当资源在现有技术水平下得到了充分利用，投资就会停止，产量也就不能再增加，经济活动就达到了上限，转而开始走向衰退。经济活动的下限是产量收缩时不能跌破的最低界限，这一界限是由总投资特征和加速数的交织作用决定的。经济社会的投资和消费不会是零，于是，经济衰退到一定程度便自然不会再继续收缩，一旦产品不再下降，重置投资的乘数作用和加速数的相互推动，会使经济走出低谷。

经济周期的波动显然有上下限，但其上下波动，尤其是萧条的出现，对正常的经济活动仍有极为不良的影响。这样，宏观经济管理部门就有必要对经济活动进行调节。使经济不致过热，也不致过冷，促成经济长期稳定地增长，这就是所谓经济周期的熨平。

二、政府管理熨平经济周期采用的方式

政府经济管理部门在熨平经济周期时，主要有以下三种方式。

（一）调节投资。经济的周期性波动是在自发投资不变的情况下发生的。如果政府及时变更政府支出或采取影响私人投资的政策，就可以使经济的变动比较接近政府的意图。例如，在引致投资下降时，政府可以通过增加支出（比如公共工程支出、社会福利转移支出等）或鼓励私人投资（比如减税，降低利息率及银行准备金等），从而使现期投资不变或上升，以保持经济稳定持续发展。

（二）影响加速数。假定不考虑收益递减，加速数与资本－产量比率是一致的。政府采取影响加速的措施，就是通过改变资本—产量的比率，从而影响投资对经济周期变化所产生的作用。例如，可以采取适当的措施来提高劳动生产率，使同样的投资能够生产更多的产量，从而对收入的增长产生积极的影响。

（三）影响边际消费倾向。即通过适当的政策影响人们的消费在收入增量中的比例，从而影响下一期的收入。例如，当经济将要出现下降，政府可以采取鼓励消费的政策，提高边际消费倾向，这可以增加消费，进而促使下一期的收入增多。

本章小结

国民收入及总体经济活动水平有规律地经历扩张和收缩的周期性波动，称为经济周期。经济周期分为四个阶段，即繁荣、衰退、萧条、复苏。其中，繁荣和萧条是两个主要阶段，衰退和复苏是两个过渡阶段。

按时间产长短划分为经济周期：平均每一个周期为 9～10 年，叫朱格拉周期，又叫中周期；为期 50～60 年的康德拉季耶夫周期，又叫长周期；平均长度为 20 年的长周期叫库兹涅茨周期，又叫建筑业周期；熊彼特周期，又叫综合周期，他以重大的创新为标志，划分了三个长周期。

知识链接

美国20世纪30年代大萧条时的生活

萧条不可避免。该勒紧裤腰带的,一定要勒紧裤腰带。1929年10月28日,纽约证券交易所股指暴跌13%。第二天,道琼斯指数一泻千里,暴跌22%。美国历史上最著名的一次经济危机拉开序幕,迎接人们的是长达10年的大萧条。在这10年中,音乐、电影、阅读、体育等休闲方式,帮助美国人度过了最难耐的时光。

简单家庭游戏大受欢迎

美国人生活中受大萧条影响最显著的方面,莫过于闲暇时间的利用。娱乐和运动商品的销售净额从1929年的5亿美元,下降到了1933年的略高于2.5亿美元。休闲团体——城市运动俱乐部、乡村俱乐部、高尔夫俱乐部和网球俱乐部等,在1930－1934年间下降了一半。仅高尔夫俱乐部就损失了大约100万成员,在严重的财务压力下,很多私人高尔夫球场都被卖掉了。社交俱乐部等组织也有同样的衰落。

另一方面,简单的家庭游戏——拼图、强手、跳棋、国际象棋、掷套圈等,却变得大受欢迎,要么是为了消磨时间,要么是为了排遣焦虑。

罗斯福最有名的消遣是集邮——这跟他的政府在头5年的时间里发行了大约100个新邮票品种也不无关系。他为这种消遣方式做了最好的宣传,使得集邮者的数量从估计的200万增加到了900万。桥牌——小额赌注或无赌注,在各种叫牌约定所带来的新的刺激下颇有进展。研究这一娱乐方式的畅销书作者埃利·克柏森估计,尽管是在艰难时期,但全国在桥牌培训上仅1931年就花掉了1000万美元,总共(包括购买扑克牌)花了将近1亿美元。

在郊区,人们呆在家里,促进了羽毛球、乒乓球和户外晚餐的复兴,还刺激了业余木工、机械、养鸽子等业余爱好。

罗斯福成最佳广播宣传员

端坐不动的消遣项目当中,最普遍的莫过于听收音机了。

公众对新闻分析和新闻解释的渴望,带给时事评论员雷蒙德·格拉姆·斯温、H. V. 卡滕伯恩、洛厄尔·托马斯、加布里埃尔·希特等人以前所未有的声望,数百万人专心致志地收听他们关于国际时事的观点。1932－1939年间,通过收音机传送的消息量几乎翻了一倍。

最好的广播宣传员就是罗斯福总统本人,他那句让人心里暖洋洋的平民化称呼语“我的朋友”,早在他1920年竞选副总统的时候就已经被采用了。他总是直接而亲密地诉诸人民,这一姿态打造了一种个人的领袖风范,就其影响力来说是空前的。一天的“炉边谈话”之后,他经常能收到5万封听众来信。记录所有这些讲话的唱片,显示了罗斯福在演讲技巧上的变化,从老式的洪钟大吕式的风格,加上在前收音机时代学到的那种雄辩有力的停顿,到更低沉的音调,以及更柔软、更放松、更迷人的谈吐,这些更适合那些只闻其声、不见其人的听众。

“布吉伍吉”流行起来了

1934 年初，或许是作为经济复苏的先兆，爵士乐的精神获得了重生。这次复兴主要是通过华美的单簧管唱片和班尼·古德曼的伴舞乐队广播，班尼极好地诠释了欧洲鉴赏家们所谓的“热爵士”。它很快就获得了新的名字：摇摆乐。

1935 – 1936 年冬天，当“即兴曲”和“热乐俱乐部”在美国各地如雨后春笋般出现的时候，一位记者写道：“‘摇摆’之于爵士，就像诗魂之于诗歌。”一个深受人们喜爱的术语，不经意间流行起来了，这就是“布吉伍吉”，它表示一种钢琴音乐，演奏者以持续滚动的左手程式，混合着右手随心所欲的即兴创意。

数百万年轻人认可了这种新风格。那些热情的鉴赏者自称为 hep – cat（爵士乐迷），积极地投身其中者自称为 jitterbug（爵士乐狂）。当他们“进人最佳状态”的时候，结果往往是更富有动感，而不是更优雅。

“米老鼠”“唐老鸭”问世

电影——在上一个十年是全国第四大产业，依然是最重要的商业娱乐。尤其是听到那些在无声电影当中倾慕已久的明星们的声音所带来的喜悦，把电影工业推向了大萧条时期的第一波小小的高潮。

迪斯尼 1926 年从中西部地区来到好莱坞，两年后创造了“米老鼠”，在有声电影《汽船威利》（1928 年）让这个足智多谋的啮齿动物走上世界性主人公的道路之前，默片中的米老鼠并不成功。而 1930 年代快要结束的时候，据称，米老鼠已经逐步让位于迪斯尼后来创造的另一个卡通形象唐老鸭。这是不是因为唐老鸭那呱呱乱叫的恐慌比米老鼠厚脸皮的个人主义更接近于时代精神呢？

迪斯尼，这些“机器时代的童话故事”的作者，还在《白雪公主》（1938 年）和《幻想曲》（1940 年）中展示了他的多才多艺。前者是他的第一部全长电影，由将近 50 万幅绘画依次拍摄而成，后者是大胆的尝试，试图把古典音乐与绘画艺术结合起来。

大多数电影的内容是为了逃避现实而设计的，多数反映了那些疲累或倦怠的成年人的品位。他们所寻求的是奢华和传奇、性和情感的世外桃源，这些对于年轻的电影迷来说，远不如迪斯尼的世界那么有益健康。

“没有图书馆，我早疯了”

在大萧条即将到来的时候，20 个成年人当中大约有 19 个人是报纸的读者，四分之三的人读杂志，二分之一的人读书。经济危机只给报摊和杂志书架造成了较小的伤害——光顾这些地方的花费总是很小，但它带给图书界的却是一次严重的打击，与此同时，正迅速发展的公共图书馆也处在一个经费捉襟见肘的艰难时期。

无所事事的百万民众突然发现，公共图书馆简直就是穷人的俱乐部，一个可以随便翻阅、打盹瞌睡的温暖而安静的地方。

1933 年，美国图书馆协会估计，自 1929 年以来新增的借书人大约在 200 万到 300 万之间,而总的图书流通增长了将近50%。顾客偶尔会对图书管理员说:“要不是因为有图书馆,我没准早就疯掉了,或者自杀了。”

起初,小说是最大的受益者,西部小说和轻松杂志的大量读者都逐渐增加,然后慢慢转向了技术和知性主题的书籍。然而不幸的是,就在这个发展机会最大的节骨眼上,图书馆却在贫困的重负下呻吟。

在60个大城市中,购书经费从1931年的一年两三百万美元,缩减到了1933年的不足100万美元。在举办世博会的那一年,芝加哥极力把它最好的一面呈现给世界。而芝加哥图书馆却面临着连续第三个季度没钱买书。无力替换破损的旧书,无力改善糟糕的服务,缩短借阅时间,是最常见的障碍。直至大萧条中期的那些年,正在复兴的国家经济才让图书馆恢复了过去的标准。

《读者文摘》发行量大

在大萧条的打击下,杂志一般都保持稳定,发行量还略微有所增长,周刊比月刊更有优势。纪实故事和爱情杂志是逃避现实的精神鸦片,自夸其在1935年的总发行量比1921年几乎多出了三分之一;但另一种假想的安慰剂——幽默杂志,却没能重整旗鼓,到1935年,其发行量只有大萧条之前的一半多一点。除了《吹牛大王》暂时的成功之外,“笑解”这场危机没能满足人们的需要。

宗教杂志继续衰微,但通俗科学和机械方面的杂志却坚持了下来。自由主义的和激进的杂志在1931年创下了新高,但在接下来的一年里,损失了将近一半的发行量,1934年达到最低点,不过自1935年以后又开始小幅度攀升。

女性期刊——它们的1200万订户到艰难时期也并未大减——继续供应着浪漫传奇和多愁善感,只对不断高涨的经济和政治争论作出了很小的一点让步。第一份专门为男人办的杂志《时尚先生》创刊于1933年。

《读者文摘》是一份口袋大小的月刊,这一时期刚开始的时候有25万订户,而到这时期结束的时候,其发行量接近七八百万份,包括外语版和盲文版。这是有史以来发行量最大的一份杂志。它的成功部分源自于大萧条——当时,很多家庭没有能力订阅几份不同用途的杂志,就只好订阅这份多用途合一的杂志——部分源于它的提炼(或者至少是浓缩)其他出版物的精华的做法。它的食谱包罗广泛,从探求一线希望的文章,到瘸子和盲人所讲述的快乐生活的故事,混合了关于聪明小狗和花鼠的奇闻趣事以及一本正经的下流笑话。

“硬汉”海明威影响一代人

在整个虚构文学领域,最重要的小说家是欧内斯特·海明威。在大萧条时代,他以《永别了,武器》(1929年)开始,以《丧钟为谁而鸣》(1940年)结束,前者讲的是一个处在战争和死亡阴影下的深刻感人的爱情故事,后者在主题上有些类似,但背景是一场新的斗争:西班牙内战。这位美国自由撰稿人参与了这场战争。

海明威的惜墨如金、断断续续的对话,以及他专门描写性格外向的男人,深刻地影响了这一代人,他的强硬都市学派的弟子们甚至比师傅更加顽强。

托马斯·沃尔夫用笔描绘了大萧条的令人难忘的图景:为了取暖而在市政厅厕所里挤作一团的曼哈顿穷人,廉价公寓里的外籍居民,出没于地铁和通宵流动咖啡摊的那些衣衫褴褛、孤苦伶仃的人。沃尔夫一直对正在走向纳粹深渊感到不寒而栗,比如《时间与河流》(1935 年)和《你再也回不了家》(此书在他 1938 年过早去世的两年之后出版),象征了美国人迷失在困惑、光荣、挫败和对生命本身的死亡预感之中。

[美] 狄克逊·韦克特《大萧条时代:1929 - 1941》,新世界出版社出版。

知识巩固

1. 经济周期的两大阶段是什么?各有什么特征?

2. 西方经济学家把经济周期划分为哪几个类型?

案例讨论

1. 我国当下的经济增长波动有什么变化?根据我国经济增长周期性波动态势,预测其发展趋势并给出你的依据。

2. 我国是社会主义国家,按照经典作家的描述,社会主义国家的经济是有计划和按比例的,不应该发生经济危机和经济震荡,但是,现实是经济波动或经济危机一直伴随着社会主义经济发展的全过程,对此你怎样解释?

项目十七　经济增长理论

知识目标

熟悉经济增长的概念,了解经济增长模型

能力目标

运用增长理论,分析和理解经济增长的源泉

开篇案例

日媒:亚太经济增速将放缓 增长要靠中国

日本《外交学者》10 月 3 日文章 称中国经济在 21 世纪可能一直保持增长,但未来十年全球最热的经济体会充满异国情调。

拥有超过 6 亿的人口、接近主要市场的东南亚会是世界上增长最快的经济体之一。预测未来十年,缅甸的经济总量会翻倍,斯里兰卡、柬埔寨的经济规模会增长 90%,新兴经济体会成为全球增长的主要动力。

英国商业机构国际商业观察(BMI)预测,到 2022 年新兴经济体所占的全球经济总量将从 2000 年的 25% 上升到 55%。而发达国家的人均 GDP 将是新兴国家的约六倍。

不过,由于中国和印度两国未来十年的经济增长预测为 80%,金砖国家的概念不会完全消失。中国的人均 GDP 在 2022 年将达到 13260 美元(约合人民币 81150 元),印度将达到 3339 美元,数百万人将脱离贫困。

2001 年发明了"金砖四国"缩写的经济学家吉姆·奥尼尔(Jim O' Neill)对金砖国家的整体的经济增长失望,认为这个缩写现在已经不再有效。

奥尼尔最近接受美国《华尔街日报》采访时说,如果能改,BRIC(巴西、俄罗斯、印度、中国)应只剩下"C"(中国),不过那就不成缩写了。

金砖国家中,对增长贡献最大的是中国。印度仍然是金砖四国中让人"失望最大"的,巴西是最不稳定的。经济学家认为,中国 7.5% 的经济增长将额外创造 1 万亿美元的财富。

亚洲开发银行(Asian Development Bank,ADB)特别注意到中印经济增长放缓对整个亚太地区的影响。亚洲开发银行首席经济学家李昌镛(Changyong Rhee)在声明中表示,亚太地区 2013 年的经济增长受到中印两大经济体经济增长放缓和美国量化宽松的影响,增长将低于预期。

资料来源:海外网 2013 年 10 月 5 日。

任务一　经济增长的理论与模型介绍

一、经济增长的理论

（一）经济增长的含义

经济增长指一个国家或地区生产的物质产品和服务的持续增加，它意味着经济规模和生产能力的扩大，可以反映一个国家或地区经济实力的增长。

用库兹涅茨的话来说："一个国家的经济增长可以定义为给居民提供种类日益繁多的经济产品的能力长期上升，这种不断增长的能力是建立在先进技术以及所需要的制度和思想意识之相应的调整的基础之上的。"

经济增长的定义包含以下三个含义。

第一，经济增长集中表现在经济实力的增长上，而这种经济实力的增长就是商品和劳务总量的增加，即国内生产总值的增加。如果考虑到人口的增加和价格的变动，也可以说是人均实际国内生产总值的增加。

第二，技术进步是实现经济增长的必要条件。即只有依靠技术进步，经济增长才能是可能的。在影响经济增长的各种因素中，技术进步是第一位的。从历史经验来看，经济增长中有一半以上要归功与技术进步，生产率的提高80%来自科技进步。

第三，经济增长的充分条件是制度与意识的相应调整。即只有社会制度与意识形态适合于经济增长需要，技术进步才能发挥作用，经济增长才是可能的。美国经济学家道格拉斯·诺斯强调"增长的路径依赖"，即一个国家只有选择了一条正确的增长之路就是市场经济。我国改革后经济增长的高速度，说明了制度是经济增长的前提，资源和技术进步是经济增长的源泉。

现在我国主要是用国内生产总值、国民生产总值来测量经济增长。为度量经济增长除了测算增长总量和总量增长率之外，还应计算人均占有量，如按人口平均的国内生产总值或国民生产总值及其增长率。拉动国民经济增长有三大要素，分别是投资、出口和消费。

如果一个国家的国内生产总值增长为负数，即当年国内生产总值比往年减少，就叫做经济衰退。通常情况下，只有当国内生产总值连续两个季度持续减少，才被称为经济衰退。

（二）经济增长的衡量

经济增长的核算通常依靠GDP、GNP等统计数据。基本方法一般以本年度的GDP总量对比往年的GDP总量，而得出经济增长的百分比。

二、经济增长模型

（一）哈罗德－多马模型

1. 假设条件

（1）假定全社会所生产的产品只有一种。这种产品既可以用于个人消费，又可以作为投资所需的生产资料。

(2)假定只有两种生产要素:劳动和资本,这两种生产要素之间不能相互替代,且只有一种可行的配合比例。

(3)假定模型收益不变,即生产规模扩大时不存在收益递增或递减。

(4)假定技术水平不变,

(5)由于以上假定,因此在任何时候生产单位产出所需要的劳动力数量和资本数量不变。

2. 基本公式

$$G = S/C$$

式中,G 为经济增长率;S 为储蓄率,即储蓄量在国民收入中所占的比例;C 为资本/产量比率。

由于假定条件中资本/产量比率为定值,所以经济增长率实际上取决于储蓄率。这一模型研究的是资本增加对经济增长的作用。

3. 经济长期稳定增长的条件

此模型采用了实际增长率、合意增长率(有保证的增长率)和自然增长率三个概念分析经济长期稳定增长的条件及波动的原因。

实际增长率(G)是实际上发生的增长率,它由实际储蓄率(S)和实际资本/产量比率(C)来决定,即

$$G = S/C$$

合意增长率(G_W)(有保证的增长率)是长期中理想的增长率,它由合意储蓄率(S_d)和合意的资本/产量比率(C_r)决定,即

$$G_W = S_d/C_r$$

自然增长率(G_n)是长期中人口增长和科技进步所允许达到的最大增长率,它由最适宜的储蓄率(S_o)和合意的资本/产量比率(C_r)决定,即

$$G_n = S_o/C_r$$

哈罗德-多马模型认为,长期中实现经济稳定增长的条件为

$$G = G_W = G_n$$

如果这三个增长率不一致,则必然会引起经济波动。具体说是,实际增长率与合意率增长率不一致,会引起经济的短期波动。

若 $G > G_w$,则实际资本-产出比低于投资者意愿的资本-产出比,投资会进一步增加,经济继续扩张,实际经济增长率进一步提高,直至达到劳动供应的极限,即直到资本增长率=劳动力增长率=自然增长率。

若 $G < G_w$,则实际资本-产出比高于投资者意愿的资本-产出比,投资会降低,实际经

济增长率降低，经济紧缩，出现失业。

若 $G_w > G_n$，则资本增长率超过了劳动力增长率，投资者会减少投资，导致实际增长率 G 小于均衡增长率 G_w，经济则可能长期处于紧缩状态。

若 $G_w < G_n$，则表明投资资本被充分利用，形成了高额利润，这将刺激投资者增加投资。长期中会使经济持续扩张以致于出现长期通胀。

（二）新古典经济增长模型

1. 假设条件

新古典经济增长模型对哈罗德—多马模型进行了修正，它放弃了哈罗德—多马模型中关于资本和劳动力不可替代及不存在技术进步的假设，重新提出了自己的前提条件。并在此条件下得出结论，建立了新的经济增长模型。由于他们的理论具有凯恩斯以前的传统经济学的痕迹，因而被称为新古典经济增长模型。

由于资本投入和劳动投入的增加以及技术进步是经济增长的三大因素。新古典增长模型不像哈罗德－多马模型只强调投资对经济增长的作用，它强调了资本和劳动对经济增长的共同作用，同时认为技术进步不仅会改变劳动生产率，而且会改变资本/产出比率，并将其作为一个独立的变量加在经济增长模型中。

2. 基本公式

$$G = a(\Delta K/K) + b(\Delta L/L) + \Delta A/A$$

式中，$\Delta K/K$ 为资本增加率；$\Delta L/L$ 为劳动增加率，$\Delta A/A$ 为技术进步率；a 为经济增长中资本所作出贡献的比例；b 为经济增长中劳动所作出的贡献比例。

a 和 b 之比即资本/劳动比率。由于生产中投入的要素只有资本和劳动，所以 $a+b=1$。

3. 经济长期稳定增长的条件

新古典模型从资本/产量比率的角度探讨了经济长期稳定增长的条件。

这一模型认为，在长期中实现均衡的条件是储蓄全部转化为投资，即对凯恩斯储蓄等于投资这一短期均衡条件的长期化。在这种情况下，如果储蓄倾向不变，劳动增长率不变，则长期稳定增长的条件是经济增长率 $\Delta Y/Y$ 与资本存量增长率 $\Delta K/K$ 必须相等，即

$$\Delta Y/Y = \Delta K/K$$

如果 $\Delta Y/Y > \Delta K/K$，意味着收入增长快于资本存量增长，从而资本生产率提高。这则会刺激厂商用资本替代劳动，是资本价格提高，从而最终减少资本使用量，最后达到 $\Delta Y/Y = \Delta K/K$。

可见，通过市场调节会使经济在长期中保持 $\Delta Y/Y = \Delta K/K$，从而实现稳定增长。

（三）新剑桥经济增长模型

新剑桥模型是由英国经济学家 J·罗宾逊与尼古拉·卡尔多（N·Kaldor）等剑桥学派者提出来的。该模型主要分析收入分配的变动如何影响决定经济增长率的储蓄率，以及收入

分配与经济增长之间的关系。

1. 新剑桥增长模型的意义

新剑桥增长模型旨在说明资本主义社会结构的症结在于国民收入分配的失衡,因而解决资本主义社会问题的途径不在于加速经济增长,而是实现收入分配的均等化,这种改良主义的观点和主张,使其博得“凯恩斯左派”的称号。新剑桥学派的基本特征是以历史的、收入分配的结构分析为凯恩斯宏观经济分析的理论基础。其分配理论是经济增长理论紧密结合在一起的动态分析方式,力图以劳动价值论的为理论基础,抛弃了新古典学派的在分配理论上的辩护性,不回避分配问题上所蕴藏的阶级结构。它无非是用数学语言说出马克思早已道出的一个历史现象,即利润收入者所得恰好是工资收入者所失。

2. 新剑桥经济增长模型特点

第一,模型是哈罗德—多马模型的延伸,和后者一样,其基本观点是增长率决定于储蓄率或投资率,而资本—产出比例是固定不变的。

第二,模型把经济增长与收入分配结合起来,说明经济增长过程中收入分配的变化趋势以及收入分配关系对经济增长的影响。

第三,模型认为:在社会分化为两个阶级“资本家和工人”的条件下,经济增长加剧了收入分配比例失调,收入分配比例失调反过来又影响经济增长。要解决这一问题,重要的不是简单地谋求经济快速增长而是消除收入分配比例失调的状况。

第四,模型否定了新古典经济增长模型的思路,即持续稳定增长取决于投入要素比例的变化和技术进步,而认为要实现持续稳定增长必须靠国家政策对分配比例失调进行干预。

新剑桥经济增长模型(又称新剑桥增长模型,neo Cambridge growth model),它是现代凯恩斯主义新剑桥学派的经济增长模型。新剑桥经济增长模型是由英国的琼·罗宾逊,卡尔多和意大利的帕森奈蒂提出来的。

该模型的基本假设有:①资本—产量比率保持不变,即常数;②均衡条件为 $I=S$;③社会成员分为工资收入者(工人)和利润收入者(资本家),两者的储蓄率都是固定的,而且利润收入者的储蓄率大于工资收入者的储蓄率。

以 P 代表资本利润,W 代表工资,Y 代表国民收入,则:

$$Y=P+W \text{ 或 } W=Y-P$$

以 sp 代表利润收入者的储蓄率,sw 代表工资收入者的储蓄率,s 代表总储蓄率,则有:

$$\begin{aligned} s &= P/Y\cdot sp+W/Y\cdot sw = P/Y\cdot sp+(1-P/Y)\cdot sw \\ &= P/Y\cdot sp+sw-P/Y\cdot sw=P/Y(sp-sw)+sw \qquad (17-1) \end{aligned}$$

$$k=K/Y \qquad (17-2)$$

将式(17-1),(17-2)代表哈罗德—多马模型中,得到:

$$G=[P/Y(sp-sw)+sw]\cdot 1/k = P/K(sp-sw)+sw/k \qquad (17-3)$$

P/K 即是利润率,以 π 为代表,则:

$$G=\pi(sp-sw)+sw/k \tag{17-4}$$

上式即是新剑桥经济增长模型。该模型的含义是:在既定的技术水平下,经济增长率决定于利润率的高低以及资本家和工人两个阶级的储蓄倾向。

(四)新增长理论

20 世纪 80 年代之后,随着知识经济的到来和科学技术的进步,美国经济学家罗默等人提出了新增长理论。在新增长理论中,突破了技术进步是外生变量的新古典学术,把技术进步内生变量,揭示了劳动、资本、技术进步对增长的共同作用,以及这三者之间的相互关系。该理论突出了技术进步在劳动和资本中的作用,技术进步体现在劳动中就是劳动者素质的提高,体现在资本中就是用更先进的设备替代了旧设备。资本的增加和劳动的增加是技术进步的结果,技术进步是经济增长的中心。这种理论反映了当代经济增长的基本特征,也指出了经济增长的必由之路是技术进步和技术 。

任务二　中国威胁论:经济增长的作用

一、经济增长的含义与特征

(一)经济增长的含义

正确理解经济增长(Economic Growth)概念的前提,是正确区分现实的国民产出和潜在的国民产出。所谓现实的国民产出是指实际达到的国民产出水平。所谓潜在国民产出是指当生产资源在其正常使用强度下得到充分利用时,一国经济能够达到的产出水平。也就是在生产,资源,包括技术和人口既定时,能够维持下去,而又不致使通货膨胀加速的最高产出水平。经济增长是指一种长期的经济现象,是指一国潜在国民产出的持续增加。

对经济增长含义的把握需要注意以下几点。

第一,经济增长集中表现在经济实力的增长上。经济实力的增长就是商品和劳务总量的增加,即国内(或国民)生产总值的增加。如果考虑到人口的增加,也可以说是人均国内(或国民)生产总值的增加。所以,经济增长的最简单的定义就是国内(或国民)生产总值的增加。经济增长仅仅是指国内(或国民)生产总值的增加,而不涉及其他。例如,经济增长并不等于社会福利或个人幸福的增加。国民收入的增加当然是社会或个人福利增加的基础,但是在某些情况下,经济增长并不一定能增加社会福利或个人福利。

第二,技术进步是实现经济增长的必要条件。这也就是说,只有依靠技术进步,经济增长才是可能的。在影响经济增长的各种因素中,技术进步是第一位的。

第三,经济增长的充分条件是制度与意识相应调整。只有社会制度与意识形态适合于经济增长的需要,技术进步才能发挥作用,经济增长才是可能的。

(二)经济增长的特征

库兹涅茨根据英、美、法等 14 个国家近百年的经济增长统计分析,总结出现代经济增长的六大特征。

第一,人均产量和人口的高增长率。这里实际包括了三个指标:产量增长率(即实际国民生产总值增长率)、人口增长率、人均产量增长率(即人均国民生产总值增长率)。经济增长中最显著的特点就是这三个增长率都是相当高的。

第二,由于技术进步,生产率不断提高。无论是劳动生产率还是其他生产要素的生产率都迅速提高。生产率的迅速提高归功于技术进步。

第三,经济增长过程中经济结构的迅速转变。经济增长使产业结构、产品结构、消费结构、收入分配结构以及就业结构等都得到不断的改善。经济增长使农业过剩人口转向城市和工业,促进了农业向非农业、工业向第三产业的转变。同时,经济结构的改变反过来又推动经济增长的步伐加快。

第四,社会结构和意识形态迅速转变。经济增长使僵化的社会结构变得较为灵活,使传统的思想观念转变为增长、工业化、城市化、国际化等意识。

第五,经济增长不是某一个国家或地区的独特现象,而是在世界范围内迅速扩大,成为各国追求的目标。发达国家凭借其技术力量,通过各种方式向世界其他地方伸展,使发达国家的经济增长迅速影响其他国家。

第六,经济增长在世界范围内是不平衡的,发达国家与发展中国家的经济差距相当大,并且贫富差距可能在拉大,世界经济的增长受到限制。

二、经济增长与经济发展

经济增长和经济发展这两个概念有无区别,经济学家各有各的看法。有的把这两个概念并列起来,有的似乎在应当用"发展"一词的地方却使用了"增长"一次,有的则在指出它们某些区别时,又说这两个词可以交换使用。例如,美国发展经济学家雷诺兹就认为经济增长和经济发展可以视为"互相替代使用的两个名词"。不过,在传统的西方发展经济学中,一般是将经济发展定位为结构的改变,并认为这是发展中国家经济学的研究课题;将经济增长定义为产出的增加,并认为这是发达国家经济学的研究课题。

经济发展是指随着经济增长一同出现的经济结构、社会结构甚至政治结构的变化。发展的内在含义包括三个基本组成部分或核心价值:即最低生活需要、自尊和自由。它们代表了所有人和社会追求的共同目标,与人类的基本需求相联系。因此,经济发展比经济增长具有更广泛的涵义,除包涵经济增长的内容外,还包括经济结构方面的变化,如产业结构、就业结构、收入结构、消费结构、人口结构的变化等。此外经济发展还包括生态平衡、生活状况的改善,以及贫困落后状态的改善和消除等一系列社会经济生活中质的变化。这两个概念既有联系又有区别。

三、经济增长的作用

(一)经济增长的好处

经济增长能带来诸多好处。

1. 经济增长可以普遍地提高人们的生活水平。一国全体社会成员的平均生活水平，主要取决于人均国民产出水平。要提高社会成员的生活水平，不能依靠缩减人口规模，只能依靠经济增长。

2. 经济增长可以促进收入分配的平等。在经济增长中，可以对国民产出的增量进行分配，以较小的阻力促进收入分配的平等。

3. 经济增长可以促进生活方式的转变。在经济增长过程中，随着人们平均收入水平的提高，其生活方式可以向更高层次发展。

4. 经济增长可以增加国家的实力，提高国家和民族在国际上的地位。

（二）经济增长的代价

但是，经济增长也需要付出一定的代价。

1. 经济增需要一定的资源，这意味着人们闲暇的减少。

2. 经济增长可能会造成环境的恶化。

3. 经济增长还可能带来一些社会问题，比如城市拥挤、犯罪率上升等。

正因为经济增长存在着两方面的不同影响，促使经济学家对经济增投入很多的精力，经济学家发展出很多经济增长模型以试图分析哪因素决定了经济增长，如何才能实现经济增长，多高的增长率是比较合适等问题。

欧洲“中国威胁论”从何而来

对欧洲来说，21 世纪初最富意义的事件，也许莫过于中国的崛起了。中国的崛起，让欧洲人看到世界和平力量的壮大，同时，一股“中国威胁论”也在欧洲大陆悄悄流行。

“中国威胁论”在欧洲由来已久。中国改革开放初期，很多人并不看好中国，甚至有人预言中国可能“崩溃”。《明镜》周刊曾对此表达了“恐惧”：“如果中国人不能解决温饱问题，全世界人都将挨饿。”早期的“中国威胁论”主要是文化意义上的。

进入 20 世纪 90 年代中期，欧中关系逐渐改善。这和中国经济的腾飞不无关系，特别是 1997 年的亚洲金融危机，让欧洲的对华认识大为改观。当时亚洲各国的货币普遍疲软，只有中国保持了人民币的坚挺。“中国是对国际社会负责任的一员”等积极评价经常出现在欧洲的主流媒体上。

“9 · 11”事件后，全球经济处于衰退之中，又是中国经济的高速发展让欧洲看到了希望。一股股去中国“淘金”的热潮在欧洲掀起。一时间，一次关税的提升，一位中国官员关于人民币汇率的简短谈话，都变得无比重要。谈论经济时，欧洲对中国原有的怀疑态度消失之快出乎人们意料。

现在，欧中关系又面临新的转折点。越来越多的来自中国的产品进入欧洲市场，由于资金、市场等原因，一些欧洲企业把工厂转移至中国，欧洲失业率等问题越来越严重……欧洲开始对“中国的崛起”感到威胁。在多种说法中，“三只无形的手”的观点很有代表性：“第一只手”是人民币的低汇率是明显的倾销;“第二只手”是中国的超级廉价人工成本;“第三只手”是中国可能“吃掉”世界,如果20年后中国经济如预期增长4倍,地球将无法负担这样的资源消费。但欧盟官员曼德尔森认为,中国的崛起,至少让成千上万的中国百姓从中获益,很多人因此脱离了贫困,欧洲应为此鼓掌。

其实,中国人大可不必为所谓的“中国威胁论”伤脑筋。因为欧洲式思维的人,一个基本逻辑就是实力的增长必然意味着扩张。因而中国的崛起,必然会对世界构成威胁。看来,更重要的是中国人能不能用宽大的胸怀与高度的智慧来处理好这个问题。

资料来源:2005年6月6日德国《政治评论》,原题为“欧洲‘中国威胁论’从何而来”,作者约翰内斯·韦恩,青木编译国内发表于《环球时报》,2005年06月17日,第六版。

任务三　中国发展的潜力:经济增长的源泉

经济学家丹尼森把经济增长的源泉归结为两大类:生产要素投入量和生产要素生产率。

(1)生产要素投入量包括:就业人数及其年龄、性别构成、非全日制工作在内的工时数、就业人员的教育年限、资本存量的多少。生产要素的投入量决定着生产规模的大小。

(2)生产要素生产率包括:资源配置、规模经济和知识的进展。生产要素生产率决定单位生产要素的使用效率。

库兹涅茨运用统计方法对经济的增长因素进行分析,提出的经济增长因素有:

(1)知识存量的增加。知识存量的利用成为现代经济高比率的总量增长和迅速的结构变化的源泉。

(2)劳动生产率的提高。以人均产值高增长为特征的现代经济增长的主要原因是劳动生产率的提高。

(3)经济结构方面的变化。发达国家经济增长时期的总体增长和生产机构的转变速度都比它们在现代化以前高得多,不发达国家经济结构变动缓慢,结构因素对经济增长的影响比较小。

最常见的分析是将经济增长的源泉归结于资本、劳动和技术进步。因为,经济增长指一国产出的增长,由此必然涉及生产函数的分析。经济学家用总生产函数表示一国的总产量与生产中使用的全部生产要素投入量之间的函数关系。常用的总生产函数就是

$$Y = Af(K, L)$$

其中,Y表示一国的总产出,A表示技术进步,K表示资本,L表示劳动。技术进步、资本和劳动这三项被视为经济增长的源泉。

一、资本

经济增长中必然有资本的增加。现代经济学家认为,在经济增长中,一般的规律是资本的增加要大于人口的增加,即人均资本量是增加。在经济增长的阶段,资本增加所作出的贡

献还是比较大的。因此，许多经济学家都把资本积累占国民收入的10% -15%作为经济起飞的先决条件。战后西方各国经济增长的事实也表明，储蓄多从而资本增加的国家，经济增长率也会比较高，把增加资本作为实现经济增长的首要任务。但是，必须指出，对于一个国家经济增长所需要的资本，并不能仅仅依靠私人部门。有些资本的投资规模十分巨大，非私人企业所能承担；有些则具有很大的外部性，私人企业不愿意承担。这些资本多属于一个社会的基础设施，对于这些基础设施的建设，政府应该承担相应的责任。

二、劳动

劳动指劳动力的增加，劳动力的增加又可以分为劳动力数量的增加与劳动力质量的提高，这两个方面对经济增长都有很重要的作用。劳动力的数量的增加主要来源于：第一，人口的增加；第二，人口中就业率的提高；第三，劳动时间的增加。而劳动力质量的提高则是文化技术水平和健康水平的提高，劳动力是数量与质量的统一。一个高质量的劳动力，可以等于若干个质量低的劳动力。一般在经济增长的初期，劳动的增加主要依靠劳动力数量的增加，而经济增长到了一定阶段，人口增长率下降，劳动工时缩短，就是依靠提高劳动力质量来弥补数量的不足。

三、技术进步

技术进步在经济增长中的作用，体现在生产率的提高上，即同样的生产要素投入能提供更多的产品。随着经济的发展，技术进步在经济增长中所作出的贡献越来越大。技术进步包括科学技术、管理水平和企业家精神等方面。技术进步最终体现在新生产要素的采用、生产过程的改进和新产品以及新劳务的引入等。作为一个过程，技术进步不是按照一种机械的程序进行的。劳动和资本的投入，特别是劳动力质量的提高是技术进步的基础。但是实现技术进步，还需要企业家精神以及管理水平等方面的进步，为创新者提供自由、开放的环境和有效的激励。根据索洛的估算，1909 -1940年间，美国2.9%的年增长率中由于技术进步而引起的，增长率为1.49%，即技术进步在经济增长中所作出的贡献占51%左右。随着经济的发展，技术进步的作用越来越明显。

在传统经济理论中，技术进步常常被视为一个外生变量。随着经济增长理论的发展，内生的技术进步理论渐渐兴起。其基本观点是，技术进步本身就是经济体系的产出，各种新产品、新机器、新知识都是通过研究开发活动而产生的，这些研究开发活动同样是一种经济活动，也需要投入资本和劳动等生产要素，并获得收益。

数据表明中国发展潜力依旧巨大

2013 -09 -21 10:22:56 人民日报海外版

8月份的经济数据表明，在上半年增速放缓、下行压力增大情况下，在外界“唱空”中国的论调中，中国政府正以正确科学的政策对经济进行宏观管理，助推中国经济提质增效的“第二季”。

1. 数据表明中国经济趋稳向好

9月17日，中国铁路总公司消息称，1至8月份，全国货运形势逐步好转。其中，8月国家铁路日均装车133018车，环比、同比分别增长2.2%和2.4%，为今年4月以来的最高水平。而和铁路货运量同为三大实体经济指标的工业用电量，8月份也同比增长12%。

在货币经济领域，国家外汇管理局17日公布的数据显示，8月我国银行结售汇顺差83亿美元。分析人士认为，结售汇在两个月逆差后再现顺差，表明投资者对中国经济企稳和人民币汇率信心回升，跨境资本流出压力减小。

在夏季达沃斯论坛上，李克强总理关于中国"当前经济发展的基本面是好的，经济运行总体是平稳的"这一基本判断和"我们完全有能力、有条件保持经济长期持续健康发展"的未来预期，让各方对中国经济充满信心。而这样的论断背后，是一系列的坚实数据支撑。

16日，国家统计局新闻发言人盛来运介绍，8月份中国的制造业采购经理指数（PMI）是51%，比7月份提升了0.7个百分点，为近16个月以来最高，意味着大家对制造业后期走势是乐观的。这也是PMI指数连续11个月站在50%的经济发展临界点之上。

8月，生产者物价指数（PPI）环比上涨0.1%，则说明了市场供求形势的好转。而8月份规模以上工业增加值增长速度达到10.4%，伴随发电量、用电量、铁路货运量等指标的共同上升，都表明了实体经济的活跃。

此外，作为拉动经济的三驾马车，出口、消费和投资数据也呈现出进一步攀升态势。

数据显示，8月份中国外贸出口同比增长7.2%，增速比上月回升2.1个百分点；社会消费品零售总额同比名义增长13.4%，比上月加快0.2个百分点；前8个月全国固定资产投资同比增长20.3%，其中制造业投资增长17.9%。

一系列数据表明，中国经济正以坚实的脚步，逐渐趋稳向好。

2. 宏观政策助力经济回暖

"一系列的情况和数据再次显示，中国经济在稳增长、调结构、促改革的创新政策的引领下出现了积极的变化，也再次证明我们现在的政策是正确的、科学的。"盛来运这样说。

国务院研究室信息司司长杨书兵表示，中国面临着三重任务，一是稳增长，二是调结构，三是促改革。而这三个方面"必须协同推进，一个都不能少"。中国目前所做的，更多的是从长计议，稳定政策，为调结构奠定有利环境，通过倒逼机制推动转型升级。

在接受本报记者采访时，中国国际经济交流中心战略研究部副研究员张茉楠也对政府宏观政策表示认可。她表示，从6月份的"钱荒"开始，外界尤其是海外对中国经济的负面言论较多，但这实际上是中国经济"去杠杆化"的开始，虽然短期内对中国实体经济有所影响，但却是中国经济健康发展的必经途径。

"一系列政策形成了一套'组合拳'，7月份以来中国经济的'趋势性向好'，就是这一系列政策的结果。"张茉楠说。

3. 中国经济潜力依旧巨大

在趋稳向好的数据背后,对于中国经济是否能够保持长期、稳定、可持续发展的问题,多方纷纷表示看好。日前,著名经济学家、中共中央政策研究室副主任郑新立表示看好未来中国经济:"我相信中国经济在未来20年保持8%甚至更高的增长速度,这个可能性很大。"

杨书兵表示,李克强总理提到的中国经济提质增效的"第二季"将更精彩,是有根据的。首先,中国经过30多年的改革开放,已经建立了深厚的物质技术基础,奠定了市场经济的基本框架。其次,中国人口众多,城乡区域发展不平衡,市场需求极大。而且中国的内需市场可以梯度推进、轮番释放,具有独一无二的发展优势。同时,中国体制改革势不可挡,一定会继续不断地释放改革红利。

"在现代经济条件下,市场是最大的战略资源,中国拥有这个最大的资源,所以只要我们沿着改革开放这条路走下去,保持社会稳定,中国经济再发展20年也是没问题的。我们处于转型升级阶段,经济要转型升级,增速从高速'换挡'为中高速,但是质量会更高,效益会更高,而且会以资源节约和环境改善为支撑,会以科技创新和技术进步为动力。"杨书兵说。

知识链接

"金砖四国"的由来

一般认为,最早提出"金砖四国"这一概念的是美国高盛公司。2003年10月高盛公司发表了一份题为"与BRICS一起梦想的全球经济报告"。报告估计,到2050年,世界经济格局将会经历剧烈洗牌,全球新的六大经济体将变成中国、美国、印度、日本、巴西、俄罗斯。"金砖四国"这个词是高盛公司的吉姆·奥尼尔于2001年首次提出的。"金砖四国"(BRIC)引用了巴西、俄罗斯、印度和中国的英文首字母。

金融四国介绍:

中国堪称世界最具发展活力的经济区域,引进外资额最高,成为全球最大企业集团的生产基地。拥有13亿居民的中国是世界上的第一人口大国,充裕、廉价、可靠的劳动力驱动了中国经济繁荣,除了无以伦比的价格优势之外,就业人员的素质也在不断提升。

巴西的国民生产总值高居拉丁美洲之首,除传统农业经济之外,生产、服务行业也日益兴旺,更在原材料资源方面占据天然优势。巴西拥有世界上最高的铁、铜、镍、锰、铝土矿蕴藏量,另外,通讯、金融等新兴产业也呈上升趋势。巴西前总统、巴西社会民主党领导人费尔南多·恩里克·卡多佐制定过一套经济发展策略,为其后的经济振兴奠定了成功的基石。这套经改政策后来为巴西劳工党籍的总统路易斯·伊纳西奥·卢拉·达席尔瓦所发扬光大,其核心内容在于:引入灵活的汇率体系;改革医疗、养老制度;精简政府官员系统。

印度是世界上人口第二多的国家,6000多家上市公司也使其股市规模空前壮大。在过去的20年间,印度经济以每年平均5.6%的速度稳定成长,而在经济前台的背后,是一支高素质的就业大军。据初步统计,西方企业在印度约2300万高校毕业生眼中越来越富有吸引力。美国最大的1000家公司当中,四分之一的企业使用在印度开发的软件。印度药业也在全球市场占据了重要地位。世界上40%的"学名药"(专利期已过的药品药剂)是在印度生产的,这一行业带动个人可支配收入以两位数字的增长率飞速上涨。与此同时,印度社会出现了一批注重享受、乐意消费的中产阶级。另外,一些大的基础建设项目,如6000公里长的高速公路网络、兴旺发展的出口贸易也为经济发展提供了强大的后继力量。

俄罗斯1991年苏联解体后,俄罗斯从一个封闭的、中央计划经济体转型为国际整合,以市场为基础的经济体。俄罗斯已经是全球最大的天然气出口国、第二大石油出口国。走过1998年金融危机的俄罗斯经济就像从灰烬里飞出的一只浴火凤凰,在新近国际信用评级当中,被著名的证券研究机构——标准普尔评为投资等级。石油和天然气价格上涨无疑为俄罗斯经济增添了双翼。这两大工业血脉的开采和生产控制了今天五分之一的国民生产,并且创造了50%的出口贸易产值和40%的国家收入。另外,俄罗斯还是钯、铂、钛的第一大产国。

资料来源:百度百科

知识巩固

1. 什么是经济增长?经济增长有哪些基本特征?
2. 经济增长和经济发展有何区别?
3. 哈罗德模型的基本假设和公式是什么?它是如何解释经济长期增长的?
4. 新古典经济增长模型的基本假设和计算公式是什么,其公式的含义是什么?
5. 新剑桥经济增长模型的基本假设和计算公式是什么?它得出了什么结论?

案例讨论

1. 知识经济条件下的经济增长模式有什么特点?
2. 结合实际,说明在实现经济增长方式转变过程中应遵循的基本原则。